一本书

30 Sociological Masterpieces
in one book

学术志　编著

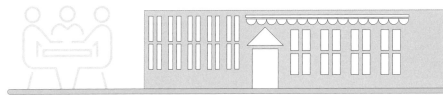

读懂30部

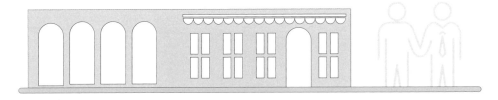

社会学

名著

人民出版社

序言　重拾社会学的想象力

在今日繁忙而复杂的生活中，每个人都或多或少遭遇过个体困扰，被日常琐事与个人情绪所牵绊，而忽略了更广阔的社会背景和隐藏的运行规律。每当我们陷入个体经验的迷雾中，就更需要一种工具来为我们解读、疏导和指引。而这种工具，正是我们想要与你分享的——社会学的想象力。

社会学的真正魅力在于其非凡的想象力。它不仅是研究社会的科学，更是一种帮助我们跳出个人局限，理解并感受到社会运行的更大背景和深度的视角。米尔斯所说的社会学想象力，不仅是一种学术思考方式，更是一种深入洞察社会脉络的能力。

于是，出于一个简单而纯粹的初衷——普及社会学知识，并帮助更多的人拥有这种想象力，这本书应运而生。我们坚信，阅读经典，是重拾这种想象力的最佳途径。

但我们也清楚，一本经典著作，动辄几十万字，其深度和广度往往让许多读者望而却步。为此，本书特地采用解读经典的方式，邀请了多位大学的教授、博导、博士参与解读，他们用专业的眼光，希望在保持经典水准的同时，也能降低读者研读经典的负担。因此，每本经典都被压缩到万字以内，这种浓缩，既可以让读者快速把握经典的核心思想，也为进一步的探索奠定了基石。读者既可以止步于此，作为对经典的基本了解，也可以探步向前，深入阅读原典，以获得更丰富的给养。

在这些经典之中，你将遇见韦伯、涂尔干、齐美尔、米德、怀特、斯科特等伟大思想家的智慧，从他们的作品中，重拾那种能够深入解读、理解社会的强大想象力。希望在你的探索旅程中，这本书能为你指路，帮你看清真实的、生动的、复杂的社会之美。不仅如此，我们更期待，你能通过这本书，获得一种新的视角，来更好地认识和理解自己在这个繁华社会中的位置与价值。

在这一探索社会学的旅程中，你将会通过一系列经典著作，洞察社会背后的深刻运行逻辑。涂尔干的《社会分工论》解释了如何通过分工塑造社会结构和有机团结，米德的《心灵、自我与社会》展示了个体如何在社交互动中构建自我，米尔斯的《白领》揭露了知识工作者面临的职场困境与机遇，而怀特的《街角社会》则提供了都市生活中的社交互动视角。波兰尼的《巨变》为我们分析了市场、国家和社会间的纠缠，齐美尔的《货币哲学》则从一个独特角度讨论了货币如何塑造我们的社会关系，而韦伯的《儒教与道教》探讨了东亚信仰是如何影响社会和经济的。通过这些作品，不仅可以体会到社会学的深度和广度，还能发现与日常生活的无数连接，助你重新塑造对于周遭世界的深入理解。

在努力编纂这本书的过程中，尽管我们倾注了最大的心力和专业知识，但可能仍有所疏忽或误解。我们深知本书不可能完美，诚挚欢迎读者提出建议和批评。

目　录

CONTENTS

第三篇　对社会运行逻辑的无尽探索

第四篇　气象万千的社会世界

第
一
篇

PART 1

丰富多彩的
社会学理论

The Sociological Imagination

米尔斯《社会学的想象力》

——社会学的想象力，其实是一种视角的转换能力

　　这种想象力是一种视角转换的能力……它是这样一种能力，涵盖从最不个人化、最间接的社会变迁到人类自我最个人化的方面，并观察二者间的联系。在应用社会学想象力的背后，总是有这样的冲动：探究个人在社会中，在他存在并具有自身特质的一定时代，他的社会与历史意义何在。

　　由于社会学的想象力对不同类型个人的内在生命和外在的职业生涯都是有意义的，具有社会学的想象力的人能够看清更广阔的历史舞台，能看到在杂乱无章的日常经历中，个人常常是怎样错误地认识自己的社会地位的。

赖特·米尔斯（Charles Wright Mills，1916—1962）的著作——《社会学的想象力》（*The Sociological Imagination*），英文版出版于 1959 年。它可以说是社会学里的入门经典。虽然是入门性质的书籍，但是这本书的理论性和专业性较强。米尔斯是美国社会学家，文化批判主义的主要代表人物之一。米尔斯深受德国古典社会学理论和实用主义社会学的影响，擅长的领域是政治社会学和社会心理学。今天我们将通过写作背景、核心问题、核心思想、研究应用四个方面的内容来为大家解读这本书。

我们先来讲讲什么是社会学的想象力。米尔斯认为社会学的想象力是一种人们能够运用信息、发展理性的心智品质，具备这种心理品质，人们能清晰地概括出周边世界正在发生什么，他们自己又会遭遇到什么。社会学的想象力要求我们应当用联系的、发展的观点看问题，而不只是拘泥于狭隘的视角。

一、写作背景：社会生活和学术生活的混乱

首先，我们来看看《社会学的想象力》这本书的写作背景。

在社会生活里，许多人的眼界和行动都是局限在自己生活的私人圈子。当人们重视一些价值，又不觉得它们面临什么威胁时，就会感受到安乐。但是当他们重视一些价值，又能够感到它们受到威胁时，就会感受到危机。少数人认为的危机是个人困扰，当大多数人以某问题为危机时，它就会成为公众议题。比如说，如果许多人对房子十分看重，房地产就从个人困扰变成了公众议题。当然你也可能会说有些人根本不知道自己想要的东西是什么，或者只是盲目跟随别人。这种现象当然存在，而且这些人经常会感到焦虑和

不安。

在文化生活里我们可以发现，在社会学的外部，物理科学和生物科学已经成为学术研究的共同尺度，或者说其他学科逐渐向自然科学看齐，模仿自然科学的理论和方法。人们总是认为实验和问卷调查等形式才能够保持学术的严谨性，而社会科学里的用语和思考风格，有时只是回避问题和故弄玄虚的手段；在社会学的内部，有注重概念的宏大理论，也有强调细致方法的抽象经验主义，这些偏向其实导致了社会学想象力的丢失。不过米尔斯又指出，社会学的想象力正成为文化生活主要的共同尺度，成为一种标志性特征，从这里我们可以看出米尔斯对社会学的未来至少持有一种乐观的态度。

同时，社会科学的发展出现了一些偏向，有的是对未来消极的、预设的观点，没有从历史的角度看问题；有的是将一些系统的理论拆分成各种精致的概念；还有一种是因为政治学和经济学学科设置比社会学要早，所以社会学看起来就像一个打零工的人，研究的是其他学科的剩余物。

总之，无论是社会生活里的普通民众，还是学术生活中的社会学或其他学科，都出现了不同程度的问题，让米尔斯感到担忧。所以他在本书中致力于指明社会科学中的现状和问题，并且为学者和学生们提供自己的建议，希望改善这些问题，让社会科学有更好的发展前景。

二、核心问题：社会学应当如何想象

社会生活中人们的思维局限在自己的私人空间中，文化生活中研究问题总是为概念和方法服务，而不是从问题出发，思考理论和方法，这些都导致了社会学想象力的缺失，我们不禁要问，那社会学应当如何"想象"？米尔斯给出了答案。

首先，社会学家应当直面时代的大问题。米尔斯认为，社会学家必须承担时代的文化责任，发挥相应的公共职能。他不是主张学者抛开研究，以社会活动为业，而是反对为学术而学术、为审美而审美的研究理念，反对狭隘的经验研究与科学主义。

其次，社会学研究不可脱离历史维度。对于马克思和韦伯等奠基人来说，社会学和历史学没有明确边界，他们的研究既是横向的结构剖析，也是纵向的历史叙事。但随着行为主义和量化分析的兴起，历史学和社会学在20 世纪初开始分家，大多数社会学家们不再关注动态的社会历史进程，而是对非历史性的静态社会现象更感兴趣。米尔斯在他的另外一本著作《社会学与社会组织》里谈到，非历史的社会学的错误倾向有三个方面：一是通过塞进一些历史的材料，一番毫无逻辑的理论分析之后，输出的却是一些消极灰暗的未来图景；二是形式主义，形式主义者把历史完全抛诸脑后，毫无历史根据地论述人类和社会的本性；三是杂烩式研究，一些社会学者把社会现实变成一系列互不相关，而且毫无意义的社会背景。

最后，社会学研究必须基于研究者自身的体验。米尔斯并不主张对社会大问题无病呻吟，而是强调"大"和"小"的辩证关系。对于未来的社会学家，米尔斯的建议是：先反思你的个人经历，再把个人经历同社会变迁结合起来。"价值无涉"的学术研究里，学者们不用自己的价值观进行判断，只采用逻辑判断，客观地说明事实是什么。结果却往往回避了学者应有的社会担当，也抽离了学术灵感的重要来源。如果一个研究者对他所做的研究并无亲身体验，甚至没有个人兴趣，他又怎么能指望吸引甚至影响读者呢？所以说，学会观察身边事物，并与社会变迁的大问题结合起来，是发现、研究问题的重要方式之一。

三、核心思想：社会学的偏向以及转变路径

了解了这本书的核心问题之后，我们来看看他的核心思想。

（一）社会学的想象力概述

这部分是社会学想象力的概述。关于什么是社会学的想象力，我们在最开始已经谈论过，这部分就不再赘述，我们需要知道它是一种对历史和现实社会关系的深入洞察力。只有具备这种洞察力才能领悟历史和社会对个人生活命运的制约。下面我们来看看为什么要具有社会学的想象力。

具备社会学的想象力的人，更有能力在理解更大的历史景观时，思考它对于形形色色的个体的内在生命与外在社会的意义。一方面，他们能通过社会学的想象力，预估在这个时代里的自己会走向何处，通过与自己相同处境的个体共情，推测自己的生活机会何时到来，从而改变自己的生活。另一方面，运用这种想象力，原本心智活动范围狭隘的人往往开始意识到，除了个人的工作、家庭、邻里的一亩三分地之外，还有更广泛的社会和群体，个人的行动和决定，很大程度上是与历史息息相关的，在某种程度上反映了社会变迁的趋势。

（二）社会学的偏向

米尔斯已经说明了社会学的想象力有多重要，但是在现代社会学研究中，许多社会学家和社会学的学生却出现了一些偏向，导致社会学的想象力逐渐丢失。米尔斯指出这些偏向分别是宏大理论、抽象经验主义、各种实用取向、科层制气质和科学哲学，下面我们分别来了解一下。

1. 宏大理论。

所谓"宏大理论"，也就是概念与概念之间的组合与拆解。米尔斯以帕森斯的《社会系统》为例，提出了一个问题：宏大理论究竟只是一堆胡乱堆砌的复杂文章，还是的确有深入的洞见？米尔斯的答案是：虽然隐藏得很深，但是确实有些干货。所以问题就成了：扫除理解文本的一切障碍后，宏大理论最后浮现出来的是什么，宏大理论到底说了些什么？

我们先来扫除文本的障碍。宏大理论的缺陷在于：宏大理论总是结合其他词语来考察词语，而不是直截了当地考察一个词语代表什么意思，所以他们的研究看起来像是枯燥乏味的"概念"游戏，而不是努力去让人们喜欢和接受自己的定义，并解决问题。而且宏大理论家排除了人类社会的许多结构性特征、忽视冲突而只注意到和谐。举个例子，要是让宏大理论家去讲选民制度，他们很可能会忽视女性、黑人等群体是如何通过斗争争取到权利的，也可能会忽视选民制度能运行的前提条件，而只是去探讨选民制度对于维持国家的运转的价值。

那宏大理论到底说了什么呢？在帕森斯的宏大理论里，他的主要观点是：人们常常共同遵循标准，只要他们依照共同的标准行事，社会就可以呈现出秩序感。他预设了共享价值，或者说主流价值，能够激发人们的动机，让他们都在社会结构和制度下按部就班地履行自己的角色。但米尔斯却认为：有时候，这种共享价值和社会秩序可能的确存在因果关系，但是我们不应该误用这个观念，把它当成有关社会秩序或社会共同体的唯一理论。他还指出要让人们对共同价值有更好的理解，就必须先考察社会结构里每一个制度性秩序的合法化过程，而不是径直把握这些价值，直接说明社会是怎么组成和统一的。也就是说，即使 A 是 B 的重要因素或决定性因素，但也不能说 A 是影响 B 的唯一因素；要说明 A 之所以重要的原因，就必须考察不同类型的 A 是如何影响 B 的，而不是去长篇大论 A 的价值。

2. 抽象经验主义。

如果说宏大理论是对理论和概念的过度崇拜，抽象经验主义是属于对方法论的盲目信仰。

我们怎么理解抽象经验风格呢？下面我们来看看抽象经验主义风格的特征：首先，它只关注研究方法，而不考虑对象的适用性。比如说，无论研究对象是什么，抽象经验主义者的固定套路是：通过抽象程序选出一定的样本，以作为研究"数据"的基本来源。然后将调查对象的回答进行归类，编制成一些指标，最后求自变量和因变量的相关关系或因果关系。他们关注"社会地位"这些笼统的指标，而对"阶级意识""虚假意识"等更深层次的问题却不能得出有用的结论。其次，抽象经验主义者往往存在于行政管理机制里。他们为一些技术人员提供就业机会和安定的生活，却不要求他们作出成就。这种机制正在日益庞大，出现了学术管理人员和研究技术专家等新的职业类型。此外，抽象经验者主义奉行科学哲学，这也是最需要把握的一点。抽象经验主义受到方法论的约束，要提出什么样的问题是由方法决定的。简单来说，方法论似乎决定了问题，这些研究往往是以特定的方式重述和搬用自然科学的哲学，从而为社会科学工作打造一套规划和典范。

有些人从金钱和时间两方面为抽象经验主义辩护。资金不足是一个问题，因而需要找到能够提供经费的利益集团，而他们所关注的问题就必然会影响到研究者的研究问题。而且不同利益集团聚集在一起，问题是零散细碎的。抽象经验主义者已经尽力而为，但是仍然无法关注到能够带来成果的"一系列"实质问题，所以不得不专注于发展方法。这样一来，无论实质议题是什么，都可以付诸研究。总的来说，就是追求真理的经济学和追求真理的政治学相互抵触，导致研究者们必须在质量和效益里作出取舍。米尔斯承认这一点，并指出只要社会研究机构得到国家科学基金的四分之一，并且让他们自由选择感兴趣的问题，问题就能够轻易解决了。除此之外，要想解决社会现实中的一个问题，可能需要大量的研究和试验，但时间明显不够。所以一些研究者们认为只要将所有研究者的研究成果积累起来，循序渐进，我们就有可能概括出对社会具有显著意义的结果。这些研究能够作为基本单元，在未来的某个时间点被"加总"或"接合"，从而"构筑"有关某个整体的可信赖、可验证的形象。但米尔斯并不赞同这一点，他认为信息与信息的机械加总并不总是有意义的，这些微观的发现对于社会结构的发现并没有切实的作用。只有当我们拓宽视野，涵盖比较性、历史性的多种社会结构时，才能理解社会的多样性，并由此正确地梳理问题。

3. 各种实用取向。

第三种偏向是实用主义取向，米尔斯讲到了价值偏见、意识形态、自由主义和保守主义等各种实用主义取向，我们来具体讲讲前两种。

首先要讲到的是价值偏见。社会科学家经常承担的一项首要任务是：确定社会议题里是否存在不同价值的冲突，要解决冲突就需要把事实与价值相分离。但一些社会学研究者，总是采取一些教条式的解决方法，没有直接面对问题，只是假定或采纳了零散细碎的答案。甚至通过权力和强制去压制冲突，通过一些手段去把自己的观点强加给别人，这对社会学和社会的发展毫无益处。米尔斯主张尽可能多地使用"价值中立"的术语，了解清楚问题背后的价值，然后尽可能避免在解答问题时怀有评价偏见，追求科学的客观性，而不是顺从权力。

其次要讲到意识形态。实际上，社会科学也是作为社会事实存在的，因此它必然也会包含一些意识形态上的东西。他认为，社会学研究很多都是在为意识形态提供正当化的辩护。举例来说，一些历史学家主张"重估"美国南北战争结束后的企业生活和其他工商生活，但实际上他们的目的只是为了塑造民族和阶级的神话；他们主张宣扬"美国的历史意义"，但实际上他们是在让历史有益于保守主义者。当然米尔斯也不是想批评这种政治意涵，只是认为比起遮遮掩掩研究的政治意义，清楚阐明可能是一种更好的方式。

4. 科层制气质。

第四种是科层制气质，科层制的发展和我们之前说过的抽象经验主义有着密切的联系。抽象经验主义的学术风格是想把社会研究的每一个阶段都变得标准化、合理化，所以这种风格的社会研究带有"科层式"的意味。社会研究变得集体化、系统化，长此以往，研究机构和政府机构会发展出各种惯例，类似于公司制里每个部门都各司其职，不是为了别的目的，只是为了提高效率。而且，他们总是声称"社会科学的宗旨是预测和控制人类的行为"，但米尔斯却认为，这种空洞的乐观主义和强烈的控制观念忽视了理性的存在，也忽视了人作为历史的创造者可以发挥的作用。

米尔斯一针见血地指出了科层制的两种乱象，具体说来就是在研究组织里的两类人。一类是学术管理者和研究推销者，他们在行政管理体制里身兼数职，他们能提供工作岗位、旅费报销、研究资助，也可以通过自己的权力，决定哪些研究发现成为知识，成为书本，也就是法国哲学家米歇尔·福柯所说的"权力即知识"。他们注重规模性，注重方法论的探究，却不生产实质性的知识。另一类是学术新手，成功的学派都包含打江山的第一代和守江山的第二代和第三代。在第一代学者身上的"想象力"在第二代年轻人身上丝毫体现不出来。米尔斯坦率地说，他很少看到有人会真正有思想上的困惑，或对某个重大问题发自内心地感到好奇。但正是这种好奇心，才是研究发现的前提，是社会学实现发展的关键。

说完了研究组织，接下来我们说说派系。派系比研究组织更高一个层次，几个研究组织属于一种派系，派系是由不同的研究组织组成的。在社会学里，如果由几个不同的派系相互竞争，就会出现一个类似于活动家的"行业代言人"，他不属于任何一派，而是代表双方，介于派系之间。这个人的存在似乎意味着："理论"和"经验研究"是可以相容的，属于作为整体的社会科学里一种"整合的研究模式"。但这并不是因为他自己完成了一些实际的著作或研究，而是因为他不厌其烦地向人们解释已经出版的经验研究的书里是包含理论的，而在理论的书里又向人们解释经验研究的存在。在米尔斯看来，这只是一种"洗脑"的方式罢了。

除了派系之外，还有独立学者的存在，他们不会站队。但当有独立学者崭露头角时，派系成员就会想方设法拉拢他们。对于不能拉拢的，他们就去瓜分这些独立学者的荣誉。比如公开反对这些学者的观点，引起公众的关注。这样一来，派系和组织也会随之赢得名声。

5. 科学哲学。

讲完了前四种，我们看看最后一种偏向科学哲学。科学哲学的出现，是把社会科学里流行的多种研究风格统一起来，作为一种宏观的探究模式，比如说，把宏大理论和抽象经验主义进行结合。米尔斯指出，这种教条式的模型很可能会让一些研究丧失灵活性和创新性，阻碍社会学的发展。当然这种模式并不是没有用处，但是我们不应该让它限制我们的问题，而应当把它作为解放我们想象力的一种手段。简单地说，就是要让理论和方法为问题服务，而不是让问题为理论和方法服务。方法是针对一定问题的方法，理论也是针对一定问题的理论，社会学家在进行研究时必须对自己手里的问题有充分的了解，再去决定使用何种方法或理论。

同时，经验主义应当学会怎样抓取事实，而不是淹没在事实中。也就是说，重要的是要证明什么，然后才是如何证明。我们来看看一流的研究者是怎么做的：他们首先对一些零碎的日常经验材料进行陈述，整理出与我们的问题相关的材料，并且根据材料决定选择更抽象和更精确的统计调查法，或者像历史学家一样选择思辨或定性研究等方式。到底选择何种方式可能并没有准确的答案，但是我们要做的就是努力提高我们选择方式的正确率。

那我们又应该如何确定问题呢？米尔斯指出，对问题的阐述应该包括对一系列公众议题和私人困扰的明确关注，并且应当去探究情境与社会结构之间的因果联系。也就是说，我们在梳理问题的时候，必须搞清楚在这些困扰和议题里可能会涉及不同群体的价值、情感、威胁等方面的问题，当然社会结构并不止这些，还包括其他的阶级结构、经济结构、文化结构等方面。

（三）社会科学的前景

米尔斯在对社会科学的几种流行趋势进行批判之后，让我们看到社会科学里存在一定的乱象。但米尔斯却并不认为我们应当对这种现象感到惋惜，反而应当有更多建设性的想法和建议。当然在之前的批判部分米尔斯也讲到了一些建议，我们可以参考。

米尔斯给出的第一条建议是进行比较性的研究。因为人类是具有多样性的，这种多样性包括群体多样性和个体多样性，如儿童群体和成人群体属于群体多样性；英国的绅士和澳大利亚的土著人则属于个体多样性。社会学家必须考虑到这种多样性。对于一些经济政策研究、舆论研究，至少要以国家为单位阐述问题；甚至对于一个市政府的问题，如果没有对国家框架的充分参考，都很难得到完备的阐释。而且从学科分支来看，虽然我们不能具有百科全书式的大脑，但是要想真正解决我们时代的任何一个重大问题，都必须从不同的学科里选取材料和方法。社会学家要以问题为出发点选择材料和视角，而不是恪守学科的界限。比如，教育学里的"乡村教育振兴的困境"这一问题，只靠教育学，而不通过社会学、经济学的角度去思考，是不可能解决问题的。

第二条建议是每一门社会科学都需要具备一定的历史视野，同时充分利用历史资料。因为社会科学探讨的就是个人生活历程、历史和他们在社会结构里交织的问题。为什么米尔斯一直强调历史学和社会学的密切关系呢？原因有很多，我们通过一些例子来看看。比如说，如果我们要研究军国主义，那么就必须从横向分析军国主义与民族主义有何种关系，还需要从纵向分析某个国家的军国主义是如何一步一步发展起来的。这些涉及历史学，如果只是短期性或静态性地看某个时间点而不是某一段时期内军国主义的发展，那我们只是在对问题进行肤浅的描述。此外，在社会学研究的概念里也会用到历史。比如"家庭"这一概念，美国著名人类学家乔治·缪道克在 1965 年对家庭所描述的特征之一是：家庭包括两种不同性别的成年人，其中至少有两人维持着一种社会认可的两性关系。但是随着历史的变迁，越来越多的国家承认同性恋婚姻，父母亲的组成发生了变化。如果现在对"家庭"进行研究，就不得不考虑到"同性恋家庭"的概念，不从历史上去探究为何这一变迁过程，我们就无法把握"同性恋家庭"的概念。这可能也就是为什么毕业论文中经常要用到"文献综述"这一章节的原因。

第三个建议是要重新找回"人"的理性和自由，也就是说，要通过理性梳理问题，通过争取权力实现自由。在科层体制中，研究机构和组织制定规则和制度，但是科层制理性并不是所有个人运用理性的意志和能力的综合，并不代表个人的实质理性，所以也不是增进自由的方式，比如士兵被指挥按部就班地行动，却不被告知整体计划是什么；最有说服力的例子是爱因斯坦对原子弹制造成功的懊悔，科学家们努力地做研究，却没有想到制造出来的是伤人的武器。同时，这里所谓的"自由"，并不是单纯地有机会任性而为，也不是单纯地有机会在一系列替代方案里作出选择。"自由"首先是有机会梳理出可以利用的选择，并加以探讨权衡；接下来才是有机会作出选择。所以可以说理性是自由的前提条件，没有理性的人不会拥有自由。

第四条建议是认清楚每个人在社会里身居何处，然后再尽可能地发挥出理性和自由。我们应该意识到社会学家在进行研究和选择问题时是受到限制的，因为他们必须要考虑到当权者和公众，社会学家的研究更多的属于一种公共的智力工具。也就是说社会学家必须意识到他们的自由和理性在某种程度上是有局限的，社会学家的政治和权力地位还不能够让他们完全独立地选择和公布自己的研究结果。但是社会学家并不是无事可做。他们可以借助自己的理性和经验超越他们日常生活的环境，凭借"他们已有的"权力采取行动，从而对所处的社会结构和时代产生影响，这些都是理性可以发挥的作用。比如他们作为教育者，可以向学生、更广泛的公众进行宣传，通过教育学生让他们具备自我修养等。总之，真正的博学之士能够不断把个人困扰转化为公众议题，并且帮助其他人直面问题，最终促进整个社会和时代的改变。

四、研究应用：如何应用社会学的想象力开展研究

米尔斯在书中批判的是 20 世纪上半叶的美国社会学中存在的乱象，那么它对今天的中国学术界到底有没有借鉴意义？在中国知网上，我们以"社会学的想象力"为主题进行搜索，发现很多学者把这种想象力引入到中国本土，对中国社会学和其他学科的研究提出了自己的思考。

（一）中国本土社会学与历史学关系的探讨

米尔斯一直强调社会学的发展离不开对历史的运用，然而现实是社会科学越来越关注静态的社会情境，而忽视动态的社会发展。国内一篇论文《社会学与历史特质的运用》指出，社会学的发展在面对历史特质下的理论传统的同时，还需要面对现实社会问题阐释的历史特质。一方面，任何学科的发展都遵循着文本的积累过程，社会学也在这种积累的过程里形成了不同流派的历史特质。那么，社会学后来者该以怎样的视角来重新审视这些知识传统，或者该怎样在研究里合理地应用传统的历史特质文本？这篇文章给出的答案是"理解—诠释—融汇—建构"的路径。另一方面，对于社会现实，中国社会真实地发生了具体的、最为明显的两大转型：一个是农业社会向工业社会转型；一个是计划再分配的政治时代向市场经济时代转型。而相应的对应转型理论也表现为社会类型转型理论和市场转型理论。在认识和分析中国社会结构时，谁都不能离开这些基本的理论。

（二）其他学科对社会学想象力的现实应用

我们在搜索的过程里可以发现，《社会学的想象力》虽然是一部社会学的大作，但丝毫没有影响到它对其他学科的影响，如教育学、文化学、美学等。以教育学为例，陈德胜教授发表的《中国教育社会学的可能路径：基于米尔斯的启示》一文，在反思教育学存在研究价值和研究方法偏执、本土化程度不够等困境的基础上，指出米尔斯提出的运用社会学的想象力捍卫理性和自由的价值有助于教育学的发展。陈德胜认为，社会学的想象力具有一种忧心社会的批判底色，同时也具有一种前瞻的建设性努力，而这正是教育社会学需要学习的。总之，《社会学的想象力》一书以批判美国社会学界的成果作为全书的探讨主题，运用知识社会学的观点，并结合作者在社会阶层等方面的研究经验，批判了当时社会学抽象与僵化的界限，从而强调社会学想象力的重大意义。

最后，我们来回顾一下本次解读的要点：

1. 本书是在社会生活和文化生活都面临问题的背景下写作而成的。普通民众只关心自己私人的困扰，丧失思考的能力，学者们执着于方法论和概念，而忘记了问题本身的重要性。

2. 本书的核心问题是社会学应当如何想象。答案是要想获得这种能力，就必须直面时代的大问题、不脱离历史维度、从研究者自身的体验出发思考问题。

3. 本书的核心思想是认识社会科学里的几种偏向，包括宏大理论、抽象经验主义、各种实用取向、科层制气质以及科学哲学。而社会科学的前景在于进行比较性的研究、具备一定的历史视野、重新找回人的理性和自由以及认识到每个人在社会里身居何处。

4.《社会学的想象力》一书影响深远，除了为社会科学本身的发展带来重大思考外，对教育学、文化学的等其他学科也有着借鉴意义。

扫码收听更多
精彩内容

拓展书单

1. [美] 赖特·米尔斯、塔尔考特·帕森斯：《社会学与社会组织》，何维凌、黄晓京译，浙江人民出版社 1986 年版。

2. [美]赖特·米尔斯:《权力精英》,尹宏毅、法霖译,新华出版社 2017 年版。

3. 费孝通:《江村经济》,北京大学出版社 2012 年版。

4. [德]卡尔·曼海姆:《重建时代的人与社会:社会结构的研究》,张旅平译,生活·读书·新知三联书店 2002 年版。

5. Talcott Parsons, *The Social System*, The Free Press,1951.

6. Bernard Berelson, *The Study of Public Opinion*, University of Chicago Press, 1956.

7. Sutton, Harris, Kaysen and Tobin, *The American Business Creed*, Harvard University Press, 1956.

8. C.Wright Mills, Hans Gerth, *Character and Social Structure*, Harcourt Barce Company, 1953.

特纳《社会学理论的结构》

——西方社会学理论的集大成之作

理论讨论的是事件怎样发生和为什么发生，社会学理论讨论的就是人类的行为、互动和组织。当我们这样看的时候，关于社会学的本质就不会有多少争论。所有的社会学家都会同意，理论就是力求解释社会进程的过程和因果关系。但是，一旦我们超出这种一般性的讨论，争论就出现了。

在自然科学领域，有关理论和科学的这些观点已被广泛接受，但在社会科学领域，这些观点经常受到质疑和批评。从社会学成为一门学科开始，有关社会学是不是一门科学的争论就出现了。

美国学者乔纳森·H. 特纳（Jonathan H.Turner）的《社会学理论的结构》（*The Structure of Sociological Theory*）最初在 20 世纪 60 年代末出版，最早的中文译本由浙江人民出版社在 1987 年出版。《社会学理论的结构》以"社会学理论的结构"为出发点，系统地回答了"什么是社会学理论？有哪些社会学理论？这些社会学理论如何分类？又有何特点？"等问题，几乎涵盖了当时所有的社会学理论，是社会学研究中不可多得的一本理论教材。

这本书的特点是：跳出了既往社会学理论的研究模式，不再固守对某一学者、某一流派的专题研究，而是全面概括、兼容并包，通过阐明各种社会学理论的方法论，系统地对各种社会学理论进行述评，让读者得以窥见社会学发展的全貌，尽观各代表学者、各理论流派的精髓。最难能可贵的是，乔纳森·特纳在概括时，多采用客观的陈述，而少加主观的判断，尽最大可能做到了立场公允、不偏不倚。

乔纳森·特纳在美国社会学界颇具影响力，他以社会学理论研究见长，是资深的理论社会学家。曾有学者做过大致统计：乔纳森·特纳先后出版了28 本著作，发表学术论文约 140 多篇。20 世纪 80 年代后，乔纳森·特纳的研究成果陆续传入了我国，最负盛名的就是这本《社会学理论的结构》。此外，还有《社会学理论的兴起》《情感社会学》《人类情感：社会学的理论》等。

《社会学理论的结构》是本大部头的著作，第 6 版的中文译本足足有700 多页，逐篇逐句阅读并不容易。为了让大家能有的放矢地理解社会学理论，建立起社会学理论的框架，获得社会学理论的全方位图景，接下来，我们就按照乔纳森·特纳的论述分法，分社会学理论、功能主义理论、进化理论、冲突理论、交换理论、互动理论、结构理论、批判理论八个方面，为大家解读这本书。不夸张地说，如果大家掌握了这些方面的内容，也就能探视到一幅西方社会学理论百年发展的完整图景。

一、社会学理论的几个基本问题

我们结合《社会学理论的结构》一书中的论述，先来为这本书解个题：什么是社会学？什么是社会学理论？什么是社会学理论的结构？

首先，什么是社会学？

社会学是一门以人类社会为研究对象的科学，或者说，社会学以人的社会活动、社会关系为研究内容。这是社会学界的共识，并没有什么异议。从历史进程来看，自人类产生的那天起，就形成了社会。社会一出现，人便在社会中生活，对各种社会现象有了认知，并开始渐渐地研究社会、改造社会。但绝大多数对社会的认知、研究与改造，都建立在具体的社会生活的基础上，而非形而上的抽象思考。

作为科学的社会学，是用科学的方法，对人及社会活动、社会现象的理性分析。真正的社会学起源很晚，直到近代才开始发端。社会学是受到了欧洲自然科学的影响，思想家们试图仿效自然科学的研究方法来研究社会，考察社会活动中人的行为规律，透视不同社会关系的一般意义。

乔纳森·特纳在第二章的开头，就指明了社会学的创始人，是法国的奥古斯特·孔德。孔德原本是一位实证主义哲学家，后来，他倡导用自然科学的研究态度及研究方法，建立起一门以社会为研究对象的科学。我们现在使用的"社会学"一词（sociology），就是孔德创造的。同时，孔德借鉴了很多生物学的概念，将社会视为一个有机体，为社会学奠定了最初的理论范式。

其次，什么是社会学理论？

任何一门科学的研究，都具备两个基点：一是理论研究，二是经验研究。社会学也不例外。需要特别说明的是，社会学多理论研究，少经验研究，所以才出现了大量观点迥异的社会学理论。若要下一个定义，那就是：社会学理论，即一般性的社会学原理。在乔纳森·特纳看来，社会学讨论的是人的行为、互动和组织。社会学理论的内容，既是抽象概括出来的，也是可以继续演绎的。

尽管社会学家们认为，社会是受自然规律支配的现实，我们能借助观察来确定社会现象，并从复杂的社会现象中，得出相应的结论。也就是说，我们是可以通过经验来总结规律的。道理是这么个道理，但社会学家们仍然将理论预设，置于经验总结之上。实际上，大量的社会学理论都是社会学家们在脑子中预先想好的，在建构成了理论框架后，才去分析社会现实，甚至再去预言社会走向。可以说，真正确定社会学是一门科学的，正是社会学理论。社会学理论是社会学的灵魂，如果没有社会学理论，社会学便无存在的可能。自社会学兴起后，到现在将近二百年的社会学史，实际上就是社会学理论史。不同的社会学家们建构了不同的社会学理论，他们用不同的方法、从不同的角度，解释了各种各样的社会现象。

再次，什么是社会学理论的结构？

通俗一点说，社会学理论的结构，就是社会学理论的理论。乔纳森·特纳提出了一连串的问题："社会学理论到底有什么特别之处？在特定理论传统下，理论家们采用了什么样的假设、切入点和策略？争论是如何建构和展现的？如果存在模型和命题的话，那么是怎样产生的，或怎样由理论引发的？"在他看来，这些问题的答案，就是各种社会学理论的结构。

那么多社会学家们，那么多的社会学理论，想要梳理出脉络来，相对简单的方法是按照时间顺序，较有难度的办法是按照理论标准。如果按照时间，需要确定的是社会学家、社会学理论出现的先后顺序，最终写出来的是社会学理论史；如果按照理论，需要分析社会学理论的差异之所在，按照一定的理论标准去分类，最终写出来的是社会学理论的理论史。现在这本《社会学理论的结构》，明显是后者。

在乔纳森·特纳写《社会学理论的结构》的时候，长期积累下来的社会学理论，已有了数千甚至上万条。尤其是 20 世纪 80 年代后，西方社会学界形成了流派林立、百家争鸣的局面，社会学理论的研究进入了井喷期。如古训所说，天下大势，分久必合、合久必分，其实，不同的社会学理论在互争高下的同时，也在互相借鉴、彼此融合。在乔纳森·特纳看来，社会学理论是科学的理论，社会学理论有超越在经验总结之上的"结构"，而这些"结构"是一般的、基本的、永恒的、普通的。只要是科学的社会学理论，它们之间就必有共通点，而这些共通点，就是社会学理论的结构的精髓。

最后再说说，社会学理论如何分类？

从整体上看，《社会学理论的结构》系统论述了在第二次世界大战后，西方社会学理论的主要内容及最新的发展。

20 世纪 80 年代，乔纳森·特纳修订了该书的第 4 版。在浙江人民出版社中译本序言中，他自言，"力求详细概括和分析当代西方社会学理论的主要方法和最重要的思想家"；在天津人民出版社中译本序言中，又说，"我同时试图追溯现代理论的学术渊源：在这一形式下，去揭示现代理论是如何建立于昔日理论大师们的学术成就基础之上的"。在第 4 版中，乔纳森·特纳将社会学理论分成功能理论、冲突理论、交换理论、互动理论、结构理论五类，强调各类观点的异同，以及各类观点如何取长补短。

到了 20 世纪 90 年代末，乔纳森·特纳又修订了该书的第 6 版。他在原序中说，"这次扩充和修订的目的和以前一样：分析社会学理论的结构"。在中文版序言中，又说，"第 6 版正是反映了社会学及其理论变迁的特质"，"希望读者能够理解理论的分化和多样性"。乔纳森·特纳在该书的第 6 版中，对社会学理论重新进行了分类，改成了功能主义、进化、冲突、交换、互动、结构、批判七类。这是在吸收了最新社会学理论研究成果的基础上，继续完善了社会学理论的框架与内容，使其变得更全面、更均衡。

随后很快，乔纳森·特纳修订了该书的第 7 版。因为第 6 版的篇幅太长了，再加上它试图追求综合性和详尽性，显得重点不突出。从内容上看，第 7 版是第 6 版的精华本。第 7 版仍然将社会学理论分为七类，只在顺序上有些变化，调整为功能主义、进化、冲突、批判、交换、互动、结构，也就是把"批判"部分提前了。其实，乔纳森·特纳修订第 7 版的目的，就是建构起清晰且有条理的社会学理论的结构，他想抓住的，是社会学中最核心的理论，所以此书内容不能枝蔓过多。

综合看来，《社会学理论的结构》历时数十年的多个版本，体现了乔纳森·特纳在不同阶段的研究取向。但无论是哪个版本，乔纳森·特纳都以"结构"为研究核心，整合众多的社会学理论，先取其共性，再评其优劣，后论其发展，以更上一层楼的学术视野，建构起了综合性的社会学理论框架。这也是《社会学理论的结构》这本书的意义之所在。

在社会学领域中，《社会学理论的结构》一直被视为专业必读书。当然，如果从做教材的角度看，第 7 版可能更合适些。但在这里，需要特别说明的是，我们的解读是基于第 6 版的。为什么如此选择呢？因为第 6 版无论是在框架安排上，还是内容论述上，都更全面严谨些。通过了解乔纳森·特纳对社会学理论全面系统的梳理，我们可以更深刻地理解社会学理论及其发展脉络，也可以更加懂得一代又一代的社会学家们，是如何开拓创新的，又是如何薪火相传的。

二、功能主义理论：分析社会的功能

曾有过大略的统计：乔纳森·特纳在这本书中，涉及的社会学家不下百余位。下面，我们按照乔纳森·特纳的七分法，择其重点，来看看到底有哪些具体的社会学理论，它们的特点是什么，又是怎样发展以及相互影响的。

乔纳森·特纳在每一类的论述中，分出了浮现的传统、成熟的传统、延续的传统三个部分。在浮现的传统中，说明了理论的思想渊源；在成熟的传统中，列出了代表性的社会学家及其理论；在延续的传统中，介绍了最近的社会学家及其理论。可见，乔纳森·特纳在每一类的论述中，都大致遵循了社会学家、社会学理论出现的先后顺序。

我们追本溯源，可以发现，功能主义源于生物学的有机体论，它从生物学中借用了术语及概念，认为社会是一个有机体。打个比方，人身体有很多部分，如心、肺、大脑、皮肤、骨骼、血液等，每部分各司其职地发挥着作用，否则这个人就没办法活着。社会也和人一样，由不同部分组成，每部分也都有着自己的功能，各部分相互依存、相互影响，有条不紊地维系着社会的存在和运行。

功能主义在社会学家孔德、斯宾塞、涂尔干的理论中，已初见端倪。孔德将家庭比作细胞、种族比作组织、城市和社区比作器官，但孔德没有进一步将其理论化。到了斯宾塞那里，他写了本《社会学原理》，这本书详细考察了生命有机体与社会有机体的异同，建构了功能主义的理论预设。同时，还有涂尔干的《社会分工论》，这本书分析了社会有机体与社会环境、社会发展之间的关系。

现代功能主义的代表者是美国社会学家帕森斯和默顿。

帕森斯的代表作有《社会行动的结构》《社会系统》等。帕森斯的理论俗称 AGIL 模式，其理论从社会行动论出发，认为社会生活表现为社会行动，只有理解了社会者的行动，才能理解社会现象、社会过程的意义。那么，什么决定了社会行动呢？那就是社会功能。社会功能体现在文化系统、社会系统和人格系统中。首先，文化系统是社会价值系统，它使社会有了既定规范，保证了社会行动的延续；其次，社会系统是人际关系系统，它把社会行为的各部分协调起来；最后，人格系统是个人的子系统。三者合起来，使得社会成为了一个完整的、可以变化、适应、调节的有机系统。

默顿的代表作是《社会理论与社会结构》，他提出了"中层理论"。顾名思义，中层就是比上层低一个层次，也就是将对社会的宏观分析，应用到具体的社会现象中。在这个理论框架下，默顿对功能主义进行了改造，新创了显功能与潜功能、正功能与反功能等概念。具体说来，显功能是能够意识到的明显功能，如学校是传授知识、培养人才的；潜功能是不易被察觉到的功能，如学校的潜功能是帮我们完成社会化；正功能是有益的社会功能、反功能是有害的社会功能，但很多时候这种有益和有害是并存的，比如监狱。社会学应该更关注潜功能，发掘潜功能的有益，抵制潜功能的有害。

在帕森斯和默顿之后，为了弥补功能主义的某些弊端，美国社会学家亚历山大提出了新功能主义，德国社会学家卢曼提出了系统功能主义，两者都是对理论的重新思考。

亚历山大的新功能主义，是相对帕森斯而言的。尽管亚历山大认同帕森斯的价值、社会、个人三系统，但亚历山大更倾向于将宏观分析与微观分析相结合的研究方法，他认为社会功能在不断地多维度变化，特别是他在对社会变迁的分析和文化本质的研究中，前者指明了社会功能有各种不平等、不均衡、不彻底的分化，后者则指明了社会文化的意义，是使得社会行动有了情感。

卢曼曾跟随帕森斯学习过一段时间，他的"一般社会系统理论"，比帕森斯的更抽象。卢曼的社会理论，强调社会系统、社会功能与社会环境的关系。社会有不同社会环境下的组织，组织之间有互动，并在互动中协调平衡，从而形成了复杂的社会系统。社会系统的分化、冲突与整合，又促成了社会变迁。此外，卢曼还探讨了社会系统的分化机制，以此为基础分析了社会的政治、经济及法律过程。

功能主义是社会学的第一理论方向，甚至一度被看作是社会学的唯一理论范式。至今，随着诸多社会学理论流派的崛起，功能主义一家独大的局面已成为历史，但功能主义作为一种重要的社会学方法，仍然具有广泛的影响力。

三、进化理论：选择、竞争与社会发展

这里的"进化"，就是进化论的"进化"，是将生物进化论的理论纳入社会学理论中，用以分析社会的变化与发展。

最初，进化理论是功能主义理论的一个分支。前面提到的孔德、斯宾塞与涂尔干三人中，孔德是将生物学与社会学结合起来的第一人，斯宾塞比达尔文更早说出了"适者生存"的论断，涂尔干则从生物竞争的角度，分析了社会人口的变化。

达尔文理论对社会学研究的最大启发，在于遗传与生态。以遗传理论来分析社会，常涉及数学、医学等学科，乃至计算机模拟的扩展性应用，特别晦涩难懂。比较易于理解的，是英国演化生物学家道金斯的名著《自私的基

因》，正如进化是基因选择与竞争的结果一样，社会进化也是社会各种要素选择与竞争的结果。

进化理论以达尔文的自然选择论为基础，后来便出现了一批社会生物学家，这些社会生物学家或将遗传学的分析，用于解释社会文化的选择，或将生态系统的分析，用于解释社会的内驱发展。在此基础上，既出现了城市生态学、组织生态学等研究分支，也形成了社会生物学理论、社会形式的跨物种比较、进化的阶段理论、返回对人类本性的理论化等。

具体说来，以生态理论来分析社会，先有芝加哥学派创立的一般城市生态学模型，用来分析人口与城市的关系。后有美国生态学家霍利的宏观生态学理论，认为社会是一个活着的生态系统，并且该系统以环境、人口、生产力、知识水平为基础，诸如政治控制延展程度、资本构成水平、市场周转率，乃至通信技术、运输技术等，都是相互联系的。

20 世纪 70 年代末，美国社会学家汉南和弗里曼两人，共同创建了组织生态学，从生态学、人口统计学、社会学的多重角度出发，试图解释"在很长的历史时间范围内，是什么力量构成了社会组织的结构"。在他们看来，社会组织是在资源竞争中形成的复杂结构，通过一系列数据和模型，如组织可用物质和非物质资源、组织单位的数量，就可以计算出社会组织的创建率、失败率，以及各社会组织类型的合法化程度、专门化程度、变异性程度、竞争程度等。目前，组织生态学多被应用于经济与商业领域中。

进化理论的核心，是选择与竞争被看作是社会形成与发展的背后力量。当前进化理论的研究，有几大热点：一是美国社会学家伦斯基认为，社会进化和生物进化一样，既有基因遗传的必然，也有基因突变的偶然，两者同时存在；二是美国的洛珀雷多，以遗传学的原理推论社会人口的生育率，他认为人口的选择与平衡，可以推动社会的良性发展；三是美国的尤德莱的性别理论，他认为男女的性别体现，在不同社会阶段、不同社会环境中，是存在差异的。此外，还有美国早期人类学家弗兰兹的"生物社会文化制度"模型、马里安斯基关于人类社会性起源的跨物种比较分析等。

进入 21 世纪后，进化理论有了越来越多的分支。但综合看来，进化理论最重要的是，它使得社会学研究有一个共识，那就是，我们和我们创造的社会文化，永远要面对如何调整和适应环境的基本问题。

四、冲突理论：社会冲突的作用与反作用

冲突理论是社会学最早的理论之一，研究的是"社会不平等及其如何导致了不同的社会力量之间产生的冲突"。

冲突理论发端于马克思，继续发展要归功于韦伯和齐美尔。三人各有不同的理论方向。马克思是公认的冲突理论大师，他提出了：基本的社会关系是人们在社会生活中建立的财产和资本私人占有的经济关系，这种经济关系既是社会不平等的根源，也是社会冲突的根源。德国社会学家韦伯认为：社会冲突受到权力、财富的分配的影响，社会流动率越低，社会冲突就越大。德国社会学家齐美尔则将社会冲突视为一种社会交往形式，他认为通过社会冲突，既可以划清社会交往各方的界线，也可以宣泄各方的对立情绪。

冲突理论的两大成熟理论，分别是达伦多夫的辩证冲突论、科塞的冲突功能主义。

德国社会学家达伦多夫的理论，曾给帕森斯造成过巨大冲击。在达伦多夫看来，帕森斯的功能理论分析的是社会美好的一面，现在到了以冲突理论分析社会丑恶的一面的时候了。达伦多夫认为，现代社会冲突的根源不是经

济因素，而是权利义务分配的不平衡。冲突是社会的常态表现，但社会冲突却是辩证的，可以通过协商对话、达成共识来化解冲突，以此来发挥出社会冲突的积极作用，实现社会秩序的稳定。

德国社会学家科塞认为，社会的各种不平等是社会冲突的根源，或者说，冲突是社会价值观、权力、资源的综合斗争，占优势的一方企图伤害或消除劣势的一方。所以，社会冲突是持续的暴力，这是根本不可避免的。但是，社会冲突并非是一无是处的，科塞看到的，更多是社会冲突的积极意义：一是有利于人们情绪的发泄；二是有利于加深人们的心理内聚力；三是有助于消除各种社会关系中的分裂因素，并重建统一。

当冲突理论成为社会学的主要理论取向之后，它便在不同的方向上发展。冲突理论的延续要点在于：

一是新马克思主义。其中一个分支，是美国社会学家赖特的阶级分析。赖特认为，阶级分析方法应当包括宏观、中观、微观三个层次，即分别对应生产方式、社会形态和具体事态。在此基础上，赖特提出了中产阶级问题，解释了处于矛盾的社会地位的中产阶级的出现与增长的现象。

另一个分支，是美国社会学家沃勒斯坦的世界体系理论，他以马克思理论为基础分析了世界体系。他的基本观点是：资本主义世界经济体是以世界范围的劳动分工为基础建立的，世界经济体的不同区域，即中心、边缘、半边缘承担着不同的经济角色，它们发展出了不同的阶级结构，使用着不同的劳动控制方式，由此产生了不平等，便也就有了冲突。

二是美国社会学家柯林斯的冲突社会学，也称新韦伯主义。柯林斯的理论是关于社会、人及群体行为的理论，他试图解释，"社会结构为何能在不同历史时期、不同具体环境中得以形成"。为此，他从宏观角度分析了国家的经济与文化，从微观角度分析了人的交谈与仪式、顺从与风度，这些都是社会组织化过程中的有机组成部分。

三是历史比较中的冲突理论。这一理论分支，涉及从农业社会向现代性转化过程中的冲突的历史性描述。大致有五个方面，分别是：对独裁与民主起源的研究、农业革命理论、资源动员理论、对社会革命的分析、国家瓦解理论。多位社会学家从多方面，系统考察了社会革命性冲突的力量。

四是性别差异中的冲突理论。这一理论分支，是把性别不平等当作一种产生冲突的社会分层进行分析，认为性别差异的冲突极为复杂，在性别生产组织、性别资源动员中，受到了人口、政治、经济、技术等多方面变量的影响，由此引发了性别运动和冲突。

随着冲突理论的发展，冲突理论的内部差异越来越大，与其说它是一种清晰的理论方向，不如说它是一系列强调冲突视角的理论集合。

五、交换理论：人与社会的价值交换

所谓"交换"，指的是个人在社会之间的交换行为。交换理论研究的是：在社会中，个人价值与集体价值的互动。

交换理论的内容非常繁杂，在经济学、人类学、心理学及社会学中，都有交换理论的传统。从经济学角度看，"交换"指人们在社会交易中，会衡量成本与交易，这样做的目的是获利。当他们进入交换联系中，还要受到社会资源的限制。从人类学角度看，人们既有物质资源的交换，也有非物质资源的交换，如情感、服务、权力等；从心理学角度看，非物质资源的交换，既出自个人的心理动机，也受到社会结构与社会文化的影响；从社会学角度看，交换有吸引、价值、权力、张力等原则，当交换不平等时，就会产生巨大的冲突。

20 世纪六七十年代，最成熟的交换理论，分别是：霍曼斯的行为主义方法与布劳的辩证方法。

美国社会学家霍曼斯的行为主义方法，分析了交换的方法、原理，建构了交换的解释体系。霍曼斯认为，从个人微观角度讲，无论是物质交换，还是非物质交换，交换都具有一定的目的性。交换目的有时候是感性的，有时候是理性的，它受成功、刺激、剥夺、满足、攻击等心理因素的影响。从社会宏观角度讲，个人的交换是建构社会制度与文化的基础。

美国社会学家布劳以辩证的方法，分析了交换原则、交换系统，形成了社会组织构想。布劳运用了许多经济学概念，如成本、利润、边际效应等，来建构交换理论。布劳认为，社会交换是建立在相互信任的基础上的自愿性活动。人们由相互需要而相互吸引，但人与人之间容易出现竞争，竞争逐渐形成分层系统，这种分层的固化，就是社会的制度化。

到了 20 世纪八九十年代，交换理论发展出了理性选择理论与交换网络理论。

理性选择理论建立在社会经济学的博弈理论基础之上。博弈论认为，交换结构与交换者的行为选择、过程反应密切相关。交换者总是想着交换的平衡，以及交换利益的最大化。那么，从个人角度看，交换者要做的是理性选择；从社会角度看，美国的赫克特、科尔曼两人又提出了群体团结理论，认为社会秩序的形成，就是通过社会监督、赏罚等宏观调控手段，对社会交换进行理性控制，以求社会结构的稳定。

交换理论与网络分析的结合，是现代社会学的里程碑。以美国社会学家埃默森为代表，他分析了交换的基本策略、过程、命题，形成了结构、网络与交换原理。埃默森的研究非常抽象化，甚至运用了数学函数与统计分析法，推演出了社会交换的理论公式。在埃默森的基础上，他的助手，美国的库克设定了交换网络的中心，分析了交换网络中的公平与公正。另一位美国学者劳勒，分析了交换网络中的情感，他认为积极情感可以促进交换。上述这些内容，都是最新的社会学理论，还有待于进一步验证与深化。

六、互动理论：人与自我的心理互动

相比于交换理论研究的是"个人与集体的社会互动"，互动理论研究的是"个人与个人之间的社会互动"，因为在某种意义上，社会结构最终是由个人的行为和互动所构成和保持的。

无论是美国学者，还是欧洲学者，都对"互动"有很多见解。换句话说，互动理论存在着不同的理论渊源。例如，詹姆斯对自我的分析，将"自我"分为物质自我、社会自我、精神自我；米德将人的自我发展分为嬉戏、团体游戏及社会阶段，强调社会交往就是自我过程的反映；韦伯对社会行动的分析，认为隐藏在阶级、国家、制度、民族这样一些社会宏观背后的社会现实，是人们之间富有意义的和象征性的互动。

成熟的互动理论有下列四个：

一是符号互动论。符号指承载了意义的各种事物，或者说，只要由人类赋予了主观意义的事物，都是符号。比如，校徽是一所大学的代表，国旗是一个国家的象征。再比如，"国界"在自然中是不存在的，但我们赋予了它划分地区的意义，也成了一种符号。符号互动论就是从符号入手，研究"我们是如何在与他人的互动中理解和使用符号的"。符号互动论是从微观分析的视角，解释了人们的社会行为模式。

二是认同理论。该理论讨论了人在社会中的角色认同与责任担当。认同是个体在不同的社会环境中，对自我标定的内在化，也就是说，认同是连接个体和社会结构的纽带。人在社会中对自己的认同，既会促成自身向"自我"靠近的行为，也会促成相应的社会结构与社会文化。

三是角色理论。该理论从角色的角度，分析了社会中形形色色的人。美国社会学家特纳，以社会互动为出发点，围绕互动中的角色扮演过程，展开了对角色扮演、角色期望、角色冲突、角色紧张等方面的研究，论证了人的一生就像扮演一个角色一样，并且在实际生活中的角色行为，是整个社会的产物。

四是拟剧理论。该理论从剧中人的角度，分析了人在社会中的自我意识。倡导者是美国社会学家戈夫曼，他采用戏剧分析的方法，来揭示社会互动的特点。戈夫曼把社会比作舞台，把人们比作演员，认为人们的日常生活就是演戏，表演者最关心的，是留给观众什么样的印象，这是社会行为的内在意义。

在 20 世纪 70 年代后期，互动理论慢慢转变方向，延续的交换理论，我们可以从如下两个方面来看：

一是情感互动理论，包括心理互动分析、情感互动进化论、情感的符号互动论、情感剧场理论、情感网络理论等。从生物学角度看，情感是人的大脑结构中固有的；从社会学角度看，情感是社会的多重反照。所以，尽管情感互动理论的分支极多，但在整体上，情感互动理论强调的都是：人是通过情感，与自我及社会进行互动的。

二是预期状态理论。预期状态是一种推测，它指的是一个人将要作出的行动，相对于他人的行动而言会是怎样的。简单地说，就是推测个人将如何行为时，是以他人的行为作为参照物的。预期状态理论出现得比较晚，大多被应用在社会政治学的研究中，特别是通过对人的权利、声望等地位预期的分析中，以建构起有等差的、能公平分配的社会。

总结说来，社会互动研究的，就是社会互动的动态过程，我们所有的社会关系、社会文化，都在社会互动过程中产生，也在互动过程中得到维系或变迁。

七、结构理论：社会文化现象的内在结构

结论理论与功能主义理论有很多交叉之处，直到法国、英国、美国等各种结构理论都逐渐成熟后，两者才开始分途发展。所谓"结构"，指社会文化现象内部或它们之间的联系。结构理论的主要支点在于：社会受到了社会关系的各种文化符号或形式的潜在模式的引导。

较为重要的结构理论有如下几点：

一是法国人类学家列维－斯特劳斯的结构主义。列维－斯特劳斯受结构主义语言学的影响，他认为，人类丰富的文化后面有潜在的结构，社会人类学应该研究深层结构的规则，也就是文化的基本特性。

二是英国社会学家吉登斯的结构论。吉登斯反对借用自然科学的模式来研究社会学，在他看来：社会学中不存在类似生物学那样普遍、永恒的法则，社会学在本质上是社会批评，社会理论的宗旨，应该是探讨人们在行动中的自我性质，研究如何从理论概念上，理解人与社会的关系。吉登斯从"结构"切入，分析了"结构"的原则、框架及特征。他把"结构"视为人们在社会中会用到的规则和资源，认为有了结构和资源，社会就会被组织起来了，所以说，结构原则就是社会的组织原则。当然，人们使用的规则和资

源也不是一成不变的，人们会不停改造，甚至再造规则和资源，由此，社会才有了变化和发展。

三是美国社会学家乌特诺的文化分析论。乌特诺认为，社会的根本是道德秩序，道德秩序包括了规则的结构、仪式的体系和资源的构成，合起来，就决定了社会关系被建构的方式。而且，道德秩序是动态的，社会总是要追求道德秩序的平衡。

四是法国社会学家布迪厄的文化冲突论。布迪厄从经济学的角度出发，根据社会资源的占有量，把社会分为统治阶级、中层阶级、下层阶级，他认为不同的阶级有不同的判断、理解、行为模式，由此才构成了多样的社会文化。

总的看来，结构理论认为，社会是一个结构，社会结构是客观的，虽然人是社会结构的一部分，但人只是社会结构的派生物，人的行为是社会结构的产物。

八、批判理论：批判"科学"的社会学理论

批判理论有很强的后现代主义色彩，它不仅批判了社会组织方式，也批判了从科学的角度来理解社会组织方式的方法。

批判理论成熟于法兰克福学派。法兰克福学派被视为"新马克思主义"的典型，以卢卡奇、霍克海默、阿多尔诺为代表，他们提出和建构了一套独特的批判理论，旨在对资产阶级的意识形态进行彻底批判。在他们看来，批判理论超越一切哲学之上，批判可以否定一切事物，也可以把一切事物的真理包含其中。

在近年来的社会学理论发展中，批判理论最突出的，是德国哲学家哈贝马斯对公共领域的分析、对社会进化的再建构，以及在此中对科学的批判。哈贝马斯坚持称自己的学说不是哲学，而是批判理论。他最著名的论断，就是对资本主义进行了剖析，他断言：自 19 世纪末以来，一是因为国家干预活动的增强，二是因为科学技术的日益增长，其使得资本主义内部发生了重大的变化。

批判理论与后现代主义密切相关，尤其是科学的后现代批判、经济后现代主义及文化后现代主义。关于科学的后现代批判，反对的是"科学知识可以用来造就一个更好的社会"的观点；关于经济后现代主义，主张的是：对于当今资本主义来说，不仅要重新审视社会的经济结构，更要重新审视社会的文化结构；关于文化后现代主义，强调的是文化的断裂特征，也就是，文化的发展与社会的发展未必是同步的。

从广义上讲，批判理论也批判旧有的社会学理论。近年来，对主流社会学理论持续最久、最独树一帜的批判，来自女性主义，这是我们不能忽视的。女性主义者猛烈抨击原来的社会学研究中根本没有女性，导致女性失语，仿佛世界都是由男人主导的一般。女性主义者要打破的，是固有的对社会角色、社会现象、社会结构、社会文化的分析，建构起一套更真实、更全面的社会理论。

通过我们上述对《社会学理论的结构》这本书的解读，不难看出，很多社会学家及其观点交叉在了七种基本的理论取向中。其实，乔纳森·特纳在此书首章的最后，就说明了七分法只是宽泛的分法，各种理论之间不是壁垒分明的，也不是绝对排斥的，只是相对倾向更显著罢了。在每一章的最后，乔纳森·特纳也指出了理论的融通之处。所以说，七种社会学理论是要综合起来看的，而不是孤立来看的。可以说，《社会学理论的结构》在整体上就是由对社会学理论的综合分析而成的，在这方面，乔纳森·特纳的能力展现得淋漓尽致，他努力挖掘了社会学理论的宝藏，把最精华之处都集中在了这本书中。

最后，我们对本书的主要内容作一下总结。

1. 社会学理论有超越在经验总结之上的"结构"。这些"结构"是一般、基本、永恒、普通的。只要是科学的社会学理论，它们之间必有共通点，这些共通点，就是社会学理论的结构的精髓。

2. 功能主义认为，社会由不同部分组成，每部分都有自己的功能，各部分相互依存、相互影响，有条不紊地维系着社会运行。

3. 进化理论将生物进化论的理论纳入社会学理论中，用以分析社会的变化与发展。

4. 冲突理论研究的，是"社会不平等及其如何导致了不同的社会力量之间产生的冲突"。

5. 在某种意义上，社会结构最终是由个人的行为和互动所构成和保持的。由此，交换理论研究的，是"在社会中个人价值与集体价值的互动"。

6. 结构理论与功能主义理论有很多交叉之处，结构理论的主要支点在于：社会受到了社会关系的各种文化符号或形式的潜在模式的引导。

7. 批判理论带有后现代主义色彩，批判理论不仅批判了社会的组织方式，也批判了从科学角度来理解社会组织方式的方法。

扫码收听更多
精彩内容

 **拓展书单**

1. [美] 肯尼恩·D.贝利:《现代社会学研究方法》,许真译,上海人民出版社 1986 年版。

2. [美] D.P.约翰逊:《社会学理论》,国际文化公司 1988 年版。

3. [美] 杰弗里·亚历山大:《社会学二十讲:二战以来的理论发展》,贾春增译,华夏出版社 2000 年版。

4. [美] 乔治·瑞泽尔:《当代社会学理论及其古典根源》,杨淑娇译,北京大学出版社 2005 年版。

Social Theory in the Twentieth Century

贝尔特《二十世纪的社会理论》

——一书看尽百年社会理论史

> 我认为，社会理论是对社会世界的作用的相对系统的、抽象的、一般的反思。不管这一定义多么基本，一系列后果还是产生了。
>
> 本书论述 20 世纪的社会理论，但这并非暗示有关该课题的一致看法在此以前还未产生。许多古代的和前现代的政治哲学家，把他们的政治议程建立在有关社会领域的高度复杂的观点的基础之上。此外社会理论对在 19 世纪进程中作为独立的学科的社会学的出现是极为重要的。

《二十世纪的社会理论》（*Social Theory in the Twentieth Century*），首次出版于 1998 年，作者是帕特里克·贝尔特（Patrick Baert），他是英国剑桥大学研究员、剑桥大学国王学院社会政治研究室主任。该书对 20 世纪社会理论领域的大多数关键人物以及理论流派进行了全面的考察，一经出版就好评如潮。本书脉络清晰、分析独到、文字生动，是大家了解 20 世纪社会理论知识的重要参考书。

与其他学科相比较，社会理论具有成体系的特征，它的每种理论都有内在的一致性和一贯性，而不是各种意见的混合。另外，20 世纪的社会理论是建立在 19 世纪理论巨人（奥古斯特·孔德、马克斯·韦伯、卡尔·马克思，等等）的成就基础上的。所以，我们要理解某一种社会理论，就要弄明白该理论的来龙去脉。将 20 世纪社会理论发展的脉络进行梳理，追溯每种理论的思想源头，这就是这本书最为人称道的地方。它的第二个值得称道的地方是作者对每种理论都进行了"批判"，但这种批判不是吹毛求疵地论及别人理论中没有完成的部分，而是"内在的批判"，即直接评论该理论自身的问题，并且作者的评论简洁、精准，得到了圈内学者的广泛认可。

该书实质上是理论史研究及理论批评一类的著作，可以说是一本专门针对社会学理论研究生的"教材"，因而不同于一般的学术专著。我们将沿用书中对社会学理论的叙述脉络，来为大家解读这本书。其中，将重点介绍结构主义、功能主义、符号互动论、拟剧理论、批判理论等几种中国学生较为熟悉的社会理论。

一、源于整体论的"结构主义"和"功能主义"

结构主义和功能主义虽然在很多方面迥异，但思想源头都是法国社会学家、人类学家涂尔干（涂尔干，又翻译为迪尔凯姆，与卡尔·马克思、马克斯·韦伯并称为社会学的三大奠基人）的整体论。涂尔干的整体论是指社会是一个独特的实体，要把社会作为整体加以研究。结构主义和功能主义都对社会系统的不同部分之间的相互关系以及各个部分对系统作出的贡献感兴趣，这是它们的共同点。而两者的区别在于：结构主义者探究制约和决定人们的行动和思想的社会结构，个人并不一定能感觉到"结构"的存在，但实际上却受制于这些社会结构；功能主义者则相信如果社会系统要继续存在，就必须满足许多功能或需求，关注各种社会实践是如何满足社会系统的需求的。

基于整体性思维，结构主义者认为实证主义者专注于统计的研究是徒劳无益的，因为这种统计数据反映的只是表面的东西，而不是结构层面的东西。那么，社会结构是如何制约人的行动和思想的呢？对这个问题，结构主义者有两种思考途径：一种是思考社会在什么程度上塑造并渗入个人，而个人又是如何在实践中体现可塑性的，涂尔干是这种思考途径的最早代表；另一种是从语言学的领域出发，认为文化是一种"符号系统"，将语言视为一种"结构"，瑞士语言学家索绪尔是这种思考途径的最早代表。简单地说，结构主义者认为社会中存在一些约定俗成的"结构"，尽管我们个人可能意识不到，但我们个人的思想和行为却牢牢受控于这些"结构"。举个例子来说，一种语言就是一种"结构"，当我们将汉语文章翻译成英语文章的时候，尽管每个词汇都有对应的翻译，但如果用翻译工具直译出来，有可能得到的是令人哭笑不得的、读不懂的"天书"。也就是说,语言背后存在约定俗成的整体性理解,因此语言是一种"结构"。在某种语言体系中的人理解并掌握这种结构,不管他是否意识到,其实他的行为和思想就已经受控于语言背后的思维和逻辑了。用这种思想来理解翻译工作,就是"结构"转换的工作,而不仅仅是符号转换的工作。因此,所有翻译工作中最难的是诗歌,因为诗歌语言的组成依赖于大量的意象,而每一个意象的背后都是一种文化的结晶、一种社会结构的沉淀。例如"床前明月光",月亮作为一种汉语言体系中的高频意象,背后沉淀着农耕社会里人们习惯于定居、一旦离开家乡就会在夜晚产生种种思念和忧虑的情绪;如果直接翻译成英语,英语体系中的人们是无法理解这种诗意的。中国人看到月亮会莫名忧伤、会思念、会想起李白的"床前明月光",甚至会借月抒怀、创作思念亲友的文学作品,如"月有阴晴圆缺"等,在这个过程中体现的就是社会结构对个人的影响,这个影响是潜移默化的,是约定俗成的,是整体性的。

法国人类学家列维-斯特劳斯通过对不同民族的神话的研究,发现了那些看起来非常不同的文化,实质上却大致雷同,这反映出的不外乎"自然与文化的对立""神与人的对立""生与死的对立"等等普遍性的主题(也是"结构")。列维-斯特劳斯的研究结论推翻了长期以来人们认为社会是必然的、线性发展的结果的认知,他认为那些所谓的"原始"部落社会其实和我们现代社会非常接近,人类心智具有普遍的、固有的属性(结构)。这个结论也反驳了那些种族主义者鼓吹"种族优劣"的论调。

围绕着"到底是社会创造人还是人创造社会"这一问题,产生了两种对立的理念:"主观主义"和"客观主义"。"客观主义"是指社会中存在不依赖人的知识、概念或目的的基本结构。"主观主义"则强调人的能动性,认为社会是由人创造的。简单地说,"客观主义"认为社会结构很强大,人不过是单纯地扮演角色或者遵循规则，比如一个人生下来后上学、就业、结婚、生子等，不过是在遵循社会规则、扮演着一个又一个角色而已。"主观主义"则认为社会是"无中生有"，人们的希望、期待和目标与他们成长的环境是协调一致的，就如通常我们所讲的"你是什么样子，世界就是什么样子"。

而巴黎法兰西学院的社会学教授皮埃尔·布迪厄则超越了这种二元对立的思想。他更进一步地分析了人们是如何在实践中掌握复杂的社会逻辑，提出了"习性"和"场"两个关键概念。"习性"是人在童年早期不知不觉中获得的一种性情生成系统，它决定着说话的方式、身体的姿势、对美的评价以及人的个性等。"习性"的获得依赖于人的家庭环境，而家庭环境又体现出阶级背景，比如一个底层工人家庭出身的孩子在公开演讲中显得胆怯，远远不如一个中产阶级家庭出身的孩子表现得那么自然。所以"习性"的不同就体现出了社会的不平等。"场"就是指社会生活领域，在各种"场"中，人们运用不同的策略去计算、争夺宝贵的资源，包括经济资本（物质）、社会资本（人脉关系）、文化资本（教育）和符号资本（尊严）。也就是说，社会形成人的"习性"，而人通过实践，又创造了社会。布迪厄特别强调：人的实践造成了社会不平等的再生产。也就是说，不同阶级出身的人，形成了不同的"习性"，"习性"之中就蕴含了阶级的不平等；而不同"习性"的人，经过在不同的"场"中的实践活动之后，最终又强化了这种阶级的不平等。这就是人与社会之间的互动关系，也可以理解为：人与社会是互相创造的。

如果说结构主义回答的是"人与社会之间是如何互动"的问题（**HOW**），那么，功能主义回答的则是"人与社会之间为什么要互动"的问题（**WHY**）。20 世纪 40 年代，功能主义兴起，主要观点是：任何社会系统如果要继续存在下去，有许多功能需要必须予以满足，比如社会成员之间最低限度的团结。

　　早期功能主义的代表人物是波兰学者马林诺夫斯基，他曾在伦敦经济学院执教，是著名的人类学家。通过《西太平洋上的航海者》等著作，马林诺夫斯基试图证明：某些社会行为看起来是非理性的，但实际上是理性的，因为人们可以通过这些行为来满足某些心理或社会需要。比如巫术看起来是荒诞不经的，但当人们面临意外的死亡时，往往通过求助于巫术来缓解内心的焦虑和情感的不安。在研究方法上，马林诺夫斯基特别强调田野调查和第一手资料（经验研究）的重要性，经过大量的田野工作，他发现：在某种程度上，人们说的是一回事，做的却又是另外一回事；人们其实愿意打破常规或习俗，只要他们能够获得更有利的东西。通过这些发现，功能主义对人与社会互动的内在动机的解释是：社会实践履行一种功能，当且仅当它们导致需要的满足。马林诺夫斯基概括了人类三种类型的需要：第一层是人的最基本的生物学上的需要，如食物或性的满足；第二层是合作与团结的需要；第三层是社会整合的需要，如制度或传统，以满足跨代之间的传承。

　　如果说马林诺夫斯基只是代表了早期功能主义者的观点，那么美国社会学家罗伯特·莫顿则可以称得上是功能主义的代表人物了，他最大的贡献是澄清了功能主义中的几个核心概念。其中有两个最关键的是：第一他提出了"负功能"概念。比如说战争，一方面，战争会导致家庭破裂、大量的人员伤亡；另一方面，战争也可以增强国家内部的团结。从心理层面讲，战争会摧残人员的身心健康；而从另一方面来讲，战时社会凝聚力增强，又导致自杀率降低。所以对发动战争的评估，不仅要着眼于积极面，也要考虑负功能。第二，他对"失范"的概念进行了深入分析。所谓"失范"，是指终极价值（目标）与合法手段的矛盾状态。比如一个人想要致富，而合法手段却限制了致富的可能性，这就是失范。人们适应失范状态有五种可能性：顺从、革新、仪式主义、逃避和造反。当目标和手段正向一致的时候，比如一个人想发财，同时也具备发财的方法，那么他适应社会的方式就是"顺从"；当目标为正、手段为负的时候，比如一个人想发财，但不具备发财的方法，那么他就会采用非法手段去发财，也就是"革新"；而当一个人不想发财（目标为负），却具备发财的方法（手段为正），这时他适应社会的方法就是装模作样，仅仅只是在形式上遵从；而当他既没有目标，也没有方法的时候，就会采用逃避的态度；而当一个人寻求社会目标的改变并积极运用合法手段去实现目标的时候，"造反"就发生了，比如，变不想发财为想发财，同时创造发财的各种方法。"造反"也可以理解为一个社会根本性的改变。

从 20 世纪 60 年代后期开始，功能主义遭到批评，主要原因是：功能主义经常被利益集团利用，用以证明现存秩序的合理性；而且功能主义往往忽视了人们干涉事件进程的能力，也就是忽视了人的能动作用。

总体而言，结构主义和功能主义在 20 世纪 50 年代之前的社会学舞台上占据了支配地位，并且它们都倾向于关注宏观社会学问题。接下来我们要介绍三种基于微观日常生活的社会学研究理论。

二、符号互动论及其影响下的拟剧研究和常人方法学

美国心理学家 G.H. 米德的符号互动论、加拿大社会学家欧文·戈夫曼的拟剧研究和美国社会学家哈罗德·加芬克尔的常人方法学这三个理论在 20 世纪 60 年代开始发扬光大，并对后来的哈贝马斯和吉登斯等社会学大家的思想产生了重要影响，接下来我们就重点介绍一下这三种理论的独到之处。

　　米德尽管不是符号互动论的正式提出者（他的学生赫伯特·布卢姆正式提出符号互动论的相关术语），但一直被视为该理论的创始人。他最大的贡献在于：从社会心理学的角度对"自我"这一概念进行了分析，他认为：自我是社会的自我，自我本质上就是社会的产物，共享意义是自我和社会存在的前提。人之所以会产生自我，是因为人有意识到"泛化的他人"（可以理解为社会共识和社会规范）的存在。而自我又可以分为"主我"和"客我"，"客我"代表已经接受社会共识的那部分自我，"主我"代表个人面临新的情况变化时的那部分自我，"主我"在不断变化，在不断建构新的"客我"。"主我"和"客我"的一致就会实现个人的完善。本书作者贝尔特认为，尽管米德的理论非常有启发性，但有个不足是：他提出的社会共识，并不一定在每个社会中都存在，可能比较适合于传统社会，但对多元文化共存的社会而言，"泛化的他人"是不确定的。

　　戈夫曼的拟剧研究显然受到了符号互动论的影响，和米德一样，戈夫曼也强调人是反思的存在者，能够控制周围的环境，并且强调了共享意义的重要性。不过戈夫曼借助戏剧中的词汇，提出了"表演""前台"等概念。简单地概括一下戈夫曼的理论：社会就好比是舞台，人们好比是演员，在社会的各种舞台（前台）上进行各种角色的表演。只不过，人们走上社会前台，并非是机械地依照剧本行事，而是受制于各种社会规则；同时又是编剧，自己负责台词和故事的发展。举个例子来说，一名教师在教室里讲课，这个情境就是前台，他既是演员又是编剧，既要遵守社会规则（为人师表等），又可以自己演绎剧情（个性化的行为等）。不得不说，戈夫曼的理论非常通俗化，但也因此长期不被学术圈认可，甚至他本人也被贬低为小说家而不是学者。但本书的作者贝尔特却对戈夫曼给予了高度肯定，认为他通过解读人们的日常琐事来探讨社会问题，这个思路是非常值得借鉴的。

同样是受符号互动论的影响，加芬克尔发明了"常人方法学"，这既是一种理论，也是一种社会学方法论。该理论的着眼点是探讨"人们是如何赋予社会世界以意义的"。作为一种方法论，常人方法学注重研究人们日常生活中的惯例，主张通过分析人们的实践活动来获取真知，而不是仅仅通过推论。这是因为，人们虽然生活在社会中，对社会规则很了解，但不一定能够陈述出来。举个例子来说，女性是怎么生活的？这个问题往往不会受到关注，因为大家习以为常了；但如果一名男性做了变性手术成为女性，这个时候，她就要好好关注一下女性是如何生活的，女性要遵守哪些社会规则，通过这些对女性日常生活的关注，就会发现诸如穿衣打扮等不言而喻的行为背后往往被赋予了特别的意义，正是这些意义"创造"了女性。所以，常人方法学注重对人们日常生活中熟视无睹的行为方式的描述。本书作者贝尔肯定了常人方法学的描述性研究的价值，但也指出：这种描述性研究成果的价值是有限的，还需要社会心理学的进一步解读。

总之，这一流派的社会学理论对社会秩序再生产的理解提出了心理学领域的解读，因此也被称为"解释学派"。

三、集大成者的吉登斯

从 20 世纪 70 年代以后，英国社会学家安东尼·吉登斯成为社会理论的主要贡献者。他提出了结构化理论，旨在揭示"社会结构与人的能动作用之间如何互动"，也可以理解为对结构主义和功能主义的纠正与完善，同时也有对戈夫曼理论的继承。概括起来，吉登斯的观点主要有以下四个方面的内容：

1. 吉登斯认为社会学有别于自然科学，这种区别在于社会学所探究的世界并不是预先给定的。自然科学所研究的世界是既定的，规律早就存在，只需要去发现；而社会学所面临的世界是人们赋予的，同时又控制着人们。这就需要"双重解释"，简单地说，社会学既要解释人创造出来的社会，又要解释社会是怎样塑造人的。

2. 吉登斯认为人们不仅能够实践，还会同时进行反思。人们可以一边行动一边吸收知识，也就是说，人们其实在改造社会的过程中又能够不断地改变自己。也就是说，人拥有自我监控的能力。

3. 相同文化背景的人共享社会知识，这种共享往往是不言而喻的，是蕴含在人们的行为举止之中的。"人是有知识的行动者"，人们了解社会，但不必以语言方式表达出来。人与人之间社会交往的过程就是知识分享的过程，这个过程并不一定非得通过语言说出来，往往是在交往行为之中心领神会、潜移默化的。

4. 在结构主义的基础之上，吉登斯进一步指出：结构不仅仅对人有约束力，反过来对人也有促进力，是人的能动性的必要条件。要理解吉登斯的理论，可以从他关于"权力"的论述中详细体会。吉登斯认为：权力是指个人拥有的干预一系列事件的能力。权力不只是自由的障碍，相反，权力是自由得以实现的媒介。一般认为权力作用于上级对下级的行为之中，但其实，不管上下级关系多么不平等，都存在"控制的辩证法"（即相互控制）。

本书作者贝尔特对吉登斯的结构化理论给予了很高的评价，他认为吉登斯将之前的各派看起来各说各话的社会理论融合在了一起，并且吉登斯对解释学派理论的采纳和肯定是很有意义的。可以说，吉登斯博采众长，建构了宏大的结构化理论，最终取得了显著的学术成就。

四、另辟蹊径的福柯与哈贝马斯

法国社会思想家米歇尔·福柯是 20 世纪 70 年代以后法语系哲学家中的代表人物，他的理论充满了石破天惊的"叛逆"味道。本书作者贝尔特认为，福柯的思想继承自德国思想家尼采，他运用了尼采的谱系学。在正统的知识体系中，全部知识以自然科学，特别是物理学为楷模。同自然科学相比，人文知识是不完备的、有局限的和不合格的。它们不仅比科学低劣，而且也被迫向科学看齐。福柯的谱系学正是站在这些"不合格"知识的立场上，批评科学的霸权主义，反对以科学为楷模的知识等级体系，试图将这些原先低人一等的知识从科学的压制下解放出来。比较起来，科学在知识中关心的是真理，并且以揭示真理为己任；谱系学在知识中关心的是权力，并且提供权力分析。

所以，权力理论是福柯思想的核心，福柯通过对于疯癫、监狱、性、身体、惩罚、真理与知识等问题的研究来揭露现代规训社会（可以理解为依据真理系统建立起来的权力社会，如国家）的本质。在现代规训社会，统治阶级运用规训权力对身体进行监视与规训，针对身体的微观物理学渗透到社会生活的各个领域。权力不是压制性的，而是生产性的，权力生产知识、生产真理，知识、真理又为权力效力，知识与权力的结盟是现代性的主要特征。福柯强调知识与社会是两个相互依存的领域。福柯对于社会权力的理解，总结起来非常简单，即主流的社会知识确立了不同的社会群体被赋予的社会身份，不同的社会身份之间的文化关系决定了被社会大众所共同接受的社会伦理、社会秩序以及社会关系，而这些复杂的社会关系与社会伦理又生产了社会权力。

关于福柯对权力的论述,本书作者贝尔特总结了四个要点:第一,福柯反对马克思主义者将权力局限于经济关系中,福柯认为权力无处不在;第二,福柯反对马克思主义者认为的"权力是自上而下地强加于人"观点,认为应该进行"自下而上"的权力分析;第三,福柯认为:若从微观的角度分析,权力则表现为策略,是通过臣服者传递的,权力是"无人的特殊财产",是分散的,不存在权力中心;第四,福柯否认权力是由个人或集团占有的观点,他认为权力是网状的"循环",而个人是权力借以循环的载体。要理解福柯对于权力的论述,可以从阅读《性史》开始,在《性史》这本书中,福柯以社会对性的规制和约束为例子,说明了权力是如何创造人的,即各种性道德、性禁忌、性压抑的观念其实都是通过对身体的规制,来实现权力的功能;而被规制的人,往往被认为是符合道德规范的人,进而开始运用这种权力来实现对别人的控制。所以,福柯认为权力不只是消极的约束力,权力也创造"个人"。

本书作者贝尔特对福柯的系谱学给予了热情洋溢的赞美,认为他的著作是"一以贯之的整体"。福柯拆穿了传统知识分子的"恶",也就是以救世主的形象,居高临下地布道,以真理的名义煽动政治行动。福柯赞同的新知识分子应该是提供专业知识和技术知识的人。贝尔特认为这提出了关于知识分子伦理的解释。

20世纪70年代最有影响力的学者,除了福柯当属德国思想家尤尔根·哈贝马斯了。哈贝马斯是法兰克福大学教授,以他为中心形成的法兰克福"批判学派"在中国学术圈影响巨大。所谓批判学派,是指他们的理论不只是希望解释和批评世界,而是意图通过评价现代社会的潜在性问题,最终促进人的自我解放。哈贝马斯将人类的知识体系分成三种类型(也就是经常翻译的三种"旨趣"):经验分析的知识、解释学和批判理论。所谓经验分析的知识，是指实证主义的知识，代表学者有孔德、穆勒等，特点是假定社会科学与自然科学拥有一致的研究方法，偏好定量研究，把社会科学的目的看作是解决社会技术难点问题等等。所谓解释学，是指理解意义的科学，重点在于描述的分析。代表学者有戈夫曼、加芬克尔以及人类学学者等，特点是认为社会科学与自然科学的方法有质的区别，侧重于对传统、成见等进行描述分析。第三种是批判理论，特点是依靠因果说明与意义理解的结合，最终实现人的自我解放。简单理解就是，每当人们能向过去的限制(扭曲的沟通)挑战的时候，自我解放就发生了。哈贝马斯认为奥地利心理学家弗洛伊德的精神分析就是批判理论的杰出示例。当然，历史唯物主义也是批判理论的典型示例。哈贝马斯认为，经验分析和技术控制的旨趣在于学术上占据统治地位，这造成了资本主义社会的危机。为了克服动机危机和信任危机，批判理论必须重视互动过程和沟通过程，只有通过沟通行动才有可能把人类从被统治中解放出来。

哈贝马斯的理论十分丰富，其中沟通行动理论比较受关注，接下来我们着重介绍一下。哈贝马斯有一个很重要的断言，即人们相互进行有意义的交谈，必须有四个先决条件：可理解性、真理、道德的正当性和诚实。可理解性是指每当某人说话时，他所说的是具有意义而不是含糊不清的言语；真理是指真实存在的一种不言明的理念；正当性是指某人在特定的时刻、语境中有说话的权利；诚实是指某人不打算欺骗其他参与者。简单理解就是，人们之间的交流沟通要有意义，前提是人们能够互相理解对方的言语，具备双方共同认可的前提意见；沟通中人们有充分表达的自由，以及不欺骗对方的诚意。基于沟通行动理论，哈贝马斯对"真理"的定义是：在平等的人之间开放的、不受约束的辩论基础上达到的意见一致。

本书作者贝尔特对哈贝马斯的评价极高，认为他的事业是"勇敢无畏的"。因为在 20 世纪后 25 年里，后现代主义思想（比如福柯等）处于相当大的优势地位，但哈贝马斯仍试图重新定义并准确捍卫现代性。贝尔特认为哈贝马斯在理论深度方面的成就在 20 世纪是无可匹敌的，并且哈贝马斯吸收了广泛的哲学与社会学理论，其内容博大精深、融会贯通；他的论述涉及面广泛，从传统的哲学主题到当代政治错综复杂的问题都有关注。

尽管如此，贝尔特还是对哈贝马斯的理论进行了批评，其中有两点比较容易理解：第一，哈贝马斯提出的理想的言语情境是极其不现实的，也就是说，批判理论是建立在乌托邦基础上的。第二，哈贝马斯关于沟通的理论缺乏社会学的意识，事实上不是所有人都有平等的参与对话的机会。不得不说，这些批评确实是中肯的。

五、经济学的介入："理性选择"理论

社会学创始人涂尔干很反感经济学的研究方式，组成社会学新学科的目的就是明确将社会学和心理学、经济学区别开来。20 世纪 80 年代以后，却出现了经济学对社会学领域的扩张，这个介入的结果就是理性选择理论。所谓理性选择是指在解释个人行为的时候，充分参考个人的主观信念和偏好，而不是仅仅参考个人面对的客观条件。也就是假定人是有理性的，这个理性就是个人具有一贯的计划和各种企图，都希望能最大化满足自己的偏好，而且付出最小化的成本。理性选择理论最有影响的是博弈论。在这里我们就不展开讲了。

下面我们来说说理性选择理论的代表性著作及其观点：

1. 美国经济学家安东尼·唐斯的《民主的经济学理论》：假设政治家和

选民是理性地行动，政治家行动的目的是使政治支持最大化，他们的政策不过是达到这种目的的手段，因此他们付出的成本不过是和对立党派进行比较之后的结果。而选民呢，要么是投他偏好的党派，要么是让自己最不喜欢的党派落选。简单的理解就是，政治家并不想做得最好，而只是想比竞争对手更好一点；选民投票并不是选出自己最认可的领袖，而往往只是想阻止自己不喜欢的人当选而已。唐斯的著作标志着经济学研究在政治科学领域的突破性进展。

2. 美国经济学家曼库尔·奥尔森的《集体行动的逻辑》：假定获得公共物品是一个大群体全体成员的利益所在，然而得到公共物品需要花费时间和精力，所以每一个成员的利益不是去贡献自己的力量，而是让其他人这样做。这就说明了尽管每一个人的利益都在于追求好处，但群体并不必然达到这种目标。因此，大规模群体都倾向于运动刺激和制裁促使人们为获得公共物品做贡献。打个比方来理解，人们都知道扶起摔倒的老人是好事，但这样做往往有风险，所以人们不愿自己来做，却希望说服别人去做。最后，只能是国家出台奖励或者惩罚措施，逼迫人们这样去做。

3. 美国经济学家加里·贝克尔的《人类行为的经济学研究》：经济学与其他学科最大的区别并不是研究的对象，而是研究方式。经济学研究作为一种研究方式极具生命力，可以应用于范围广泛的各种不同现象，为"理解所有人类行为提供了有价值的统一的框架"。贝克尔认为人们的偏好是相对稳定的，不同的文化和不同的社会对人类偏好的影响不大，人们总是以最大限度的信息为根据来展现最大化的行为。不论这些观点是否站得住脚，但贝克尔著作中精致的理论模型设计值得称道。

不难看出，理性选择理论对社会学研究巨大的吸引力。但本书作者贝尔特认为，这些理论也是有巨大缺陷的。首先，理性选择的理论家们通常都是"事后诸葛亮"，对社会的解释往往是通过事后赋予社会实践的合理性来理解；他们倾向于证明：表面看起来不合理的社会实践实际上是合理的，这个和早期功能主义差不多。也就是说，贝尔特认为这派的理论价值不高。另外，大多数理性选择的理论家往往忽视或抹去文化上的差异，这个显然有失偏颇。尽管有缺陷，但人们应当承认，理性选择的理论家在试图准确而明确地回答社会问题时，为其他社会理论树立了好榜样。

最后，我们回顾一下本书的主要脉络：

1. 20 世纪的社会理论是建立在 19 世纪理论巨人（奥古斯特·孔德、马克斯·韦伯、卡尔·马克思等）的成就基础上的。

2. 20 世纪 50 年代之前的社会学舞台上占据了支配地位的是结构主义和功能主义，它们都倾向于关注宏观社会学问题。

3. 20 世纪 60 年代，"解释学派"对社会秩序再生产的理解提出了心理学领域的解读。

4. 20 世纪 70 年代以后，安东尼·吉登斯成为社会理论的主要贡献者。他提出了结构化理论，旨在揭示社会结构与人的能动作用之间如何互动。

5. 20 世纪最后 20 年最有影响力的学者是福柯和哈贝马斯。

6. 20 世纪 80 年代以后，出现了经济学对社会学领域的扩张，这个介入的结果就是理性选择理论的产生。

扫码收听更多
精彩内容

 **拓展书单**

1. ［法］列维－斯特劳斯：《遥远的目光》，邢克超译，中国人民大学出版社 2007 年版。

2. ［美］罗伯特·莫顿：《社会理论和社会结构》，唐少杰译，译林出版社 2006 年版。

3. ［英］安东尼·吉登斯、菲利普·萨顿：《社会学》，李康译，北京大学出版社 2021 年版。

4. ［芬］约翰娜·奥克萨拉：《如何阅读福柯》，王佳鹏译，北京联合出版公司 2021 年版。

5. 尤尔根·哈贝马斯：《现代性的哲学话语》，曹卫东译，译林出版社 2011 年版。

默顿《社会理论和社会结构》

——默顿的社会学理论及观点

> 社会学家们易于把理论的历史与体系合并起来这种说法相当贴切。对常常被称为社会学之父的奥古斯特·孔德来说，他也被描述为科学史之父。不管怎样，把当代社会学理论与社会学思想史这样诱人地而又致命地混淆起来就完全忽视了二者根本不同的功能。
>
> 思想史家就冒着这种风险：不是宣称发现了思想的连续性而事实上它并不存在，就是未能找出确实存在的连续性。

《社会理论和社会结构》（*Social Theory and Social Structure*），是社会科学领域的核心著作。本书自 1949 年出版以来，就受到全世界社会学研究者的热捧，被翻译成近 20 种文字，是引用率最高的社会学著作之一，被誉为 20 世纪三部最重要的社会学经典之一。

本书作者是罗伯特·默顿（Robert K. Merton），他是美国著名的社会学家、科学社会学的奠基人、结构功能主义流派代表人物之一。这本书实际上是默顿教授的论文合集，收录了他关于理论社会学、社会结构理论、大众传播的效果论及科学社会学理论四个方面的重要论述和观点。接下来，我们就从这四个方面为大家解读这本书。

一、理论社会学："定位"于中层理论

任何一门学科都会有一个大致的边界，即本学科主要的研究领域是什么，核心的研究方法是什么，主要的研究取向是什么，等等。社会学也不例外，然而，社会学的研究领域和研究方法却因多元而显得不那么清晰，比如社会学研究其实是徘徊在自然科学取向和人文学科取向两者之间的。所谓自然科学取向，是指社会学家应该像科学家研究自然世界那样研究人类社会。举个例子来说，现代的一个普通大学生对科学知识的掌握程度远远超过了古代最伟大的科学家，这是因为科学研究是不断积累的，后人是站在前人的肩膀上的，通过一步一步的努力，不断累积科学知识，其实每个人所做的研究工作都是有限的，但一路批判性传承下来，就形成了伟大的科学理论。持这种研究取向的社会学家认为社会学之所以成立是因为社会可以像自然一样被观察、被分析；因此社会学研究要采用科学的实证主义方法，强调研究应该

建立在前人的研究之上，通过观察、记录、分析或者实验去验证，这样才能得出可靠的结论。每位学者研究的问题是具体的、细微的，但日拱一卒，积累起来，就能解决学术上的大问题。这就是经验主义的研究流派。

但人文学科的研究则呈现出完全不一样的风景，人文学者的研究不需要完全建立在已有的理论之上，而是个人能够直接面对研究对象（人性、社会现象等），通过天才的思辨来创立自己的理论体系。例如19世纪的哲学家康德、黑格尔、费希特等。受这种"体系风"的影响，早期的社会学者，比如孔德，他的理论也富有体系特征，他以建立社会学普遍的、最终的框架为己任。甚至，为了保证自己理论体系的原创性，孔德主张"大脑卫生原则"，他说"除了古代和现代的伟大诗作，我不读任何东西。"也就是说，他的社会学理论依赖于"冥想中的创造性"。这就是典型人文学者风格的社会学家，他们热衷于建构自成体系的、宏大的理论。

很显然，这两种研究流派难免互相排斥。在这种前提下，默顿提出了"中层理论"，并希望以此来进行理论社会学的研究。那么，什么是"中层理论"呢？默顿的定义是："中层理论既非日常研究中广泛涉及的微观而且必要的操作性假设，也不是一个包罗一切、用以解释所有我们可以观察到的社会行为、社会组织和社会变迁的一致性的自成体系的统一理论，而是介于这两者之间的理论。"简单地说，就是社会学家的研究既不必直接寻求建构一个总体的理论体系，但也要警惕过度依赖经验研究而导致思想的碎片化。也就是说，社会理论研究有两个要求，第一是创立可以推导出能够接受经验研究假设的特殊理论，第二是能够综合各种概念体系，逐步地而不是一蹴而就地发展出概括性的理论体系。"中层理论"要具有很高的理论概括性，而且这些理论不是来源于唯一的理论体系。在一定范围内，它们与许多不同的理论取向是可以相互协调的，并被许多不同的经验资料所证实。

从这里我们可以看出，默顿的"中层理论"实际上融合了社会学研究的两个传统，即科学的实证主义和哲学的思辨主义。他提出，社会学研究中思考的问题要有"意义"，即在一定领域要具有适用性；采用的方法要"科学"，即采用实证的方法；思考的方向要多元，要充分借鉴其他人的成果；最终提出的理论要有概括性，不一定非得有宏大体系，但必须具有理论价值。默顿认为典型的中层理论有失范理论、参考群体理论、角色丛理论等。

默顿指出，过去的社会学研究存在着两个极端：要么热衷于建立空洞抽象的社会学理论，要么只做零散的、无意义的纯经验研究。这两种偏执都极大地阻碍了社会学学科的发展。所以，默顿社会学理论思想的精髓，就是强调经验研究必须以理论为指导，而理论研究也离不开经验证明。

总之，"中层理论"的学术导向，是弥合经验研究和宏大理论研究之间的鸿沟。尽管有人批评它是一种折中主义，但不可否认的是，这种带有折中色彩的"中层理论"对 20 世纪后半叶的美国社会学乃至世界社会学都产生了极其重要的影响。20 世纪 60 年代后期，美国社会学进入了理论和方法的多元化时代，而深受默顿影响的社会学家则成为了社会学界的领军人物，他们纷纷对当时的美国社会提出了自己的理论解释。不同于宏大理论"一统天下"的野心，这些理论明确限定了自己的适用范围，由此带来了社会学各分支领域的兴起。

二、社会结构理论：默顿思想的精华

默顿认为"社会学者的最终目的是清晰表述社会结构及其变迁，以及在这一结构内人的行为及其结果的、逻辑上相互关联并为经验所证实的命题"。

可以看出，默顿认为社会学理论的核心是揭示社会结构与人的行为之间的互动关系。这部分理论为默顿赢得了世界性的学术声誉，接下来我们就围绕其中最重要的三个概念来为大家解读默顿的社会结构理论。

（一）失范理论："人生不如意十之八九"

我们作为个体都生活在一定的社会环境之中，实际上，这个社会环境包含文化结构和社会结构两部分。文化结构是指普遍适用于某一特定群体成员的指导行为的规范性价值标准。比如我们经常提到的"爱国主义""奋斗精神"等。社会结构是指一整套把这一群体成员以各种各样的方式联系在一起的社会关系。比如企业组织、家族等。失范就是指文化结构的瓦解，尤其是当文化规范和目标与社会结构赋予群体成员实现这些目标的能力之间严重脱节的时候，文化价值标准可能会导致相违背的行为的发生。比如，文化结构要求我们"奋斗""向上""有志者事竟成"，而我们所处的社会制度却让我们不管怎么努力仍然没有成功的可能。这时候，我们就会对文化价值标准产生质疑：努力还有用吗？奋斗还有价值吗？又比如，有一些出身贫寒家庭的孩子信奉"知识改变命运"，而当他们拼命努力获得大学文凭，却发现自己挣的工资还不如没读书的邻居孩子，这时候，个体内心往往会产生文化价值的崩塌瓦解。上述这些情况就是"失范"。衡量"失范"有五个主观方面的指标：（1）觉察到群体领导对个人需要的漠不关心；（2）认识到在一个缺乏秩序的社会中干不成什么事业；（3）感觉生活目标在倒退而不是逐步得到实现；（4）有一种无用感；（5）相信一个人不能从自己的朋友那里得到支持。

那么，个体如何面对失范呢？默顿认为，总体上看，个体适应社会有五种模式：遵从、创新、仪式主义、退却主义和反抗。遵从，是指社会稳定、不存在失范时，个体对文化目标和制度化手段都遵从，这是最常见的形式。

而创新、仪式主义、退却主义和反抗，则是个体应对失范的四种模式，也就是个体的四种"越轨"行为。所谓"创新"是指保留文化目标、摒弃制度性规范的做法，它是由此形成的：在文化上对成功目标的极大强调通过使用被制度所禁止的但又常常很有效的手段，来获得财富和权力（或者仅仅是幻想）。"仪式主义"是指个体抛弃对文化价值的热情而被迫遵守规范，比如一些科层专家、官僚等，满足于角色表演，对现存运作的程序表现出过度的服从。他们往往极其谨慎而自我克制，不越雷池一步，死死抱住让他们有安全感的惯例和规范，追求形式的完美、热衷于机械性的重复。"退却主义"的模式是指个体彻底抛弃曾经崇尚的文化目标和实现这些目标的制度化惯例。比如一些"问题家庭"、忧郁的丧偶者、退休者等，他们往往厌恶建立新的社会关系，倾向于继续这种麻木不仁的状况。"反抗"是失范发生后的极端行为现象，表现为越轨行为和规范体系的崩溃，比如疏离的青少年结成团伙或者成为有独特亚文化的青少年运动，行为夸张的"杀马特"青年文化就是一种典型的对社会文化和社会结构的"反抗"。

（二）参考群体和角色丛理论："他人不是地狱，他人就是自己"

相信很多人都曾被要求写"年终总结"，那么，人们的自我评价从何而来呢？一般社会学理论认为：个人对自我的感受，是间接地依据同一群体中其他成员的特殊观点，或者依据他所属的社会群体的一般观点。然而，默顿通过大量的实证研究发现：人们在塑造自己的行为、形成态度的时候，常常参考的不是自己人群体，而是别的群体，也就是非隶属群体。也就是说，人们在进行自我评价时常常依据的并非是你所在群体（公司、家庭等），而恰恰是你不在的群体，比如别人的家庭、别人的公司。人们往往会说"和隔壁家的谁谁比起来，我还是个不错的父亲""我这业绩如果是在某某公司，早就当上总监了"等。

默顿的参考群体理论的要点就是探询个人是通过怎样的过程把自己和那些非隶属群体联系起来的。举个例子，美国中下层收入家庭里的部分孩子，在家庭中会感到自己惹人讨厌（比如父母责备他们只会花钱、吃得太多等），并且他们在家庭中体会不到自己的社会能力（比如被赞赏、被认可），从而就会加深自卑感，促使他们去寻求其他群体以获得认可，例如街头群体。如果他们在街头群体里得到别人的响应，那么这个群体就成为他们的自我参考群体，而如果这些街头群体崇尚青少年犯罪文化，他们就容易变成青少年罪犯。

群体对个人的影响，可以通过社会地位和社会角色两个概念来实现。所谓地位是指某一个体在社会系统中的位置；所谓角色，是指由所处地位决定的符合模式化期望的行为。每一个地位都有其明确的角色，且社会中的每一个人都不可避免地具有多种地位，因此每一个人都有一系列相关的角色，这也是社会结构的一个基本特性，也就是"地位丛""角色丛"。复杂的地位丛有益于社会亚系统之间的某种联系，但也会给地位的拥有者在"扮演"不同的角色时带来压力。比如一个人既是护士，又是母亲，同时还是其他群体的成员，这种地位丛越复杂，就表明了她的社会属性越强，这不管是对个人还是社会都是有利的。但在突发疫情时，她会面临着护士角色和家庭角色的冲突，不得不经受巨大压力而选择其一。默顿认为，移情作用（对他人的同情理解）可以缓解人们在角色丛冲突中遇到的压力。比如大家认为"她是个婴儿的母亲，不去也可以理解"。另外，社会文化规范的变化也可以削弱这种冲突。

（三）人际影响理论：如何避免被他人轻易操控？

我们是如何影响他人的呢？默顿认为，虽然阶级、权力、声望和地位等促成了人际影响的潜在条件，但这并不决定影响实际发生的程度。人际影响往往通过七种形式产生：（1）强制：指运用武力、暴力的手段去胁迫他人；（2）支配，指通过命令和无武力威胁的方式去要求他人；（3）操纵，指以暧昧的意图去控制他人的思想，让别人去揣摩自己的心思；（4）澄清，指通过公开新的信息或者行动线路以影响别人随后的行为；（5）榜样，指通过塑造代表性形象以引起他人随后的效仿；（6）建议，指直接向别人提出新的意见；（7）交流，指组织公开讨论，引导大家作出一致的行为。

那么，个体是如何影响社会的呢？个人在面临社会结构和他人影响的时候，只能被动地无所作为吗？默顿的答案是否定的，借鉴美国社会学界权威W.托马斯的观点："如果认定某些情形为真，结果它们就会成为真的"（托马斯定理），默顿提出了"自证预言"理论：开始时，人们赋予了一个状态一种意义，而随后这个意义就决定了一系列人们的行为和结果。也就是说，一开始，也许只是一个虚假的情境定义，但它引发了新的行动，虚假的定义就变成了真的。比如在选举的时候，有人散布"某某已经赢了"的假象，这时候原本犹豫或者投反对票的人就会放弃原来的想法而改投某某，结果某某就真的赢了。类似于这样的情况很普遍，比如"某某股票大涨""某某银行破产"以及各种种族偏见等，有时候，自证预言使错误具有支配作用，这是邪恶的社会逻辑。要打破这种邪恶的循环，就必须抛弃固有的观念或者之前的错误论断，比如"黑人就是喜欢暴力""女性缺乏逻辑思维"等。默顿认为，单纯依靠教育来传播善的知识是不够的，对社会逻辑有深刻认识才能让人们真正改变。默顿的"自证预言"理论有助于我们认识社会观念与社会现实之间的关系，可以解释本来值得怀疑或错误的文化观念为何会长期存在，并束缚着人们的行为。

在社会生活中，作为清醒的个体，我们应该首先分清楚什么是观念、什么是事实。学会辨别观念的价值，不轻易被偏见"洗脑"，在人际关系中，认清别人对我们施加影响的方式，不轻易被别人操控。

三、大众传播的效果论：怎么宣传才行得通

这部分理论是默顿与美国传播学者拉扎斯菲尔德（公认的传播学创始人之一）合作的研究成果。他们主要运用第二次世界大战期间美国军方采用的宣传战争的电影作为样本来开展实证研究，探讨大众传播（侧重宣传）的效果是怎样发挥的。有一些研究结论非常有意思，这里跟大家分享一下：

（一）回飞镖效应：宣传为什么会失败

所谓回飞镖效应是指，在某些情况下，受众以宣传者所意料的相反的形式对宣传作出了反应。也就是说，宣传效果不但是零，甚至是负数。为什么会出现这样的失败情况呢？怎么解决这些问题呢？主要有四种情况：

第一种情况是对受众本身的精神状态作出了错误的判断。也就是说，不了解受众对这个事情的基本认识是什么。如果不想让宣传产生回飞镖效应，就必须不断更新关于人们普遍认可的态度和情感的知识信息。比如说，要想说服大众购买家政机器人，如果在大家根本不知道家政机器人为何物的时候，就一味鼓吹"买买买"，结果当然适得其反。

第二种情况是宣传必须针对持相反观点的受众进行。也就是说，要说服

那些本来就不同意该观点的人，这时宣传产生回飞镖效应是很容易的。宣传者必须承认的是：人们往往只接受与自己本来的观点相近的观点。

第三种情况是同一宣传材料中存在自相矛盾的主题。如果让观众同时看一部鼓吹战争英雄主义的电影和一部控诉战争残酷的电影，那么电影中的宣传效果就抵消了。因此，宣传中只讲"一面理"才可能产生效果。在战争宣传里，屏蔽对方的宣传信息是非常关键的。

第四种情况是错置例证。就是说，本想说明这个道理的，但举的例子却错了。比如说在广告中本想说服受众接受电动汽车，举的例子却是一辆电动汽车在冰天雪地里电池没电了，这种"打脸"式的宣传当然不能产生理想的效果。

总的来说就是，宣传要想取得好的效果，应该避免掉入四个"坑"：不了解对象、对象错了、自相矛盾和事实打脸。

（二）宣传的最好途径：用事实说话

通过大量的观察，默顿等人发现：大多数人对宣传本身持普遍的怀疑态度。赤裸裸的宣传口吻，比如直接讲道理式的说服会导致人们的贬低和逃避；而那些试图激起受众情绪的、慷慨激昂的话语更是容易引起大家的警惕。因此，有技巧的宣传手段其实是用事实说话。对具体事件翔实而周密地呈现，能够起到建构一种模式的作用，可以帮助人们认清他们生活的那个世界。而且，事实本身就有价值倾向性。当人们在纪录片中看到法西斯军队将无辜的欧洲平民驱赶到集中营中屠杀的时候，激起的愤怒情绪和保护欲望是自然而然发生的，这种事实的作用胜过千言万语。

因此，如何整合事实、如何解释事实，就成为宣传的"法宝"。惊心动魄的事实具有注意价值，就像拔地而起的雕像，能迅速吸引受众的注意力。

有些事实，例如八卦、秘闻等天生具有传播价值，可以不胫而走。而一些经过整合的事实则具有信任价值，给受众一种"原来如此"的恍然大悟的感觉，比如将第二次世界大战中法西斯德国军队数年内的所作所为进行梳理，就可以推导出其可怕的野心。事实积累起来的力量具有自己的动能，其中蕴含着价值导向，受众甚至会认为"这是我自己的判断"，身处宣传之中而不自知。

尽管宣传具有强大的效果，但默顿告诫说，不能夸大宣传的作用，从长远来看，如果宣传的故事与真正的事实相背离的话，那么它就绝不能奏效。第二次世界大战中，擅长宣传的法西斯主义者最终还是失败了。

总之，默顿和拉扎斯菲尔德合作，开创了用实证方法研究传播效果问题的先河，他们关于宣传效果的结论，不仅具有理论价值，而且在新闻传播领域具有极高的应用价值。他们也由此被认为是传播学研究的先驱。

四、科学社会学理论：什么样的社会适合发展科学

默顿作为科学社会学的创始人，以寻求适用于科学发展的最佳社会结构为目标，将"科学在社会结构中发展"视为研究范式的基本框架，并在这一理论框架下打造科学社会学理论体系，建构"科学社会结构"模型。

（一）科学的敌人是什么

默顿认为现代世界中存在两种力量：一种是赞同科学的力量，一种是反对科学的力量，它们作为两种大规模的社会活动相互抗衡。反对科学的力量包括种族主义和政治规范对科学伦理的压制。我们先看种族主义，种族主义有一个信条，即无论是真实的还是象征的接触都会导致种族玷污，比如一个

纯"雅利安人"与非雅利安人合作接受了一种科学理论，那么这种科学理论也是不纯洁的。种族主义的情感压倒了科学的理性。再来看政治规范对科学伦理的压制。在一个完全政治化的社会里，极权政府威胁着科学家的社会地位，科学发现被人们轻视，导致社会出现一种反智主义倾向，导致科学的自主性受到压制。比如当太阳成为一种特殊的政治符号被大众普遍认可的时候，科学家开展关于太阳的研究就会受到泛政治的解读，科学研究也就会受到束缚。

（二）什么是科学的精神气质

默顿认为，科学制度的目标是扩展被确证了的知识。所谓知识，就是经验上证实了的和逻辑上一致的预言。现代科学的精神气质包含四种制度性的规则：

第一，普遍主义。任何声称是真理的学说，无论其来源，都服从这样的准则：与观察以及先前已经证实了的知识相一致。只要符合这条准则，学说能否进入科学的体系，与学说倡导者的个人属性与社会属性（例如种族、国籍、宗教信仰以及个人品行等等）无关。科学具有国际性、非个人性和实质上的匿名性。所谓"科学家是有国度的，科学没有国度。"普遍主义还表现在科学之门应该向所有有才能的人打开，不能因为科学家本人的社会地位而否认其从事的科学研究工作。

第二，共有主义。科学上具有重大意义的发现都是社会合作的产物，就像牛顿所说的，"那是因为我站在巨人的肩膀上"。因此，科学发现构成了一种公共遗产，归全社会所有。牛顿定理并非归牛顿所有，更不是牛顿后人可继承的遗产。科学家对他（她）的智力成果的权利也就只限于赢得的社会承认和尊重，比如人们用他的名字来命名定理、星辰。这种共有主义与资本主义经济中把技术定义为"私有财产"是不相容的。最典型的矛盾就是专利的发明和管理。专利导致了技术使用上的排他性，结果是技术常常沉睡在抽屉里而得不到运用。而有些科学家则通过注册专利来保证自己的成果不被资本家独占，从而确保技术能造福大众。

第三，无私利性。科学家探索科学的动机出于求知的激情、无拘无束的好奇心、对人类利益的无私关怀等。科学家不能利用人们的轻信、无知和依赖来谋利，不能通过欺诈、诡辩和夸夸其谈来证明自己的能力。当这种无私利性淡化的时候，专家权威的滥用和伪科学的炮制就应运而生了。

第四，有条理的怀疑主义。科学不会入侵其他领域。科学研究者不会去维持宗教信仰者和无神论者之间的分裂，一位真正的科学家不会随意否定宗教，也不会随意鼓吹无神论。所谓"教授是持有不同见解的人"。科学专注于有条理的怀疑。科学论文只有经过科学共同体的批判性审查才会被学界承认。这种怀疑主义是"有组织的"，这是怀疑主义在制度上的界定，有一套特定的组织程序，而不仅仅是科学家的个人行为。

通过这四个制度性的规则可以看出，默顿的科学观是理想主义的，他所处的学院科学（也被称为"小科学"，相对于国家组织的大规模、大投入的"大科学"研究而言）时代让他将科学生产与社会生产分开，要求科学家将自己的研究展现给世界，而这一切与社会因素无关。第二次世界大战后，科学界发生了翻天覆地的变革，最典型的就是大科学的崛起。所谓大科学，是指由国家或社会出面组织的服从于国家和社会目标的大规模、高投入的科学技术活动。这时的目标就已经不仅仅是默顿所提出的"扩展被证实的知识"了，科学要充分发挥它的作用，就进入应用领域，也就是产业科学领域。很显然，各个国家、企业之间开展了一场关于科技的竞赛，设置技术壁垒、保障技术私有权成为普遍现象。他提出的"共有主义"精神就不适用了。

另外，学院科学时代的科学家从事研究的目标可以是"为科学而科学"，科学本身并不存在善恶，所以科学家也无需为其研究的科学成果所导致的社会后果负责。而随着科技的突飞猛进，社会对科学家提出了更高的要求，即科学家应该对自己的研究成果负责，对于那些面向社会的研究，在研究之前就预估好可能会出现的种种状况，要对自己的研究有充分的认识，当科学成果违反法律或社会公德时，就要承担相应的责任。比如克隆人技术、人工智能技术、转基因技术等等，就会受到社会伦理的制约。

总之，默顿作为 20 世纪社会学大师，以及科学社会学研究的开创者，他的理论具有极高的学术价值。但随着时代的发展，尤其是关于科学社会学的讨论更加热烈，默顿的一些观点也受到质疑和挑战。

最后，我们回顾一下本书的主要内容：

1. 针对阻碍社会学学科发展的两个极端研究取向：要么热衷于空洞抽象的宏大理论研究，要么只做零散的、无意义的纯经验研究。默顿提出"中层理论"的学术导向，强调经验研究必须以理论为指导，而理论研究也离不开经验证明。

2. 默顿认为社会学理论的核心是揭示社会结构与人的行为之间的互动关系。他提出的失范理论、参考群体理论、角色丛理论等是典型的"中层理论"，这些理论为默顿赢得了世界范围的学术声誉。

3. 默顿和传播学者拉扎斯菲尔德共同开展传播效果领域的研究，针对宣传中的失效问题进行了实证分析，并指出最好的宣传策略是"用事实说话"。

4.作为科学社会学的创始人，默顿提出了科学的精神气质学说，即科学应包括四种制度性规则：普遍主义、共有主义、无私利性及有条理的怀疑主义。

扫码收听更多
精彩内容

 拓展书单

1.[波] 彼得·什托姆普卡：《默顿学术思想评传》，林聚任译，北京大学出版社 2009 年版。

2.[美] 罗伯特·金·默顿：《论理论社会学》，何凡兴、李卫红、王丽娟译，华夏出版社 1990 年版。

3.[美] 罗伯特·金·默顿：《十七世纪英格兰的科学、技术与社会》，商务印书馆 2000 年版。

4.[美] 塔尔科特·帕森斯《社会行动的结构》，张明德、夏翼南、彭刚译，译林出版社 2003 年版。

许茨《社会世界的意义建构》

——质性研究中的"意义探究"法则

个人自己的经验所具有的意义，是与另一个人的经验的意义有着根本不同的，因此，一个人解释他自己的经验是一回事，而他对另一个人的经验进行解释则完全是另一回事。

我们对存在于社会世界之中的社会关系和观察过程所进行的研究已经表明，我们可以通过把他人的内心生活当作主观的意义脉络进行观察，来获得有关这种内心生活的洞见。

我们对处于社会领域之中的动机脉络的研究使我们看到，对意义的所有各种建立都是为解释服务的，而且，所有各种解释过程也都会回过头来导致建立意义的活动。我们就是在这个关节点上最终进入"社会行动"领域和"社会关系"领域的。

《社会世界的意义建构——理解的社会学引论》（*Der Sinnhafte Aufbau der Sozialen Welt：Eine Einleitung in die Verstehende Soziologie*），作者是著名的现象学哲学家、社会学家阿尔弗雷德·许茨（Alfred Schütz，1899—1959，也被翻译成舒茨）。1899年，许茨出生于奥匈帝国的首都维也纳，后来就读于维也纳大学，主要攻读社会学和国际法，毕业后一直在家族的银行里担任法律顾问。1939年，许茨移居到了美国，并于1943年在纽约的新学院大学（New School University）担任讲师职务，1959年病逝。许茨前期的研究受胡塞尔、马克斯·韦伯的哲学和社会学理论的影响较大，到美国后，更多是受到了约翰·杜威、威廉·詹姆士和米德等学者的影响。从教期间，他的社会意义构建理论逐渐成形，最终发展成一套基于现象学的社会哲学思想。因此，许茨也被称为现象学社会学的奠基人。

1932年，德语版《社会世界的意义建构》出版，这是许茨生前唯一一部独立完成并出版的著作。1967年，这本书的英译本出版，更名为《社会世界的现象学》。1983年，许茨的学生瓦格纳（Helmut R.Wagner）为他写了第一本传记。用瓦格纳的话说，这本书里"包含了作者所有关心的理论问题。除了很少的例外，许茨的后期很多思想都可以在其中找到根源"。许茨生前并未真正融入当时美国社会学的主流思想之中，所以对当时美国社会学的发展，影响也不是很大。但许茨去世后，他的理论和思想，却影响十分深远，对推动社会学的发展有着重大意义。

在《社会世界的意义建构》这本书中，许茨借用现象学理论阐释了社会世界的非自然性质。在这里，我们先来简单地了解一下现象学的研究对象。我们可能认为，我们生活的世界是一个独立于人类意识之外而存在的外在世界，而现象学将其转化为，必须透过意识而展开发生的、与人类主观建构有关的世界，通俗地说就是"世界因我而有，因我而存在"。也就是说，现象学关注的是人的情感价值判断，它的对象是人的生活世界，而不是科学世界。

2017 年，北京师范大学出版社出版了由霍桂桓翻译的《社会世界的意义建构——理解的社会学引论》。今天，我们就基于这个译本，从研究背景、研究视角、分析对象、核心思想和研究应用五个方面来为大家解读这本书。

一、研究背景：对已有理论的"细读"与批判

许茨社会学思想的形成，与他的出身与经历密切相关。中学毕业后，许茨在第一次世界大战期间加入了奥地利陆军炮兵师，在意大利前线服役。之后，许茨返回维也纳大学继续深造。在那里，许茨与奥地利法学家汉斯·凯尔森（Hans Kelsen）、经济学家路德维希·冯·米塞斯（Ludwig von Mises）等知名人士一起学习法律、社会科学和贸易。当时，维也纳大学处于欧洲的学术中心，针对德国学术界有关社会科学的性质与方法的激烈争论，许茨不仅积极投身其中，并且试图提出自己的见解。在博士考试前不久，许茨开始了他在维也纳银行协会的第一份工作——法律经济顾问和代表，但与此同时，许茨也在不断地追求着自己的学术兴趣，他的许多学术著作都是利用业余时间完成的，奥地利哲学家胡塞尔也因此将许茨描述为"白天的银行家，晚上的哲学家"。

许茨社会科学与哲学思想体系的形成，与他所接受的学术培训和所处的学术背景密切相关。在维也纳大学期间，许茨曾与米塞斯、凯尔森等维也纳学派的经济学家有较多交流，而德国社会学家马克斯·韦伯则是许茨迈入社会哲学殿堂的关键。1918 年，韦伯在维也纳大学举办社会学讲座，从此许茨便成了韦伯的粉丝，他被韦伯的学术和人格魅力深深地吸引了，他非常赞

赏韦伯有关"价值中立"和"理解社会学"的一些论述。之后,许茨又进一步对韦伯的一些著作进行了认真的阅读和研究,并发现了一些不足。他发现,韦伯的理论并没有深入地分析一些基础问题,这也导致了人类科学中的许多重要问题,一直没有得到解决。韦伯认为,一切个体行为的最基本形式,最终都可以还原成为社会关系、结构、文化产物、客观精神等社会学研究对象,所有社会世界中复杂的现象都有其意义所在,但这一意义是由行为者赋予的。许茨认为,韦伯没有深入地分析这些意义是如何被行为者"赋予"的,或者说这些意义是怎样构成的;也没有对"自己的经验"和"他人的经验"进行仔细分析;没有对"理解自我""理解他人"以及"文化客体制造者心中的意义""被制造之文化客体的意义"等概念作出区别,在面对面的直接经验世界中,没有站在更广阔的时间、空间范围中,去更具体地分析理解他人行动意义时所存在的差别。韦伯的"理解社会学"的确建立了一个宏大的框架,但他仅关注专业研究领域的某些具体问题,对理论性的问题并不感兴趣,因此,他的构想虽然很好,但却是以一系列未经详细说明的哲学预设为基础的。那么,又该如何夯实这些哲学预设呢?

在许茨看来,除了韦伯之外,新康德派如凯尔森、卡西尔、柯亨(Cohen)和纳托尔普(Natorp)等人也不能解决社会科学中所面临的一些基本问题。倒是法国哲学家柏格森的绵延哲学和胡塞尔的内在时间意识引起了许茨的注意。许茨觉得,二者的观点可以作为澄清社会科学中一些根本问题的分析起点,并且胡塞尔的现象学理论给他带来了希望。于是,他开始转向现象学研究,将其内在时间意识理论和伯格森的绵延哲学融合起来,来解决社会科学中的根本性问题。

许茨从胡塞尔的理论中继承了社会学研究的客体——"生活世界"。胡塞尔强调,现代西方实证主义的社会科学是撇开所有主观性的东西,是撇开一切价值性的观点，是撇开所有关于人的生活价值和品格性质的判断，也是撇开所有关于生活的价值性。为了摆脱这种危机，社会科学必须对"生活世界"进行研究。什么是"生活世界"呢？可以说，这是一个"人的直接性世界"，是一个现象世界，它囊括了人类的感觉、幻想、憧憬、怀疑、对过去的回忆、对未来的预料等方方面面。他指出，我们和自己眼中的其他人一样，对所生活的世界中的文化和社会有着自己的体验。接下来，我们就来讨论许茨的"意义建构"，通过揭示它的涵义，一起来领略许茨关于社会世界的现象学揭示。

二、研究视角：解释社会学的方法论概念澄清

这本书的副标题是"理解的社会学引论"，所以我们可以知道，这本书的中心论题其实是"理解社会学"。许茨在这里对韦伯提出的"理解社会学"概念作了"引论"，可以看出，许茨一方面接受并且继承了韦伯有关"理解社会学"的基本构想，将其研究对象确定为人类社会行为及其主观意义，另一方面，他对韦伯的社会学方法论也有着不同的看法。许茨写作本书的意图，便是实现他的理想，即为所有社会科学，尤其是社会学，奠定不可撼动的哲学基础。

《社会世界的意义建构》这本书共五个章节，前三章分别是：《陈述我们的问题——马克斯·韦伯的基本方法论概念》《经过体验的有意义的经验在建构者自己的意识流之中的建构过程》和《有关主体间际理解过程的理论的奠基过程》。通过阅读这三章，我们可以看出许茨对现象学社会学的建立过程，首先是从澄清解释社会学的方法论基础的三个基本概念——"意义""社会行动"和"理解"开始的。

　　许茨认为，个人生活在社会世界中，其意义确立和意义解释的过程需要得到描述，这也是社会学的基本任务。许茨率先批判了韦伯关于意义的观点，认为韦伯对这一概念的论断是混沌的。韦伯虽然也把意义作了主客观之分，但他并没有意识到两者的根本差异是什么。而许茨却认为，主观意义是"我"如何确定行动意义的过程，而客观意义则是"我"怎样与他人确定"主体间性"的意义过程。可见，这两者的涵义层次完全不同。主观意义关涉时间问题，而客观意义则关涉符号与沟通问题。同时，在许茨看来，对意义的正确理解，还需要搞清"动机"这一概念。韦伯误将"意义"与"动机"等同，许茨则将动机区别为"目的动机"和"原因动机"两大类。"目的动机"指的是人们为了某一特定结果、想要达到的某一目标而不断去努力去实现的一种追求性动力。与此同时，"原因动机"意指"之所以这么去做的原因"，通常来说，这一动机可以从行为者自身经历、所处环境及其内心倾向得出适当的解释。

　　许茨也和韦伯一样，强调社会学的逻辑起点是社会行动，同时也认为意义是社会理论的中心地位，但许茨并不接受韦伯关于社会行动的概念。他认为，要理解社会行动，首先要把"行动"和"活动"区别开来。行动指的是个体行为者在自我意识的驱使下，预先设定好一套方案，制定好一个未来的目标，进而开展的具有个体行为者意识体验的人类行为。而活动指的则是这个持续发展过程中的结果，简单地说，就是完成了的行为。许茨认为，筹划是社会行动的一个核心。作为一种目的动机，筹划可能会在他人身上造成一种意识经验的影响力，即行动"影响了他人"。

　　最后一个关键概念——"理解"，这个概念可以说是对社会学甚至整个社会科学作出的解释。在许茨看来，"理解"实际上包含了三个方面：一是关于人类事务中对常识认知的经验与模式；二是关于认识论的问题；三是社会科学的一种特有方法。把"理解"视为一种经验的形式，这就意味着，人们一开始便将自己日常生活的世界理解为一个已经被类型化并且充满意义的世界。作为认识论的一个问题，"理解"指的是关于社会世界中有效的知识和它们的知识社会起源等问题的论述。"理解"强调的是自然存在与社会存在本质上的区别，强调人是开展观察的行为主体，而不仅仅是被观察的对象。

可见，许茨批判性地接受了韦伯的理解社会学观点，重新澄清了韦伯一些未曾明确解释的基础概念，并将其较为抽象、系统的方法具体化。在几个基本概念得以澄清之后，有关社会行动的主观意义的学科更加科学化和合理化。方法论和方法是社会学理论体系的重要组成部分，许茨有关社会学方法论的论述，初步建立了现象学社会学的根本和基础，也进一步丰富了社会学的哲学根基。

三、分析对象：社会世界的结构分析

许茨的社会学理论，是要建立客观解释行为主体主观意义的社会学，而这门关于解释主观意义的社会学是如何变为一门学科的呢？仅仅定义并澄清几个作为方法论的基本概念还不足够，还必须开发出各种不同的方法论手段。因此，许茨对社会科学家们研究的科学世界的特征进一步作了阐述。

在这本书的第四章，我们可以看到，许茨提出了"社会世界"的概念，并将其分为四大类：社会的周围世界、社会的共同世界、社会的前人世界和社会的后人世界。许茨对社会世界的四重划分，实际上也是他对人类型的四重划分，正如他所说："当我们谈论周围世界、前人世界、共同世界与后人世界时，这无非意味着他人对我来说分别是邻人、同时代人、前人或后人，反过来，我自己本身对他人来说也分别是邻人、同时代人、前人或后人"。

许茨接受了胡塞尔"周围世界"的概念，但在这个概念的前面加了"社会的"一词，用来说明其研究方式和研究对象是限定在社会学范围内的。首先，"周围世界"是一个"我"与他人共同存在的世界，在这一世界里，我们都因具有"身体性"而存在，我们都处在同一个时空共同体中，彼此之间可以进行直接的交流，并能够达成彼此的理解。在"周围世界"中，"我"和他人之间的关系是一种"面对面"和亲熟的关系，类似费孝通在《江村经济》中提到的"熟人社会"，因此许茨把"周围世界"里的他人称为"邻人"。此外，许茨认为，在"社会的周围世界"里，"我"始终是以"朝向你的态度"来面对他人的，这是一种独特的行为倾向。由于"你"是一个活生生的他人，以原来自身的方式在"我"面前出现，"你"的表情、行动、语言和交流都直接展现在"我"的面前，所以"你"就是"我"直观地看到的对象。"朝向你的态度"意味着"我"的意识指向了另一个纯粹具有生命和灵魂的"你"本身，"我"并不关注"你"的特定存在性。

社会的"共同世界"由"周围世界"演变而来，而区分这两者之间的界限就是他人的身体表现。如果在"周围世界"中，"我"和他人能在一个共同的时空中直接相遇，体验对方的喜怒哀乐，并与对方进行语言交流，那么在"共同世界"里，"我"和他人已经不能"亲身体验"对方了。如果说"社会的周围世界"是以"面对面"方式建立的亲熟社会关系，如婚姻或友谊，那么"社会的共同世界"就是以"类型化"的方式建立起来的社会关系，例如交通警察或邮递员。在"共同社会"里，人与人之间的态度是"朝向你们的态度"，这是指"意向地朝向一个共同世界之他我的行为"，相对于"周围世界"，它所指向的他我的体验在本质上有或多或少的匿名性。

那么，"前人世界"又是什么呢？"前人世界"就是"我出生之前已经存在的世界"。它的特征是：前人的意识经验和"我"正在经历的意识经验完全没有时间上的同步性；"前人世界"本质上已经结束终结，并且已经过去了，它不指向未来的开放视域；"前人世界"的具体行为不是未确定，也不是待实现，而是确定不变的；"前人世界"的行为从未被预期，而是总处于已实现的模式下。"我"和"前人世界"没有任何实质上的互动关系，因此对于"前人世界"来说，我们只能采取单向的"朝向他人态度"，祖先崇拜意识就是此类朝向"前人世界"最好的例子。

如果说"前人世界"是已经过去了的、完成了的，因而是不自由的和确定的，"周围世界"中的邻人是自由的，"共同世界"中的他人是被类型化的，那么"后人世界"便是完全不确定的，并且也永远无法确定。因此，我们对"后人世界"的朝向态度只是：存在着一个一般的"后人世界"，但这种判断并不具有它的存在性或其特质，也不具有它在每个现在的点上所具有的特征。对于一个完全未发生的世界，我们只能对其进行大概的假设和描述，因为一方面已有的科学规则很难扩展到这一世界，另一方面它也存在着极大的不确定性。

在许茨看来，生活世界是复杂且多样的、具有不同程度的匿名性，他想要做的是明确地区分生活世界的他人或者观察者对社会行为的理解，比较生活世界和科学世界关于行动的理解。

四、核心思想：社会行动的意义及其理解的可能性

人如何过一种有意义的生活？社会学从诞生开始就一直致力于解答这个

问题。从古典时代到现代，社会学家们的现实关怀，核心就是人生活的意义。许茨的一生致力于探索社会世界和各种社会实在的本质，把建立与社会世界有关的本质科学作为自己毕生的学术理想。《社会世界的意义建构》一书的问世，是许茨社会现象学观点的形成的标识，许茨在这本书中用现象学方法论对我们生活的社会世界进行了分析和描述，包括对社会世界的结构进行分层与划分，对行为主体和主体间性的概念作出描述，对社会行动进行阐释，明确理解与意义的概念，进而建立起了自己的问题分析体系。上面讲到了社会世界，但为什么要研究社会世界呢？这就是我们本部分所要探索的核心思想。

韦伯认为，社会学的目的在于对社会行动的过程和结果，作出理解和因果性的解释。和韦伯一样，许茨也在沿着社会行动来找寻人的意义。许茨认为，用科学的态度来观察社会世界，只是科学地研究世界的第一步，第二步则是要建构起社会行动的理想类型。为此，许茨提出了一个重要的概念，那就是所谓的"二阶构造"。

许茨认为，对社会世界的意义理解包括三个层次：一是理解关于我们人类事件中的常识所具备的经验形式，即人类在外在世界经验型的基本认知，这个层次基本上没有问题；二是理解社会世界中各个主体之间的意义构造方式，简单来说，就是如何去理解他人的实存和行为的经验意义；三是研究者根据需要研究的课题，确定研究对象并开展相关研究。前两层，由于一般人生活在世界中，知识的积累量很大，他们往往从自然态度出发，根据他们已有的意义结构和关联结构，建立了对事实和实践的常识认知，这就是一阶构造。这类构想虽不能与社会科学家的构想相等，但它却为社会科学家们提供了原始的科学研究材料和起点，即所谓的社会科学家的二阶构造。二阶构造是社会科学家们基于普通人常识的构造，进而对其观察到的行为或现象作出构想，确定与之相对应的类型行动模式，是针对社会行动者构造的再构造。

为保证自己所设计的"科学模型"构想的有效性，许茨提出了五个必须符合的假设性原则：一是相关性假设。许茨认为，社会世界的研究主题决定了研究对象、研究方法和研究路径。换言之，社会科学家们所做的一切，必须涉及日常生活的研究主题。二是适当性假设。根据这一原则，理想类型应由社会科学家们建构，以便在日常生活中，行为者行为的类型化可以被行为者本人及其同辈理解。三是逻辑连贯性假设。社会科学家所设计的类型体系，必须具有较高程度的清晰性和明确性，并且完全符合形式逻辑理论中的各种基本原理。四是相容性假设。社会科学家们建构的类型，要么与已知科学知识相符，要么可以证明现存的科学知识至少有一部分是不完善的。五是主观解释的假设。科学类型和社会世界的普遍模型，必须以真正行动者在日常生活中的主观意义为基础，并与之一致。满足这五个原则，科学构想体系的客观有效性、主观解释的全面性，以及科学解释的确切性等都能够得以保障，最终科学有效地对社会行动者的行为及其主观意义与经验作出理解。

由此可见，许茨构建的现象学社会理论体系，是一条与实证主义截然不同的研究路径。针对传统社会学方法论与方法的疑虑，许茨提出了人的主观意识、意义建立及理解、行动与经验等问题，强调了现象学社会学在描述社会世界中的个体所进行的意义建立与诠释过程的基本任务。

五、研究应用：现象学社会学的生命历程

许茨的主要学术成就是现象学社会学。为了解决社会科学的根本问题，

许茨终生致力于以现象学为基础来阐明社会世界的本质，为社会科学奠定哲学基础。随着现象学运动的展开，在社会世界现象学的旗号下，许茨在当代哲学和社会科学领域中产生了深远影响，如哈贝马斯、吉登斯、彼得·伯格和加芬克尔等学者都受到了许茨的影响。比如，人们普遍认为，英国社会学家吉登斯是受了许茨关于社会科学的二阶构想观点的影响，才形成了社会科学方法的，并以此为基础，提出了双重解释的概念；与此同时，许茨关于意义联系的理论和对社会世界的分类，也是德国哲学家哈贝马斯沟通行动理论的重要支柱。此外，在学术建制方面，许茨开启了现象学社会学的先河。

正如许茨所说，现象学是一种科学方法。在他的观点中，人类知识和社会实在都是由主观经验构成的，社会学也必须对那些可以使人们共同感受的知识而建立的概念和类型化的手段进行重新建构。他认为社会学在研究社会结构、社会变化与社会性质以及人们的微观互动过程时，应该置身于生活世界中。20 世纪初，现象学运动开始兴盛，它的影响也早已不再局限于哲学领域，在经验科学、社会学等学科领域中也产生了更广泛的影响。

接下来，我们来谈谈当前学术界对许茨相关理论的具体应用。近几年，国内对许茨理论的研究越来越多，大多集中在对许茨社会世界的结构、行动意义的赋予、现象学方法论等方面。

《社会世界的意义建构》这本书，尤其是其中"意义世界""主体间性"等思想，对"质性研究"领域的贡献十分突出。首先，我们选取北京大学社会学系杨善华教授的一篇题目为《田野调查：经验与误区——一个现象学社会学的视角》的文章来分析。在文中，杨善华教授对许茨行动意义理论在田野调查中的应用作了分析。

　　田野调查是一种定性调查研究方法，在调查的过程中，其中的两个核心就是我们前面提到的"意义"和"意义探究"。可以说，田野调查是对现象学社会学的一种具体应用，它将我们前面一直提到的"社会世界"视为"意义的世界"，对其意义进行了探究，最终调查的目的也是在意义层面去诠释它的。这就要求调查者在开展田野调查时，不仅仅要着眼于资料的收集，而且还要在感知的基础上，分析自己对这些社会现象的感受。杨善华教授指出，田野调查关注的是社会整体，意思是虽然我们在田野调查的时候，身处在某一个具体的现场，但是我们也必须从一个社会整体的视角，对社会现象进行考察，否则就容易产生调查中的"盲点"。例如其在一次调查"空心村"的过程中，将一个大批农民外出打工的村子，定义为一个"空心村"，却没有观察到，这些外出打工的农民依然和自己原本生活的村庄保持着紧密的联系。比如，他们常常往家里寄钱，也会在年终返乡，参与流出地村庄的各种社会活动，他们也有一个意识，那就是村庄才是自己社会竞争的主体舞台。从中可以看到，这些外出打工的农民，尤其是 40 岁左右的中年人，他们还是会回流到自己原本的居住地村庄，所以，将这样的村庄定义为"空心村"，就是一个调查的"盲点"。从现象学社会学的层面来看，我们在前面谈到，人们在日常生活中往往容易抱着一种所谓的自然态度，想当然地认为社会世界的事实，很多都是显而易见的，并且会自然而然地去接受它。

　　"主体间性"是《社会世界的意义建构》这本书中的重要概念。按照许茨的说法，人行动的意义要放在生活世界中去寻找，生活世界是一个"主体间性"的世界。青岛大学的李涛和李欣两位老师写的题为《论口述历史的主体间性》一文中提到，口述历史是一种人与人之间深层次的思想交往的活动，应该置于"主体间性"的视域中进行考察，从而消解主客二元论所带来的哲学困境。通过对"主体间性"理论的应用，作者认为，为了更好地理解历史的过去，应该在口述的过程中，遵循"接近呈现原则""互为主体性原则""开放性原则""视角互易性原则"这样四个原则，在"我们"的关系基础上来建构出一种易于沟通的共同环境，从而达到一个良好的呈现历史的口述环境。

此外，有关许茨现象学的具体应用还有许多。比如，《现象学社会学对社会工作理论与实践的启示》《法律是什么：基于日常生活世界的现象学社会解释》等。

相关应用的文章还有很多，感兴趣的朋友可以下载相关论文来研读。

最后，我们来回顾一下这本书的核心要点：

1.《社会世界的意义建构》的研究背景是：许茨基于对马克斯·韦伯理论观点的研读与批判，并通过对胡塞尔现象学的借鉴，对自己有关理解社会学的理论进行了加工改造，使自己的理论基础得以完善。许茨也试图对社会科学问题追根究底，直指意识生活的基本事实。

2.《社会世界的意义建构》的研究视角是：探究现象学的理论与方法对于解决社会科学根本问题的重要意义，借此澄清诸如意义、理解、主体间性、社会世界、社会实在等关键问题。许茨通过运用现象学，分析了社会世界的意义建构及其过程，通过重构韦伯的"理解社会学"，在可靠的哲学基础上，搭建了一套更为清晰的概念体系和理论框架。

3.《社会世界的意义建构》分析对象是：有关社会世界的结构及其各个层次的考察和研究。许茨认为，人类一切生活实践都是基于社会世界的，由此填补了人类理性对于生活世界结构本身的理解空白，并借此开创了社会世界的现象学理论，开辟了哲学研究新的视角。

4.《社会世界的意义建构》的核心思想是：对于社会行动的诠释性理解，进而呈现社会行动的过程及结果的意义结构。在书中，许茨关注个体人的社会行动，将其行动意义回顾到社会世界中，在社会世界中对具体人的社会行动意义，作出了理解和解释，这也透视出了对现代性中人性的关怀。

扫码收听更多
精彩内容

拓展书单

1. [奥] 阿尔弗雷德·许茨：《社会实在问题》，霍桂桓、雷昕译，华夏出版社 2001 年版。

2. [奥] 阿尔弗雷德·许茨：《社会理论研究》，霍桂桓译，浙江大学出版社 2011 年版。

3. [德] 胡塞尔：《现象学的构成研究》第 2 卷，李幼蒸译，中国人民大学出版社 2013 年版。

4. [美] 塔尔科特·帕森斯：《社会行动的结构》，张明德等译，译林出版社 2008 年版。

第
二
篇

PART 2
_____

社会学视角下
的宏观世界

吉登斯《社会的构成》

——诞生于社会学"二元对立"理论困境中的经典之作

"社会理论"这个词涵括了我认为各门社会科学所共同关注的那些论题。这些论题的宗旨是探讨人的行动与行动中的自我的性质，研究应该如何从概念上理解互动及其与制度的关系，努力把握社会研究的实践意涵。另一方面，我所理解的"社会学"并不是有关人类社会整体研究的一门通用学科，而只是社会科学的一门分支，只关注"发达的"或现代的社会。

结构化理论有一个主要立场，认为以社会行动的生产和再生产为根基的规则和资源同时也是系统再生产的媒介（即结构二重性）。

社会学理论著作《社会的构成：结构化理论大纲》（*The Constitution of Society：Outline of the Theory of Structuration*），作者是英国著名法学家安东尼·吉登斯（Anthony Giddens，1938—　）。安东尼·吉登斯曾任伦敦经济学院院长，现为剑桥大学教授、中国社科院名誉院士。他与伊曼努尔、哈贝马斯、布尔迪厄等学者齐名，是当代欧洲社会思想界中少有的大师级学者。《社会的构成》是吉登斯的代表作品，书中的结构化理论在世界范围内引起了极大的反响。

一、创作初心：突破社会学"二元对立"的理论困境

在西方社会学理论的发展过程中，一直存在着一个"二元对立"的理论困境，即"社会结构制约性"与"个人行为自主性"之间的"二元对立"问题。简单来说，就是在社会学研究的过程中，究竟是以"社会结构制约性"为主导，还是以"个人行为自主性"为主导。历史上，西方社会学家在宣扬自己的社会学理论时，总会有意无意地倒向"二元对立"中的某一方，在这里，我们暂时将支持以"社会结构制约性"为主导的学者称为"客体主义者"，将支持以"个人行为自主性"为主导的学者称为"主体主义者"。

比如，实证主义社会学的代表人物涂尔干，就属于"客体主义者"。涂尔干认为，社会学的研究对象是社会事实，而社会事实是一种外在于人并对个人有约束作用的客观存在。在涂尔干看来，既然社会事实是外在于人的客观事物，那么对于社会事实的研究，就不能掺杂任何个人的因素，而是要到先于这个社会事实存在的社会事实中去寻找原因。

被誉为"组织理论之父"的社会学家韦伯，代表的则是"个体主义者"

的立场。韦伯把社会学定义为一门对个人的社会行为及其过程，进行解释性理解与因果性说明的科学，在他看来，涂尔干的社会学理论过于单薄，因为人类的社会行为相当复杂，我们不能用研究传统自然科学的方法来研究社会行为。

韦伯和涂尔干在社会学理论上的对立，正是社会学理论"二元对立"问题的缩影。从他们二人的理论中，我们能很容易地看出"二元对立"下社会学研究的缺陷，即为了突出自身理论的正确性，几乎将对方的观点全盘否定，从而难以解释清楚某些现实社会中的情况。

比如，"客体主义者"为了强调社会结构制约性的主导地位，会选择性地忽视个人行为自主性在社会建构中的作用，他们认为个人行为的自主性、能动性是无关紧要的存在，个人只是单纯地服从于社会结构，对于社会结构的制约几乎没有反抗能力和影响力。这样的理论在宏观层面处理问题时的适用性较强，但当问题涉及微观层面的个人时，就会有些力不从心；"主体主义者"的问题与"客体主义者"正好相反，因为"主体主义者"过分强调个人行为的自主性，常常会忽视社会结构制约性在社会建构中的作用，这就导致他们解释国家、宗教等复杂庞大的社会现象时，同样会有些"疲软"。

可以说，自社会学概念出现以来，"二元对立"问题就成了西方社会学理论发展中不可回避而又难以解决的核心问题，它因此也被看作是西方社会学理论发展的基本矛盾。在这种情况下，不少社会学家都想通过建立新的理论，来化解社会学研究中的这种"二元对立"问题，其中就有创作了《社会的构成》的吉登斯。

对于社会学研究中"二元对立"问题的批判，在吉登斯的许多著作中都有所体现。比如在他的著作《社会学方法的新规则》中，他就指出了"社会关注的不是一个'预先给定的'客体世界，而是一个由主体的积极行为所构造或创造的世界",以此来驳斥"客体主义者"的社会学理论;而对于"主体主义者"社会学理论立场,他则认为"人类能动行为的领域是受到限制的"。我们今天要讲的《社会的构成》,就是吉登斯在对"二元对立"的社会学理论的批判和继承中创作出来的。

在《社会的构成》中,吉登斯指出:"如果说,各种解释学的确立(主体主义)是以主体的某种霸主地位作为自身的基础,那么功能主义和结构主义(客体主义)所提倡的则是社会客体的某种霸主地位,我之所以要提出结构化理论,其基本目标之一就在于宣告这些建立霸主机制的努力破产。"这段内容,足以让我们认识到吉登斯想要解决社会学研究"二元对立"问题的壮志雄心,而其中提到的"结构化理论",就是吉登斯攻克这一问题的武器。关于结构化理论的概念,我们将在下一部分详细介绍。

二、主要内容:结构化理论

当我们拿到中国人民大学出版社 2016 年出版的《社会的构成》时,会发现在封面的标题下面,写着"结构化理论纲要"的副标题。正如这个副标题所写的那样,《社会的构成》这本书的主要内容,就是吉登斯的结构化理论。

前面说到过,吉登斯研究结构化理论的初心,是为了突破社会学"二元对立"的理论难题,而在这个困境里,最为突出的就是"社会结构制约性"与"个人行为自主性"之间的矛盾。为了解决这一矛盾,吉登斯在结构化理论中,先是构建了个人行动的框架,随后又构建了社会结构的框架,最后依靠"结构的双重性"的概念,有机地将个人行动与社会结构结合了起来,从而将原本互相矛盾的行动与结构，贯彻在了同一个理论系统之中。下面，我们将沿着《社会的构成》的写作思路，对结构化理论进行说明。

（一）个人行动框架的构建

在《社会的构成》中，吉登斯对结构化理论的展开，是从对行动者及其能动作用的分析开始的。吉登斯认为，行动是一种基于对周遭环境的认识及"反思性监控"的连续过程，而非理性、动机或意图等各种概念的组合体，行动本身就具有转换性和沟通性，并且拥有重新定义概念或创造新概念的特点。

简单来说，吉登斯认为行动者的行动是一个循环往复的过程，即当我们意图行动的时候，这个行动很有可能会带来一种意外结果，而这个意外结果作为一种未被行动者认识到的条件，在行动者的反思下，又会成为下一次行动的前提，从而形成一个循环往复、不断累积的过程。举例来说，因为第二天早上你跟朋友约好一起吃早饭，所以今天你选择早点睡。但平时很少早睡的你，因为早早上床反而失眠了。这时候你意识到，如果这样下去，你必然会睡眠不足，不仅明天跟朋友见面时会没有精神，甚至还会影响明天的工作。思考过后，你把跟朋友的约会推迟到了周末，并决定今后不再随意改变自己的作息时间。

这其中，最为关键的概念就是"反思性监控"。所谓"反思性监控"，指的是行动者在理性的基础上，在行动中体现出来的目的性或意图性。在行动的过程中，"反思性监控"不仅涉及我们自身的行为，同样也会涉及他人的行为，按照吉登斯的话来说，就是"行动者不仅始终监视着自己的活动流，还期望他人也如此监控着自身。他们还习以为常地监控着自己所处情境的社会特性与物理特性。"用通俗的话来说，"反思性监控"的概念类似于"见机行事"，比如上班快迟到的时候我们可能会放弃乘坐公交而选择打车，前方堵车的时候我们可能会选择绕路行驶，这些都可以看成是"反思性监控"在生活中的具体体现。

从前面的这些例子中，能感受到"反思性监控"在个人行动框架构建中的重要性。因为"反思性监控"行为的存在，行动者才能发现预料之外的结果，这个意外结果才能作为一种未被行动者认识到的条件，成为下一次行动的前提，从而促成一个循环往复的过程。

（二）社会结构框架的构建

在构建完个人行动的框架后，吉登斯便将重心放到了社会结构理论框架的构建上。吉登斯在谈及"结构"时，曾这样表示："我想把我关于'结构'概念的观点与结构功能主义和结构主义中的'结构'概念区分开来，结构功能主义中的'结构'是作为一个'描述性'术语出现的，而结构主义是以还原的方式来使用这个概念的。我认为，'结构'概念的这两种使用方法将导致从概念上模糊能动的主体。"

在这段话中，吉登斯谈到了结构功能主义和结构主义中的"结构"概念。简单来说，结构功能主义中的"结构"与生物结构的概念类似，就好比一只动物由细胞、组织和器官等部分构成，而一个社会也是由群体、阶级等概念构成的；而结构主义在社会学领域中的"结构"，指的则是人类深层心智活动的普遍结构，其研究意义主要在于找到对全人类（不同民族、不同时代）的心智都普遍有效的思维结构及构成原则。而在原有的理论基础上，吉登斯对结构赋予了新的解释。吉登斯认为："在社会研究里，结构指的是使社会系统中的时空'束集'在一起的那些结构化特性，正是这些特性，使得千差万别的时空跨度中存在着相当类似的社会实践，并赋予它们以'系统性'

的形式。"简单来说，吉登斯眼中的"结构"，从概念上其实更接近于"结构化特性"，这些特性不受时空限制，并常常以具体的方式出现在实践活动中，从而形成一种具体化的形式，对不同时空下的行动产生影响。

紧接着，吉登斯又进一步将"结构"细分为"规则"和"资源"两部分，来对"结构"这个概念进行具体的阐释。结构化理论中的"规则"，指的是在社会生产及再生产中运用的技术或可以加以利用的一般化程序，它可以作为行动的规范准则，"规则"为人们规定了行动中的权利和义务，同时也指明了行动者在行动中应当具有的知识；而"资源"表示的则是行动者在完成任务时所需要的"工具"，它又细分为"配置性资源"和"权威性资源"，其中"配置性资源"指的是在权力实施过程中的物质资源，比如自然环境和人造工具等，它主要源自人类对自然的支配；"权威性资源"指的则是非物质资源，比如权力、地位等，它主要源自社会中一些人对另一些人的支配。吉登斯认为，"规则"和"资源"是密不可分的，"规则"属于行动者的知识与理解部分，可以称得上是行动的内在因素，而"资源"是行动者完成任务的工具和能力，所以它就是行动的外在因素，这两个因素加起来，便构成了行动的结构因素。

同时，为了更好地协调微观层面的实践活动和宏观层面的社会结构之间的关系，吉登斯还引入了理解、手段、规范三个"中介"的概念，在吉登斯看来，前面所说的规则和资源，就是通过这三种"中介"来调节社会活动的。在调节社会活动的过程中，这三个"中介"还促成了三个结构性产物的诞生，它们分别是意义结构、支配结构和合法性结构。

所谓意义结构，是指行动者在行动的过程中，通过知识和能力来进行沟通，并遵守规则的限制；所谓支配结构，它的关键则在于行动者操控外在环境的能力，行动者会通过各种手段，来运用资源达成预订的目标；所谓合法性结构，则是有关道德规范与社会限制的运作，是通过特定权利与义务的规定，让行动者遵守规则的约束。在我们的现实生活中，实际上并不存在这样泾渭分明的社会结构，而是各种结构之间会彼此交融、相互影响，比如在意义的交流过程中，总会有意无意地包含着权力的运用和规则的限制。但换句话说，正是因为这些结构彼此之间的相互影响，才更能凸显出来结构与行动之间的紧密关系，依靠规则和资源，社会结构实现了对社会活动的控制与约束，而社会活动反过来又会进一步构建新的社会结构。由此看来，结构与行动其实是一体两面，它们之间有着不可分割的二重性。

（三）结构二重性

经过前面有关行动和结构理论构架的阐述后，我们就可以开始了解吉登斯结构化理论的核心概念——"结构二重性"了。所谓"结构二重性"，指的是"结构既是自身组织的行为的中介，又是这种行为的结果；结构不仅会对人类的能动性产生限制，同时它也会对人类的能动性起到促进作用。"简单来说，结构与行动不再是非此即彼的关系，而是互相促进的关系。

为了便于人们理解"结构二重性"的含义，吉登斯将结构与行动的关系比作了"语言"和"言语"的关系，想要借此来帮助人们理解结构与行动的意义。所谓语言，指的是一套文字、语句、文法组合的系统，而言语则是语言使用者在特定时空下说的话。当语言使用者要说话的时候，他必须从语言的资料库的范围内选取自己想说的那句话，这就像行动者要在社会结构的限制下行动一样；而当语言使用者在某些特定的时空下，发明了一些类似"奥利给""干饭人"等新兴网络用语时，就会反过来扩充语言的系统，这就像行动者的某些行动引起了意外情况，导致社会结构发生变化一样。

总的来说，"结构二重性"的出现建立起了社会结构制约性与个人行为自主性之间的关系，它证明通过生产与再生产或者社会实践，社会结构制约性与个人行为自主性之间是能够相互构成的。

（四）"社会整合"与"系统整合"

通过个人行动框架和社会结构框架的构建，吉登斯在理论层面上化解了个人与社会之间的"二元对立"问题，但随着研究的深入，他发现在实际层面中，个人与社会依然存在着微观与宏观两种角度的对立。为了解决这一问题，吉登斯又引入了"社会整合"与"系统整合"两个概念。

吉登斯认为，从时空关系的角度看，二元对立主要表现为面对面的"在场"情境下的个人与场景的对立以及跨时空的"不在场"情境下的情境之间的对立，简单来说，就是微观社会环境与宏观社会结构中个人与场景的对立。在吉登斯看来，这种对立只是相对的，借用"社会整合"和"系统整合"概念，完全可以实现二者的统一。

在吉登斯的理论中，"社会整合"指的是一种把行动者行为的交互性，带进共同在场的环境的机制，而"系统整合"指的是行动者跨越伸展开来的时空，超出共同在场条件产生的交互性。简单来说，"社会整合"对应的是"在场"情境下行动者行动的交互，而"系统整合"对应的则是"不在场"情境下行动者产生的交互。

为了让"社会整合"与"系统整合"两个概念成为可能，吉登斯还引入了经过改造的时空概念，来说明这两个概念是如何解决各自场景中二元对立问题的。针对"社会整合"，吉登斯提出了"共同在场"和"情景定位"的概念，其中"共同在场"指的是面对面互动的个体行动者和结构的相互交织，而"情景定位"指的则是在行动者内化了结构、结构又制约着行动者的前提下，行动者把自己明确定位于时空、物理环境和结构之中的情况，"情景定位"中的行动者似乎存在着一种默契，让他们彼此之间能够心照不宣地进行交往。简单来说，这一观点与前面我们所说的"反思性监控"十分相似，人们同样是在反思的状态下，在互动场景中行动。而从互动场景的角度来说，虽然其中行动者的时间是单向的，但因为自然界中的时空具有固定性，所以人的行动也会具有固定性，共同场景因此是可以重复的、再生的，与之相应的结构也就具有了再生性。于是，通过"社会整合"的概念，吉登斯解决了互动场景中"二元对立"的问题，因为行动者对行动的反思性监控，所以互动场景能够顺利进行，又因为时空相对固定，所以互动场景就能够实现再生产，至此也就又回归了结构化理论中"结构二重性"的情形。

而对于"系统整合"，吉登斯则提出了"部落社会""阶级分化的社会""现代社会"三种社会类型来加以说明。吉登斯表示，在部落社会是不存在"社会整合"和"系统整合"的分化的，因为人们的互动依赖于共同场景的存在，比如传统观念、亲属关系等规则，部落首领代表的权威性资源等。人们在这样的规则和资源下实现了整合，所以在部落社会中只有"社会整合"；而在阶级分化的社会，"社会整合"和"系统整合"是并存的，因为在阶级分化的社会中，会因为城乡配置资源不均、治理体制不同等原因导致城乡分离的情况出现，从而加强行动者们在"不在场"情境下的交互。但在吉登斯看来，阶级分化的社会中"系统整合"的整合水平不高，因为它是依靠政治军事权力和城乡经济的互相依存来实现的；而到了现代社会，由于科学技术的发展，人们社会交往活动的范围呈现扩大的趋势，在这个过程中逐渐产生时空分离以及国家和人民相分离的情况，那么在宏观社会结构的监视机制下，"系统整合"就渐渐成为了可能。总的来说，吉登斯通过"社会整合"和"系统整合"的概念，实现了"在场"和"不在场"两种情境下个人与场景之间的统一，其中引入的时空概念在社会学范畴中并不常见，具有很强的参考价值。

以上便是吉登斯结构化理论的主要内容。在《社会的构成》中，吉登斯以批判前人理论为逻辑前提，以"结构二重性"为核心概念，以个人行动框架与社会结构框架之间的互构为逻辑展开阐述，构建了一套系统且逻辑严密的结构化理论。作为一套解决了传统社会学理论中"二元对立"问题的理论，《社会的构成》这本书值得我们去细细研究、品读。

三、研究与应用：结构化理论的当代运用与理论构建逻辑的研究

我们在中国知网检索"社会的构成""吉登斯""结构化理论"等关键词后可以发现，目前关于《社会的构成》的研究应用主要集中在结构化理论的当代运用上。

比如发表在《求是学刊》上的文章《福利资本主义的结构性矛盾及其再生产——基于吉登斯"结构化理论"的动态分析》，就以吉登斯结构化理论为基础，构建了当前欧洲部分资本主义社会的动态架构，从而发现了当代福利资本主义危机的根源，在于经济结构丛与政治结构丛的原生结构性矛盾，以及再生产后新的结构性原则与旧有结构性原则之间的冲突；又比如发表在《学术研究》上的文章《城市公共文化服务的结构二重性和社会行动者——以吉登斯结构化理论为视角》，则是以吉登斯结构化理论为基础，构建了城市公共文化服务体系的二重性结构，并从反思性监控的角度，对当前国内城市公共文化服务体系可能存在的问题进行了总结和分析。由此可见，吉登斯的结构化理论在面对当下现实存在的社会问题时，可以说具有很强的分析解决能力，对于感兴趣的朋友来说，不妨试着将吉登斯的结构化理论带入当下

的一些社会问题，并加以分析，没准就能得到意料之外的解决方案。

除此之外，学术界也有一些学者认为，吉登斯的结构化理论在建构逻辑上存在着些许不足，比如吉登斯在建构其结构化理论时，引入了许多新的概念来阐释他的观点，但这些观点却存在着定义不明确或前后不一致的情况。比如，吉登斯提到过社会实践的概念，但他却并没有给出社会实践的明确定义，并且在后面的阐述中，他还逐渐地用社会行动的概念取代了社会实践的概念。尽管引入新的概念有助于发散读者的思维，但吉登斯却会给人一种遇到理论困境时，就强行创造新概念加以解释的感觉。感兴趣的朋友可以总结一下《社会的构成》中那些不太明确的定义和概念，无论是盘点还是扩展分析，都是不错的选择。

最后，我们来总结一下《社会的构成》的核心要点：

1.《社会的构成》的创作初心，是为了解决社会学理论中的"二元对立"问题。在西方社会学理论的发展过程中，一直存在着"社会结构制约性"与"个人行为自主性"之间的"二元对立"问题，众多的西方社会学家在宣扬自己的社会学理论时，总会有意无意地倒向"二元对立"中的某一方，并对另一方持有近乎全盘否定的态度。在这种情况下，不少社会学家都想通过建立新的理论，来化解社会学研究中的"二元对立"问题，吉登斯就是其中之一，《社会的构成》就是吉登斯在对"二元对立"的社会学理论的批判和继承中创作出来的。

2.《社会的构成》的主要内容，是吉登斯的"结构化理论"。"结构化理论"的核心概念是"结构二重性"，即结构既是自身组织行为的中介，又是这种行为的结果。在书中，吉登斯主要是通过个人行动框架的构建和社会机构框架的构建来体现"结构二重性"的。行动是一种基于对周遭环境的认识及"反思性监控"的连续过程，结构指的是社会系统中的时空"束集"在一起的那些结构化特性，它由"规则"和"资源"两部分组成。解决了理论层面的"二元对立"问题后，吉登斯又通过"社会整合"和"系统整合"的概念解决了微观与宏观的"二元对立"问题。

3.《社会的构成》的研究与应用，在于结构化理论的当代运用与理论构建逻辑研究两方面。吉登斯的结构化理论在面对当下现实存在的社会问题时，具有很强的分析解决能力，感兴趣的朋友可以试着将吉登斯的结构化理论带入当下的一些社会问题，并加以分析。另一方面，学术界的一些学者认为，吉登斯的结构化理论在建构逻辑上存在着些许不足，感兴趣的朋友可以对书中不太明确的定义和概念进行总结。

扫码收听更多
精彩内容

拓展书单

1. [英] 安东尼·吉登斯：《社会学方法的新准则》，田佑中译，社会科学文献出版社 2003 年版。

2. [法] 埃米尔·涂尔干：《社会分工论》，渠东译，生活·读书·新知三联书店 2000 年版。

3. [波] 齐尔格特·鲍曼：《通过社会学去思考》，高华译，社会科学文献出版社 2002 年版。

4. [德] 马克斯·韦伯：《社会学的基本概念》，顾忠华译，广西师范大学出版社 2005 年版。

滕尼斯《共同体与社会》

——社会是一种现代事物

> 共同体是持久的和真正的共同生活，社会只不过是一种暂时的和表面的共同生活。因此，共同体本身应该被理解为一种生机勃勃的有机体，而社会应该被理解为一种机械的聚合和人工制品。
>
> 在共同体里，尽管有种种的分离，仍然保持着结合；在社会里，尽管有种种的结合，仍然保持着分离。于是在这里并不存在着派生于首先和必然存在的统一体的行动，因此，只要行动是由于个人而产生的，也在个人身上表示着这个统一体的意志和精神。

《共同体与社会：纯粹社会学的基本概念》（*Gerneinschaft und Gesellschaft：Grundbegriffe Derreinen Soziologie*），是德国社会学家斐迪南·滕尼斯的成名作，以下解读基于商务印书馆 1999 年出版的中文版，译者林荣远。

斐迪南·滕尼斯（Ferdinand Tönnies，1855—1936）是德国著名的社会学家和哲学家，德国社会学学会的创始人，德国现代社会学的奠基人之一，马克斯·韦伯曾经担任过他的学术助手。他一生学术成果颇丰，著作等身，除了《共同体与社会》（1887）外，还有《霍布斯的生平与学说》（1896）、《社会问题的发展》（1907）、《英国的国家与德国的国家》（1917）、《公众舆论的批评》（1922）、《社会学的研究与批判》（1925—1929）、《社会学引论》（1931）以及《近代的精神》（1935）等。

《共同体与社会》是滕尼斯的早期著作，也是他的成名之作。在滕尼斯生前，《共同体与社会》就先后出过 8 版。在这本著作首次出版 130 多年后的今天，《共同体与社会》仍然享誉国际社会学界，"共同体"与"社会"这组经典的二分范畴仍然被不断提及和讨论，对当前社会研究产生了深远影响。今天，我们就从创作背景、研究思路、核心内容、研究应用四个方面来为大家解读这本书。

一、创作背景：社会研究的兴起

首先我们来看滕尼斯创作《共同体与社会》的背景。说到本书的创作背景，我们首先要了解滕尼斯的成长经历。1855 年 7 月 26 日，斐迪南·滕尼斯出生于当时属于丹麦王国的施莱兹维希州的一个小城豪巴而格，由于地主家庭的身份，滕尼斯自小生活比较富裕，他的父母为他们七兄弟请了一位家庭教师。之后，他们全家迁往胡苏姆。滕尼斯在那里度过了他的童年和青年时代。他天资聪明，刻苦好学，1872 年，滕尼斯 17 岁，他在斯塔拉司堡进行了短期学习，同年他换了一所大学读书，稍后又去耶那、莱比锡等许多城市的大学读书，这为他今后的学术研究奠定了良好的基础。1875 年，年仅 20 岁的滕尼斯在杜宾根被授予哲学博士学位。滕尼斯对霍布斯的思想有着深入的研究。1881 年，年仅 26 岁的滕尼斯，由于对英国政治思想家托马斯·霍布斯的研究成就和《共同体与社会》的初稿，在基尔大学哲学系获得了教授资格。

在滕尼斯成长的过程中，德国社会发生了剧烈变化。在很长一段时间内，德国没有形成统一的民族国家，整个社会混乱，战争频繁。在 1862 年，俾斯麦成为普鲁士的宰相，采用了"铁血政策"，先后战胜了丹麦、奥地利与法国，为德国统一扫除了障碍。1871 年，普鲁士国王威廉一世统一了德国，为德国的现代化发展提供了政治保障。

除了政治保障外，19 世纪 60 年代，第二次工业革命开始，人类进入"电气时代"。这极大地推动了德国社会生产力的发展，资本主义生产社会化极大加强，垄断组织开始出现，促进了德国社会现代化的发展，乡村人口大量涌入城市，德国无产阶级登上历史舞台。

或许正是由于滕尼斯自小的家庭群体生活经历以及成长过程中的德国社会剧烈变迁的影响，滕尼斯的研究兴趣关注到了人类群体生活的基本形式，由此开始了《共同体与社会》这本著作的创作。

了解滕尼斯的人生经历后，他的思想渊源则要回到社会学早期发展史中去找寻。社会学作为研究人类历史和文化的科学，其思想源于启蒙哲学。自 1838 年，孔德在《实证哲学教程》中第一次提出了社会学这个新名词后，社会学逐渐被社会科学家们所认识和接受。与此同时，有关社会问题和社会现象的研究也大量出现：洛伦茨·冯·施太因基于黑格尔哲学对资产阶级社会结构及运动规律开展的研究，卡尔·马克思关于"三大社会形态"的论述，威廉·亨利希·里尔突出了等级的与保守的"人民的自然史"学说，梅因在《古代史》中提出的"古代—现代"二分范畴，阿尔贝特·舍夫勒在《社会躯体的构造和生命》讨论的社会进化论，等等。这些社会学家的思想共同构成了滕尼斯《共同体与社会》一书的思想基石。

另外，滕尼斯还是一位霍布斯研究者。《共同体与社会》一书也受到霍布斯的思想影响，尤其是书中关于"社会"的理论，留下霍布斯的"人性恶论"的明显痕迹。

二、研究思路：人类群体生活结合类型的二分法

介绍完《共同体与社会》的写作背景之后，我们再来看这本书的研究思路。滕尼斯是围绕什么主题来写这本书的呢？他又是按照什么逻辑和顺序来阐述这个主题的呢？

首先，我们来看看《共同体与社会》这本书的主题是什么。在书中，滕尼斯主要关注人类群体生活中的两种结合的类型，使用了二分法的概念，从人类群居生活结合的现实中，抽象地概括出这两种类型："共同体"与"社会"。在《共同体与社会》中，"共同体"（或翻译为"社区"）与"社会"，是一组"平级"概念。在这组概念中，隐含着进化论思想，滕尼斯认为人类群体生活结构从传统的"共同体"样态发展到现代的"社会"样态。滕尼斯关注的重点在于对生活群居形态的划分，因此，他的社会学观点也属于形式社会学。

接下来，我们再来看一下《共同体与社会》的内容结构。《共同体与社会》全书包括三卷正文以及一则附录。第一卷为"主要概念的一般界定"，在这卷中，以"'有机的形态'还是'机械的形态'"作为主题，对人类共同生活基本结构进行界定，对"共同体"与"社会"这两个概念的定义、基本形态、分布特点以及发展趋势等内容进行充分的阐述。

第二卷为"本质意志和选择意志"，在这卷中，滕尼斯将论述的重点转移到了两种与人类共同生活形态息息相关的人的意志，即"本质意志"与"选择意志"。滕尼斯还列举了三种"本质意志"，即"本能中意""习惯""记忆"三种形式。在滕尼斯看来，"选择意志"具有"深思熟虑""决定""概念"三种基本选择意志形式，而且被包含在"努力奋斗""深谋细算""悟性"三种"总的形式"中。尽管这两种意志的概念严格分开，但是它们都被设想为人的活动的原因，或者是对人的活动的支配。人的"本质意志"包含着发展为"共同体"的条件；人的"选择意志"是产生"社会"的前提。这意味着"本质意志"的思想结合与"共同体"相适应，"选择意志"的思想结合与"社会"相一致。

第三卷是"自然法的社会学依据"，在这一卷中，滕尼斯借用"共同体"与"社会"的研究概念及分析视角对"财富""工资""捐税""婚姻"等内容进行分析，从而对人际交往中的自然法进行了阐述，并且进一步讨论了"公团与国家"等相关概念。

最后附录部分是"结论与前瞻"，在这部分，滕尼斯首先总结了前文的内容，认为秩序构成了自然法，从而促使道德产生；"本质意志"的实质和"选择意志"的自由导致了人民群体和国家的对立。其次，他基于"共同体"与"社会"的概念，对秩序、城市、家庭生活、大众影响、个体生命进程以及共产主义等内容进行了预测。

现在，我们来总结一下这部分的内容。滕尼斯在《共同体与社会》中，延续了前人关于社会发展的阶段划分，使用了二分法的概念对人类群体生活结合状态区分，得出"共同体"与"社会"两种形态，并分析了与这两种形态息息相关的两种人的意志，即"本质意志"和"选择意志"。并且，滕尼斯借用了这些研究概念对社会生活中的自然法进行了分析。

三、核心内容：人类共同生活的两种形态结构

了解完滕尼斯写作本书的背景、研究思路之后，我们再来看看《共同体与社会》这本书的核心内容。概括来说，《共同体与社会》集中体现了滕尼斯的"人类共同生活的两种形态结构"的划分，具体而言，主要包含两大部分，即"共同体"与"社会"。接下来，我们就深入了解一下本书的这两大部分。

第一个核心部分——"共同体"。"共同体"以强烈的情感精神为特征，由合作、习俗和宗教构成。滕尼斯认为，"共同体"的类型主要是建立在自然的基础上的群体里实现的，比如家庭、宗族等。此外，它也可能在另外两种联合体里实现，一种是小的、历史形成的联合体，如村庄、城市等；另一种是思想的联合体，比如友谊、师徒关系等。他认为，"共同体"是建立在有关人员的本能的中意，或者习惯制约的适应，或者与思想有关的共同的记忆之上的。血缘共同体、地缘共同体和宗教共同体等都是"共同体"的基本形式，它们不仅仅是各个组成部分加起来的总和，而是有机地浑然生长在一起的整体。在人类的发展史上，"共同体"这种结合的类型早于有的放矢建立的、人工结合的"社会"类型。

　　"共同体"是古老的，与语言习惯、生活习俗、宗教信仰等相关。在滕尼斯看来，"共同体"是持久的和真正的共同生活，所以，"共同体"本身应该是一种有机体。"共同体"的主要规律是：（1）人们之间属于初级群体，彼此相亲相爱或者形成了亲密的交往关系，例如亲戚家人、夫妻情侣，乃至邻里乡党和其他的朋友等；（2）亲密群体长期共同生活与工作，彼此间相互理解，相互尊重以及相互适应，从而形成了他们的共同生活；（3）由于长期共同生活，群体间形成了共同的习惯，存在着默认一致。所以说，"共同体"是以共同的自然情感为基础，从而形成了一种成员之间互相信赖的、亲密的、排他性的群体。人们步入"共同体"自然会产生一种归属感，即使在形式上已经分离，但成员之间的这种联系依然如故。这就是乡愁的原因，人们离开家乡万里，虽然在形式上与亲人相分离，但是彼此间的亲密关系依旧联系紧密。

　　"共同体"的"默认一致"是对一切真正的共同生活、共同居住和共同工作的内在本质和真实情况的最简单表示，它的内容是无法道明、无法把握的，也可以把它称为关于义务和优先权以及善与恶的默契，与明确的约定和契约形成一种对比。在滕尼斯看来，"共同体"是人类群体真正的且长久的一种共同生活形态，在这种形态中，人们的原始或天然状态的"本质意志"能够得到完美的统一。

　　与"共同体"息息相关的人的意志是"本质意志"。滕尼斯认为，"本质意志"是人类前提性的意志，影响人类的其他行为，在这种意志状态下，人们的思维和行为受到了自身身体状况以及从前人那里继承下来的经验限制，能够与所处的人群构成统一体，可以说，"本质意志"是人类结合为有机的"共同体"的感情基础。滕尼斯不仅指出了"本质意志"的存在，还依据"本质意志"在一些特定的事物、行为以及自我实现活动中的存在样态与表现形式，提出了"本质意志"三种基本存在形式：

（1）本能中意，是人类出于生物有机体本能的欲望冲动、感情及想法的总体展现；（2）习惯，人类通过社会实践获得的，并且得到了反复强化的经验行为的总体名称；（3）记忆，来源于生活经验以及个人切身体验，从而抽象获得的各种理念的总体表现，这些理念包含着人们目的性重复活动以及对未来行为的预估。

那么，在了解了滕尼斯关于"共同体"的阐述之后，接下来我们要了解本书第二个核心部分——"社会"。

与"共同体"不一样的是，"社会"是新的，是与现代生活相关的。"社会"是在传统、法律和公众舆论基础上建立的大规模组织，它产生于众多的个人的思想和行为的有计划的协调，个人预计从共同实现某一种特定的目的会于己有利，因而聚合一起共同行动。可以说，"社会"是一种有目的的联合体。在滕尼斯看来，"社会"作为一种人类群居的状态，虽然人们能够和平地生活在一起，但是这种和平的生活不像"共同体"那样通过先天某些因素结合在一起，而是分离的。因此，"社会"应该被理解为一种机械的聚合和人为的产物，由个体、个体活动以及个体意志等组成。从人类发展历史的维度看，滕尼斯认为"社会"类型出现的时间要晚于"共同体"形态。而且只有到了近代资本主义的快速发展时期，"社会"的类型才得到了充分的展现与发展。所以按照滕尼斯的观点，整个人类群居样态结构是由"共产主义"发展到"理性的社会主义"的。

在"社会"里，人们的活动和权力的领域相互之间有着严格的界限，任何人都抗拒其他人的触动和进入，这种消极的态度是这些权力主体相互之间的正常的和基本的关系，而且表明"社会"处于安宁的状态。在这种安宁状态下，人们出于日常活动与人际交往的需要，开始制定契约。契约是两个不同的权力主体和单独意志相交在一点上的合量。"定约必须遵守",基本制度的确立使人们能够形成一种客观的、确实的"社会"结合。虽然"社会"中的个人受到种种契约的约束,但是与"社会"息息相关的另一种人的意志——"选择意志"却是一种普遍的权利。

"选择意志"是思维本身的产物,在这种意志状态下,人们旨在构建目标与实现手段间的关系,在于摆脱原有的限制。与"本质意志"一样,滕尼斯在《共同体与社会》里也提出了三种基本的"选择意志"形式的概念:

(1)深思熟虑,人们依据自身目的及周边的社会条件进行利益权衡,从而使得自身利益最大化;(2)决定,人们依据自身目的,结合当下的社会行动条件,对特定行为的取舍作出判断;(3)概念,来源于社会经验,但在人们思想中形成,在"社会"生活中,促使人们的思想认识与语言表达形成秩序。

而且,在滕尼斯看来,这三种基本的"选择意志"形式又包括在"选择意志"的三种"总的形式"里面,也就是:

(1)努力奋斗,人们在追求自身目的过程中,需要通过个人活动将目的本身与实现手段联系起来,从而使得自己的付出得到适当的报偿;(2)深谋细算,是努力奋斗过程中的一部分,人们旨在进行利益权衡,以期获得最大利益;(3)悟性,人们对于社会事物的性质的基本判断能力,是人们作出社会行为的依据。

总之,滕尼斯在本书中表达的核心观点是"人类共同生活基本结构的两极性观点",也就是人类群体性生活的两种基本形态及相关的人类意志,即"共同体"形态以及人类的"本质意志","社会"形态以及人类的"选择意志"。

四、研究应用："共同体"理论的实证应用

滕尼斯的《共同体与社会》在 19 世纪 80 年代出版之后，在世界各国得到了流传，"共同体（Gemeinschaft）"被翻译为英文的 Community，再转译为汉语时，又被翻译为"共同体"或者"社区"这两个词汇。这两个汉语词汇已经有了一定意义的差别，"共同体"的政治学色彩强烈一些，而"社区"在社会学研究和行政学研究中更为常见。另外，内地学界的"社区研究"传统又和 20 世纪上半叶的芝加哥城市研究与英国文化人类学有渊源，前者是对城市社区的研究，已经超出了滕尼斯把"社区"视为传统社区共同体的概念界定。但是在一百多年后的今天，它的基本思想和概念，仍然对于当今人文社会科学的研究有着深刻的影响。下面我们将选取与滕尼斯"共同体"理论相关的，且引用率较高的相关文章进行说明。

刊载于《华中师范大学学报（人文社会科学版）》的《中国农村社区及共同体的转型与重建》一文中，作者借用了滕尼斯的"共同体"概念，对我国农村社区的存在样态及转型进行了分析，认为一定的认同和归属感是共同体的特征，也是其赖以存在的基础，因此农村社区的存在必然存在着特有的认同与归属感。但是纵向来看，在我国不同的历史时期以及不同社会经济背景下，农村社区的认同及归属感确实是不尽相同的。具体而言，传统家族主导的村落共同体是建立在血缘关系基础上的，新中国成立以后人民公社时期的基层社区是一种"政经不分""政社不分"的经济共同体和生产共同体。但是改革开放以后，随着农村改革及乡村社会分化，建立在集体经济及政治控制基础上的社区日益解体。面对这种情况，作者指出依靠加强农村基层政治与行政管理以及经济的集体化或合作化都难以重建社区和社会生活共同

体，因此作者认为应该通过加强农村公共服务，用服务将人们联系起来，在服务的基础上重建农民的社区及社会信任和认同，构建新型农村社会生活共同体。

刊载于《伦理学研究》的《乡村伦理共同体的重建：从机械结合走向有机团结》一文中，作者将中国传统乡村社会视为一个典型的伦理"在场"社会，而且借鉴滕尼斯提出的"本质意志"以及"选择意志"等概念，从形成基础、结构特征和指向意义三个维度进行分析，得出中国传统村庄共同体显示出显著的伦理共同体特征。但是伴随着乡村社会的转型，根植于自然经济的传统乡村伦理共同体走向式微。面对这种情况，作者认为转型期乡村伦理共同体的重建，应通过以发展村级经济重建乡村共同体的伦理基础、以和谐的人际关系重建乡村共同体的伦理结构及以独特的社区文化重建乡村共同体的伦理意义，从而构建一种建立在有机团结基础之上，并与乡村工业化、市场化、城市化相适应的"经济—政治—文化"三位一体的新型乡村共同体。

在中国知网上，如果我们进行主题检索时，输入"共同体"与"滕尼斯"等词汇，就会出现 300 多篇相关论文，涉及社会学、教育学、伦理学、政治学等人文社会学科，可见本书极大地促进了人们关于社会本身的研究。

最后，我们来总结一下今天解读这本书的核心要点：

1.《共同体与社会》的创作背景：从个人经验层面来看，滕尼斯自小的家庭群体生活经历以及成长过程中经历的德国社会剧烈变迁，让滕尼斯对人类群体形态产生兴趣，由此开始创作；在思想渊源层面，社会学的正规化发展，促使德国社会学繁荣发展，为滕尼斯思想的形成奠定了基础。此外，霍布斯关于社会的理论、达尔文主义进化论思想以及关于历史时间的"古代—现代"二分法概念，都对滕尼斯的人类共同生活基本结构的两极性观点的形成起到了重要作用。

2.《共同体与社会》的研究思路：滕尼斯主要关注人类的群体生活中的两种结合的类型，用二分法的概念，从人类结合的现实中，抽象地概括出这两种类型："共同体"与"社会"，相应的人类意志为"本质意志"与"选择意志"。这也属于形式社会学。滕尼斯借用这些概念对社会生活中的自然法进行了分析。

3.《共同体与社会》的核心内容：滕尼斯表达的核心观点是"人类共同生活的两种形态结构"，也就是人类群体性生活的两种基本形态及相关的人类意志，即"共同体"形态以及人类的"本质意志"，"社会"形态以及人类的"选择意志"。

4.《共同体与社会》的研究应用：滕尼斯的《共同体与社会》在19世纪80年代出版，虽然"共同体"概念超出了滕尼斯原有的定义，但是它的基本思想和概念对当今人文社会科学产生了重要影响，涉及社会学、教育学、伦理学、政治学等学科，极大地促进了人们关于社会本身的研究。

扫码收听更多
精彩内容

　**拓展书单**

1. [德] 斐迪南·滕尼斯：《社会学引论》，林荣远译，中国人民大学出版社2016年版。

2. [德] 斐迪南·滕尼斯：《新时代的精神》，林荣远译，北京大学出版社
2006 年版。

3. [德] 斐迪南·滕尼斯：《霍布斯的生平与学说》，张巍卓译，商务印书馆
2022 年版。

4. [法] 雷蒙·阿隆：《社会学主要思潮》，葛秉宁译，上海译文出版社 2015
年版。

5. 张巍卓：《伦理文化：滕尼斯社会学思想的源起与要义》，中国社会科学出
版社 2020 年版。

涂尔干《社会分工论》

——团结的极致，是分工

有些道德家并没有依据先验原则，而是依据从生物学、心理学和社会学等实证科学中借用的某些前提来推演自己的学说，并把他们所谓的道德说成是"科学的"。这决不是我们想要遵循的方法。我们不想从科学中推导出道德来，而是想建立一种道德科学，这两者有着天壤之别。同其他事物一样，道德事实也是一种现象。这些现象构成了各种行动规则，并可以通过某些明显的特征而得到认识。这样，我们就能够观察它们，描述它们，区分它们，同时也能够找到解释它们的规律。这就是我考察某些道德事实的方法。

由此，分工便产生了道德价值，个人再次意识到了自身对社会的依赖关系，社会也产生了牵制和压制个人无法脱离自身限度的力量。总而言之，分工不仅变成了社会团结的主要源泉，同时也变成了道德秩序的基础。

社会学理论著作《社会分工论》(*De la Division du Travail Social*)，它的作者是法国著名社会学家埃米尔·涂尔干 (Emile Durkheim，1858—1917)。涂尔干也常被译为杜尔凯姆，他与卡尔·马克思及马克斯·韦伯并列为社会学的三大奠基人，是世界范围内最为著名的社会学家之一。我们今天要讲的《社会分工论》，是涂尔干 1893 年完成的博士论文，同时也是他的开山之作，这部著作发表至今已经有一百多年，一直都是学界关注与争议的焦点，不论是在学理意义上还是现实意义上，这部社会学经典著作都十分值得我们研究和回味。

今天，我们会通过《社会分工论》的创作背景、核心问题、主要内容、研究与应用四个方面来为大家解读这本书。

一、创作背景：经济快速发展下，急需改善的社会秩序

涂尔干创作《社会分工论》时的社会发展情况，可以用英国作家狄更斯《双城记》中的一句名言来概括，"这是一个最好的时代，也是一个最坏的时代"。

19 世纪 50 年代，欧洲正处于资本主义快速发展时期，在经济发展的带动下，人类在自然科学领域的研究取得了一系列重大进展，各种新技术、新发明层出不穷，并被应用于各种工业生产领域，这又进一步促进了经济的发展。人类由此开始了第二次工业革命，生产力获得了极大的提高，这便是"最好的时代"。

然而，经济的快速发展也带来了相应的弊端，那就是各种社会问题的频发。资本主义的快速发展，导致社会上的资源和资本开始向上层阶级集中，

这让普通民众很难像以前一样，通过自给自足就能获得基本的生存所需。在贫困和饥饿的影响下，普通民众对于社会现状越发不满，急需一场改革来缓解现状。这就是"最坏的时代"。

在当时，还有不少学者也发出了类似的感叹，例如著名思想家马克思既歌颂了这个时代"所创造的生产力，比过去一切世代创造的全部生产力还要多"，又痛斥了资本主义的"每一个毛孔都流着血和肮脏的东西"；著名社会学家马克斯·韦伯认为资本主义精神让西方社会产生了伟大的变革，但又对因此产生的阶级固化苦恼不已。总的来说，当时欧洲的大部分国家，都因为资本主义的快速发展在经济上发生了翻天覆地的变化，但因为社会秩序还没有作出相应的改变，所以社会矛盾进一步被激化。

《社会分工论》就是在这样的社会背景下诞生的。涂尔干在创作这本书之前，同样对自己所处的时代感到既欣喜又困惑，他深信当时的社会是进步且理智的，但诸如道德败坏、集体意识沦丧、商业活动无序等现实存在的问题，又让他如坐针毡。涂尔干认为，当时的法国乃至整个欧洲，在社会秩序与政治结构两方面正处于一个相当不稳定的状态，因此，如何重建法国的社会秩序，或者说如何重建欧洲的社会秩序，就成了涂尔干当时最为关注的问题。为了解决这一问题，涂尔干开始对社会学进行深入的研究，而《社会分工论》就是他给出的一个答案。

二、核心问题：分工是怎样出现的，分工的意义是什么

从《社会分工论》的书名我们就能看出，涂尔干在书中研究的，主要是"分工"这一社会行为。

在涂尔干之前，有不少学者都探讨过分工的起源问题，比如被誉为"古典经济学之父"的亚当·斯密，在他的著作《国民财富的性质和原因的研究》中就曾指出："分工原不是人类智慧的结果，它是交换倾向和互相买卖产品缓慢而逐步发展的必然结果。"在亚当·斯密看来，分工源于经济上的买卖关系，在分工的基础上，人类开始通过交换彼此的产品来获得更好的生活。简单来说，亚当·斯密认为分工是从交换中诞生的。

而英国社会学家斯宾塞则认为，分工的形成与环境的差异有着密切的联系，他认为："由于土壤条件和气候不同，不同地区的农村居民开始有了一部分专门职业，养牛、养羊以及种植小麦等主要职业之间的区别已经越来越明显了。"在斯宾塞的观点中，人类在环境的影响下，只能从事适合环境的工作，从而被动地形成了分工。

除了分工的起源问题，分工的意义也是学者们讨论的热点。比如马克思就将分工和蓬勃增长的生产力联系在了一起，认为分工的意义在于促进生产力的增长。法国社会学家奥古斯特·孔德则对分工的意义持保守态度，他认为"人类的劳动分工不可避免地会引起个人之间的分歧"，并且分工后形成的团体看上去已经不再是同类事物了。法国哲学家埃斯皮纳则更为直接，他认为"分工就是分散"，并表示分工必然会导致分歧，这会逐步成为社会瓦解的导火线。

涂尔干在《社会分工论》中，主要探讨的也是分工起源和分工意义的问题。在分工起源上，无论是亚当·斯密的经济起源论还是赫伯特·斯宾塞的环境决定论，在涂尔干看来都太过片面，他同样认为分工形成的原因在于社会，但背后的原理却不是仅限于经济那么简单；而在分工意义上，涂尔干也并不赞同马克思、孔德等人的意见，他认为生产力的增长是分工的必然结果，我们不能单纯地将生产力的增加看作分工的意义；同时涂尔干也不认为分工会造成社会瓦解，虽然在他看来分工的发展会淡化集体意识，但实际上分工只是另一种形式的团结。

涂尔干评价这些学者"只看到了个别的交换和暂时的组合"，他认为大部分的学者对于分工的看法都太过片面，他们眼中既没有看到分工的过去，也没有看到分工的未来，只是单纯地用老一套的眼光看待分工的作用，所以才会得出分工与社会团结相互对立的结论。

为了更加具象地证明分工与社会团结是相互促进的，涂尔干在《社会分工论》中构建了两种有关社会团结的理想模型，并且还阐述了三类反常的分工形式，具体内容我们将在下一部分详细说明。

三、主要内容：社会团结的历史变迁与分工对社会凝聚的作用

前面提到过，为了说明分工和社会团结的关系，涂尔干在《社会分工论》中引入了两种社会团结的理想模型，而这两种模型，分别是以环节组织为特征的原始社会产生的机械团结，和以分工组织为特征的现代社会产生的有机团结。

在历史发展进程中，纯粹的机械团结和有机团结是不存在的，这两种团结只是涂尔干为了研究社会变迁而划分的理想模型，通过这两种模型的特点和演变过程，我们能很直观地看出分工与社会团结之间的关系。

（一）机械团结与有机团结

首先，我们先来简单介绍一下机械团结。前面提到过，机械团结是在以环节组织为特征的原始社会中产生的，这里的环节组织，指的是一种无差别

的社会结构，它就像一只环节虫一样，身上的各个环节都是近乎一致的。在人类早期的原始社会或氏族社会中，人和人之间的差别是很小的，个人意识往往会淹没在广泛的集体意识之中，这种情况对个人来说，无论是个性还是自由，都很难得到充分的发挥。

在这样的社会之中，人与人之间往往存在着隶属关系，比如野蛮的暴君与他的臣民、奴隶主与奴隶等，他们之间的关系，就像占有者与占有物之间的关系一样，几乎不受臣民和奴隶的意志所转移，只是一种单向的、机械的联系。为了维持这种机械的团结，暴君和奴隶主往往会借助代表共同意识的中介机关（国家、部落等），来施展自己的影响力，从而维持社会整体的凝聚。统治阶级维护机械团结的主要手段是刑法。刑法是规定犯罪和刑罚的法律，它的特点是压制性制裁。简单来说，当时的统治阶级会通过严苛甚至残酷的制裁方式，对影响自己统治的个人实施惩罚。

以上便是机械团结的主要形式和主要特点，总的来说，机械团结就是统治阶级以压制性的制裁手段来抑制个人意志，从而实现社会团结的方式，用如今的眼光来看，这样的团结方式相当刻板，人们并非是出于自愿与社会产生联系，而是在严苛的规则下不得不遵守规则，最终沦为毫无个性的集体分子。

咱们再来简单介绍一下有机团结。如果说机械团结可以被比作一只各个环节都近乎一致的环节虫，那么有机团结就可以被比作高等动物的有机结构。在高等动物的体内有着各种各样的器官，这些器官有着各自特定的功能，一方面，高等动物体内的器官高度分化、各自独立；另一方面它们又相互协调、高度统一，这样的团结方式我们就可以称为有机团结。

与想要消除个人意识的机械团结不同，有机团结是鼓励人们彰显个性的。这是因为，有机团结的基础是社会分工，而个性越鲜明，就代表着分工会越细，分工越细则个体对于社会的依赖程度就越深，这样就更容易实现社会的团结统一。相对于机械团结依靠具有压制性制裁特点的刑法作为主要手段，有机团结主要依靠的是具有恢复性制裁特点的恢复法作为主要手段。恢复法的本质不在于惩处不法行为，而在于错误发生后，将事情恢复到原本的状态，比如广义上的民法、商法、行政法等。在恢复法的调节下，社会中的人们虽然都处于分工的状态，但却能有序相处，并且形成个人与群体的依赖关系。

以上便是有机团结的主要形式和主要特点，简单来说，有机团结就是通过恢复性制裁手段让分工的人们团结在一起的团结方式，这样的方式充分尊重了人们的个性，还能在人们自愿的情况下实现社会的团结统一，与主张以强迫作为手段的机械团结相比，更接近于我们现在的社会。

通过前面的内容我们知道，人类社会的发展基本上遵循的就是机械团结比例不断缩小，有机团结比例不断增大的趋势。在涂尔干看来，机械团结和有机团结是同时共存的，两者在社会中基本处于此消彼长的状态，社会中的集体意识越能得到彰显，分工越是停留在低级水平，那么机械团结在社会中的比重就会越大；相应地，个人意识越能得到发展，社会分工就会越来越精细，那么有机团结的比重也就越大。对涂尔干来说，有机团结才能称得上是真正意义上的团结，因为这时候的社会是由相互依赖的个人组合而成的，并且人们从物质到精神层面都形成了互相需要和依赖的联系。对此涂尔干得出结论：分工与团结是相互促进、相互统一的，并且在此基础上形成的有机团结既能保障个人的自由和个性，又能不失社会性的整体整合，是未来理想的团结模式。

(二) 分工形成的原因和条件

在了解了社会团结的历史变迁之后，分工形成的原因和条件也就一目了然了。前面提到过，人类社会的发展基本上遵循的是从机械团结向有机团结发展的趋势，而在以环节组织为特征的原始社会中，因为人们的生活空间和活动范围有限，所以在狭小地域内产生的规则和集体意识就可以事无巨细地规定到全体个人。但随着社会容量和社会密度的增加，人口规模慢慢扩大，人们的活动范围也越来越广，这直接增加了社会管理的难度，集体意识已无法约束更加广泛的群体。在这种情况下，个体的发挥空间变大，个人通过自身的努力带来的财富和经验也越来越重要，分工这一社会行为也就渐渐开始出现了。

分工的出现，除了管理原因之外，还可能跟竞争有关。我们知道，社会容量和社会密度的增加会带动人口的增长和集中，而人口的增长和集中又会加剧人们之间的竞争，在高竞争的环境下，人们需要付出更多的努力才能获取等量资源，导致人与人之间的冲突更加激烈。为了防止人们之间爆发冲突，只有依靠更加先进的分工形式来解决，这同样是分工进步的动力所在。由此可见，社会容量和社会密度的增大是促成分工的直接原因。

除了社会容量和社会密度，家族遗传也对劳动分工的形成有着很深的影响。俗话说"龙生龙，凤生凤"，从古至今，子承父业的现象都是相当常见的，尤其在一些家族企业中，为了能让家族产业传承下去，家长常常会在孩子还小的时候，就开始有针对性地对孩子进行教育，以便他在成年后能接管家族产业。然而涂尔干认为，我们如果想让劳动分工得到充分的发展，就应该尽可能地摆脱遗传带来的影响，因为只有个人不再受缚于他的家族，他才能更好地适应新环境，从而更加便捷和迅速地适应分工的发展。

而另一个对劳动分工颇有影响的因素是集体意识，这里所说的集体意识与我们如今广义概念上的集体意识有所不同。这里的集体意识，指代的更像是原始社会中君主为了维护机械团结而向民众传播的一种意识，这样的集体意识越明确，分工的发展就越艰难，因为当社会分工促使我们遵循自己的个人取向的时候，集体意识往往会反其道而行之，把我们牢牢地控制在集体之中。

简单来说，在涂尔干看来，社会分工是在社会容量、社会密度、家族遗传、集体意识等多个方面的影响下形成的，它的形成原因和条件具有一定的复杂性，我们需要用综合的眼光去看待这一现象，而不是像某些学者一样，仅仅从某个方面，就断然对社会分工下了定义。

（三）社会分工的反常形式

有社会团结的存在，自然也会有"社会不团结"的存在。前面我们提到过，社会团结中的有机团结是在分工的基础下诞生的，而社会中一些"不团结"的现象，也同样由分工产生。只不过这类分工行为在种种原因下偏离了正常的状态，呈现出了很多病态的形式，从而为社会团结带来了截然不同甚至完全相反的效果。

在《社会分工论》中，涂尔干总结了三种最普遍且最重要的劳动分工反常形式，第一种被称为"失范的分工"。所谓"失范的分工"，指的是由于缺乏充分且有效的社会规范，导致各个环节、各个部分之间得不到正常规定和调节的分工。这种情况下，社会对个人的行为往往缺乏法律道德的约束，对分工产生的新角色也没有具体的规范要求，结果导致社会成员丧失了指导他们行动的共同信仰和价值观，从而导致了社会失范。比如，在直播行业刚刚兴起的那几年里，由于相关的政策规范还没完善，直播行业出现了许多诸如未成年人直播、"擦边球"直播的乱象，这就是一种"失范的分工"。

第二种劳动分工的反常形式，叫作"强制的分工"。"强制的分工"指的是在违背当事人本性和意愿的情况下，通过某些外部的强制手段来实行的分工。这种分工方式是一种不平等的分工，它往往会造成偏离有机团结的社会不平等现象，加剧社会冲突，进而威胁社会秩序。举例来说，在世界历史范围内，发生过很多的工人运动，如法国里昂丝织工人起义、英国宪章运动、德国西里西亚纺织工人起义等，这些运动的根源都在于从分工阶段工人们就没能获得公平的待遇，从而激化了阶级之间的冲突，导致他们只能通过这样的方式来争取自己的合理权益。

第三种反常形式的分工叫作"不适当的分工"，简单来说，"不适当的分工"就是在分工的过程中，有的人工作饱和，充满活力，但有的人却没有被分配足够的工作任务，从而导致他们活力不足。这种情况下，尽管分工非常细致，但因为任务分配不合理，常常会使整个分工体系难以和谐地运转。

涂尔干认为，在他生活的年代，"失范的分工"是三种反常形式中危害最严重的分工，而这一现象出现的原因，是当时社会上个人私欲的增长和道德调节的缺位。在涂尔干看来，想要解决这一问题，我们需要重建社会秩序，建立一种与现代社会分工结构相适应的多层次、全方位的道德体系，来发挥道德规范的调节作用，只有这样才能消除现代有机团结中因为"失范的分工"造成的社会危机。

总的来说，《社会分工论》这本书主要是围绕从机械团结到有机团结这一社会团结形式的演变过程，深入研究了劳动分工的发展及因此引发的社会转型，并且探讨了社会整合和重建社会秩序这一主题。虽然书中反映的社会学思想也遭到了一些学者的批评，但不可否认的是，该书绝对可以称得上是一本经典理论巨著。同时，《社会分工论》作为涂尔干的开山之作，其中的观点可以说贯穿了他一生的思想路径，对于想要了解涂尔干学术理论体系的朋友来说，绝不该错过这本书。

四、研究与应用：有机团结概念研究以及构建和谐社会的借鉴意义

我们在中国知网上检索"社会分工论""涂尔干"等关键词后发现，目前关于《社会分工论》一书的研究主要集中在两个方面：

（一）《社会分工论》中有机团结概念的研究

我们选取了《西北民族研究》上的一篇论文《从有机团结思考社会现实——读〈社会分工论〉》来进行说明。文章中，作者从涂尔干创作《社会分工论》的时代背景开始谈起，介绍了当时主流学者对于分工这一概念的理解，随后便着重地分析了涂尔干的有机团结概念。作者认为，涂尔干构建有机团结模型表明了社会结构与社会功能之间的关系，即社会组织和社会道德二者如果能够协调，就能够产生社会团结，不协调的话就会导致社会失范。在有机团结这种形式下，社会成员虽然高度分化，但彼此之间又极为统一，社会各个领域既能相对自主，又能配合默契，这是有机团结的意义，也是现代社会秩序得以维持的逻辑。

与这篇文章论点相似的论文还有很多，由此可见，有关有机团结的内容，是学者们在《社会分工论》这本书中的研究热门。而我们举例的这篇文章除了对有机团结进行分析之外，还引用了许多社会学家对于涂尔干有机团结模型的看法，对于想要深入了解涂尔干构建的有机团结模型的朋友来说，

这篇文章值得一读。

（二）《社会分工论》对于构建和谐社会的借鉴意义

我们选取了《湖北民族大学学报（哲学社会科学版）》上的一篇论文《涂尔干社会分工论视阈下和谐社会构建的路径思考》来进行说明。在文章的第一部分，作者主要介绍了劳动分工的功能、劳动分工的原因和条件以及劳动分工的反常形式；在文章的第二部分，作者就《社会分工论》中的理论观点，分析了这些内容对于构建中国特色社会主义和谐社会的借鉴意义。作者认为，科学合理的社会分工是构建和谐社会的重要基石，因此，要构建中国特色社会主义和谐社会，政府首先要做的就是构建科学合理的社会分工，消除和化解不合理的社会分工带来的各种社会矛盾，使整个社会形成相辅相成、高度依赖、有机团结的社会，这是构建中国特色社会主义和谐社会的重要基础和必要前提。

文章中，作者还从《社会分工论》里总结了许多可以借鉴的方式方法，比如，保障社会成员的充分就业、扩大中等收入阶层、构建开放的社会格局等。对于想要了解涂尔干的《社会分工论》对推进中国式现代化有何借鉴意义的朋友来说，这篇文章值得一读。

最后，我们来总结一下《社会分工论》的核心要点：

1.《社会分工论》的创作背景，是 19 世纪 50 年代欧洲经济快速发展下所面临的社会秩序急需改善的情况。当时的欧洲在经济快速发展的带动下，生产力虽然得到了极大提升，但也付出了各种社会问题频发的代价，饱受贫困和饥饿影响的普通民众，对于当时的社会现状越发不满，因此急需一场改革来缓解社会现状。为此，不少学者都提出了自己的建议，而涂尔干的《社会分工论》，也同样是对当时社会现状的一份解答。

2.《社会分工论》的核心问题是"分工是怎样出现的""分工的意义是什么"。当时，不少学者都对社会分工的起源和意义发表了自己的看法，但这些看法在涂尔干看来都太过片面，他认为大部分学者眼中既没有看到分工的过去，也没有看到分工的未来，只是单纯地用老一套的眼光看待分工的作用。为此他在《社会分工论》中，对这两个问题作出了详细的解答。

3.《社会分工论》的主要内容是社会团结的历史变迁，以及分工对社会团结的作用和意义。为了更加直观地表现分工与社会团结之间的关系，涂尔干构建了机械团结和有机团结两种理想化的社会团结模型，其中机械团结指的是以环节组织为特征的在原始社会中产生的团结模式，这样的团结方式相当刻板，人们并非是出于自愿与社会产生联系，而是在严苛的规则下不得不遵守规则，最终只能沦为毫无个性的集体分子；而有机团结则是通过恢复性制裁手段让不同分工的人们团结在一起的团结方式，这样的方式充分尊重了人们的个性，还能在人们自愿的情况下实现社会的团结统一，与主张以强迫作为手段的机械团结相比，更接近于我们现在的社会。对于社会分工形成的原因，涂尔干认为是在社会容量、社会密度、家族遗传、集体意识等多个方面的影响下形成的，它的形成原因和条件具有一定的复杂性，我们需要用综合的眼光去看待这一现象；涂尔干还介绍了三种劳动分工的反常形式，它们分别是"失范的分工""强制的分工""不适当的分工"，在涂尔干看来，"失范的分工"是三种反常形式中危害最严重的分工，想要解决这一问题，我们需要重建社会秩序，建立一种与现代社会分工结构相适应的多层次、全方位的道德体系，只有这样才能消除现代有机团结中因为"失范的分工"造成的社会危机。

4.《社会分工论》的研究与应用，主要集中在对有机团结概念的研究和促进社会和谐的借鉴意义两方面。对于想要深入了解涂尔干构建的有机团结模型，以及《社会分工论》对中国社会建设有什么借鉴意义的朋友来说，上文中列举的两篇文章都值得一读。

扫码收听更多
精彩内容

 拓展书单

1. ［美］乔纳森·特纳、勒奥纳德·毕福勒、查尔斯·鲍尔斯：《社会学理论的兴起》，侯钧生等译，天津人民出版社 2006 年版。

2. ［英］安东尼·吉登斯：《资本主义与现代社会理论：对马克思、涂尔干和韦伯著作的分析》，郭忠华、潘华凌译，上海译文出版社 2013 年版。

3. 杰弗里·亚历山大：《社会学的理论逻辑》第二卷《古典思想中的矛盾：马克思和涂尔干》，夏光、戴盛中译，商务印书馆 2008 年版。

4. 谢晶：《从涂尔干到莫斯：法国社会学派的总体主义哲学》，上海人民出版社 2019 年版。

5. 杰弗里·亚历山大：《迪尔凯姆社会学：文化研究》，戴聪腾、陈维振译，辽宁教育出版社 2001 年版。

6. 陈涛：《涂尔干的道德科学：基础及其内在展开》，上海三联书店 2019 年版。

波兰尼《巨变》

——市场无法从社会中"脱嵌"

　　如果说我们的文明之崩溃在时间上是跟着世界经济的失败而来，后者却不是前者的起因。其起源可以回溯到100多年前西欧之社会的及技术的大变动，以及因此产生的自律性市场的观念。

　　市场制度急速地发展；它吞噬了时间与空间，而且借着银行通货的创造而产生了前所未闻的动力。大约1914年，其发展达到巅峰时，它已将全世界的每一个角落、所有的居民以及他们还没降生的后代子孙、自然人以及所谓公司之巨大虚构体，都包含在里面。……只是这个时代之市场扩张完全是一种物质层面的。然而，在这同时，一个相反的发展也开始了。它不只是一个社会在面临变迁时所采取之一般性的保护措施；更是社会之构造被破坏以后所产生的反应，并且这个反应必然会摧毁随市场制产生的生产组织。

《巨变：当代政治与经济的起源》（*The Great Transformation：The Political and Economic Origins of Our Time*，或者被译为《大转型：我们时代的政治与经济起源》），作者是卡尔·波兰尼（Karl Polanyi，1886—1964）。这本书于 1944 年公开出版，是迄今为止对经济自由主义批判最严厉的一本著作，它警示我们不能将市场经济与社会分开对待。这本书的主要内容是，从政治与经济关系的角度，观察了 18—19 世纪欧洲由前工业时代转型到工业社会的历史巨变。通过重新审视"经济自由主义"的产生和变迁历程，作者发现所谓的"自律性市场"从未真正实行过，并且将人类社会完全交给市场规律支配存在着巨大的风险，人们的自救倾向也总是会在市场面临崩溃时，采取人为控制手段，将经济拉回社会，这使得市场不可能从社会中脱离。尽管这本书问世已经 70 余年，世界政治经济形势发生了深刻变化，但作者对转型社会当中的政治与经济关系的讨论，在当下仍具有非凡的重要性，能够为我们认识当前的社会转型问题、协调社会政治经济关系带来启发。

本书作者卡尔·波兰尼，是著名的哲学家、政治经济学家、经济史学家，1886 年出生于匈牙利布达佩斯，后来受到法西斯主义的影响移居英国。波兰尼曾在 20 世纪 20 年代任职于维也纳《奥地利经济学人》周刊，移居英国后执教于牛津大学、伦敦大学。在这期间，他目睹了 1929 年美国股市崩盘、1931 年奥地利信贷银行破产、法西斯主义兴起等经济大萧条带来的社会巨变，正是这些经历使他着手撰写了《巨变》这部书。在牛津大学和伦敦大学授课期间，他对英国社会及经济史都有广泛的涉猎，使其在理解自律性市场方面储备了丰富的社会史实知识，因而能够从社会历史转型的角度解析自律性市场的起源和本质。

波兰尼的论述向我们证明，人类的经济活动总是"嵌含"（embeddedness，嵌入、内含）在社会中，纯粹的自律性市场实际上是不存在的。自由市场这种意识形态实际上是工业利益团体的附庸，这些利益集团处在贸易顺差的优势地位时，会利用自由市场意识形态为自己争取占据市场的机会，而自由贸易对其不利时又会呼吁政府采取贸易保护措施，干预经济。波兰尼的《巨变》恰恰提示人们要破除对自律性市场的迷信，以超越欧洲中心主义的人文关怀，为亚非拉国家抵御欧美"经济自由主义"口号掩盖下的利益攫取行为、建立符合各自社会结构的政治经济秩序提供了理论依据。

一、核心问题：欧洲大陆为什么突然陷入崩溃

我们已经提到，作者之所以撰写这部著作，实际上是受到了 20 世纪上半期经济大萧条、法西斯主义兴起、两次世界大战等一系列社会动荡事件的深刻影响。在这期间，欧洲社会崩溃，曾经的"世界中心"被战火、恐惧所笼罩，这在当时相当匪夷所思，毕竟欧洲大陆经历了从 1815 年到 1914 年近百年的长期和平，欧洲是名副其实的世界金融贸易中心，尽管偶有海外殖民地的争夺，但欧洲大陆却在整个 19 世纪几乎没有受到战火侵扰，是文明与和平的乐土。进入 20 世纪后，情势急转直下。1914 年爆发了第一次世界大战，原来的世界政治经济秩序被打乱。为了摆脱混乱局面，欧洲各国竭力建构新的国际秩序，但效果并不理想，随着 20 世纪 20 年代经济大萧条来袭、法西斯主义的兴起，最终矛盾进一步激化，直至整个欧洲乃至全世界都被拖入到第二次世界大战的深渊。欧洲由此从"世界中心"迅速跌落为一片废墟，19 世纪的辉煌烟消云散。

这一系列的变故带来的巨大落差和社会重建需求，使欧洲学术界面临着

一道共同的解释性难题——欧洲大陆为什么在进入 20 世纪后突然崩溃？这个问题也同样困扰着波兰尼。他在经济学，尤其是经济史方面的素养以及在英国执教的契机，使他能从经济制度史的角度深入探究这一问题。在研究过程中，波兰尼发现自律性市场制度及其衍生出的"金本位制"（以定额的黄金决定货币的价值，各国按照黄金储存量来决定货币发行量），是造成欧洲社会秩序崩溃的关键性动因。

同时，我们也可以发现，波兰尼所关注的并不仅仅是欧洲，而是整个人类社会；他关注的也不仅仅是社会的政治经济层面，而是包含了广义的社会文化领域。也就是说，他实际上是在政治和经济的基础上，讨论人类文明的存续问题。

在波兰尼看来，文明是从许多独立因素之间的相互作用中产生的，并且这些繁杂的因素无法化约成几个有限的制度加以研究。但 19 世纪的欧洲文明恰恰是这样一种独特的存在，它是以一种明确的制度结构为枢纽建立起来的工业文明，其核心就是自律性市场制度。所以波兰尼从对 19 世纪欧洲政治经济制度史的梳理出发，试图以过程性的视角解释自律性市场制度是如何建立起来的，又造成了什么样的影响和后果。而且自律性市场制度随着资本主义扩张扩散至全世界，消解了世界各地的原生社会结构和文化结构，对人类社会造成了广泛而深远的影响，波兰尼凭借对自律性市场或经济自由主义的溯源研究，力图使我们明白这种建构在虚幻理论基础上的制度模式，实际上造成了人类文明的大规模转型，并为人类文明带来了巨大的灾难。

总体上来讲，《巨变》这本书的核心议题在于：欧洲为什么会在进入 20 世纪后发生了剧烈动荡，导致社会经济政治秩序全面崩溃，并以此为核心，沿着自律性市场在全球建立的商贸网络，将研究视线辐射到全球性的人类社会转型问题上，并最终将视线定格在当代政治经济起源的问题上，即从对当代政治经济制度建立过程的溯源中，分析了自律性市场制度是怎样建立并造成人类社会结构剧烈变动的，以及以这种自律性市场制度为核心的社会形态造成了什么样的后果、存在着什么样的局限。由此，波兰尼最终提出了他对建构未来政治经济秩序的看法和建议，完成了他对研究出发点——欧洲为什么陷入崩溃、世界政治经济秩序应该怎么重建的回应。

二、研究思路：从现实历史情境出发，逆推顺述

《巨变》这本书的研究议题，缘起于作者对 20 世纪上半期欧洲及世界范围内政治经济秩序崩溃、社会剧烈动荡原因的追寻。因此，从现实历史情境出发成为波兰尼研究该议题的重要思路。

在从 20 世纪上半期的重大社会事件出发追寻线索的过程中，波兰尼首先抛出了第一层次问题：第二次世界大战、法西斯主义、经济大萧条为什么会发生？通过追索这些事件发生的原因，波兰尼发现：第一次世界大战之后，世界经济秩序的崩溃带来了经济大萧条；这使人们发现经济自由主义带来的不是利润而是贫困，从而刺激了反对自由放任经济政策、倾向于极端民族主义、独裁主义和社团主义的政治主张出现，法西斯主义的兴起正是这样一种政治运动。法西斯主义的兴起将国家保护主义推向极端化，极端民族主义由此兴起，种族隔离甚至种族灭绝政策由此产生，第二次世界大战也在这种国家保护主义、极端民族主义的氛围中被引燃。比如当下美国等西方国家，自 2008 年金融危机以来的一系列社会变化，包括国内经济不景气、失业率上升带来了群体保护主义、排外情绪的上升，以及看似因欧洲难民问题引起的欧洲民族主义回潮、美国警察袭击黑人事件引起的种族矛盾激化，乃

至中美贸易战掩盖下的贸易保护主义，本质上与 20 世纪上半期的一系列矛盾冲突存在着相似甚至相同的逻辑。

在认清第一层次问题的基础上，波兰尼发现第二次世界大战、法西斯主义和经济大萧条都来源于一个共同的问题，那就是第一次世界大战以来世界原本政治经济秩序的崩溃。由此他提出了第二层次的问题：第一次世界大战之前的政治经济秩序是怎样的，又为什么会崩溃？在这一层次问题的思考过程中，波兰尼发现了维持欧洲在 19 世纪长期和平的四种关键性政治经济制度——均势制（势力相当的各霸权国家相互制衡，共同维持国际秩序相对平衡）、国际金本位制、自律性市场制、自由主义国家制度。正是这四种政治经济制度共同维持了 19 世纪欧洲长期和平的局面，而第一次世界大战的发生正是由于这一国际政治经济秩序的失衡和解体。

波兰尼认为，这四种政治经济制度存在着密切交织的内部联系：自律性市场制度是四种制度的基础，自律性市场引导国际金融资本家发明了用于跨国自由贸易的国际金本位制，而为了维持这种金本位制和自律性市场，各国又对内奉行自由主义国家制度，将政府对经济的干预降到最低，国际间则奉行着均势制，共同维持国际秩序相对稳定。在这样的关系中，和平的国际环境便成为了维持金本位制和自律性市场的必备条件，所以在均势制情况下，各国政府、跨国资本家都默契地选择了和平。然而在波兰尼看来，和平只是自律性市场为基础的政治经济制度的副产品，在自律性市场制度基础下，追逐经济利益才是各国和金融家们的真正目的，和平只是由于自由贸易和金本位制的需要才附带维持的结果。当维持和平不利于他们追求经济利益时，和平就会被果断放弃。

但究竟是什么样的变化使各国纷纷放弃了和平呢？关键原因在"金本位制"身上。实行金本位制，意味着各国的国际贸易就需要以黄金为一般等价物（也就是国际通用货币）进行结算，各国的货币发行量也需要根据黄金储备量来做相应调整。矛盾之处就在于，世界市场上的黄金在较短时期内不会大幅增加，但各国的经济和生产实力存在差异，这就造成了在国际贸易中一部分国家盈利较多，而另一部分国家则会出现相应的亏损——黄金从一部分国家流入了另一部分国家。与此同时，国家黄金储备量的增加或减少直接引起了国内货币的升值或贬值，国际贸易的变动扰乱了国内经济秩序，这意味着，当某一国家在国际贸易中处于劣势时，整个国家的工人、农民、商人等所有市场参与者都要为这种经济冲击买单，所以为了捍卫共同的利益，就会激发出以国家为单位的抱团行为，国家主义、民族主义、抵制经济自由化的集权独裁主义就会在此时抬头。维持和平已经不能让这些处在弱势的国家获得利益，反而成了束缚，他们为了止损，只有打乱当前的局势，战争便是其中的一种方式。

第二次工业革命之后，德国等新兴资本主义国家借由自律性国际市场和金本位制大大增强了自身的经济实力，相比之下，老牌资本主义国家则受到了冲击，最终新旧资本主义国家间的利益纷争导致国际自由贸易走向保护主义，"均势"局面被打破，金本位制作为一项人为"发明"的制度协议被"毁约"，国家自由主义制度因为失去了支撑，也轰然倒塌。由此，四种政治经济制度瘫痪，各国也陷入了混战的局面之中。

这一系列连锁性问题的根源在于"金本位制"，然而，"金本位制"却是由经济学家和资本家们为了构筑自律性市场而人为创造的经济制度。创造这项制度的基本理念就在于当时的经济学家们认为，市场是依靠价值规律和供需关系自动调节的自律性系统，而人类社会应当服从于这种自律性市场的支配。这也引导波兰尼提出了第三层次的问题——经济自由主义或自律性市场的观念是正确的吗？或者说，人类社会遵循自律市场支配的观念是正确的吗？

为了回答第三层次的问题，他继续追溯了政治经济自由主义的起源，探究了政治经济自由主义的理念产生的原因，以及人们实践这一理念的方式。波兰尼用史实向人们证明，所谓自律性市场仅仅是经济学家们虚构的理想，并且这一理想在现实当中从未实现过，以这样一种虚幻的理念为基础重组人类社会结构，不仅没有实现所谓的"自由"，反而导致了一系列影响深重的灾难。波兰尼对自律性市场支配人类社会的批判是这本书的核心思想，我们将在下一部分详细解读。

这一部分，我们仅对波兰尼的研究思路进行梳理，搞清楚波兰尼是怎样由"欧洲为什么会突然崩溃"这一问题过渡到对经济自由主义、自律性市场的批判的。这是一个从现实问题转化为学术问题的典型过程，让我们再来简要梳理一遍。

波兰尼要回答是什么导致了当时的社会崩溃，就要立足于具体的社会历史情境，一步步回溯缘由：从 20 世纪上半期欧洲社会的现实出发，分析出第二次世界大战爆发、法西斯主义兴起和经济大萧条的关键原因在于第一次世界大战以来国际政治经济秩序的崩溃。又进一步分析了第一次世界大战之前的国际经济秩序是什么，为什么会崩溃，从而找到了导致这一系列变化的关键性因素——自律性市场制度和金本位制度。而这两种制度是建立在当时经济学家们对经济自由主义的崇信基础之上的，他们认为市场是自律的，人类社会只要服从于市场的调节就能够自由运转。由此对这一根源性的观念和相应实践活动进行分析，讨论自律性市场是否真实存在、人类社会应不应该服从于市场的控制。通过对这一深层问题的分析，从而提出人类社会避免类似灾难的策略。

当然，波兰尼并不是按照这一由近及远的时间顺序撰写这本书的。为了便于读者理解，他选择了"逆推顺述"的方法，也就是研究思路由表及里、由浅入深，找到学术问题的论证关键，在文章撰写时，他又从论证的关键入手，按照这一关键因素的起源、演变、影响等角度理顺其脉络。在这种撰写方法的使用过程中，我们比较容易忽视作者"逆推"的过程，而只看到在文章中呈现的"顺述"过程，但这个"逆推"过程恰恰是作者建立研究思路的过程。在这里详细还原波兰尼的"逆推"研究思路，一方面是希望帮助我们理解波兰尼是怎样将现实问题抽象为学术问题的，可以为我们在归纳各自的学术问题时提供借鉴；另一方面是提示我们关注"逆推顺述"的叙述逻辑与研究过程反向进行的情况，以便在阅读同类文本时更快地理解作者的研究思路。

三、核心思想：市场与社会双向互动，无法从社会中"脱嵌"

波兰尼将 20 世纪上半期的社会现实问题归结到一个焦点上——人类社会与自律性市场的关系。当代经济学的基本观念是，连锁的市场是按照价格机制来自动调节供需关系的，即市场是自律的，具有外在于社会的独立运行规律，它以自利为原则，遵循着"物竞天择"的自然法则。因此，经济学家们认为人类社会只要服从于自律性市场的指引就能自动运转，政府不应该过度干涉经济活动。但矛盾的是，经济自由主义并没有导致政府控制力的衰弱，反而刺激产生了一批独裁政府，且人为干预经济的情况一直存在。这使波兰尼思考，人们为什么会产生社会受市场支配的观念并付诸实践呢？

为此波兰尼回顾了市场经济的建立过程：18 世纪的工业革命导致了生产工具的改进，由此工厂机器生产取代了家庭作坊，土地和劳动力被更大范围地卷入了市场。同时，在这期间出现了大批工人群体，他们依靠微薄的工资生活，且衣食所需都要从市场中购买，但市场的周期性波动使他们时常面临着生存的威胁，造成了大批贫困人口，这成为伴随工业革命和资本主义生产方式而生的重要社会问题，最终酿成了毛纺织业危机和"反机器骚乱"（工人毁坏生产机器的骚乱）。为解决这一问题，英国政府保安官和社会改革家曾提出过一系列济贫方案，其中 1795 年《斯皮纳姆兰法案》尤其重要。

《斯皮纳姆兰法案》规定对能劳动的贫民发放津贴，津贴额度按照当时的粮食价格和家庭人口数确定。这一法案保护了劳工生存权、缓解了生产危机，但同时也抑制了劳动积极性，并给政府造成了深重的财政负担，工业生产和社会运转也受到了严重影响，劳工也因此失业，最终导致全社会集体放弃了这一法案，将贫困问题推向市场。人们甚至认为，饥饿是刺激劳工服从市场安排、积极从事生产的必要条件，看似无私的救济实际上并不一定能带来改善，但只要把劳工完全推向市场，他们就会为了生存而迎合市场的需求，开始努力工作，市场也会自动筛选那些符合需要的工人，并依据市场价格规律给予经济报偿，而只会将不符合市场需求的人淘汰掉。所以相比于济贫法案造成普遍贫困的情况，市场只会淘汰一小部分人。

由此，将社会问题交付给市场，在"优胜劣汰"的市场法则运作下，社会问题会自动得到解决的观念逐渐占据主流。在《斯皮纳姆兰法案》崩溃前，社会服从于市场的观念并不占主导，但在此法案造成恶劣的社会影响之后，这一观念就已经深入人心了。并且由于英国当时正处于"世界中心"的地位，这一观念便随着世界贸易体系被广泛传播。在这样的观念中，市场运行规律能凌驾于社会之上，形成对社会秩序的再造和控制，这成为 18、19 世纪一系列政治经济制度的基本意识形态，国际金本位制、国家自由主义制度等都是在此观念指导下确立的。

但波兰尼同时也指出，自律性市场支配社会从未在现实中存在过。即便《斯皮纳姆兰法案》被废除后，市场经济也没有达成完全自律。工会等劳工团体组织出现，劳工们以团体形式向资本家争取权益；"旧贵族"为了延续和维持其地位，也与农民、工人形成联合，推动颁布了改良后的济贫法案，而改良后的济贫法案在一定程度上缓和了资本家与劳工的冲突，使工业生产相对更为平稳，所以形成了社会各阶层协调后的改良版济贫契约，但这是不符合自由经济法则的。在波兰尼看来，由于旧贵族的介入，英国得以实现前工业阶段到工业阶段的相对平稳过渡，没有激起法国式的暴烈革命，这说明人为干预经济在一定程度上是能够避免社会政治经济秩序崩溃的。

波兰尼从市场经济建立的过程中发现，政府及社会各阶层对经济的干预实际上是持续存在的，市场从未完全实现过自律运转，并且社会深刻影响着市场经济的运行。也就是说，被经济学家们广泛认可的"社会服从于自律市场支配"的观念只是幻象。他由此将目光投向了对原因的解析——为什么市场无法脱离社会的影响？或者说，现实当中自律性市场为什么不可能存在？他基于对真实商品、虚拟商品的区分，从人、自然、生产组织（如国家）三个方面向我们作出了阐释。

在波兰尼看来，商品是为市场销售而生产的东西，土地、劳动力、货币尽管参与市场销售，但它们并不是专为市场销售而生产的，所以只是虚拟商品。人的劳动能力、土地作为自然的一部分，都是先天存在，各有主体性，且存在商品以外的广泛社会属性和自然属性。货币和信贷的供需实际上是由政策决定的，也不是真实商品，并不完全受市场价值规律的操控。简单来说，市场经济中最核心的三重要素：劳动力、土地、货币依次对应着具有社会属性的人、自然、生产组织，这三者都是虚拟商品，都受到了更深刻的社会影响，并不完全受市场规律的支配。

　　人、自然与生产组织既然具有独立的主体性，那么就会在与市场的互动中产生自求生存的倾向和相应的自我防卫措施，而这些倾向一方面会建构出更为密切契合的社会，另一方面也会使社会濒临崩溃。这是因为，在经济自由主义普遍建立之前（即 19 世纪之前），经济活动原本是嵌含于社会的，比如通过贡赋、亲属组织的财产分配原则等社会惯习或律法进行经济活动，而经济活动也只是社会活动的一部分，因为绝大多数人能在社会中通过政府或亲属组织获得生存来源。但经济自由主义建立后，人们主张追求自由，人可以挣脱原来的社会结构，以个体身份参与到市场之中，土地等自然资源也作为生产要素被纳入市场，国家之间的联系也在国际自由贸易过程中变得越来越紧密，从而形成了受到市场整合的人、自然、生产组织的整体。但同时，人、自然与生产组织还存在着深刻的自我防卫倾向：周期性的市场波动会扰动劳动力、土地、货币的有序运转，进而会威胁到人的生存，产生土地的无度使用、国家领土侵蚀等一系列社会问题，致使社会秩序受到严重侵扰甚至崩溃，而人类却具有复杂的社会文化属性，不会任由这种毁灭式情况的发生，此时就会放弃自律市场的教条，转而试图以各种方式加以挽救。

　　这种为了求得生存、进行自我防卫的人为干预经济的趋向，证明了人类社会面对自律性市场时是具有独立能动性的，在市场失控、经济秩序濒临崩溃时，人们为了自保会采取各种非经济性措施试图扭转局面，所以完全自由放任的市场经济只是虚幻的理想，是不会实现的。波兰尼由此得出结论：19世纪以前，经济始终嵌含于社会；19 世纪经济自由主义确立后，市场依然不能"脱嵌"（脱离嵌含关系）于社会而独立存在。在自律性市场规则的指引下，市场存在脱嵌于社会的趋向，这犹如拉扯一条巨大的橡皮筋，市场自主性越大，社会承担的压力就越大，当达到极值时，如果再继续拉扯，那么不是橡皮筋断裂、社会解体，就是迫使经济回弹到嵌含于社会的位置。所以一个脱嵌且完全自律的市场经济只是空想，现实中市场与社会之间存在着犹如橡皮筋一般双向互动的作用力。

基于此，波兰尼特别强调政府在协调政治经济秩序方面的作用。他乐观地认为，即便市场的自律性会引起社会失序，但国家只要有效管控劳动力、土地、货币这三样核心的虚拟商品，就可以保障正常的经济和社会秩序。并且只要破除社会生活必须服从于市场机制的信念，扩大政府在国内、国际经济运行中的作用，用民主政治的方式建立对经济的管控机制，使人与自然免于市场的直接压力，各国按其特色建构经济体制，通过政府间的合作协议推动国际贸易的发展，就能发展出各种策略来减轻全球经济压力，国际冲突的恶性循环就可以被打破。

总的来说，波兰尼在《巨变》这本书中用历史向我们证明，自由主义的经济观是背离社会现实的，以这样一种虚幻的经济自由主义理念为基础重组人类社会，不仅不会实现所谓的"自由"，反而会导致一系列影响深重的灾难。基于此，波兰尼提出了市场始终无法"脱嵌"于社会，市场和社会双向互动的理论观点；认为政府在协调市场和社会方面具有核心地位和作用，应当适当扩大政府管控职权，建立有效的政治经济政策，以此来减轻全球经济压力，打破国际冲突的恶性循环。

四、研究启发：基于现实问题借鉴理论观点

了解了这本书的核心问题、研究思路和核心思想之后，接下来让我们简略了解一下关于波兰尼及其《巨变》这本书的学术研究近况。从中国知网公布的数据看，与波兰尼相关的研究论文有 700 余篇。2000 年以后，波兰尼

的相关研究开始受到关注，学术研究文章出现了第一次增长；2010 年以来，随着逆全球化趋势的增强，波兰尼大转型的理论再次受到关注，研究文章出现了第二次增长，年发文量在 30—60 篇。关于对《巨变》这本书的主要议题集中在"双向互动论"、市场与社会的嵌含关系以及自由观等方面，呈现出借鉴波兰尼的理论讨论当下社会现实问题的显著倾向。

"双向互动论"方面，《社会大于市场的政治经济学——重放卡尔·博兰尼（即卡尔·波兰尼）〈巨变：当代政治、经济的起源〉》一文，讨论了市场与社会双重运动论在处理当今国际社会问题方面的借鉴价值；《从波兰尼到盲目乐观：全球劳工研究中的虚假乐观主义》一文，关注到了波兰尼关于市场的批判性观点和双向互动理论在劳工研究中的应用性价值。

市场与社会的嵌含关系相关研究通常结合我国具体国情展开：如《卡尔·波兰尼反市场自由主义思想评析》提示人们关注波兰尼在对市场自由主义批判中，彰显的社会利益立场以及对我国推进改革发展的借鉴意义；《奴役抑或解放？——波兰尼和他的〈大转型〉》以哈耶克①及其经济自由主义观点为参照，解读了波兰尼市场嵌入社会的理论，借此反思当今中国的政治经济问题；《"找回社会"：中国社会工作转型的关键议题》借鉴了波兰尼的理论思路，提出中国社会工作在当前大转型时期应该进行嵌入性发展，恢复社会的自我保护机制；《重述波兰尼的当代意义——马克思的国家理论何以重要》就波兰尼的"脱嵌"、双重动向理论展开讨论，对"政府—市场""国家—社会"的二维分析提出质疑，引入"国家权力—资本权力—社会权利"的三维结构，论述人民民主的马克思主义国家何以重要。

---

① 哈耶克，英国经济学家，与波兰尼持有对立的经济观念，著作《通往奴役之路》与《巨变》几乎同时出版。

在自由观与意识形态的讨论方面，《卡尔·波兰尼对自由主义自由观替代方案的探求》指出要从引导波兰尼展开理论探讨的指导性问题入手理解其自由观，证明了波兰尼的自由观超越了自由主义自由观的狭隘性；《波兰尼对资本主义的政治经济学批判》指出波兰尼超越了古典政治经济学，其观点为我们提供了认识和批判资本主义的新视角。

从文献来源看，中文期刊占比重较少，仅占 3.4%；波兰尼及其理论的研究主要集中于外文期刊，其中 Journal of Economic issues（《经济问题杂志》）、Economy and Society（《经济与社会》）两种期刊占相关研究总量的1/4。这说明关于波兰尼及其《巨变》的研究主要集中于社会经济领域，但国内对此的关注度尚且不足。比如，就"嵌入"与"脱嵌"两个概念的国内应用而言，到 2010 年尤其是 2015 年以后才受到关注，主要被应用到社会工作、精准扶贫等市场与社会相衔接的制度设计领域，尚在起步阶段。因此波兰尼在《巨变》中阐述的理论在国内研究中还有丰富的研究空间。

总的来说，随着逆全球化趋势的增强，《巨变》所涉及的波兰尼的理论观点近年来开始受到关注，研究热度呈现出明显的增长势头。研究议题主要集中在"双向互动论"、市场与社会的嵌含关系以及波兰尼的自由观等方面，呈现出借鉴波兰尼的理论讨论当下现实问题的倾向。但研究成果多集中于外文期刊，国内对此的研究还明显不足，有丰富的拓展空间。

扫码收听更多
精彩内容

 **拓展书单**

1. ［英］玛丽·道格拉斯：《制度如何思考》，张晨曲译，经济管理出版社 2013 年版。

2. ［德］马克斯·韦伯：《经济与社会》，阎克文译，上海人民出版社 2010 年版。

3. ［德］马克斯·韦伯：《民族国家与经济政策》，甘阳等译，生活·读书·新知三联书店 2018 年版。

4. ［法］路易·杜蒙：《阶序人：卡斯特体系及其衍生现象》，王志明译，浙江大学出版社 2017 年版。

5. ［法］路易·杜蒙：《论个体主义》，谷方译，上海人民出版社 2003 年版。

6. ［法］皮埃尔·布迪厄、［美］华康德：《实践与反思：反思社会学导引》，李猛、李康译，中央编译出版社 2004 年版。

7. ［美］马歇尔·萨林斯：《甜蜜的悲哀》，王铭铭、胡宗泽译，生活·读书·新知三联书店 2000 年版。

8. ［美］马歇尔·萨林斯：《石器时代经济学》，张经纬、郑少雄、张帆译，生活·读书·新知三联书店 2009 年版。

9. ［美］西敏司：《甜与权力》，王超、朱健刚译，商务印书馆 2010 年版。

10. ［美］埃里克·沃尔夫：《欧洲与没有历史的人民》，赵丙祥、刘传珠、杨玉静译，上海人民出版社 2006 年版。

11. ［加］查尔斯·泰勒：《现代社会想象》，林曼红译，译林出版社 2014 年版。

The Coming of Post-industrial Society

贝尔《后工业社会的来临》

——从"中轴原理"预测未来图景

> 提出一种华而不实的理论，吹嘘它是历史上一个惊人创建，这特别在今天是很容易做到的。但等到最后用事实来检验的时候，这种理论就变成了笑柄……我曾经力求避免采取那种冲动的做法。相反，我在这里研究的是趋势问题，并力求探索这些趋势的意义和后果，如果我所描绘的社会结构的变化能够在它们的逻辑范围以内发挥作用的话，但并不能保证它们一定会起作用。
>
> 如果我们根据代价来考虑匮乏问题，后工业社会带来了一整套社会的新匮乏。纲要地说，那是：信息的代价、协作的代价，以及时间的代价。

《后工业社会的来临——对社会预测的一项探索》（*The Coming of Post-industrial Society : A Venture in Social Forecasting*）的作者是丹尼尔·贝尔（Daniel Bell，1919—2011）。丹尼尔·贝尔是美国著名社会学家、未来学家，当代美国批判社会学和文化保守主义思潮的代表人物。丹尼尔·贝尔1919 年出生于美国一个贫苦的犹太移民家庭，1938 年获得纽约城市学院本科学位，并于次年完成哥伦比亚大学的硕士学习。1961 年，贝尔在提交了《意识形态的终结》书稿后，最终获得哥伦比亚大学授予的社会学博士学位，1969 年起在哈佛大学任教直至 1990 年。1992 年，贝尔被美国艺术与科学院授予塔尔科特·帕森斯社会科学奖，以及被美国社会学会授予终身成就奖。贝尔除了在高校任教和做研究，也从事一些与未来研究和社会预测相关的活动，如 1976—1979 年任经济合作与发展组织"国际未来计划"的政府间顾问委员会美方代表等。贝尔著述丰富，其中，《意识形态的终结》《后工业社会的来临》《资本主义的文化矛盾》，被誉为"资本主义的未来三部曲"。

《后工业社会的来临》是贝尔最具影响力的代表作之一，首次出版于1973 年。这本书基于"中轴原理"，从社会结构、政体和文化三个方面分析了后工业社会的特点。贝尔建立的后工业社会的理论体系，在此后几十年中被广泛引用，影响力渗透到了政治、经济、思想文化等多个领域。

接下来，我们将通过研究背景、研究视角、分析对象、核心思想和研究启发五个部分来为大家进行解读。

一、研究背景：社会预测的兴起与第三次工业革命浪潮

丹尼尔·贝尔的一生几乎贯穿了整个 20 世纪。第二次大战后，科技革

命迅速发展，社会变迁加速，发展问题成为世界各国关注的重点。基于方兴未艾的科技革命的未来预测，与对世界发展问题的关切相结合，成就了贝尔这本著作的现实意义。

战后初期到五六十年代的发展研究，主要反映了西方经济学界探索经济增长的要求。经济增长模型、平衡增长理论、"大推进"理论和经济成长阶段论等，都体现了西方传统派的观点，也就是以加速经济增长为目标，视经济增长为发展的主要标志。然而，这一趋势随形势的发展而有所变化。第三世界国家的实践日益证明，以西方大国的目标和模式为中心的经济增长理论不适用于第三世界的现实，经济指标的增长并没有带来贫困的减少和大多数人民生活状况的改善。也就是说，增长并不等于发展。由此，发展经济学逐渐兴起，越来越多的学者认识到发展不单是经济目标的实现，而应当重视社会目标和其他有关条件的实现。经济发展理论也逐渐演进到整体的发展理论，包括经济、社会、政治、历史、文化等，呈现出多学科交叉的整体发展观。

在这样的背景下，未来学和社会预测也随之关注第三次科技革命更广泛的社会影响，贝尔的《后工业时代的来临》就是这方面的一部代表作。贝尔成书时，正处于第三次技术革命的上升期，由发明与革新的阶段过渡到关键的扩散阶段。每一次技术革命都具有一定的突出特征，得以重组社会的基本结构。第一次工业革命以蒸汽机、内燃机以及机器生产为标志，第二次技术革命以电力与化学两大领域的革新为特征；而第三次技术革命以四项革新为基础：第一，一切机械系统、电力系统和电机系统都将变为电子系统；第二，控制电流或者电子脉冲的元件小型化是最显著的变革之一，例如贝尔在写作本书时，人们已经开始制造百万字节的芯片，一个芯片就是一台微型电脑，体积甚至比 1 美分硬币更小；第三，在新技术领域，信息由数字代表，第三次技术革命将以往一切的系统都转换成数字形态；第四，软件的出现，可以实现用户友好，并使定制化成为可能。贝尔的工作，正是以这些铺天盖地的技术变化为素材，以社会学理论为根基提供一些基本分析，指明现有结构在变革面前承受了怎样的压力，从而预测变革的发生方式。但他也强调，自己不是技术决定论者。技术并不能决定社会变革，它只提供手段和可能。新技术的利用与社会选择有关。

本书的起点，包含在贝尔的著作《意识形态的终结》中，作者关注的主题是技术性决策在社会上的作用，在战后普遍关注发展议题的背景下，试图从社会学角度为资本主义面临的矛盾寻找答案。1955 年意大利米兰召开的"文化自由代表大会"上，贝尔又进一步阐述了对技术决策的思考，并认为资本主义不应该被理解为一种经济体系，而是通过家族企业相联结的社会体系。促成《后工业时代的来临》的第二个因素，是 20 世纪 50 年代初贝尔发表在《财富》杂志上的一组以劳动力构成的变化为主题的文章，灵感部分来源于美国西北大学社会学教授保罗·哈特和芝加哥大学社会学教授纳尔逊·福特。他们把产业分布与职业构成联系起来，强调工作专业化的趋势以及第五产业或者说知识产业的核心地位。奠定这本书观点的第三个因素，是约瑟夫·熊彼特的思想，他认为技术是一片公海。阅读了熊彼特的著作后，贝尔的思考转向了技术预测的问题。后工业社会要解决的问题之一，就是要通过绘制公海海图的某些办法来消除未来的不确定性。另外，物理学家、科学史学家杰拉尔德·霍尔顿的论文向贝尔展示了理论知识与技术不断变化的关系，贝尔也由此意识到：理论的编纂工作不仅是科学进步的基础，更是技术政策和经济政策革新的基础。

在 1959 年夏季奥地利萨尔茨堡的讨论会上，贝尔首次借助"后工业社会"这一名词在一系列演讲中阐述了大部分思想。1962 年春，他在波士顿的某次研讨会上撰文，题目是"后工业社会：预测 1985 年之后的美国"，在这个时候，贝尔的关注点已经转向"智能技术"与科学在社会变革中的决定性作用。最终，贝尔的思想在《后工业社会的来临》这本书中得到了系统的阐述和总结。

二、研究视角：基于中轴原理的社会预测和对整体论的质疑

在阐述后工业社会的思想时，贝尔提出了"中轴原理"这一分析方法。这里，"中轴原理"区别于聚合原理，聚合原理是基于这样一个前提：一个最主要的制度已足以确定该社会的性质。那么与聚合原理相对，我们就能够更好地理解贝尔所说的中轴原理了。他认为社会是多维度、多面向的，具有诸多要素和特征，我们如何解释社会，取决于选择什么样的要素和特征作为最关键和最基本的分析单元，而这样的分析单元，就是所谓的"中轴"。那么，"后工业社会"的概念强调理论知识的中心地位，这成为组织新技术、经济增长和社会阶层的一条中轴。中轴结构之所以有价值，是因为它们允许人们在设法了解社会变化时采取多重视角，而不摒弃在特定主题下理解关键结构的"首要逻辑"的价值。我们可以这样理解，封建主义、资本主义和社会主义这些名词，都是马克思主义框架内以财产关系为中轴的概念序列。而前工业社会、工业社会和后工业社会这些名词，则是以生产和所应用的知识为中轴的概念序列。以中轴为基础，我们可以聚焦地理解相似点和不同点。比如说，如果以财产为基础，那么美国是资本主义社会，苏联是社会主义社会，两者存在一定的矛盾。而如果以生产和技术为中轴，那么美国和苏联就同属于工业社会，从这个角度看，两者又或多或少是一致的。所以，我们在观察特定的对象时，不需要只依赖确定的原则，而是明确指定要用来区

分的中轴，于是在解释社会变化时，人们就能避免经济决定论、技术决定论等单一的决定论。甚至，人们在进行社会阐释的时候，还可以建立互补性的原则。

不同于整体论，贝尔更倾向于把社会各领域理解成一系列分离的领域。大多数社会理论把社会视为一个整体或者由单一规则决定的结合体。比如，马克思主义者认为社会由生产方式所组织，结合了下层结构和上层结构，即经济作为基础，政治和文化作为附带现象。贝尔认为整体论存在一定的缺陷，比如，当资本主义上升为一个社会经济制度时，它的统一性是微弱的，体现在：精神气质是个人主义的，政治哲学是自由主义的，文化秉承资产阶级的功利观和现实主义，以及追求社会地位、延迟享受等因素构成的人格结构。

相对于整体性理论，贝尔认为社会共有 3 个领域：技术经济领域、政治领域与文化领域。相应地，社会结构包括经济、技术和职业制度；政体调整权力分配并裁决个人与集团相互矛盾的要求；文化是与表达符号和意义相关的领域。每个领域都根据不同的原则来形成一套自洽的逻辑，并服从于这套逻辑。例如，前现代时期的社会是君主统治下的等级集团社会，在现代资本主义社会中，资产阶级壮大起来并主宰了社会，经济学在生产和商业中成为社会的组织原则，资本家与工人的区分成为社会的阶级分野。而后工业社会的社会结构，由身份和工作场所组成。身份指的是职业群体，如科学、技术、行政管理和文化领域的职业人士；工作场所是指身份所在的具体机构，如公司、政府、大学、军队等。在贝尔看来，技术经济领域虽然不决定政治与文化方面，但是当它传播到全社会并面临工具理性的要求时，往往对政治秩序和文化领域提出质疑。

正是立足于中轴原理，贝尔尝试对"后工业社会"，或者至少是成书之后的四分之一个世纪的社会结构，进行分析和预测。未来预测的特点是以当前突飞猛进的科技革命作为研究的出发点。贝尔对未来西方社会的探索，从技术分析联系到产业结构、社会结构、阶级结构、权力中心、管理体制等方面。但他也指出，后工业社会的观念并不是对未来进行准确的预言，而只是一种推测性的描绘。根据已经出现的一些特征，我们作出一种假定，并以此估计几十年后的社会现实，把两者进行对比，人们就可以设法确定影响社会变迁的运作因素。

三、后工业社会的中心特征是对理论知识的汇编

"后工业"的概念与"前工业的"和"工业的"概念是对立的。前工业部门主要是资源采集的，它的经济是以农业、矿业、林业以及天然气或石油等资源为基础的。工业部门主要是制造型的，利用能源和机器技术从事商品制造。后工业部门从事加工处理，其中通讯和电脑对于知识与信息的交流极其重要。在这里，贝尔要强调的是，后工业社会在原则上不同于工业社会。如果工业社会以机器技术为基础，那么后工业社会则是智能技术形成的。如果资本和劳动是工业社会的主要结构特征，那么信息和知识则是后工业社会的主要结构特征。因此，后工业部门的社会组织和工业部门的社会组织有很大不同。我们可以通过对比两者的经济特征更清楚地理解这一点。工业的商品是由分开的、可辨认的单位来生产、交换、销售和耗尽的，比如一辆汽车，人们从销售商那里购买这种产品并取得实物的所有权。但信息和知识并不能消费或者耗尽，它是一种社会产品。制造工业品时，我们可以构建一个生产函数来决定资源的配置方式，在这种情况下我们讨论的是劳动价值论；而后工业社会的特征是知识价值论。但是，贝尔也表明，后工业社会并不取

代工业社会，就像工业社会并不消除经济中的农业部门一样，而是加厚了整个社会的结构，并呈现出一些新的特征。

后工业社会崭新的中心特征，是对理论知识的汇编以及科学对技术的新关系。尽管每个社会的存在都基于知识和语言在传播中发挥的作用，但只有到了 20 世纪我们才看到探索新知识时对理论知识的汇编和自觉性研究的发展。具体地说，我们可以从科学对技术的新关系中看到这种变化。几乎所有 19 世纪的工业，包括钢铁、电力、汽车、航空等，都是天才的工匠所创造的。而 20 世纪的重大发展，例如在通信、电脑、材料、生物科技等领域，都来自 20 世纪物理学和生物学的革命。由此，研究与发展为发明与创新服务。值得注意的是，在理解"理论知识的汇编"这一概念时，我们要对知识和信息进行区分，这样才能准确理解后工业社会核心特征的内涵。在术语交错使用的过程中，有一个危险的倾向，就是把数据等同于信息，而信息则被等同于知识。贝尔指出，我们可以把数据视为以有序形式呈现的事件或者统计序列，例如国民生产总值、DNA 结果或者消费品价格指数。当我们建立一种语境来说明这些项目之间的联系，并对它们加以组织时，信息就产生了意义。那么，知识又怎么理解呢？广义地说，知识来自经过验证的理论。例如，古希腊数学家欧几里得发现在田野里的石头的关系，测定它们的角度，并创立了几何学，而几何学可以应用于一切特殊的情况。所以，理论使人类可以对一项发现进行由此及彼的概括。这是理解"理论知识的汇编"这一命题的关键。

既然后工业社会的核心特征是理论知识的汇编和科学对技术关系的变化，那么，"后工业社会"不是什么呢？尽管它包含了方方面面的要素，贝尔提醒道，不应该根据出现的社会特征而片面地定义"服务业社会""信息社会"或"知识社会"，尽管这些要素都或多或少存在。之所以采用"后工业"

这个名词，有两个理由。第一，在于强调这些变迁的过渡性；第二，在于强调知识技术这个主要的中轴原理。但是，这种强调并不意味着技术是所有其他社会变迁的首要决定因素。在贝尔看来，没有任何一个概念图式可以把一个社会现实描述穷尽。每一个概念图式都是在各种特征中选出某些特征，以便突出社会变迁，或者更具体地回答某些问题。举个例子，有些评论认为后工业社会不可能接替资本主义，但贝尔指出这等同于把按照不同中轴建构的不同概念图示进行错误的比较。因为，后工业图示涉及的是社会中的技术层面，而资本主义涉及的是社会经济层面。再比如说，马克思认为，生产方式可以把社会关系和生产力统一在一个单一的历史架构下，生产力就是技术力量，而社会关系主要就是财产关系。但贝尔也指出，同样的生产力存在于大量不同制度的社会关系之中，我们不能说，苏联的技术不同于资本主义世界的技术。

综上所述，贝尔根据第三次工业革命的事实，观察出科学和技术之间相对关系的变化，提炼出"理论知识的汇编"是后工业社会的中轴原理这一观点。前工业社会、工业社会的中轴原理分别是传统和生产率。尽管知识和信息是后工业社会的要素，我们也不能片面地将后工业社会片面地理解为"知识社会"或"信息社会"，而是牢牢把握住它的中轴原理，也就是经过验证的理论知识的首要性。

四、核心观点：后工业社会的社会结构、政体和文化的核心特征

在本书中，贝尔提出了一个核心命题：在 20 世纪 70 年代后的 30 年到 50 年间，人类将见证他所称之为的"后工业社会"的出现。它首先是社会

结构的变化，在具有不同政治和文化构造的社会，将产生不同的结果。本书中他认为，作为一种社会形态，"后工业"社会将是 21 世纪美国、日本、苏联和西欧社会结构的一个主要特征。贝尔以美国社会为框架，着重探讨了后工业社会的两个维度：从商品生产经济向服务型经济的转变，以及专业与技术阶层成为后工业社会占主导地位的职业群体。经济部门中服务业的扩张，在美国最为显著，在西欧也在发生。贝尔引用了当时正在发生的事实来佐证这一观点：1960 年，在扩大共同市场范围内，占总数 39.5% 的工人从事服务业，而在这本书写作的 1973 年，这一比例上升到了 47.6%。职业群体的变化是由后工业社会区别于工业社会的核心特征导致的，这也影响到了更为广泛的社会结构的变化。于是，建立在以上两个维度基础上，贝尔预测了后工业社会的三个关键变化，包括：社会结构（技术—经济秩序）、政体和文化。

社会结构层面。过去一百多年来，阶级一直是西方社会分裂的核心和社会学理论最为关注的话题之一。后工业社会将使高等教育，也就是人力资本，成为社会地位和权力的基础。尽管家族财富的代际传续仍然存在，对年轻子女来说，学业成绩与职业竞争才是获得专业地位的必要条件。家族公司内，子女继承日益让位于设立管理阶层。贝尔指出，人类将逐渐走向一个没有资本家的资本主义体制。那么阶级会怎么演变呢？由于社会结构是旨在协调个人行动以达到特殊目的的智能结构，这些职能通过适应某一具体职位的、定义明确的活动方式，对个人进行分割。那么后工业社会的一个层面就是科学的日益科层化和脑力劳动日益精细的专业化。职业结构方面，贝尔当时已经观察到的是产业工人阶级正不断萎缩，取而代之的是经理与专业人士逐渐成为职业结构的重心。举美国作为例子，1996 年，这一群体的人数超过 3600 万人，占当时全国总劳动力的 30%。这些人中一半是高管和行政管理人员，另一半是专业人士，如工程师、计算机科学家、大学教师、律师等等。但这些人构成一个"阶级"吗？在贝尔看来，如果把阶级定义为利益共同体和继承延续性，那么职业并不是凝聚的源泉。所以在这里，贝尔提出区分作为"专业集团"的知识工作者和他们所分布的工作场所。工作场所将成为政治单位，一系列纵向的职权秩序很可能成为政治关系更重要的所在，主要的利益冲突将出现在职权集团之间。在职能群体中，我们还能预见一些更细微的变化。在后工业的世界，人类的工作主要体现为人与人之间的竞争，而不像前工业社会和工业社会中人主要是处理与自然的竞争与改造。与此同时，后工业社会由于服务业的增长，比如大学、医院、研究机构等部门工作，客观上为女性提供了更多的就业机会，可以说女性第一次获得了经济独立的可靠基础。

在这本书中，贝尔分析的重点在社会结构上，只是间接地触及了政体和文化领域。社会结构的变化对政治制度提出了管理上的挑战。由于后工业社会越来越重视知识领域中技术的重要性，这迫使科学家、工程师和技术官员要么与政治家进行竞争，要么就成为他们的盟友。因此，社会结构与政治秩序之间的关系便成为后工业社会如何分配权力的一大问题。那么由谁掌握权力呢？贝尔不认为"科技治国论者"是完全站得住脚的，因为即便是在以知识和技术为核心的职能团体中也存在着分裂，而且社会经济的各领域无法彻底理性化。对此，贝尔指出了科学家团体的重要性，科学可以对抗官僚化、政治镇压和极权主义，这最终取决于科学精神的生命力。科学的感召魅力使科学工作者的生活方式被镀上了"神圣"的特质。为了实现这一目标，贝尔提出了"公平的能者统治"，也就是人们基于其技术能力、教育水平而取得相应的地位和收入。

在文化领域，强烈取决于认知能力和理论知识至上的生活方式，将不可避免地挑战文化潮流，也就是要追求强化自我，并且越来越反对体制和道德规范的束缚。19 世纪的资产阶级社会可以被看成一个综合的政体，文化、性格结构和经济都融入单一的价值体系之中，那时正是资本主义文明的巅峰。然而，具有讽刺意味的是，资本主义却亲手破坏了这一切。它借助大规模生产和大众消费，积极鼓励享乐主义的生活方式，破坏了新教道德。到 20 世纪中叶，资本主义不再试图用工作或所有权来证明自己的合理性，取而代之的是物质占有的地位标志和鼓励享乐。这一变化的结果是社会结构内部的分裂：在生产与工作的组织中，要求理智的行为、勤奋与自制、醉心于事业和成功；而在消费领域，及时行乐、挥霍和炫耀的心态受到鼓励。在后工业社会，文化与社会结构之间的断裂会越来越大，缺少一个能够深入人心的道德信仰体系是后工业社会的文化矛盾，对其生存构成了最有力的挑战。

总结一下这部分的内容：贝尔预见了本书写作后的至少四分之一个世纪里后工业社会的来临，并从理论知识的首要性这一关键特征出发，推断未来社会结构、政体和文化的变化：社会结构方面，围绕知识和技术形成的专业集团将成为新的等级单元；政体层面，科学家团体和知识分子参与政治的诉求会增加；文化层面则面临道德信仰体系的弱化和享乐主义的盛行。

五、研究启发：对后工业社会理论体系的迁移运用

丹尼尔·贝尔基于中轴原理对"后工业社会"的预测分析，在知识界产生了非常深远的影响。在问题意识层面，受贝尔的影响，西方学界在讨论未来社会时，经常套用"后……"这个前缀，以表示一个旧时代的结束和一个新阶段、新类型社会的开始。例如，瑞典社会学家汤姆·伯恩斯的"后市场社会"，瑞典社会学家吉迪恩·肖伯格的"后福利社会"，美国新社群主义思

想家埃米泰·埃齐奥尼的"后现代社会",等等。

贝尔的学说对当下的研究也有重要的应用价值。载于《江苏社会科学》的《社会新常态:后工业化社会与中产化社会的来临》一文,对中国经济新常态下中国社会向后工业社会和中产化社会的转型进行了系统的总结。首先,作者从贝尔对"后工业化社会"的核心特征之一——经济由制造部门转向服务业部门在中国的表现进行了分析。作者提出,中国劳动力呈现出"白领化"的趋势,这意味着中国社会的中产化,也意味着新中产阶层的崛起。基于这一判断,作者进一步指出中国中产化社会的三个关键特征:消费社会的来临,网络社会的强化,以及老龄化社会的加深。在此基础上,作者针对性地分析了这些社会特征给中国下一步发展带来的挑战,并提出应对这些挑战的政策建议。如加强中产阶层的整合,防止经济波动影响下的政治波动,对中国新常态下的长期稳定发展具有非常强烈的理论和现实意义。

此外,"后工业社会"理论提出以来,便得到了非常广泛的运用,成为常见的流行语和学术词汇。各大学术论文库中能检索到"后现代社会"一词的论文则不计其数,我们可以根据自己的兴趣去查阅相关的著作或下载相关论文来阅读。

最后,我们来回顾一下这本书的核心要点:

1.《后工业社会的来临》的研究背景是在第二次世界大战后西方知识界的关注点从经济增长理论转变为更具包容性的经济发展理论,丹尼尔·贝尔结合正在蓬勃发展的第三次科技革命的特征,以理论知识和科学与技术的关系为"中轴原理",对其后四分之一个世纪的社会结构、政体和文化进行的推断。

2.《后工业社会的来临》的研究视角是"中轴原理",也就是从特定角度选取一个社会最核心、最基础的要素和特征，以此为出发点来对社会进行解释和推断的一种方法论。"中轴原理"是反对单一决定论的，它认为社会是多维度、多面向、多层次的，我们对社会的解释，取决于采用的"中轴"。

3.《后工业社会的来临》分析对象是作为一种未来图景的后工业社会结构。根据方兴未艾的第三次科技革命，它之所以不同于以往的技术革命，在于新的技术范式是智能化技术，核心特点是理论知识的汇编和科学与技术关系的变化。知识不是简单的数据叠加，也不等同于信息，它是经过验证的理论。由于后工业社会是一种未来图景，而不是既成历史，所以我们可以根据贝尔从理论知识至上这一中轴出发的推断与现实情况进行对比，从而能够更好地识别影响社会结构变迁的因素。

4.《后工业社会的来临》的核心思想是贝尔基于理论知识至上这一中轴原理对社会结构、政体和文化的推断。社会结构方面，由于经济从制造业部门转向服务业部门，我们会见证服务业部门的就业增加，知识技术团体和女性工作者的地位将得到提升。以知识、技术为依据划分的职能团体，有可能成为新的阶层单元。社会结构变化对政体提出了挑战，科学家团体将会发挥越来越重要的作用。后工业社会在文化领域则面临着矛盾，资本主义讲究的大规模生产和大众消费给自身带来了困境，享乐主义、道德失范和信仰缺失将成为人类面临的挑战。

扫码收听更多
精彩内容

 **拓展书单**

1. ［美］尼尔·波兹曼：《技术垄断：文明向技术投降》，蔡金栋、梁薇译，机械工业出版社 2003 年版。

2. 吴国盛编：《技术哲学经典读本》，上海交通大学出版社 2008 年版。

3. ［英］布劳尼斯娄·马林诺夫斯基：《自由与文明》，张帆译，世界图书出版公司 2009 年版。

4. ［美］弗朗西斯·福山：《历史的终结及最后之人》，黄胜强、许铭原译，中国社会科学出版社 2003 年版。

5. ［美］约瑟夫·熊彼特：《资本主义、社会主义和民主》，吴良健译，商务印书馆 1999 年版。

6. ［美］丹尼尔·贝尔：《意识形态的终结》，张国清译，江苏人民出版社 2001 年版。

7. ［美］丹尼尔·贝尔：《资本主义的文化矛盾》，严蓓雯译，江苏人民出版社 2007 年版。

8. ［美］尼尔·怀松：《新阶级社会：美国梦的终结?》，张海东译，社会科学文献出版社 2019 年版。

鲍曼《流动的现代性》

——种永恒的未定状态

有五个基本概念，有助于覆盖人类状况的正统叙事过程，我们把它们挑选出来进行检视。这五个概念是：解放、个体性、时间/空间、劳动、共同体。我们抱着将"孩子"从喷涌而出的肮脏不堪的"洗澡水"中救出的希望，对这些概念的意义和用途进行过探究，尽管是以一种非常零碎的、原始的方式。

也就是说，局面已经逆转过来了：批判理论的任务已被颠倒过来。那一任务在过去，常常是保护私人从向前推进的"公域"（public sphere）的大部队中独立开来，保护私人从在冷酷国家绝对专断的强制统治下的痛苦折磨中解放出来……这一任务在现在却是，要保护这一正逐渐消失的公共领域……

《流动的现代性》（*Liquid Modernity*）作者是英国社会学家齐格蒙特·鲍曼（Zygmunt Bauman，1925—2017）。鲍曼是当代西方著名社会理论家之一，他出生于波兰的一个犹太家庭，1954 年起在波兰华沙大学哲学与社会科学系任教。1968 年，鲍曼因反犹主义和"毒害青年罪"被逐出波兰。1972 年起，鲍曼定居英国，在利兹大学任教。1990 年，鲍曼获意大利社会学会和罗马大学政治科学系颁发的雅马尔费奖（Amalfi Prize），1998 年又获得了美因河畔法兰克福阿尔多诺奖（Theodor W.Adorno Prize）。鲍曼一生写有 60 多部著作，这些著作探讨了人类状况的永恒主题，包括权力与政治、不确定性与焦虑、自由与安全、希望与怀旧等。其中，广为知晓的著作有《现代性与大屠杀》《流动的现代性》《共同体》《个体化的社会》《被围困的社会》等。

其中，《流动的现代性》出版于 2000 年，2012 年再版。在本书中，鲍曼关注的是一种永恒的未定状态，即"变化"。他通过五个基本概念的分析和诠释，把这些覆盖人类状况宏大叙事的核心特征放在"流动的现代性"之中去重新检视，带读者深入理解"液态世界"。这五个概念分别是"解放""个体性""时间/空间""工作"和"共同体"。《流动的现代性》是鲍曼之前的两本书《全球化：人类的后果》和《寻求政治》的延续和终结。作为当今最具原创性的思想家之一，鲍曼的这些著作对社会和政治生活状况的变化作出了精彩纷呈的论述。

对读者来说，鲍曼《流动的现代性》这本书并非提供了体系化的理论建构，而是在书中遍布了至今仍具有相当洞察力的思想片段。在当下人类活动不断加速、社会生活变得越发"液态"的情况下，我们通过阅读这一著作，去思考如何理解自由、理解个体、理解时间，能够在他的思想片段中得到新的启发而又感到似曾相识。

一、研究背景：全球化时代的社会和政治状况

如开头我们所提到的，《流动的现代性》是鲍曼对他先前两本著作的延续和终结。尤其是在《流动的现代性》成书前后，"全球化"展现出了新的面貌，投射出了人类社会和政治生活状况的变化，是影响鲍曼关于"流动的现代性"思想的重要因素之一。

在全球化时代下，美好生活的愿景并没有实现，资本和权力关系却发生了深刻的变化。这种变化主要有两个，一个是局部战争、区域政治与社会动荡带来的流离失所，不断催生难民、流亡者、寻求避难者等群体，这些寻求避难者等无家可归之人的数量在不可阻挡地攀升；另一个变化则是资本的全球流动在带来消费快速增长的同时，也加剧了收入的不平等，比如富裕国家卡塔尔的人均收入夸张地高出贫穷国家津巴布韦 428 倍。与此同时，快速增长的消费让货架上的商品越来越多，而"可持续性"的议题却较少受到关注。

这些问题让人们意识到，全球化非但没有兑现美好生活的承诺，反而带来种种社会、经济和政治生活危机，这促使社会科学家们重新去探讨"现代性"。社会学家认为，传统社会与现代社会之间存在着某种断裂。"现代性"可以看作是工业文明的缩略语，它建立在机器文明、理性主义和人道主义理想的基础上，被认为是对前现代传统的历史性超越。然而，全球化下的事实表明，人类并没有如期在理性主义的路径上迎来社会在物质和精神世界的丰盈，实际上各种"异化"现象却层出不穷，如收入不平等，局部冲突，身份认同失序，生活走向消费化和娱乐化等。一些社会学家认为，人类已离开了现代性，步入了后现代性。例如社会学家鲍德里亚在《消费社会》这本书中指出，人们生活在一个充斥着复制品的社会。现代社会的种种异化，引发了

人们对现代性发展模式的怀疑和挑战。这些质疑、批判和反思，逐渐构成了后现代性思潮的主旋律。

与后现代性不同，另一种社会学思潮认为，人类并没有脱离现代性，而是从"第一现代性"步入了"第二现代性"。例如社会学家乌尔里希·贝克，他认为，"第一现代性"解决的是物质财富分配的问题，而"第二现代性"解决的是规避风险的问题，而风险则是工业社会的产物。

鲍曼对现代性的理解，更接近现代性的未完成状态，而非现代性的终结。由于"现代性"是一个全方位的理论、文化乃至社会生活体系，因此社会学家讨论的角度也多种多样，而鲍曼采用的是用隐喻的方式重新检视社会基本概念的当下内涵和意义。在全球化时代下变化的社会和政治状况中，鲍曼观察到了一种不确定的、过渡的、旧传统正在瓦解而新传统却无法生成的状态。他认为，贝克称之为"第二现代性""现代性自己改变自己"和"现代性的现代化"，实际上都是指的这种状态，现代性在其中得到某种延续。为了说明这种延续，1999 年，贝克在一次访谈中提到了"虽死犹存"和"借尸还魂"型的传统，以及"还魂尸似的制度"。鲍曼引用贝克的这些说法，来指称在现代化进程中虽死犹存的传统和制度。那么，这些传统和制度以某种新的形态或者换个化身的方式出现，它们是否还行得通？如果行不通，我们又将如何安置它们？《流动的现代性》这本书就旨在回答这个问题。

总结起来，在全球化不断加深的背景下，面对现代性尚未兑现的承诺和反而出现的种种异化，鲍曼成为众多试图提供解释的社会学家之一。有人认为现代性已结束，有人认为现代性发生了改变。而鲍曼提出"流动的现代性"这一思想，从体现人类社会核心特征的五个概念出发，对现代性的"流动"特征进行深入阐释。

二、研究视角：用修辞手法理解现代性

本书的研究视角，是鲍曼不直接描述"现代性"本身是什么，而是用了修辞手法，将"现代性"比作"流动的"和"液态"的，从而来描述和阐释现代性的特征。流体区别于固体的地方在于：首先，它不能长久地保持任何形状，空间维度对它来说没有意义，时间维度才具有更重要的价值。其次，液体处于持久的运动之中，具有很强的流动和渗透能力，能够随时作出改变。与"轻灵"的、"流动"的现代性相对，鲍曼用"固态"或者"沉重"来修饰非流动状态下的现代性。"固态"的现代性指的是沉重的资本主义时代，在这个时期，工厂把资本和劳动牢牢地结合在了一起，国家的职责则在于促进再生产，社会形成了稳定的结构，生产和消费活动具备了工具理性。在"流动"的现代性中，原本稳固的联结变得脆弱多变，而要生成新的结构，似乎又永远看不到尽头。

从动态角度看，成为"现代"的意思，就是指急切地、强迫性地去进行现代化。不只是"成为"，而且是要永远处于变化之中，保持未定状态，避免"完成"。在看不到尽头的变化中，旧的结构不断被打破，一旦打破就不再有效；取而代之的每一个新结构，都仅仅只是另一次暂时性的、"有待进一步通知"的短暂安排，等着被新的变化来打破和替代，不断往复，以至无穷。鲍曼打了个比方，随着时间的流逝，"现代性"如同希腊神话中的海神普罗透斯，通过不断变换自己的形态从而让人难以捉摸。也就是说，"流动的现代性"意味着变化就是恒久，变化才是常态，唯一确定的只有不确定性本身。

抓住"变化是常态"的这一特征，鲍曼用"流动性"来刻画当今生活的

形态和现代的人类状况。这是一种"过渡性"的安排，它是不完整的、不一致的，也是未完成的。鲍曼认为，人类社会正处于一个"过渡时期"。在这一时期，处理事情的老办法不再奏效，过去习得和沿袭的生活方式不再适合于当今的人类状况。然而，应对挑战的新方式和更加适合于新情况的新生活方式又尚未被发现、就位和发挥作用。更为重要的是，与我们的先辈不同，对于我们想要抵达的"目的地"，我们也缺乏清晰的认识。对这种不确定性图景的认识，必将成为全球化社会、全球化经济、全球化政治、全球化管辖权的一个模型。但我们对此只能在黑暗中试验和摸索。例如，通过关闭火力发电厂并代之以核电站，我们可以努力减少二氧化碳的排放量；而这项减少碳排放新技术的运用，又可能导致切尔诺贝利和福岛的核泄漏等事件带来新的灾难。在"流动"的现代社会中，人们除了对"要做什么事情"感到困惑之外，还对"谁应该去做这些事情"感到迷茫。

总的来说，鲍曼采用了隐喻的修辞手法，让他要解释的现代性的特征变得具体可感。"流动性"意味着恒久的变化，如果说"沉重"的现代性以稳定的社会结构和明确的目的为特征，那么人类社会将在"流动"的现代性中不断寻找，没有尽头。

三、分析对象：传统概念"虽死犹存"

（一）第一个概念：解放

第二次世界大战后，人类社会经历了经济复苏、秩序重建和社会繁荣的发展阶段，被称为"辉煌三十年"。然而，这一阶段却在 20 世纪 70 年代后开始走向终结。面对这一变化，德裔美籍社会理论家马尔库塞认为人类面临的境况需要继续从物质文化增长的社会中获得解放，但他却也意识到这种解放是缺乏大众基础的。因为极少有人知道解放后的状况与他们现在所处的境况有何不同。那么，什么是解放呢？解放的字面意思，是从某种阻碍或阻挠运动的羁绊中获取自由，是指开始感觉到运动或者行动的自由。"感到自由"意味着在欲求、想象力和行动能力之间达到了某种平衡。对"感到自由"的这种理解，衍生出主观"解放需要"和客观"解放需要"的区别。主观"解放需要"侧重于人的想象力和欲求层面，而客观"解放需要"则强调人现实生活中的能力层面。鲍曼认为，这种主客观两个层面导致的可能后果是，人们生活在奴隶状态下，但仍然感到自由并且丧失了解放自己的渴望，从而放弃了获得真正自由的机会。

既然如此，解放是福还是祸呢？一种观点是质疑普通民众对解放是否准备就绪，体现了马尔库塞式的责备和抱怨。另一种观点认为，自由也许并不是幸福的保证。政治哲学家霍布斯认为人对"自由自在，不受限制"存有内心恐惧，社会学家涂尔干则把这一思想发展成了一套综合的社会哲学体系，认为社会约束是解放的力量，因为它为社会生活提供了单一性、稳定性、确定性，与解放并不矛盾。

鲍曼指出，在流动的现代性中，解放的内涵发生了变化。早期现代性中的解放是带有确定目标和终极目的的，脱离原有的社会结构，是为了重新嵌入新的、变化了的社会结构。而流动的现代性并没有给"重新嵌入"提供"床位"。打个比方，在流动的现代社会中，人们好比在玩抢坐"音乐椅子"的游戏，有很多不同尺寸和不同风格的椅子可供选择。由于它们的数量和位置不停地在发生变化，人们不得不永远保持移动状态，得不到休息和停歇，等不到游戏完成那一刻的到来。在被"脱域"了的个体所走的路的尽头，看不到"重新嵌入的希望"。在这种情况下，对解放是福是祸的问题，鲍曼给出的答案是：解放是一件复杂的幸事。在流动的现代性中，人类个体独立地找回了自己，具有史无前例的自主性和自由，有很多选择的机会。那么，人类个体就要进行永无止境的改进和自我改进，让"接受批判"成为"流动的现代性"中的一种常态。

（二）第二个概念：个体性

沉重的现代性意味着世界是整齐有序的，社会秩序则体现出稳定性、单一性、重复性和可预见性。由于并不存在对人类行为终极目标的争论，而是手段和方法上的加强、调整和完善，因此这样的社会是工具理性的。沉重的资本主义世界是福特主义模式的，在这种模式下，资本、管理和劳动聚合在了一起，不断提高着再生产活动中的效率。然而，在流动的现代性时期，不再有统一、稳定的价值和终极目的，世界成了充斥各种可能性的巨大集合。人们生活在一个充满无数机会的世界之中，似乎提供了一种"成为要人的自由"的甜蜜滋味，但其实这种滋味中蕴含着苦涩。这是因为，寻找意义和目标成为个体义不容辞的责任，而多数人的生命将在对不确定性的焦虑和目标选择的折磨中度过。鲍曼打了个比方，他说，这个充满可能性的世界，如同摆满了各种可口小碟的餐桌，由于它太过丰富，哪怕再饥不择食的饭客也会应接不暇。的确，"轻灵的"资本主义中，困扰消费者的真正问题，不是选择不足，而是选择过量。

在流动的现代性中，个体和权威之间的关系也发生了变化。沉重的现代世界，是立法者、程序设计者和监督者的世界。人们以他人确定的方式，来追求他人确立的目标，并受他人的指引。因此，这是一个领袖权威和导师权威的世界。但是，当价值和终极目的不再主导，权威也就会随即消失，取而代之的是对个人而言的榜样。榜样继承了"公众注意力的中心"，承担起了把自身当成范例的责任。如果说权威能够提高追随者的社会地位的话，那么在流动的现代性中，由于目标和终点的长期不确定，正是为数众多的追随者制造了榜样的权威性。这种变化可以从脱口秀节目的日益流行中体现出来。既然在不确定的世界中生活得快乐是个体义不容辞的责任，那么从脱口秀节目中吸取经验和教训，就符合人们的真正需要。在这种情况下，对榜样和偶像的寻求，使越来越多的私人领域话题在公共空间得到公开展示，隐私正在取代政治。

（三）第三个概念：时间 / 空间

鲍曼指出，时间历史以现代性为起点，现代性是时间开始具有历史的时间。为什么会这么说呢？在现代性之前，"时间"是"湿件"，即有生命的动物的动力和力量。这意味着它们是人、牛或者马努力的结果，因而也存在着生物上的限制。然而，在现代性的阶段，时间和空间开始分离，比如，交通工具建造后比以往任何时候的人和马都要跑得更快。那么，在这些非人力和非畜力的运输工具出现的时候，时间就成了运动技术的标志，变成了一个"硬件"的问题。人们能够对这一硬件加以发明、建造、使用和控制。

那么，"沉重"的现代性和"流动"的现代性有什么不同呢？"沉重"的现代性属于硬件时代，是一种"大就是力量，多即是成功"的现代性，征服空间是它的最高目标。由于劳动、资本和领土都与空间紧密联结，因此财富和权力牢牢地根植在土地之中。这样的财富和权势往往是缺乏活力的，既不便移动也难以操作。然而，随着软件资本主义和"轻灵的"现代性的到来，时间才是获得价值的手段，潜在目标领域的价值可以不断提高。资本和人员处于没有穷尽的流动之中，也就是说，流动成为了一种常态。如果说"福特主义的工厂"是"沉重"的现代性的一个象征，那么微软就是"流动的"现代性的象征。巴黎大学经济学家科恩有一个形象的比方："无论是谁,只要他的事业生涯的起点是从微软公司开始,他就根本不会知道自己事业生涯会在何处结束。无论是谁,只要他的事业起点是从福特公司或雷诺公司开始,就几乎可以确定,他的事业生涯也将在这同一个地方结束。"

(四)第四个概念:劳动

工业革命的纪念碑上往往刻有简练而自信的标语,这展现了沉重的现代性世界,是一个相信发展进步、相信"劳动征服一切"的世界。现代的乌托邦观念,是对人类社会的渴望能够实现并且将会实现的宣言和表达。未来被看作是一种社会产物,它由劳动创造,是可以通过考虑、设计和顺利完成来抵达的彼岸。在普遍相信发展进步的沉重的现代性中,"劳动"被理解为这样一种行为:作为总体的人类在创造自身历史时,劳动是一种人类每一个单独的成员都不得不参与的集体性活动。这意味着根据人们的工作对全人类的事业所做贡献的想象来给予他们不同的地位,并赋予了劳动在人类活动中的首要地位,认为它能够引导出道德的自我完善和社会整体道德水平的提升。

在"流动"的现代性中,"发展进步"远远没有结束,也不可能很快就结束。它不再是一个最终指向完美的状态,而是一个持久的,甚至是永恒的挑战。并且,它不再是一件集体性的事情,而是很大程度上被个体化和私人化了。个人不得不独立运用自己的智慧、资源和勤奋,把自己提高到一个更为满意的状况之中。用贝克的话说,是个体自己成了他所生活世界的社会身份再生产的单位。

此时,劳动改变了它的性质,失去了它在固态的现代性和沉重的资本主义时代占统治地位的价值中心地位。在人类努力的范围内看不到最终完美状态的端倪,任何努力都可能会犯错,那么企图通过旷日持久的、受目的指引的劳动努力来逐层建立起"总体"秩序的想法，就没有多少意义了。整体意义和目的不再有效的情况下，定义劳动的目的和意义变成了劳动者个体的事情。由于不确定性的存在，个体只能努力去抓住"现在"这个当下时刻，劳动变成一次性的行为。与此同时，资本与劳动的纽带开始松弛，资本从对劳动的依附中解放了出来。流动的现代性中，政治在一定程度上体现为资本自由流动与地方政府限制资本自由流动之间的博弈。

（五）第五个概念：共同体

鲍曼指出，社群主义是现代生活不断加快的、"液化"过程中的产物。它是对个体自由与安全保证这两极之间不断加剧的失衡作出的反应，其吸引力在于为焦虑和失去安全感的人们创造一个安全天堂的承诺。然而，在流动的现代性中，社群主义信仰中的"共同体"已经不再是以前建立在牢固基础上、以统一和团结为特征的社会结构。在这样的情况下，"民族国家"遭遇了挑战。鲍曼指出，民族国家把民族团结的原则置于其他所有忠诚之上，是现代共同体中唯一的"成功历史"。这一时期，人们的归属问题已经不是在不同参考选项之间进行选择的问题了，而是有和无的问题了。在流动的现代性之中，流动的现代居民身份认同变化无常，"大家庭"的概念不再稳固。爱国主义不但成为了一个问题，更是一个在紧迫政治实践领域中的紧迫社会任务。

相比共同体，鲍曼认为"认同"这个概念才能准确地刻画流动的现代性的群体状态。对这一时期的居民而言，身份认同的变化无常迫切地要求他们要学会与差别共处的艰难技巧。对此，鲍曼形象地把这种状态比作是"衣帽间式的共同体"。具体而言，尽管这些人在白天时可能志趣不同、爱好不同，但正是晚上的演出才使他们汇聚于此。在演出期间，所有的眼睛都盯在舞台上，伴随着高兴和悲哀、欢笑和沉默。然而，在演出落下帷幕之后，参观者又从衣帽间收拾好各自的东西，回到了他们平常单调和不同的角色之中。衣帽间式的共同体，需要一个公开展示的场面，来吸引在其他方面毫不相干的个体中蛰伏的兴趣，暂时把人们聚合在一起。因此，公开表演已经开始取代沉重的、固态的现代性时代的"共同奋斗目标"。

在《流动的现代性》这本著作中，鲍曼以五个他认为能够覆盖人类社会宏大叙事的核心概念为分析对象，把它们放在"流动的现代性"中进行重新检视。对这五个概念，作者都将它们在"沉重"的和"流动"的现代性中的具体内涵进行对比，从而探讨传统制度如何在现代性中"虽死犹存"。

四、核心思想：时空分离与"液态"现代世界的来临

如果"现代化"是一个过程，那么从"沉重的现代世界"到"轻灵的现代世界"的变迁是如何实现的呢？鲍曼给出的解释是时间和空间的分离，以及由此产生的权力关系的变化。

鲍曼目睹的现代生活有一个非常突出的特点，即时间和空间之间的变动关系。在早期，社会中的要素和结构非常稳定地联结在一起，如资本和劳动围绕工厂而紧密结合，国家权力和人民根植于国土而紧密结合。而在现代性中，随着技术手段的发明，人类活动可以突破空间的限制了，这意味着，单位时间中通过的距离，可以依赖技术手段来缩短或延长，因而成为人类智慧、想象力和应变能力的体现。

时间与空间的分离，或者时间摆脱了空间的约束和限制，现代性由此产生。这种加速带来的分离也改变了权力结构和权力关系。鲍曼引用"全景监

狱"的例子来加以说明。英国政治哲学家边沁在 1795 年提出"全景监狱"这种设计，它使得一个监视者可以监视所有的犯人，而犯人却无法确定他们是否受到监视。后来法国哲学家福柯用"全景监狱"来比喻现代权力，这个比喻在鲍曼的写作中得到了延续。在全景监狱里，犯人被固定在一个地方，禁止一切走动，并被限定在厚实的、严密监视的高墙内，而监控者却可以自由走动。从始至终，犯人只能待在指定的地方，不知道也无法知道监控者此时正在哪个地方。所以，监控者走动的方便性是对犯人进行有效控制的有力保障。鲍曼解释道，全景监狱是一种权力关系双方之间的接触和对抗模式。然而，"全景监狱"中的监狱管理者，并不具备真正的、完全的行动自由。相反，这是一种代价高昂的策略，因为空间的征服和控制，会带来许多代价沉重、繁杂累赘的行政任务。这要求监控者到场进行参与及实施管理，也就意味着"在外地主"这种管理者与被管理者之间解除捆绑的方式实际上是不可能的。但是，在"流动的现代性"时期，情况发生了变化。当权力可以以电子信号的速度进行运动，需要的时间缩短至一瞬间时，它便不再受到空间的限制，从而真正享有了"治外法权"。鲍曼将流动的现代性中的权力关系称为"后全景监狱"权力关系，它的特征在于，掌握了权力操纵杆的人在任何时刻都可以完全不受这一关系模式的影响。

在流动的现代性时期，时空分离带来的权力关系变化主要体现在三个方面：军事战争、人口流动和劳资关系。

在早期现代军事战争中，进攻的一方不断向前线推进，占领新的土地和财富，将防御的一方驱逐出这片土地。这种方式将进攻者和被征服的土地牢牢联系在一起。而在流动的现代性中，运动速度更快的运动手段在稳步增加，掌握了最为重要的权力工具和统治工具。鲍曼列举了南斯拉夫战争和海湾战争的例子，说明在新型战争中地面部队的使用并不是制胜的秘诀，因为这涉及要对被占领领土进行行政管理。取而代之的是隐形战机和灵巧的导弹发起的进攻，这种进攻的目的不在于领土征服，而是为其他非军事的权力武器进入这个空间扫清障碍，如资本流动和贸易。引用军事历史学家克莱塞维茨的话来说，当代的战争看起来日趋像"通过其他手段来推动全球自由贸易"。

权力关系的变化也体现在不同群体的流动中。在沉重的现代性时代，"进步"意味着放弃游牧的生活方式，而寻求定居的生活方式。公民的权利和义务通常与居住权相连，而那些没有"固定住址"的人往往会受到法律和社会规则的歧视。然而，在流动的现代性阶段，形势发生了逆转，定居生活相对于游牧生活的绝对优势正在迅速消失，占据人口多数的定居人口则为游牧的和疆域以外的精英所统治。鲍曼指出，当今的全球精英，是用"在外地主"的模式来塑造自己的。他们实行统治，但又不用承担行政性、管理性和福利性的日常工作。"轻装旅行"才被认为是权力的优势所在。

时空分离下的权力关系变化还体现在劳资关系中。在沉重的现代性时期，资本和劳动围绕工厂而紧密结合。鲍曼比喻道，庞大的工厂犹如一个封闭的监狱，劳资双方都不得不待在里面。然而，在轻灵的资本主义时代，两者结合的纽带开始松动。资本意味着一个装有手提包、手机和笔记本电脑的行李箱，它可以任意停留、随时离开，不需要时时刻刻与劳动者捆绑在一起。资本通过移动自由，改变了从前与劳动的牢固联系。鲍曼比喻道，这类似于劳资双方的关系从婚姻过渡到同居状态。

总结起来，鲍曼分析认为，时间和空间分离，导致现代性从"沉重"的、"固态"的阶段过渡到"流动"的、"轻灵"的阶段。在时空分离下，权力关系发生了深刻变化，这体现在新型军事征服、人口流动和资本与劳动解耦三个方面。

五、研究应用：修辞策略的采用与理论迁移

作为一部深入且生动阐释"现代性"的社会学著作，《流动的现代性》在研究方法和理论启发上对后续研究都有深远的影响，也在当代的学术研究中得到了广泛应用。在中国知网上检索"流动的现代性"，可以看到输出了 449 条中外文学术结果。而通俗读物和大众媒体中，对鲍曼的"流动的现代性"解读和引用更是不计其数。

研究方法上，修辞策略被大量社会学研究所用，学者们从相关学科中汲取了大量资源来推动社会学理论的构建和发展。中国社会科学院研究生院社会科学系的孟超对这一渊源进行了追溯和解释，以便我们更好地理解类比策略的重要性和合理性。法国哲学家孔德的社会物理学、英国社会学家斯宾塞的生物进化类比，都借用了自然科学的理论资源。而今天，我们经常使用的词汇比如"张力"和"秩序"，则暗含了牛顿经典力学的隐喻。究其原因，在于社会现象本身的多维性和复杂性，以及社会学诞生初期缺乏概念工具；而在当时的 19 世纪，自然科学取得了辉煌成就，无疑为社会现象的描述和解释提供了源源不断的灵感。值得注意的是，鲍曼采用的哲学化的规范解释，在实证研究中的借鉴意义是有限的，所以我们很少看到这个角度微观、个体层面的研究。

鲍曼的《流动的现代性》一书不仅在隐喻和类比方法上有深远影响，其中包含的对"流动性"和"现代性"的阐述，也对后续各学科如传播学的学术研究提供了思想源泉和理论启发。

《流动的现代性》影响深远，它不仅在方法上提供了理论构建和理论发展的一种参照，还在理念和思想上对当下各学科、各领域的研究有所启发。特

别是"液态"的这一隐喻，仍然是描述现代社会颇具影响力和普遍性的思想。

最后，我们来回顾一下这本书的核心要点：

1.《流动的现代性》的研究背景是鲍曼对先前著作的延续、总结和升华。他在对全球化时代的社会和政治生活状况中，观察到了一种未定的、过渡性的、旧传统正在瓦解而新传统尚未生成的状态，通过对核心概念的阐释，将其思想形成体系呈现了出来。

2.《流动的现代性》的研究视角是采用了类比的策略，把当下的现代性与早期的现代性区分开来。如果说早期的现代性是固态的、沉重的，那么当下的现代性则是液态的、轻盈的。类比策略是社会学理论构建中经常采用的策略，能够通过采用自然科学中的形象语言将抽象的理论具体化，从而帮助我们更好地理解社会现象。

3.《流动的现代性》的分析对象是五个与社会政治生活密切相关的核心概念，分别是解放、个体性、时间／空间、劳动和共同体。作者希望将这五个概念放在流动的现代性话语体系下进行阐释，从而探究这些"虽死犹存"的概念是否还有意义，如果没有，那么它们又将走向何方。

4.《流动的现代性》的核心思想是鲍曼对流动的现代性产生源泉及其社会政治后果的分析。鲍曼指出，得益于技术和管理手段的变化，时间与空间产生了分离，时间开始具有历史，现代性也由此产生。资本从与劳动的捆绑中获得了自由，管理者从与被管理者的捆绑中获得了自由。在流动的现代性时期，权力和资本关系发生了深刻变化，流动和轻盈成为了一种优势。

5.《流动的现代性》在理论和方法上对社会科学研究均有启发。方法上，运用修辞手法可以将抽象、晦涩的理论变得具体、易懂，从而推动社会理论乃至跨学科理论的发展。理论上，"流动的现代性"这一思想内涵在不同学

科的具体语境中可以得到迁移和运用，对理解新闻传播、社会消费、城市劳
动等当代问题仍然具有强烈的现实意义。

扫码收听更多
精彩内容

 拓展书单

1. [英] 齐格蒙特·鲍曼：《被围困的社会》，郇建立译，江苏人民出版社
2005 年版。

2. [英] 齐格蒙特·鲍曼：《个体化社会》，范祥涛译，上海三联书店 2002 年版。

3. [英] 齐格蒙特·鲍曼：《现代性与大屠杀》，杨渝东、史建华译，译林出
版社 2011 年版。

4. [英] 齐格蒙特·鲍曼：《全球化：人类的后果》，郭国良、徐建华译，商务
印书馆 2001 年版。

5. [法] 米歇尔·福柯：《规训与惩罚》，刘北成、杨远婴，生活·读书·新
知三联书店 2012 年版。

6. [美] 理查德·桑内特：《公共人的衰落》，李继宏译，上海译文出版社
2008 年版。

7. [法] 让－弗朗索瓦·利奥塔尔：《后现代状态》，车槿山译，南京大学出
版社 2011 年版。

8. [南非] 保罗·西利亚斯：《复杂性与后现代主义：理解复杂系统》，曾国屏
译，上海科技教育出版社 2006 年版。

9. [美] 乔治·瑞泽尔：《后现代社会理论》，谢立中译，华夏出版社 2004 年版。

鲍德里亚《消费社会》

——从商品拜物教到符号拜物教

> 今天，在我们的周围，存在着一种由不断增长的物、服务和物质财富所构成的惊人的消费和丰盛现象。它构成了人类自然环境中的一种根本变化。恰当地说，富裕的人们不再像过去那样受到人的包围，而是受到物的包围。
>
> ……确切地说，所见到的、拍上电视的、录进录音带的事实真相，指我并不在场，但却是最真实的，是具有重要意义的事实。换句话说，就是实际不存在但又偏偏存在的事实。再换句话说，就是幻影。我们从大众交流中获得的不是现实，而是对现实所产生的眩晕。

《消费社会》(*La Société de Consommation*),作者是让·鲍德里亚(Jean Baudrillard,1929—2007,也有人翻译成波德里亚、布希亚),译者是刘成富和全志钢。

鲍德里亚是法国哲学家,现代社会思想大师,后现代理论家。波德里亚1929 年出生,他成长在一个法国的中下层家庭,是家族里第一个上大学的人。他在巴黎获得了社会学博士学位,曾经在巴黎第十大学和巴黎第九大学教书。从 1968 年开始,他撰写了一系列分析当代社会文化现象、批判当代资本主义的著作,并最终成为享誉世界的法国知识分子。

《消费社会》出版于 1970 年,在发展阶段上,被认为是鲍德里亚的早期著作。但相对于他 20 世纪 60 年代开始形成的关于"物的符号体系"的思想,这本书既是一个阶段性的总结,又是对这个思想继续推进的开端。

一、写作初心:对资本主义大生产导致西方社会消费激增的学术思考

首先我们来看鲍德里亚《消费社会》的写作初心,这还得从 20 世纪西方资本主义大生产开始说起。我们都知道,生产是消费的前提条件,有生产我们才有机会去消费。传统的工业社会可以看成是生产者的社会,在生产、流通、交换、消费的各个环节中,消费始终是生产的附属,生产才在整个社会中处在中心位置。为什么传统工业社会是生产者的社会呢?这是因为在这个阶段,物质总体来看还是比较匮乏的,人们的消费主要是为了商品的使用价值,生产什么就会去消费什么。所谓商品的使用价值,就是商品满足人们某种需要的属性。举例来说,我打完球之后很渴然

后去买了一瓶矿泉水喝，那么这瓶矿泉水的使用价值就是可以帮我解渴，满足我身体补充水分的需要。因此，在物质比较匮乏的年代，人们的消费更多的是为了满足生存的需要，对商品的关注主要集中在商品的使用价值上，关注的是我买的这个商品能不能让我填饱肚子、能不能让我抵御寒冷。

随着工业革命的深入发展，从 20 世纪 20 年代开始，以美国为首的西方国家纷纷进入到"消费社会"。在消费社会中，消费本身就是目的，消费代替了生产成为社会生活的中心。也就是说，消费不再是生产的附庸，而是生产围绕消费来进行，消费成为支撑社会经济运转的灵魂和纽带。我们来看几个数据就能明白为什么消费成为社会经济活动的中心了。在 1970 年，美国消费率是 81.9%，超过投资率 64.3 个百分点；1976 年日本的消费率是 59.7%，超过投资率 27.9 个百分点；1978 年英国消费率 79.3%，超过投资率 59.8 个百分点。这些都充分说明西方资本主义社会发生的新变化——从传统的工业社会向消费社会转变。

之所以西方社会发生这样的变化，根本上还是由于生产力的发展导致物质的极大丰富，人们已经不仅仅满足于商品的使用价值，而有了更高的追求。鲍德里亚亲身经历了西方社会的这一转变，并且用他敏锐的目光捕捉到了这一现象给西方社会带来的巨大冲击和改变。因此，他开始将他的思考变成文字，出版了一系列著作思考分析这一问题，《消费社会》就是其中的典型代表。

可以说，鲍德里亚写作这本书的初心，就是在资本主义大生产背景下，对西方社会消费激增的学术思考，以及对消费社会相关问题的探索。

二、核心问题：商品、符号与人性之间的秘密

介绍完鲍德里亚的写作初心之后，我们再来看《消费社会》想要研究的核心问题是什么。

如果说前工业社会（如原始社会、封建社会）遵循的是对自然物（如对太阳、月亮等天体）的神秘崇拜，工业社会围绕着生产活动形成了商品崇拜，那么，资本主义大生产所带来的消费社会则是陷入了对符号价值的崇拜。随着生产技术的不断改进和完善，人类制造出越来越多的物品。现代人被物品所包围，被不断更新换代的东西所困扰。就像鲍德里亚所说的那样，"富足的人们不像以往被人所包围，而是被物品所包围"。

当人们基本的生产需求得到商品的满足之后，就会产生很多商品使用价值之外的需求，最典型的就是对于商品的符号需求。说到符号，这是一个非常"虚"的东西，但是我举一个例子你可能就明白了。无论是服饰还是食品，每一件正规的商品都是有品牌和标签的，这个标签就是商品的符号。因此我们可以说每一件正规生产的产品都被打上了某种符号的印记。很多时候我们去消费服饰和食品，我们看中的并不是它们的功能性作用，更重要的是它们的符号意义。这种意义就是所谓的"时尚"，而"时尚"则是维持一个消费社会不断运转的"永动机"。当消费者追逐时尚的时候，他（她）内心的欲望是无止境的，消费者追求时尚的行为其实是在拥抱一个符号。为什么这么说呢？因为"一山更比一山高"，符号之间的攀比和追求是无止境的，因此人的内心追求符号的欲望也是无止境的。

时尚的消费或者符号的消费带来了一个歇斯底里的世界。不管是个体还是群体，他（她）们的行为如同着了魔一样陷入疯狂的境地。比如，很多有

钱人会去买香奈儿的包，可能香奈儿包的容量还没有我们平时背的书包装的东西多和实用，但是为什么有钱人都想买香奈儿呢？这是因为很多人看中的并不是香奈儿包的使用价值，更多看中的是香奈儿的品牌符号价值。对于奢侈品的消费就是一个非常典型的商品符号的需求和消费。

那么在消费社会为什么我们对于商品符号有执着的追求呢？这是因为技术的发展以及人类对技术的迷信和崇拜。在这种无止境的技术追求的背后，更深层次的是人类的虚荣心在作怪。中国有个古老的成语就概括了这种现象——欲壑难填。衣服几件可能就够穿了，每天晚上你只能在一个地方睡觉，出门你背一个包就够了。但是为什么人们老是想买买买呢？这是因为人类的生理需要是有限的，但是人们虚荣心的满足却是无止境的。凭借现代技术所提供的先进手段，人类的虚荣心得到了极大的满足，同时也带来了消费社会的种种疯狂。正如鲍德里亚所说，"今天所有的欲望、计划、要求，所有的激情和所有的关系，都抽象化（或物质化）为符号和物品以便被购买和消费。"消费本身如同语言一样构成了一种意义系统，消费物品其实是在消费符号，是在传递某种社会差异的信息。

为什么消费符号是在传递某种社会差异的信息，甚至区分出不同的社会分层呢？在一部分人看来，奢侈品普通人是买不起的，能买得起的人非富即贵。那么，对于奢侈品的消费就区分出了有钱人和普通人，这就是为什么如果我出门背一个大牌包就会觉得自己倍儿有面子的原因，因为这一定程度是在暗示"我是有钱人"，"我和普通人不是一个阶层的"。因此，消费社会里对商品符号的消费还具有区别社会分层的重要功能。

总结一下，《消费社会》围绕消费这个中心话题对包括美国在内的西方社会进行了详尽而深刻的剖析。作者认为，人们的技术革新推动了资本主义大生产的产生，创造出来的大量商品满足了人们的基本生产生活需要。在这一前提下，人们在满足自身需求之外开始追求商品的符号消费，这既是人性使然，也是大众传媒推波助澜的结果。而商品符号背后代表着不同阶层人的消费水平和消费能力，从而使得商品符号成为划分阶层的标志。

三、研究思路：以物的生产为前提，将大众传媒、身体和消费理论相结合展开论述

《消费社会》这本书一共有三章，第一章是《物的形式礼拜仪式》。在这一章里，鲍德里亚详细论述了资本主义大生产时代人类生产方式的变化，这导致了商品生产呈现出堆积和丰盛的特点，这个特点又导致了商品以成套的方式出现在人们的面前。例如某个电子产品品牌单独买一个产品效用并不大，只有买了其三件套，它真正的效力才会发挥出来。买了某个大牌包，还要买挂件，这就是商品的堆积和丰富以及成套出现带来的影响，它会刺激你进行消费，从而把人们带入一个消费社会。

第二章是《消费理论》，鲍德里亚对消费社会的消费理论和逻辑进行了精辟的阐述。他认为，在消费社会里，生产既创造了巨大的物质财富让人们去消费，生产同时也引导着人们的消费行为。人们在这样的情况下，一方面追求前面所说的符号消费，另一方面也陷入了非理性的消费。典型的就是双11购物节的发明。本来 11 月 11 日是很普通的一天，但是在商家的造势和引导下，这一天被定义为双 11 消费节，人们的消费需求在这一天被极端放大，大数据分析和精准推送以及限时优惠，促使你最终点击付费购买。你以为你有自由的意志，你在做主动选择，其实你的消费都是生产厂商 + 明星广告 + 营销策略 + 大数据推送引导的结果。

　　第三章是《大众传媒、性与休闲》，在这一章里，鲍德里亚对消费社会现象和理论进行了进一步的延伸研究。他认为，大众传媒在消费社会里起到了推波助澜的作用，人们的闲暇时间其实并不是自己的，而是被大众传媒所操纵的。如今，我们每天都会使用手机，去接收各类资讯、查看其他人发给我们的消息，如果让你一天不用手机，都是难以想象的。即使是我们休息的时候，也不会放下手机，而是躺着去玩手机。在这样的情况下，我们的闲暇时间就被传播媒介所占用。手机大数据会根据你所浏览的信息对你近期的消费需求进行分析，然后当你浏览淘宝、京东的时候为你精准投送商品信息。除此之外，鲍德里亚还对性所涉及的身体消费进行了研究。那么，什么叫身体消费呢？举个简单的例子，比如现在不少爱美的女性，为了提高颜值、身材变好，可能会去进行微整容、隆胸等医疗美容消费，这就是身体消费的典型例子。

　　根据我们前面三章内容的分析，可以看出本书的研究逻辑。第一章是本书的基础，为后面理论的描述和解释做了现实描述的准备。第二章是理论的阐述和分析，为我们理解第一章作者所描述的现象提供了理论工具。第三章是对前两章内容的补充和升华，进一步推动读者去思考关于消费社会的问题。概括地说，鲍德里亚的研究逻辑就是从研究现象推演出理论，再从理论回归到消费社会的一些现象进行升华。

　　一句话来概括一下鲍德里亚的研究思路就是，他以物的生产为前提，将大众传媒、身体和消费理论相结合展开论述，从现象出发提炼出理论，再由理论回归现象进行升华。

四、核心思想内容：从商品拜物教到符号拜物教

了解完鲍德里亚写作本书的初心、核心问题与研究思路之后，我们再来看看鲍德里亚这本书的核心思想内容。这本书的核心思想内容，就是在论述我们社会是如何从商品拜物教陷入符号拜物教的。所谓商品拜物教，简单来说就是对商品的追求和崇拜，符号拜物教就是对符号的尊崇和迷信。

接下来，我们分三个层次来对这部分内容进行深入解读。

第一层次，商品拜物教是怎么产生的。

前面我们谈到，资本主义大生产的发展导致人类由工业社会进入消费社会。消费社会产生的前提是商品的大量生产和成套的出现。前面举了苹果的例子，我们再来举小米的例子来加深对这一点的理解。比如小米打造的"小米生态链"，从小米手机，到小米空气净化器，小米手环，小爱音箱，小米的扫地机器人，小米空调，整个电器系统可以通过手机来连接和控制，这就是小米家居。小米的成套商品和苹果有什么区别呢？区别就在苹果的成套商品主要涉及手机等电子产品，而小米的范围更广，还涉及家庭生活的方方面面。因此，我们可以说，成套商品的出现对我们的生活形成了全方位的影响。

成套商品的出现不仅影响了人们的生活，还使得人们的日常生活商品化。为什么这么说呢？这是因为在现代社会中，无论是消费对象还是消费活动都具有一种强制的普遍性，社会上大大小小的事物都逃避不了被消费的命运，人们的生活方式，无论是从早到晚的小循环，还是日复一日的大循环，都完全跟随着商业的运作进行。特别是休闲活动的发展，更是把日常生活和消费结合在一起，商业不再只是经济活动，还是文化活动、社会活动，这就

导致了物品的堆积。在消费社会，大到购物中心，小到店铺，物品堆积都非常明显，商业中心就是典型的例子。

商业中心把不同商品放到一起，尤其是那些可以组合成符号的商品。把这些商品进货之后，"店主"要营造出刺激消费的整体氛围，这个氛围可以由电影院、咖啡馆、书店、音乐厅、服装店等共同组成。理想的商业中心甚至可以变成一座微型城市，满足我们日常生活的种种需求。正是在一座座商业中心的基础上，我们的日常生活充斥着商品，也日益商品化。日常生活的日益商品化让我们的生活越来越方便快捷，这也造成了我们对于商品的需求和依赖，从而导致商品拜物教的产生。

第二层次，大众传媒是怎么催化消费社会的。

商品拜物教的产生为人类陷入消费社会的狂欢创造了重要条件，但是消费社会的演化还需要大众传媒的推动作用。怎么理解大众传媒对消费社会形成的推动作用呢？我们来通过广告的例子来深入了解一下。

广告的历史非常悠久，尤其是随着电视的普及和互联网的发展，我们每天都能接收到各种各样的广告。广告的目的就是向我们推销产品，包括衣服、鞋子、电脑、汽车等涉及人们生活方方面面的东西。广告艺术主要在于创造非真非伪的劝导性陈述，这是建立在自我实现预言上的。所谓自我实现预言，就是一种反复讲述的模式，讲多了你可能就相信了，因此广告非真非伪。广告文本不提供意义，也不需要人们去理解或学习，而是让人去相信它所推销的产品是好的，根本目的是让消费者去购买商品。

广告是一个大众传媒促进消费的典型的例子。在互联网时代，我们日常使用手机过程中出现的各类广告资讯更是无孔不入。大数据通过对你消费需求的算法分析，为你量身定做投放广告。可能你在浏览某个资讯的时候看到下面是感兴趣的产品的广告，你点进去就买了。或者可能某个广告你并不感兴趣，但是经常看到，当下次需要买相关产品的时候，脑子里就会自动冒出那个广告，就选择了这个产品。大众传媒深刻影响了我们每一个人的生活，尤其是极大地促进了我们的消费。可以说，大众传媒是消费社会形成的催化剂。

第三层次，符号拜物教是怎么出现的。

中国有一句古话："良田千顷不过一日三餐，广厦万间只睡卧榻三尺。"这句话说的是，即使占有再多的物质财富，但是人自身确实需要的其实只占很少一部分。同理，在消费社会里，人们会买很多东西，但是自己真正用得上的很少。很多时候我们消费商品关注的并不是商品本身可以给我们带来的使用价值，而是关注在消费商品中给我们带来的满足感，这就为符号拜物教的出现创造了条件。甚至有人可以为了一部手机，卖掉了自己的一个肾，当然，割肾只是一个非常极端的情况，但是它所代表的对商品符号的崇拜现象现在依然普遍存在。

除了手机以外，各个商品都有对应的品牌和符号象征，从服装到鞋子，从小轿车到家用电器，都处处存在各自的品牌符号象征。品牌这个词本身就作为一个符号象征着阶层的划分、经济的差异、消费及审美趣味的选择。这里我们可以引入一个概念——"凡勃伦效应"来解释这种现象。"凡勃伦效应"是美国经济学家凡勃伦提出的，他发现当商品价格定得越高的时候反而商品越能畅销。人们追求符号消费时也是这样，"我购买它只是因为它贵"。这里经济的差异被转化为符号和阶层的差异，炫耀式的消费脱离了直接使用目的，成为显示名誉和地位的消费。

总结一下，在这个部分，我们对这本书的核心思想内容进行了分析。资本主义大生产促进了商品的堆积和丰富，从而导致商品拜物教的产生。在此基础上，大众传媒的发展进一步助推了消费的扩展，对消费社会的形成起了催化作用。当商品极大丰富之后，人们不再仅仅满足于基本的生产生活需要，而是追求商品背后符号带来的"满足感"和"高级感"，从而导致符号拜物教的出现。

五、如何应用鲍德里亚"消费社会理论"进行研究

《消费社会》作为鲍德里亚的代表作，出版之后就引起了学界广泛的关注和讨论。我们在中国知网检索"消费社会"关键词可以发现，目前关于本书的研究主要集中在三个方面：

第一个方面是，对《消费社会》文本的分析解读。第二个方面是，把《消费社会》中的理论与其他思想家的相关理论进行对比研究。第三个方面是，以《消费社会》中提到的理论为工具对相关社会现象进行分析。

那么，如果当我们想要以鲍德里亚消费社会的理论为视角去研究中国的社会现象，该怎么做呢？举个简单例子，比如现在随着生活水平的提高，大家都越来越重视自身的形象气质，因此很多人去健身房健身。对于人们为什么要健身，健身会给个人带来什么影响这一系列问题，其实我们可以运用《消费社会》中的身体消费理论去研究和解释。

最后，我们来总结一下今天解读这本书的核心要点：

1.《消费社会》作者的写作初心，就是源于鲍德里亚经历了资本主义大生产，西方社会消费激增之后对所进入的消费社会系列问题的探究和思考。

2.《消费社会》解决的重点和核心问题就是：资本主义大生产之后人们生产的商品极大丰富和堆积，从而转向对商品符号的消费。那么，商品、符

号与人性之间究竟有什么秘密？

3.《消费社会》的研究思路，就是以物的生产为前提，将大众传媒、身体和消费理论相结合展开论述，从现象出发提炼出理论，再由理论回归现象进行升华。

扫码收听更多
精彩内容

1. [法] 让·鲍德里亚：《物体系》，林志明译，上海世纪出版集团 2001 年版。

2. [法] 让·鲍德里亚：《完美的罪行》，王为民译，商务印书馆 2002 年版。

3. [法] 让·鲍德里亚：《符号的交换与死亡》，董立河译，东方出版社 2004 年版。

4. 杨魁、董雅丽：《消费文化——从现代到后现代》，中国社会科学出版社 2003 年版。

5. 姜华：《大众文化理论的后现代转向》，人民出版社 2006 年版。

6. 王宁：《消费社会学——一个分析的视角》，社会科学文献出版社 2001 年版。

7. 俞吾金：《现代性现象学——与西方马克思主义者的对话》，上海社会科学出版社 2002 年版。

8. [英] 迈克·费瑟斯通：《消费文化和后现代主义》，刘精明译，译林出版社 2000 年版。

9. 仰海峰：《走向后马克思：从生产之镜到符号之镜——早期鲍德里亚思想的文本解读》，中央编译出版社 2004 年版。

10. 吴宁：《日常生活批判——列斐伏尔哲学思想研究》，人民出版社 2007 年版。

贝克《风险社会》

——用社会学视角对现代性进行思考

> 风险的概念直接与反思性现代化的概念相关。风险可以被界定为系统地处理现代化自身引致的危险和不安全感的方式。风险，与早期的危险相对，是与现代化的威胁力量以及现代化引致的怀疑的全球化相关的一些后果。它们在政治上是反思性的。风险，在这种意义上，当然是与这种发展同时出现的。
>
> 在阶级社会中，跨越了所有阶级隔阂的主要关注点是可见的物质需要的满足。在这里，饥饿与剩余或者权势与弱小相互对峙着。困苦不需要自我确证。它就是存在着的。它的直接性和可见性与财富和权利的物质证明相对应。……这些明确有形的性质在风险社会中不再能够保持。

乌尔里希·贝克（Ulrich Beck，1944—2015）的著作《风险社会：新的现代性之路》（*Risikogesellschaft：Auf dem Weg in eine andere Moderne*）出版于 1986 年。乌尔里希·贝克是德国著名的社会学家、德国慕尼黑大学和英国伦敦政治与经济学院的社会学教授。自 1980 年以来，他先后提出了风险社会、第二次现代化、全球化社会学等理论，在世界范围内产生了广泛影响。

在《风险社会》一书中，贝克描绘了风险社会的图景，同时从社会学视角对现代性出现以来的风险进行了反思和批判。在书籍出版的同一年，即 1986 年，苏联境内发生了切尔诺贝利核电站爆炸事故，导致许多国家和地区都受到了安全威胁，这也正是贝克"风险社会"理论中提到的全球面临的环境风险。由此，《风险社会》一书受到了广泛关注。随着科技的发展，各种风险逐渐浮现，人们越来越意识到风险社会理论的解释力，《风险社会》这本书的影响力也一直持续到今天。

一、研究背景：风险的显现和科技对理性的垄断

首先，《风险社会》一书的研究背景可以从以下两个方面来看。

第一，科技的发展促进了经济的繁荣和文明的进步，但也存在着诸多风险。例如，在许多欠发达地区，人们会使用各种杀虫剂来提高土地的粮食产量。他们认为，如果没有化学品的广泛使用，昆虫和霉菌就会大量出现，从而导致土地产出量的下降，人们的生活也会无从保障。相反，在使用了化学品之后，这些地区的粮食产量就会提高，就能建立起属于自己的粮食储备，从而保障人们的基本生活、减少对其他地方的依赖。至于杀虫剂带来的死亡

威胁，与物质上的悲惨境遇相比，就显得没那么紧迫了。也可以说，极端贫困的地区对"新"技术具有高容忍性，因为这些新技术能改善物质条件，而这对他们来说恰恰是最迫切需要解决的问题。但同时这些技术存在的风险目前也已经逐渐显现出来了，甚至超出了人类的控制范围：比如某些技术的副作用，可能不会在受害者身上体现出来，但却可能通过基因突变、遗传等形式出现在后代身上；再比如发达国家把高污染产业向贫困国家转移，但这些安全隐患可能附着在农产品、工业制成品上，通过跨国贸易的形式传递回发达国家。可以预想，在不久的将来，更多的技术风险会出现在人类的生活中。

第二，科技对理性的垄断，这主要表现在两方面：一方面，许多专家只看到了科技进步带来的积极影响，对科学本身可能会产生的风险视而不见。贝克提到，20 世纪中后期，德国的短时二氧化硫浓度极限值取的是不同地区的平均值。在安全区内，这一有毒物质带来的风险在短期内是不可见的；但在重污染区，二氧化硫的浓度已经远远超过这一数值，导致一些孩子患上了重病。可见，科学家们提出的平均值、极限值并不能真实地反映实际情况。但因为受影响的只有工厂或垃圾焚烧厂附近的小部分居民，所以以连许多专家都没有意识到科技可能会带来的潜在危害，更不用说大部分远离重污染区的群众了。另一方面，科技具有神秘性。虽然政治机构逐步加强了决策的科学论证力度，但其中专家的话语权远大于民众的话语权。民众如果要想说服权威、实现自己的诉求，就必须同样借助科学技术提供的科学分析手段和工具。而这些科学知识，是脱离个人经验的，对于一般民众来说存在较大的理解难度。

所以说，这本书的成书背景可以概括为：科技带来的风险已经逐渐显现，但许多专家对已经显现的风险仍然视而不见，而民众又无法用科学的知识来说服权威，导致了风险扩散得越来越快，整个社会都处于风险之中。而《风险社会》正是贝克为了极力地提醒专家和群众重视这种现象而写的。

二、核心问题：为何应当重视现代社会的风险，又以何应对

了解了《风险社会》的研究背景之后，我们再来看看这本书的两个核心问题。

首先是为何要重视现代社会的风险，原因在于现代社会的风险具有更高的不确定性、平等性和建构性的特点，与传统社会的风险有明显的不同。不确定性指的是风险往往需要很长一段时间才能显现出来，并且人们常常难以感知到这种风险。比如孕妇接触了某种含有毒物质的化妆品后，可能会造成胎儿的天生畸形或其他生长过程中的疾病问题。平等性指的是越来越多的人都卷入到了风险之中，且无法逃避。传统社会中有权或有财的人可以通过压迫贫民等方式逃避粮荒等风险，但在后工业的现代社会中，环境污染、核辐射等威胁具有区域性，甚至是全球性，没有人或群体可以独善其身。建构性指的是风险对社会的刺激来自未来预期的风险，而非现在已知的危害，未知的、想象的风险才更让人们在心理上感到恐慌。

其次是如何应对风险社会中的风险。当我们把目光转移到现代公共领域时，我们可以发现一系列更为具体的变化，比如在社会结构维度上，个人从阶级身份中得到了解脱，女性从家庭中脱离开来，个人成为了决策和规划的中心；在科学维度上，科学的高速发展既减少了一些风险，同时又创造了另一些风险，因果关系链十分复杂；在政治维度上，政策制定者、专家等群体有组织地推卸责任，导致真正造成风险的责任主体往往被忽略或模糊化了。

这些变化有好有坏，面对科学和政治维度中的一些不理想的状况，贝克并不悲观，而是认为风险社会有着自我的救赎之道：科学创造的新风险还需要通过科学自身的发展来清除，通过对风险的界定和研究，对科学研究中的风险控制提出更高的要求，从而促成科学工作的再组织和科学的全新发展；面对政治格局中推卸风险责任的问题，需要在政治层面提高自身公信力的同时，引入群众的观点和参与，实现一种民主与科学并进的道路。

总的来说，本书的研究问题主要聚焦在现代社会中风险的特点以及如何应对风险的问题上。现代社会的风险有着不确定性、平等性和建构性等特点，我们必须看清风险社会中的各种问题，在科学和政治等维度上有所应对。

三、主要内容：风险社会的概况、个体图景及应对

在了解了《风险社会》这本书的研究背景和核心问题之后，我们再来看看这本书的主要内容。贝克想要通过探讨社会实践核心领域的发展趋势，重拾社会史的思考线索并加以延伸，从而超出工业社会的概念框架，进入对风险社会的讨论当中。这场讨论主要分三个部分的内容。

第一部分，关于风险社会的概况。

贝克首先对"风险"这个概念作了界定。风险的最初含义是勇敢和冒险，比如在地理大发现时期，航海家哥伦布等人向着未知的海洋出发，发现了新大陆，这就可以说存在着风险。在现代，风险指向的是地球生命的自我毁灭过程，而且这个过程难以感知，如食物毒素、核威胁等。同时，现代意义上的风险还具有"自反性"，自反性意味着自我反驳、自我对抗。具体来

说，现代化过程中出现的种种风险与危机，都是在现代化的原有构想蓝图之外的，这些风险伴随技术进步而来，却又破坏了现代化的和谐。所以也可以说，风险社会是现代性的直接后果。

贝克还提到了风险社会中风险分配的逻辑。一方面，财富在顶层集聚，风险在底层集聚。富人群体可以买到无污染的住宅、食物，从而规避风险；而贫困群体的住宅区却有大量具有污染性的工厂聚集，他们只能支付低廉的租金，所以他们必须提高对空气污染、水污染等境况的容忍限度，无形之中也就承担了大量的风险。这种风险分配的逻辑也适用于发达国家和发展中国家之间。另一方面，随着风险的不断升级，许多风险已经显现并且变成了现实，这时风险具有了不可避免性，不再区分阶级和国家，比如日本工业区排放的废气可能随着海洋风飘到中国大陆上，再比如美洲居民随意丢弃的生活垃圾可能出现在非洲境内的大地上。总之，工业社会所产生的污染、造成的危害最终都会报复到人类自身，也就是所谓的"回旋镖效应"。

另外，贝克还认为人们可能可以感知风险，但负责确定风险的却是科学。举个例子，日常饮用的茶水中是否含有农药残留，蛋糕中是否有甲醛，以及其中的剂量有多少等问题，人们既看不到也感觉不到，他们无法通过自己的认知手段和日常经验来确定自己的受害状况。换句话说，人们置身于风险的程度、范围和征兆，在某种程度上都依赖于专家以及科学传递出的外部知识。面对无法解决却又不断增长的风险和威胁，这些专家常常沦陷在对进步的盲目自信之中，而且他们认为生产力的增长才是首要的，而对各种潜在的风险视而不见，或矢口否认。他们经常通过否定因果关系、确定极限值等方式来欺骗群众，甚至欺骗自己。比如，"关于农药中某物质最高含量的规定"就减弱了人们对风险的感知，认为低于这一含量就是安全的。实际上，有关这一物质在人体身上的反应是由动物实验推断而来的，而且各种有毒物质的总和在人体身上可能会有更强的毒性，所以人类实际面临的风险程度远比专家所说的要高。

在这一部分，贝克对风险的概念进行了说明，同时指明了在风险社会中风险的发展特征，即风险逐渐从可以部分避免转变到不可避免、从难以感知转变到逐渐显现。

第二部分，风险社会在四个方面的影响，包括：阶级、性别、人生模式以及就业体系。

首先说阶级。在风险社会中，阶级的不平等逐渐瓦解，个体化进程逐渐加快。这里所谓的个体化，指的是人们要求有控制自己财富、时间、生活空间和身体的自由。换句话说，人们要求自己有独立的选择和个性化的生活，不被他人不正当的要求所束缚。18、19世纪，个体化只发生在资产阶级身上，资产阶级主要通过资本的占有和积累，培育自己的社会与政治认同，甚至凭借财富上的优势把自己的不正当要求强加在他人身上。但在20世纪之后，个体化作为劳动力市场的产物出现。随着自由市场的不断发展，个体越来越难按照原有的生活方式进行简单的生活和工作，风险迫使每个人成为自己生活规划和行为的中心。个体必须通过接受教育、独立劳动、维持竞争力等方式获取和发挥劳动技能，进而获取财富，实现人生价值。

其次说性别。贝克提出"性别空间与家庭内外的冲突"涉及的是性别角色的不平等，这是个体化在女性身上的独特体现，她们实现自我的前提是成为与男性一样的市场劳动者。贝克认为，在风险社会，男女的生活处境会不断产生冲突。一方面，家庭要求女性承担家务、尽到母亲的责任；另一方面，劳动力市场要求她们有事业心、有长远的职业规划。由此家庭与市场对女性提出的要求相互对立，女性生活在解放和复归旧角色的矛盾之中，也生活在家庭与市场矛盾的夹缝之中。但对于男性来说，个体化和男性的角色行为是融合在一起的，男性可以"自由"地通过工作来谋生并养活家庭，甚至身为人父的快乐和责任，都可以被当作适量的休闲活动来享受。可见，个体化动力不断向家庭扩展，共同生活的形式也开始急剧变化。如今，越来越多的人流转于各种临时拼凑的"家庭"之中，乃至体验着非家庭的共同生活的形式，比如许多年轻人更倾向于恋爱同居却不愿意结婚组建家庭。于是贝克分析了未来两性关系的三种可能性：第一，许多人认为脱离婚姻和家庭是个人主义的泛滥，因而需要通过政策和制度层面的针对性措施加以制止，女性在不断受到威胁、怀疑和抵制后重新回归了家庭。第二，两性关系不断平等，创造出一个全面流动的单身者社会。男性和女性都倾向于忽视家庭、婚姻、亲子关系和伴侣关系的要求，而重视职业和市场需求，因为职业才是收入来源的保证，也代表着自我确证和社会经验，需要用心维护。第三，男女不平等的现状与各种制度不健全密切相关，未来可以通过完善就业保障、解决配偶工作、健全教育体系等方式，帮助个体自由地平衡家庭和职业生活。

再次说人生模式，即人生模式的制度化与标准化。个体在脱离了家庭、邻里等传统的支持网络、获得一定的独立之后，转而又受到了来自劳动力市场、消费主义以及其中包含的制度化和标准化的约束。比如，大众媒介传递和强化的女性形象，就会影响人们对女性整体形象的评判，许多体重较大的女性会感到自卑，甚至很多女孩从青少年起就觉得应当进行"身材管理"。再比如，学历是个体谋求职业的敲门砖，也是个人身份的重要体现。如今，我国高等教育普及率不断上升，我们可以发现许多进入职业教育而非高等教育的人在劳动力市场上更容易被排挤和轻视。正如贝克所感叹的那样：在某些地方，个人的生命历程完全沦为了制度条件的产物。

最后说就业体系，即劳动的去标准化。随着技术的发展和社会的变迁，雇佣劳动从标准的充分就业体系发展到灵活而多元的未充分就业体系。在以往标准的充分就业体系中，劳动合同、工作场所和工作时间都是高度标准化的，需要有严格的规定。但在去标准化的、未充分的就业体系中，工作弹性增加了，工作和非工作的边界也有了流动性。比如我们现在常提及的"自由职业""兼职"就是未充分就业体系的产物。劳动去标准化会导致两方面的结果：一方面，"失业"的概念消失了，企业把风险转嫁给了雇员，更可能获得生产力的提高；另一方面，个体没有稳定工作的不安感逐渐蔓延，需要更高的忍受风险的能力。

总的来说，风险社会出现之后，个体被迫成为规划和引导自己生活的中心，这一个体化进程也同时成为了风险社会中社会构造变迁的重要特征。

第三部分，风险社会的自我救赎之道：从科学、政治两个维度。

科学维度上主要说的是自反性科学化。工业革命以来的科学都属于初级科学化，它关注的是外部的人、自然和社会。而且，初级科学化的动力也源自常人与专家的对立。也就是说，普通人与专家之间存在着科学权力的鸿沟，许多科学成果的应用是通过强势的、权威的方式才得以推广的。但随着风险社会的不断发展，科学也开始出现自反性的趋势：科学成了自己的研究对象，它不仅是问题解决也是问题肇始的源头。科学除了需要帮助人类从自然给定的环境和对自然的依赖中摆脱出来，还需要对科学自身产生的风险和错误作出界定及分配。未来随着自反性趋势的加深，科学将更多地以公众和政治为指向，失去"知识代言人"的形象，自身的公共信誉也会急剧下降。虽然如此，贝克却并不悲观，因为他认为这些批评和冲突会为科学开启影响和应用的新领域，开放的公共讨论能为科学提供把错误转化成扩张的机会，帮助科学不断完善自身。而科学要应对自身也会产生风险这一问题，有三种方法：一是从源头清除科学产生错误和风险的原因，而不是被动应对风险出现后的症状；二是允许科学犯错，从而保留科学自身也可以有学习和进步的机会，而不是坚持绝对论的知识诉求和无误诉求；三是坚持科学之间的相互关联，而非孤立的、过度的专业化，因为许多问题不是单靠一门科学就能被解决的，更多的是需要多学科多领域结合起来才能被破除。

政治维度上说的是要破除政治的边界。破除政治边界的方式有两种：一是改革亚政治集团。法团、大众媒体、公民自发形成的民间组织等都是亚政治的典型团体，这些团体通过发挥监督功能、推行民主权利等方式限制了国家的政治权力和决策空间。贝克举例说：有关在垃圾堆里发现有毒物的报道可能在一夜之间处于舆论中心，进而改变政治议程，影响官方决策。如果我们能让更多的公众成为亚政治集团中的一员，让公众参与对技术的决策与讨论，那么就有可能扩大政治行动的可能性，同时把风险转化为机遇。二是扩大政治自身的公信力和影响力。我们知道，有关技术的直接决策可能并不是政府作出的，政府不会对类似微电子学、遗传工程等技术的具体研发作出表决，至多只是表明是否支持这类科技的发展。可以说，技术引发了风险，但却无须负责，政治控制不了风险，却要为它负责。出现这种状况的原因在于，对于科学副作用的责任界定并不清晰。所以，在进行科学研究之前，需要对风险有更清晰的界定，且对公众不进行有意的隐瞒。这不仅要在学术圈内进行，而且要在制度保障下的、跨学科的公共领域中进行。在这个过程中，政治的保护、决定和论证功能将成为未来政治任务的核心。

在这个部分，贝克从科学和政治两个维度对风险社会可能的出路进行了分析。虽然风险社会来势汹汹，对人类产生了巨大威胁。但风险社会同时也有着自反性，通过科学的自我完善以及对政治边界的破除，我们或许可以找准方向、化险为夷。

结合这三个部分来看，贝克向我们介绍了风险的概念和风险社会的整体情况，详细展示了社会中阶级和性别等个体图景的变化，并试图从科学和政治的角度提出一些应对风险的方法。总之，贝克提醒我们：我们正处于文明的火山上，灾难随时有可能出现，社会也经历着前所未有的快速变迁。我们需要注意到这些变化，并采取可能的措施解救自身。

四、研究应用：风险社会的理论超越与实证研究

贝克的风险社会理论是对现代以来的技术发展与全球扩张、福利国家制度等一系列社会变化的观察与反思，与德国哲学家哈贝马斯对工具理性的批判、法兰克福学派对社会的批判有着一致性，对我们审视当前的技术现状和社会现状有着深刻的价值。

在中国知网上我们以"风险社会"为关键词进行检索，发现目前的相关研究主要集中在以下两个方面：

第一个方面，寻求对风险社会的理论超越。风险社会理论作为反思现代性的杰出成果，一经传播后便受到了广泛关注，源源不断的研究者和学习者对其进行复盘、补充和细化。下面我们以《风险社会中的科学决策与民主——以重大决策社会稳定风险评估为例的分析》一文进行说明。近年来，我国社会风险意识增强，倡导把社会稳定风险评估嵌入现有的重大决策程序之中，以提升重大决策的理性。文章着力解决的问题是：在我国重大的决策程序中，社会稳定的风险评估处于何种地位，应当遵循哪些正当程序？文章认为，在重大的决策程序中，社会稳定的风险评估只能算是一种可自由选择的行政程序，还没有成为法定程序。所以在我国的社会稳定风险评估实践中有着较大的主观性，缺乏统一的法定程序规范，进而导致政府风险控制的不确定性较强，民众也容易陷入风险恐慌之中。针对传统管制模式中的这些问

题，作者提出了两种模式：一是以风险评估为核心的专家理性模式，这种模式可以保证科学评估的公正性和可靠性；二是以公开和参与为核心的公众参与模式，这种模式可以实现风险评估程序启动的开放性、评估过程的透明性，以及评估结果的公开和可审查性。这两种模式缺一不可，同时也需要风险交流、风险补偿等制度的配合。

这篇文章在知网的引用量为 3235 次，被引次数为 93 次。它基于风险社会理论，具体分析了当前中国重大决策程序的现状和不足。将风险评估和重大决策结合起来考虑，为风险社会理论在我国本土的实践提供了具体参考，对那些想运用该理论来思考我国公共管理、法律制度等方面的研究人员来说，具有借鉴意义。

第二个方面，针对风险感知、传播以及评估等机制展开的实证研究。国内有关这方面的实证研究较多，虽然有较强的现实性，但具有借鉴和操作价值的论文却少之又少。经查找之后，我们以《社会生态系统治理视角下的中国社会稳定风险评估的理论框架与指标体系新探》一文来进行说明。以往的社会稳定风险研究往往缺乏清晰的逻辑关系和科学规范性，他们认为，社会生态系统指的是各种环境因素在相互作用过程中构成的系统，是否能有序运行取决于社会环境要素、社会行动者的心态要素、行为要素以及政府与社会治理要素的综合。而社会风险主要产生于以上四类要素的互动之中，在此思路上他们致力于构建一套社会稳定风险综合评估的新指标体系。

为建立科学合理且具有广泛操作性的指标体系，四位研究者进行了两轮筛选。首先根据社会生态系统治理理论的逻辑，采取问卷咨询与实地座谈的方式建构了第一轮指标体系。之后对指标进行了隶属度分析，隶属度分析是指针对某一指标的专家打分人数占专家总人数的百分比，包含了必要性、重要性和可行性维度。根据遴选原则，研究者删除了"必要性"低于 90%、"重要性"低于 70%、"可行性"低于 70% 的三级指标。最后得到了具有广泛适用性的第二轮指标体系，包括 4 个一级指标、18 个二级指标、44 个三级指标。

此外，四位学者仍在不断努力，如他们之后又基于"环境—行为"视角对社会稳定风险综合评估的指标体系进行了细化研究。与以往的研究相比，这些学者的研究可借鉴的地方在于，始终遵循社会生态系统治理理论的指导，在逻辑上自成体系，研究前后具有逻辑自洽性；考虑到了社会心态和社会治理因素的重要性，注重指标的全面性；修正了以往研究隶属分析维度单一的情况，具有更高的科学规范性。而逻辑自洽性、指标全面性和科学规范性恰恰也是我们在做研究时需要特别注意的。

总之，从规范研究和实证研究等研究方法出发来研究和扩展风险社会理论都是可以的。需要注意的是，规范研究应当从理论的现实性、适切性上考虑问题，而实证研究同时还应该注意自洽性和规范性等问题。

最后，我们来回顾一下本书的要点：

1. 本书是在科技风险逐渐显现和科技对理性进行垄断的背景下写成的。一方面，科技促进了人类文明的发展，但同时也造成了诸多风险；另一方面，专家的话语权大于民众的话语权，科技理性占据了上风。

2. 本书的核心问题是为何应当重视现代社会的风险，又以何应对。之所以要更加重视现代社会的风险，是因为比起传统农业社会的风险，现代社会的风险具有更高的不确定性、平等性和自反性。而面对充满各种风险的现代社会，我们至少需要从科学和政治两个维度来努力：科学必须通过自身的发展来降低风险；政治需要提高自身的风险决策公信力，同时也应当允许民众参与风险的控制和决策过程。

3. 在本书的研究内容中，贝克首先对风险及风险社会的概况进行了介绍；其次指出了现代风险对社会构造、科学和政治维度三个方面产生的影响。面对风险的不利影响，贝克认为可以从科学和政治两个维度上寻求自救之道。

4. 在研究应用中，我们既可以寻求对风险社会理论本身的超越，对理论进行复盘、补充和深化，同时也可以在风险感知、传播和评估等机制方面展开实证研究，从而得到一些研究启发。

扫码收听更多
精彩内容

 **拓展书单**

1. ［德］乌尔里希·贝克、［英］安东尼·吉登斯、［英］斯科特·拉什：《自反性现代化》，赵文书译，商务印书馆 2014 年版。

2. ［英］安东尼·吉登斯：《现代性的后果》，田禾译，译林出版社 2011 年版。

3. ［德］尼克拉斯·卢曼：《风险社会学》，孙一洲译，广西人民出版社 2020 年版。

第三篇

PART 3

对社会运行逻辑的无尽探索

埃利亚斯《文明的进程》

——文明尚未结束，正在进行之中

> 毫无疑问，任何一种社会学理论的任务都是要搞清一切可能存在的，人类社会所共有的特征，社会进程的概念和在这本书中所使用的其他许多概念，便是为这一目的服务的。
>
> 把个人和社会这两个概念视为静止的这样一种观点，就像是一个陷阱，束缚了人们的思想，只有当人们像这本书一样结合实证研究，把这两个概念看作过程，才能从中解脱出来。

《文明的进程：文明的社会起源和心理起源的研究》（*Über den Prozeß der Zivilisation：Soziogenetische und Psychogenetische Untersuchungen Erster Band*），是社会学的经典著作，也是历年各大高校社会学硕博入学考试的必读参考书之一。这本书的出版经历和作者埃利亚斯（Norbert Elias，1897—1990）的学术生平都比较坎坷。《文明的进程》早在 1937 年出版了试印本，但直到 1976 年出版了简装袖珍本之后，才开始风靡西方世界，成为畅销书，一度在社会上掀起了讨论热潮。这本书熔历史学、政治学、心理学、心理分析、经济学、种族学、人类学、社会学于一炉，被誉为百科全书式的著作。作者诺贝特·埃利亚斯是德国著名社会学家，被称为 20 世纪百科全书式的人物。

一、研究背景：大时代里大器晚成的大学者

要了解埃利亚斯的研究初心，我们可以先从他坎坷的学术之路说起。埃利亚斯 1897 年出生于德国的一个犹太富商家庭。从小就是学霸的他热衷于钻研哲学，立志要成为一名优秀的学者。然而当他 18 岁进入大学以后，却阴差阳错地被迫上了战场，亲历了战争的残酷考验；战争结束后他又遵循父亲的愿望去学医，但同时也不放弃深爱的哲学。虽然埃利亚斯最后没有当医生，但学过的医学基础知识以及战争中的痛苦体验却激发了他在学术上的灵感：人类的感情和面部表情不是一回事；自我的存在和他人是无法分开的；在文明的进程中，人类的感情和表情分了家，等等。可以说，正是这些灵感启发了他后来的关于"心理发生学"的研究。之后，埃利亚斯继续在大学学习心爱的哲学，并于 1924 年拿到了博士学位。他的博士论文也是关于对人

类文明进程的思考。从后来的研究经历可以看出，埃利亚斯对这个问题的兴趣和探索贯穿了他的一生。说到这里，我们也发现一个有趣的现象就是，卓越的学术成就往往来源于学者在年少时候的一些特殊经历和执念。

埃利亚斯拿到了博士学位后，命运再次跟他开了个玩笑：他没能如愿成为专职的学者，而是成为了一家工厂的销售部主任。按说这也是个相当不错的工作，工资高，还能到国外出差，足以衣食无忧，走上人生巅峰。尽管埃利亚斯的口才和能力足以胜任这份工作，不过这样的生活却不是他想要的，他梦寐以求的是当一名大学老师，搞搞教学科研什么的。没什么能阻挡他对学术的热爱，于是他放弃了经济优渥的生活，回到海德堡转学社会学。当时的海德堡是个当之无愧的大学城，马克斯·韦伯、卡尔·马克思等很多学术大咖们的观点在这里争奇斗艳，埃利亚斯充分吸收了社会学、历史学等各路名家思想的滋养。在海德堡待了 5 年后，埃利亚斯又来到了当时德国最火热的学术中心法兰克福大学。由于埃利亚斯口才突出、文笔优美又乐于助人，他很快就获得了同行的好评，眼看成为大学教授的梦想就要实现了。

然而，命运还是对埃利亚斯"放了鸽子"：风云突变，希特勒上台了，法兰克福大学的社会研究所关门了，犹太人埃利亚斯被迫开始了他 30 年的流亡生涯。迫于生计，他先后成为卖玩具的商人、投资人，但学术梦想始终不灭。幸运的是，他在英国遇到了伯乐，开始在大英博物馆进行学术研究，并于 1937 年个人印刷了《文明的进程》的试印本，并积极向"朋友圈"推介。

令人没想到的是，这本著作就和它的主人一样命运坎坷：第二次世界大战爆发，埃利亚斯为这本书所付出的一切努力化为流水，思想的传播戛然而止。埃利亚斯还因为是德国人而被关进了拘留营。即便如此，谁都拦不住他那颗想当大学老师的心：他竟然在监狱里和人一起创办了"拘留营大学"，成为"系主任"和事实上的"校长"，再次凭借温和的个性、渊博的学识赢得了周围朋友们的欣赏和喜爱。

1962 年，65 岁的埃利亚斯终于圆了他的教授梦，并于 1969 年再版了著作《文明的进程》，一时间声名鹊起。而在 1976 年出版了袖珍本之后，这本书更是成为畅销书！这本书和它的主人一样历经坎坷，在 40 多年后，终于得到了应有的关注和名誉。

埃利亚斯作为一名学者所具有的初心不改、孜孜以求、博采众长的优秀品质深深鼓舞着每一位年轻学人。我们从他的学术生涯中也可以窥见《文明的进程》这部著作中的理论及现实背景，进而更充分地理解埃利亚斯与众不同的思想来源。

二、研究思路：用显微镜洞窥宇宙

要读懂这本书，首先要明白一个基本概念："文明"。埃利亚斯对文明的定义是：民族的自我意识，概括西方社会自认为在最近两三百年内所取得的一切成就，包括他们的技术水准、礼仪规范、科学知识和世界观的发展等。这本书成书于 20 世纪 30 年代，那时的西方人对"文明"有一种特定认识，包含着与同时代其他各国相比的一种鹤立鸡群般的优越感。当时西方人普遍认为"文明"是一种财富，是社会进步的结果，而对于"文明"是怎么得来的，缺乏研究兴趣，更缺乏历史的研究视角。

因此，埃利亚斯认为，这种"反历史的"文明观是无法解释文明现象的。要想对西方文明有个全面的理解，就要深入探讨文明是怎么发生的，以及解释文明变化的必经过程和具体机制。

要理解这个研究思路，我们可以举个简单例子来说：一个"文明人"怎么擤鼻涕？他可能从小就被教育为"不可以把鼻涕甩到别人身上""要用纸张把鼻涕包裹起来丢掉"等等，这些教养沉淀为他的基本行为模式。如果不这么做，他自己就会觉得"难堪"，同时他还会对不这么做的人投以鄙视的目光。也就是说，整个社会存在着一个"如何擤鼻涕"的不言而喻的"文明"规范，"正确"的做法被视为"文明"，反之就被视为"不文明"。"文明社会"里的每个人都认为"正确擤鼻涕"是理所当然的、自然而然的，丝毫不觉得是外部强制的结果，反而认为是与生俱来的自由意志，也就是说，"文明"是一种内在的自我强制。假如在路上看到一个外国游客随意擤鼻涕的时候，"文明人"或许会充满优越感地对外国人的这种"不文明"行为进行集体声讨，这时，"如何擤鼻涕"就成了民族意识的体现，成为民族优越感的来源。

毫无疑问，"正确地擤鼻涕"是一个文明的果实，是当时西方社会自我意识的体现。然而，光研究文明这个结果本身是不全面的，埃利亚斯要进一步深入探讨的是：所谓"文明地擤鼻涕"，是人们与生俱来的吗？

《文明的进程》告诉我们：显然不是，这种行为方式来源于欧洲的宫廷习俗。"文明"一词，源自法语，本意是宫廷高雅的风俗习惯。然而，这个宫廷习俗是如何成为西方社会自我强制的共识的呢？背后的社会心理机制是什么？社会结构是如何推动这个习俗流变的？"社会心理"和"社会结构"之间又是怎样的互动关系呢？而且，"如何擤鼻涕"还处在不断变化之中，不同的时代会有不同的做法，可见，"文明"是在不断变迁的。那么，文明变迁的规律是什么？结局又是什么？

很有意思的是，埃利亚斯采用的重要研究资料是著名的人文主义学者伊拉斯谟发表于 1530 年的《论儿童教育》。乍一看来，这些资料无法登上历史研究的大雅之堂，传统的历史科学主要是以正规的文件和文献作为研究依托的。但埃利亚斯却以西方人的就餐、如厕、擤鼻涕、吐痰、男女关系和攻击性等等方面的行为举止为例，来表明文明进程的方向。从这个小视角管窥人类社会发展的大图景，好比是拿着显微镜洞察了宇宙的奥秘。

《文明的进程》是一部"大书"，涉及历史学、心理学、心理分析、经济学、社会学等等多个领域的融合，全书分为四个部分：第一章"文明和文化概念的社会发生"；第二章"文明使人类行为发生的特殊变化"；第三章"西方文明的社会发生"；以及总结章"文明论纲"。

值得注意的是，这本完成于两次世界大战期间的西方社会学著作，却被誉为"21 世纪的书"，可见，这本书中的某些思想具有前瞻性的意义，成长于 21 世纪的我们读这本书，不仅可以了解西方文明的历史，更重要的是，可以更远地展望人类文明的进程，更好地理解"中国文明"的特点和价值。

三、核心问题：人类文明是如何走向"心理化"的

《文明的进程》的副书名是"社会发生和心理发生研究"，所谓"社会发生"是指社会结构的长期发展，例如等级、阶级、阶层的变迁、权力结构的形成和变化等，这其中，埃利亚斯重点研究了从中世纪封建制度演变到国家的形成过程；所谓"心理发生"是指人类的个性结构的长期发展，人类行为方式的变化，打个比方说，一名女子在大街上谈笑风生，这种现代人才有的举止表情、心理结构和情感的表达方式是和古代人完全不一样的。

社会发生和心理发生是阅读本书的两个关键词，是文明进程的两个组成部分。这本书的主要贡献在于不仅描绘了西方社会心理发生和社会发生的基本轨迹，同时也揭示出作为文明进程的两个组成部分之间相互依存的关系。在这个基础上，埃利亚斯创立了两个重要的理论：一是个性和行为变迁的理

论；一是国家形成的理论。接下来，我们对这两个理论进行具体介绍。

中世纪时期（公元 5 世纪后期到公元 15 世纪中期），西方人对自己的行为是很少调节的，主要由冲动的情绪和本能主宰。吃饭时候用脏兮兮的手去抓；擤鼻涕直接用手，擤完在衣服上擦；人们性格冲动、简单粗暴，一言不合就大打出手，一场欢乐的盛宴经常就突变为一场血腥的屠杀……那时候人们的情绪是直接而不加掩饰的，人们可以说是喜怒形于色，"天真无邪"。13 世纪，一位拜占庭的公主在威尼斯的宫廷用一枚金叉来吃菜，竟然引起轩然大波，被认为是"丑闻""犯罪""亵渎上帝"，随后，西方人开始注重行为礼仪，中世纪末期，行为风俗才逐渐变得雅致化。16 世纪，欧洲贵族阶层才开始用刀叉进餐。

文艺复兴时期，情况发生了巨大变化。人们普遍认为，人的行为举止、人的外在表现，反映出人的心灵。重视自己的行为，观察别人的举止，这是人与人关系中的新方式。相比于中世纪，文艺复兴时期的西方人更加有意识地塑造自己和塑造他人。

在接下来的几个世纪里，欧洲宫廷社会对行为的观察和制约达到了高峰。贵族开始使用自己的盘子（分餐制），使用考究的餐具和餐巾；进餐时的谈话也要精心措辞，处处洋溢着"高雅"的氛围。人的大小便活动，餐桌上的切割动物尸体以及人们之间的性行为等都转移到幕后，转移到家庭的私人领域。这时，决定人们行为方式的不再是冲动的本能和情绪，而是各种社会习俗和规则。并且，不同的社会阶层因为行为举止的差别，有了文明与不文明、上层和下层的心理区分。雅致的行为方式总是先感染社会上层，然后才扩散到中层和下层。

埃利亚斯认为，从总体上看，人们行为变化的特点就是对本能和情绪不懈地克制，行为变化是心理机制发展的结果。为什么会有这样的变化呢？主要有两个原因：首先，社会分工越来越细致，人们的生产生活越来越依赖他人，因此，他人是否"可靠"就成为人们选择合作伙伴的重要标准。在这个前提下，那些遵守规范、善于克制自我情绪冲动的人就更能赢得好的发展机遇，毕竟，谁都不愿和一个冲动、暴躁、不可控的人合作。其次，人们的行为变化也是外在强制的结果，更是外在强制向自我强制的转变。儿童必须接受外在强制的管控，比如怎么擤鼻涕、怎么上厕所、怎么收敛攻击性，保持身体清洁等，这种成长教育发展到一定程度，就内化为自我强制，非这样不行了。也就是弗洛伊德所说的"超我"，成为人们的"良心"和"理性"。这种"超我"就是社会化的自我监控机制。

当然，总是用擤鼻涕来举例，很多人会一笑了之。但如果以人的攻击性的发展演变来论证，这个问题就顿时显得有深度了。埃利亚斯用大量可靠的历史资料描绘了中世纪时骑士生活的画面：骑士们到处烧杀抢掠、杀人越货，经常把无辜的人砍断手脚却只为取乐，将女性作为凌辱的对象和泄欲的工具，可以说是无所不用其极。而且，这些并非只是个别人的病态行为，恰恰是整个骑士社会发展的水准体现。当时的社会，战争和混乱不安需要人们保持着野蛮、激情和残忍的特性。情绪的攻击性是保护自身性命、财产和权力的必要手段。这种冲动的、感情用事的攻击性，在当时是战争和混乱的需要，不具备这样性格的人可能根本活不下去。所以说，这是秩序和整合处于低水平的社会的必然性。

而暴力竞争的结局是暴力的垄断，这导致了国家的形成。埃利亚斯认为国家是一种统一的、完整的、稳定的社会形体，也就是社会秩序。政府、法律和警察构成了调节社会生活、强制个人进行情绪监控的有力手段，同时，也促使个人进行自我情绪调控。从这个角度说，欧洲中世纪早期的社会就算不上国家。中世纪的国王不具备管理大片领土的手段，占统治地位的经济形式是分工程度低下的自然经济。分封制下的领主并不仰仗国王的供给，反而会巩固自己的统治权，力图摆脱国王的牵制。埃利亚斯将这种情况称为封建化。整个中世纪的历史就是"分久必合合久必分"的历史。从 11 世纪开始，欧洲社会才开始慢慢步入一个新的社会经济发展阶段：那就是人口的不断增长，导致了对外扩张和社会分工。随着经济的分化和发展，出现了新的城市市民阶级。同时也导致了各个社会集团之间的相互依存与竞争，货币、法律越来越重要。领主之间相互竞争的结果就是权力垄断的产生。中世纪各个领主国之间进行了优胜劣汰的斗争。埃利亚斯认为，通过暴力垄断和赋税垄断达到土地垄断的巩固之后，现代意义上的"国家"就产生了。

那么，"国家"的形成对社会心理结构又有什么影响呢？埃利亚斯认为，功能分工细密的国家迫使臣仆和管理人员调整自己的行为；同时，统治者也加强了对自我的情绪约束，以更加审慎的态度来维持国家的稳定。整个社会分化为各个利益阶层。为了巩固统治，国王就必须保持各个阶层利益的平衡。在这种情况下，王宫就成了专制主义得以巩固的工具。成为朝廷大臣的贵族们争斗的工具，不再是刀枪剑戟，而是阴谋诡计。这使宫廷社会的发展呈现出高雅的风范，对感情的调控也达到了高水准。另外，个人魅力变得极为重要，翩翩的风度、潇洒的举止、巧妙的辞令，已不再是可有可无的装饰，而是在社会中取得成功的必备条件。人们对于为了避免伤害别人、激怒别人而应该做什么、不该做什么的体验更加细腻了。这种不能在表面上伤害别人的心理机制，就成了具有束缚力的"文明"了。

16、17、18 世纪以后，社会的发展又是一个新的阶段，这时候，对日常行为的讲究仍然是社会等级区分的标志，但没有那么重要了，而金钱成为了区分社会等级的最重要标准。人的物化、人的成就和产品变得比言行举止更重要。打个比方来说，现代社会里，一个人彬彬有礼可以被视为受过良好教育的印证，但人们判断一个人最主要的标准却并非他的教养，而是他的名牌手表、他创办的企业、获得的社会地位等，这就是说，人被物化了。商品在一定程度上取代了言行举止，充当了"社会表情"和"交往的语言"。

与其他情感的抑制一样，对性欲的抑制也不再通过对身体采取的外部强制手段来实现，而是通过社会结构的压力，比如价值观的培养和自我强制等来体现。

总之，文明的发展使得人体的一切功能越来越严格地隐秘化了。人们的行为不再直接和情绪挂钩，人体的功能被移置到"关闭的门后"，整个社会越来越"心理化"了，导致的后果之一就是人性的分裂。直观的理解就是，"当面一套，背后一套"，人们想的、说的和做的越来越不统一了，心理活动越来越复杂了。

同时，在越来越普及的教育系统作用下，青年人的那种主动的、攻击性的欲望已经开始转变为被动的、在观看中得以满足的有教养的快感，也就是说，仅仅变为一种视觉上的快感。眼睛成为满足和传递人的欲望的媒介。尽管这本书成书于 20 世纪 30 年代，但这些理论在 21 世纪的社会得到了印证。我们不妨思考下，影视产业的发达，视觉艺术兴盛，"围观"文化的兴起，乃至"宅"文化、"低欲望"现象等，是不是都说明了埃利亚斯的先见之明呢？

四、核心思想：文明不是一个结果，而是一个进程

《文明的进程》是鸿篇巨制，博大精深，但主要观点非常清晰，这里给大家介绍其中几个有代表性的观点：

（一）文明不是理性"策划"活动，而是由社会强制导致自我强制的心理过程

埃利亚斯认为，历史上丝毫没有迹象表明，文明进程的运作是由个别团体通过目标明确的教育来"理智地"实现的，文明不是人类"理智"的产物，不是高瞻远瞩、精心策划的结果。文明是一个由社会强制导致自我强制的心理过程。人类的很多日常事务，一步步被排挤到社会后台，且被蒙上一层羞耻感，这种经常性的自我监督越来越全面，越来越稳定。比如，中世纪人们直接将一头牛端上餐桌，人们直接围着牛的尸体啃噬。后来，随着宫廷礼仪的兴起和仿效，人们就将肢解牛的过程放在厨房，端上餐桌的只是分割好的牛的部分，而在餐桌上吃一整只牛的行为则被视为"野蛮""粗俗""未开化"，被蒙上了一层羞耻感。仿效宫廷礼仪是一种社会强制，人们以此为羞耻，就是自我强制了。举个例子，现代社会人们经常会围绕着"吃不吃狗肉"展开讨论，甚至会分裂成两个派别。事实上，没有人逼着你吃狗肉，也没有人逼着你不吃狗肉，但在不吃狗肉的人们内心，狗是人类的朋友，不吃狗肉是"文明"的，这种"文明"就来自"人与动物和谐相处"的价值观的社会强制，并且内化成个人的自我强制了，表现为以吃狗肉为羞耻。文明其实就是这样的一个过程。

（二）社会分工日益细致促使社会强制到自我强制的发生

在强大的竞争压力下，社会分工越来越细致。分工越细致，人与人之间的联系就越紧密。越来越多的人成为链条中的一个环节，大家一定要相互配合才行。因此就导致了心理机制的产生，我们需要揣摩别人的想法，调整自己的想法，从而获得更好的配合。个人的存在依附在长而细的流水线上，于是个人就渐渐学会了舒缓地控制自己，很少是激情的俘虏了。比如，中世纪时期，一个武士行走在乡间小道上经过时，道路坎坷不平，周围野兽埋伏，方圆几里不见人烟，甚至可能随时遭到强盗的伏击。这种情况下，谋求生存就必然需要他随时保持攻击性，保持情绪的紧张状态，对他人保持提防心。换个场景，比如在当今某个大城市的街道上，各种车辆和行人井然有序，各种监控完备无损。这时候一个路人要获得生存的安全，就需要保持对规则的遵守，保持与其他人行为的高度配合。也就是，该干什么、不该干什么，都是有章可循的。显然，一个与社会配合的"文明人"只要克制个人情绪，表现与社会的配合性就能赢得更多的生存机会。越是能抑制自己情绪的人，他在社会上就越是处于有利的地位。本能和激情不再直接出现于人与人的关系中，而是出现在自我监控的斗争中。"自控"和"下意识"之间的张力越来越大。人与人之间的相处更多地体现为心理活动。所以说，现代"文明"人虽然在食物、安全方面有保证，但心理压力大呀！

（三）文明的差异在不断缩小

文明是在一系列兴亡胜败的运动中前进的。由下往上崛起的阶层总会取代一个阶层，又被另一个阶层所取代。一个社会也总会被另一个社会所取代。所谓"江山代有才人出，各领风骚数百年"。在社会发展的过程中，上层和下层的状况以及他们之间的行为方式差别会不断缩小。上层的行为方式，比如用餐礼仪的讲究会扩散到所有阶层；而下层的性格也会在漫长的发展过程中扩展到上层。比如说，"强制性的劳作"是下层社会的特点，但随着社会强制转变为自我强制，转变为习惯成自然的情绪和本能，哪怕人们并不需要过多的财富来维持生存，但自我强制的劳作却成为"隐形的鞭子"，不断地鞭策着各个阶层的人们拼命劳动。

而且，西方文明还通过殖民的形式，不断向其他地方扩展。比如，在民国时期，我国老百姓就把西方绅士使用的拐杖称为"文明棍"，并不断接受西方社会的用餐礼仪、清洁身体等文明内容，并将其自我强制，内化成了个人生活习惯。

（四）社会发展的趋势是本能不断被抑制，人的图像"心理学化"了

中世纪的结束让社会出现了新的形式：武士变成廷臣。我们看看当时的西方人对廷臣的描述："一个对宫廷极为熟悉的人，会完全控制其举止、其眼睛和面部表情；他深不可测、无法看透；他善于掩盖不良的工作，对敌人也会笑脸相迎；他喜怒不形于色，言不由衷，行非所愿。"在这种行为的"文明化"上，整个社会都在效仿。从某种程度上说，人是自我的对立。人将自己偏爱的隐藏起来，否定自己的内心，违背自己的感情行事。由于社会的改变，人际关系的改变，个人的整体情绪也在发生变化；随着个人行为和整体心绪的变化，人观察人的方式也在发生相应的改变；"人"的概念已经从情绪中解脱出来，人的图像已经"心理学化"了。简单地说，在文明的进程中，无论是人的整个行为，还是对人对事的观察，感情用事的程度在不断减少。同时，在文艺作品中，对人物心理的描述越来越有质感，技巧越来越高明。

五、研究应用：开启文明史研究的新视角，增加民族文化自信

埃利亚斯从社会心理结构变化的角度去理解人类观念和思维的形成过程，视角非常独特，而且，他自始至终都在强调一点：文明的进程是一个"文明化"的过程，人类历史上没有文明的"零点"或"终点"，文明永远都

在形成之中。这一点足以驳斥一些对本书"种族优越偏见"的指责。相反，按照他的结论，文明是社会阶层之间、民族国家之间的互相感染，文明是顺应社会结构，且随着社会结构的变迁而变化的，没有哪种文明形式一定是优越的，因为文明不是结果，而是过程。这些观点在全球化日益加剧的今天，读起来可谓是发人深省。

从学术应用方面说，这本书对我们也有五个方面的启示。第一，埃利亚斯克服了各个学科之间的所谓的藩篱，使各个学科之间的观念融会贯通。同时，埃利亚斯将 19 世纪的进化论和 20 世纪的社会变革理论综合在一本书中，为 21 世纪的社会学奠定了基础，获得了"世界社会学"的美誉。

第二，埃利亚斯建构了一种"文明学"，通过融会贯通，启发了对古典文明研究的各个子目，例如希腊学、梵学、波斯学、埃及学、亚述学等。

第三，埃利亚斯从社会心理结构的视角去研究"文明史"，这种研究方法和视角也为众多学者提供了指路明灯。研究"生活史"一度成为社会学研究的热门课题，学者们效法埃利亚斯，从日常生活中的"细节"出发，比如礼仪、习俗、习惯等等，以小见大，从中洞察社会结构变化的规律。例如从"沐浴的历史"去观察人类对清洁的精神追求；通过对不同地区、不同时代的洗澡现象的观察与分析，洞察宗教、政治、风俗与文化的特点与变迁。

第四，埃利亚斯对礼仪的研究启发了其他学科的理论发展，例如，对公共关系领域的学者们而言，可以通过对不同社会阶段和不同民族、区域人们的习俗礼仪的研究，建构适应当下社会的良好礼仪习俗，规范人们行为方式，提高人际沟通的效率。埃利亚斯对于人类"攻击性"的研究启发了关于体育和休闲的研究，拓展了体育社会学研究的视野，比如有学者主张将历史社会学引入体育史学界，通过考察社会现象的进程来准确描述体育所呈现出来的社会学现象。

最后，尤其值得一提的是，《文明的进程》对中国学术研究很有启发性。埃利亚斯关于礼仪变迁与社会心理结构之间互动的理论在当代中国尤其具有应用价值。举个简单例子来说，"茶道"源于中国，茶饮中的各种礼仪与习俗是如何变化的？在不同的地域又呈现出哪些不同的特点？这些特征以及变化往往能反映出不同民族、不同区域的"文明的进程"。重塑"中华茶道"中的礼仪，可以将茶饮活动变成一种文化传承与传统美德的教育活动，塑造"谦谦君子，温润如玉"的人格，从而提升整体社会的文明风貌；而且，对茶饮礼仪的开发与传播，还有利于增强中国茶文化品牌的传播力，提升中国茶的商业价值。再举一个例子，网红"李子柒"因为拍摄中国风特色的日常生活(主要是做饭、缝衣服、盖房子等) 而风靡于国外网站，被人们誉为"中国文化输出的形象代言人"。看过视频的朋友就知道，"文明"的魅力和价值正是体现在一饭一蔬之间。所以说，埃利亚斯对西方文明的深入分析，也能帮助我们更深刻地理解欧美文明的特点，有利于增强我们的民族文化自信。

最后，我们来回顾一下今天解读这本书的核心要点：

1.《文明的进程》的出版过程及其作者埃利亚斯的学术生涯都充满了坎坷，充分见证了 20 世纪的两次世界战争和发生在期间的人类悲剧。埃利亚斯在乱世中初心不改、孜孜以求、博采众长的学术精神深深激励了后世的年轻学子。

2.《文明的进程》的研究思路是以小见大，并且充分将各个学科，包括心理学、心理分析、历史学、社会学、经济学等融会贯通，开创了 21 世纪社会学研究的新方向。尤其是启发了"生活史"研究的热潮，后来的学者们开始从生活习俗的形成与变化的视角来揭示社会结构的演变。

3.《文明的进程》解答了一个核心的问题是：人类文明是如何逐步"心

理化"的？根据埃利亚斯的观点，文明是一个由社会强制导致自我强制的心理过程。在这个过程中，社会发展的总体趋势是本能不断被抑制，人的心理越来越复杂化。

4.《文明的进程》坚持的核心观点是：文明没有零点，也没有终点，文明尚未结束，正在进行之中。这在当今全球化的发展趋势背景中，尤其引人深思。

扫码收听更多
精彩内容

 拓展书单

1. [德] 诺贝特·埃利亚斯：《宫廷社会：关于君主制和宫廷贵族制的社会学研究》，林荣远译，上海译文出版社 2020 年版。

2. [英] 丹尼斯·史密斯：《埃利亚斯与现代社会理论》，李康译，北京大学出版社 2011 年版。

3. [英] E.P. 汤普森：《18 世纪英国的平民文化》，沈汉、王加丰译，上海人民出版社 2020 年版。

4. [德] 阿尔弗雷德·韦伯：《文化的世界史：一种文化社会学阐释》，姚燕译，上海人民出版社 2022 年版。

吉登斯《民族－国家与暴力》

——传统国家是如何演变为现代民族－国家的？

　　社会科学家们习惯于把"社会"看成是具有明确边界的行政实体，这种看法并不符合阶级分化的社会。而倘若它比较符合现代社会的话，那么一般而言，这并不是因为，具有明确边界的行政实体是社会联合所固有的一切属性，而是因为，它是与民族国家相伴随的独特社会整合形式的产物。

　　资本主义、工业主义和民族－国家体系出现与扩展之间的相互关系可以陈述如下：资本主义企业是在一个与传统国家形态截然不同的国家体系中崭露头角的。这些国家的存在为资本主义早期发展能够突破最原始的阶段提供了先决条件，这包括国内法律架构的形成，财政保障及持续绥靖的社会环境所允许的"非压迫型"经济交换的蒸蒸日上。

《民族－国家与暴力》(*The Nation-State and Violence*)，作者是安东尼·吉登斯(Anthony Giddens，1938—)，英文版在 1985 年出版，中文简体版在 1998 年由生活·读书·新知三联书店出版，译者是胡宗泽和赵力涛。

安东尼·吉登斯是当代著名的社会学家之一。1938 年 1 月 18 日生于伦敦的埃德蒙顿；1959 年，本科毕业于赫尔大学，主修心理学与社会学；之后，获得伦敦政治经济学院的社会学硕士学位，以及剑桥大学国王学院的博士学位。吉登斯的首份教职是 1961 年在英格兰莱斯特大学取得的，1961 年至 1970 年，吉登斯任莱斯特大学社会学系讲师；1970—1997 年，吉登斯历任剑桥大学讲师、副教授、教授。除此之外，吉登斯还积极参与政治事务，他的"第三条道路"理论被纳入布莱尔首相的执政纲领。2004 年，吉登斯受封为英国"终身贵族"，并出任英国上议院议员。吉登斯是一位高产作者，自 20 世纪 70 年代以来，累积出版了 30 多本著作。吉登斯的研究横跨社会学、哲学、政治学、历史学等领域，兼具原创性与现实关怀，被誉为自著名经济学家凯恩斯以来最重要的社会科学家之一。

《民族－国家与暴力》是吉登斯的代表作之一，是他所著的社会理论三部曲的第二卷（该三部曲的第一卷是《历史唯物主义的当代批判》，第三卷是《超越左与右》），也是吉登斯著作中极具历史社会学特色的一部作品。本书在吉登斯所著《社会的构成》一书中有关社会变迁的论点基础上，以全球社会变迁的历程为叙述框架，通过"民族—国家"的演变过程力图建构社会转型的一般模式，阐明塑造现代社会的力量。吉登斯宣称，本书的目的主要在于以系统的方式勾勒出世界史的粗线条。

一、研究背景：立足时代需要的理论超越

首先，我们来看吉登斯《民族－国家与暴力》的研究背景，这还得从民族—国家理论产生的渊源以及现实的政治发展说起。首先来看民族—国家理论产生的理论渊源。"民族国家"（nation-state）一词最初是政治学界对国家进行定义的一个概念，从英文原意来看，"nation"和"state"是近义词，都有国家政体的意思，并且在外文文献中，二者经常交叉使用。但是，如果我们仔细考据"nation"和"state"这两个词的话，它们还是有细微差别的。从严格意义上来说，"state"更多的是关注国家意义的政治方面，通俗来讲就是指在某个领土空间范围内实施合法统治的政府；而"nation"则更加关注国家意义的文化方面，也就是说在一个合法政府的统治下，根据这个国家的历史传统和人们的生活习惯，形成了一种大家认同的文化。

现代意义上的民族国家是在16世纪的欧洲出现的。随着民族国家在现实中的不断产生发展，很多著名的思想家都对国家问题进行了深度的探究，大量的国家理论问世并广泛传播。比如说，本尼迪克特·安德森（Benedict Richard O'Gorman Anderson）1983出版的英文专著《想象的共同体》，就将民族、民族属性与民族主义视为一种"特殊的文化的人造物"作为研究起点，安德森认为民族这种特殊的人造物就是"想象的共同体"，并衍生出对民族国家的相关讨论。查尔斯·蒂利（Charles Tilly）在他的系列著作中，都论及民族国家，他认为在过去的一千年，欧洲存在城邦国家、帝国和民族国家三种主要的国家形态，直到17世纪以后，民族国家才慢慢成为了主要的形式。

与此同时，社会学三巨头——卡尔·马克思，马克斯·韦伯和涂尔干，

也都对国家理论进行了系列重要论述，并对吉登斯产生了深远影响。马克思从唯物主义历史观出发，认为国家是阶级矛盾不可调和的产物，是统治阶级进行暴力统治的工具，随着生产力的发展，国家最终会走向消亡。韦伯则认为，国家是一类强制性的政治组织群体，它具有持续运作的特点，国家的统治阶层拥有绝对的暴力垄断权，并以此来维护国界内的和平和秩序。与马克思和韦伯不同，涂尔干认为国家的主要特征就在于国家是同社会其他部分进行交往的机构。国家和个体可以共同发展进步，如果公民和统治阶级可以找到中介媒体进行沟通交流并且达到二者的动态平衡，国家就有可能真正实现民主自由。

如果说对传统国家理论的理论超越是吉登斯民族国家建构的理论基础，那么吉登斯民族国家理论产生的时代背景则为他理论的建构提供了现实动因。吉登斯的民族国家理论是在 20 世纪 80 年代欧洲蓬勃发展的政治思想的背景下产生的，随着全球化的深入发展，现代性的弊病也日益凸显，民族国家的内部矛盾也不断暴露出来。首先我们来看全球化对民族国家的影响。20 世纪八九十年代以来，随着全球经济一体化的深度推进和信息技术革命的飞速发展，各个国家之间的交往也日益密切。传统的民族国家在政权观念的引导下，具有固定的领土空间，掌握货币主权等各种国家主权。但是全球化需要更加开放的国家交往和更为模糊的国家主权观念，于是传统的民族国家特征遭受了不同程度的侵蚀。我们接着来看现代化发展过程中现代性弊病对传统民族国家的冲击。现代性其实是一个非常复杂的概念，目前学界对于究竟什么是现代性并没有形成广泛的共识。吉登斯对现代性做了一个较为宽泛的定义，他认为现代性"首先意指在后封建的欧洲所建立而在 20 世纪日益成为具有世界历史性影响的行为制度与模式"。可以说，现代性是一把双刃剑，一方面，丰富的物质资源、繁荣的经济文化、日益完善的公共服务给人类的生活带来极大的便捷；但是另一方面，现代性也孕育着很多危机，比如说切尔诺贝利事件、现在依然在全球蔓延的新冠疫情，都为人类敲响了现代性的警钟。民族国家如何面对现代性的各种不确定性危机，传统的国家理论并没有给出明确的回答，因此需要不断创新国家理论，对民族国家理论进行再建构。我们接着来看最后一个方面，民族国家的内部矛盾。在自由、民主等启蒙思想的指引下，特别是在美国独立战争、南北战争、法国大革命等一系列资产阶级革命之后，民主化浪潮逐渐席卷全球，大量民族国家得以产生和发展。虽然民族国家的发展带来了政治的进步和国家行政能力的提高，但是与此同时，随着科技的发展和国家权力的加强，政府对个体的监督也变得无所不在，民族国家对公民个人信息和行为的监测也不断加强。比如说在法西斯国家，政府通过秘密手段记录和干预公民的日常行为，并借助社会组织的力量对公民的日常生活进行垄断控制。吉登斯认为，在现代国家，公民需要一定的公共权利，国家也需要一定程度的监管能力，但是如何处理好二者之间的平衡关系，避免国家对个人无孔不入的控制和监督，传统的国家理论并没有给出很好的解释和回答，因此需要新的国家理论回应这些问题。

可以说，《民族—国家与暴力》的研究背景，是吉登斯立足于时代发展需求以谋求对传统国家理论的超越。社会学三大家的国家理论虽然富有见地，但是吉登斯认为他们的理论在面对全球化深入发展、现代性危机不断涌现和民族国家内部的矛盾时，缺乏一定的解释力，因此他试图在与前辈学者进行理论对话的基础上建构起新的国家理论，对现实问题进行回应。

二、核心问题：传统国家是如何演变为现代民族－国家的？

介绍完吉登斯的研究背景之后，我们再来看《民族－国家与暴力》这本书的核心问题是什么。

前面我们提到，吉登斯试图在和前辈学者进行理论对话的基础上建构起新的国家理论，那么吉登斯究竟是如何对话的呢？吉登斯对马克思关于国家的分工理论、韦伯关于国家的暴力理论、涂尔干关于个体和国家关系的动态平衡理论都给予了一定程度的肯定。但是，吉登斯同时指出，马克思等人传统的国家理论对现代国家发展过程中遇到的困难和挑战解释力越来越弱，民族国家的模式不是由过去的单一制度决定的，而是由社会历史的发展变化过程中多重因素共同作用的结果。比如说，对于马克思的国家理论，吉登斯认为，国家是统治的工具，但是并不是统治阶级的工具，实际上它包括阶级、监控和暴力等多种因素，马克思在这里存在过于强调阶级的缺陷。同时，吉登斯认为马克思在论述国家演变的过程中，太过重视国家内部阶级结构的对立，从而忽视了国家反思性监控的能力。而对于马克思将社会冲突和分化看作生产力提高的直接后果，吉登斯认为生产力的提高不仅不会导致社会冲突和分化，反而会使人们在社会结构的互动中不断加强联系，使社会更加紧密地结合在一起。

吉登斯认为，"资源"是民族国家权力产生的基础，包括配置性资源和权威性资源，其中配置性资源指的主要是社会生产力，而权威性资源则指的是对人类自身的活动行使支配的手段，它是社会权力的源泉，在社会体系中，它表现为统治阶级的统治模式。在对资源进行类型划分之后，吉登斯又提出了与权威性资源相联系的一个重要概念——"监控"，他认为监控是统治阶级维持其统治的重要手段之一，监控包括两类互为关联的现象：一是积累"业经整理的信息"，二是居于权威位置的个人对另一些个人的活动实施直接的督管。这两种主要意义上的监控的发展程度，对行政力量的集中程度至关重要。吉登斯将监控与制裁等看作是创造出权力的权威性资源的要素，从而点出了本书经常论述的监控和军事力量与权力之间的关系。吉登斯将军事暴力的垄断程度和行政监控能力作为区分国家类型的标准，在该标准之下，吉登斯将国家分为三种类型：传统国家，绝对主义国家以及现代民族国家。《民族－国家与暴力》的核心问题，就是要通过对这三种国家形态进行深度的研究分析，去探寻传统国家如何演变为现代民族国家的。

吉登斯从对有领土边界的民族—国家的兴起及其与军事力量之间的关系出发，论述了从传统国家向绝对主义国家再向民族—国家的变迁既是行政管理能力的提高过程，也是使用暴力能力的增强过程。吉登斯认为，传统国家实际上是异质性的多个社会的杂合体，缺乏现代社会的同质性。传统国家的行政能力有限，没有现代意义的强力统治，它甚至没有明确的边界，有的只是中心，只是边陲的松散结构。比如说在东亚的朝贡体系下，各国之间并没有清晰的国界线，形成一种有边陲而无边界的国家形态。因此，在传统国家中，主权、领土、国际关系和民族等概念都是不存在的。

绝对主义国家时期与一般公认的欧洲全球化开始阶段大致吻合，所谓的"绝对"指的是这样一种状态，中世纪的传统国家所蕴含的封建体制逐渐崩溃，从而进入大一统的国家行政模式或官僚金字塔等级之中。吉登斯指出，正是在这一阶段，支撑民族国家的结构性转变与基本政治理念开始形成，尤其是非个人的行政权力以及与之相连的国家主权观念逐步发展起来。绝对主义国家可以视为传统国家向民族国家过渡的一个形态，相比于传统国家，绝对主义国家的领土权得到进一步的明确，国家主权观念的雏形出现，国家主权的主体象征是领袖，管理的对象则是全体国民。

在绝对主义国家的后期，社会生活领域出现了三大变化，也就是资本主义、人民主权和商业发展，这些都为民族国家的诞生创造了条件。在资本主义发展的大背景下，统治集团成功地对物质资源进行了垄断性控制，这成为推动资本主义权力发展的主要基础。在资本主义时代，经济和政治的联系更为紧密，阶级矛盾和冲突也不断加剧。随着资本主义技术的发展，印刷业等信息储存行业也飞速进步，公民权利和人民主权的观念随着印刷品走进普通人的生活中，开始变得深入人心。公民聚集在一起，为争取应得的权利而展开斗争。与此同时，商业也不断勃兴，新兴商业社会的商人阶层逐步发展壮大，他们在经济力量增强的同时开始谋求政治权力，进一步促进了欧洲封建制度的瓦解，为后续民族国家的诞生扫清了制度上的障碍。资本主义、人民主权和商业主义都构成了现代民族国家的重要组成部分，因此可以说绝对主义国家之中蕴藏了现代民族国家的因素。民族国家有明确的国家主权、国界，它的行政边界完全与社会重合。吉登斯认为，大家所说的"社会"其实就等于民族国家。如果城市、城堡和庄园是传统国家的权力集装器，那么现代民族国家就是一个权力集装器。

总结一下，吉登斯这本书的核心问题，就是通过对传统国家、绝对主义国家和现代民族国家的探究，来分析传统国家是如何演变为现代民族—国家的。传统国家是一个行政能力有限的异质性共同体，随着封建体制的逐步崩溃，绝对主义国家逐渐兴起。而绝对主义国家中又蕴含了现代民族国家的种种因素和特征，在资本主义的发展、人民主权观念的进步和商业社会的勃兴下，最终导致绝对主义国家演变为民族国家。

三、核心思想：对传统国家、绝对主义国家和
现代民族国家的深度分析

了解了吉登斯写作本书的研究背景和这本书的核心问题之后，我们再来

看看吉登斯这本书的核心思想内容。正如我们前面提到的，吉登斯这本书的核心思想内容是围绕传统国家、绝对主义国家和现代民族国家这三种国家形态展开论述的。接下来，我们将逐一对这三种国家形态进行深入的解读分析。

首先我们来看传统国家。

吉登斯认为，传统国家是阶级分化的社会，在这个社会里，城市与乡村之间存在着巨大的差距，由于在城市中居住的人只是少数，同时在阶级分化社会中监控形式还不发达，国家对其臣民的监控能力有限，因而国家对其臣民的行政控制能力也很低。在传统国家中，国家机构的行政力量很少能与已经划定的边界保持一致，传统国家有边陲而无国界，因而其体系整合水平是有限的。在军事力量方面，大型传统国家垄断暴力工具，不过它的目标总是受到现实状况的限制，比如说相对低效的军队组织方式、相对滞后的运输和传播手段，所以传统国家军事力量中至关重要的部分，几乎总是存在于中央国家机器的控制范围以外，这就造成传统国家中乡村社区的自治程度比较高。这可以通过中国古代的王朝国家来理解。在中国古代，就有"皇权不下县，县下为宗族"的说法，国家权力很难直达基层，国家对基层社会的控制能力是有限的，县域以下的基本上靠乡绅和宗族势力维持统治秩序，形成某种程度上的"自治"。在意识形态方面，传统国家的一个重要特征是宗教的理性化，这种理性化的宗教与民众的仪式和信仰是有区别的，它往往被统治阶级所利用。因此阶级分化社会的体系整合基本上不依赖于"意识形态的完全一致性"，而是靠统治者和国家机构的上层精英对统治阶级的其他成员和行政官员行使意识形态霸权。比如说，在中国古代，儒家思想定于一尊，韦伯甚至认为中国存在的儒家学说是"儒教"。儒家思想作为自汉代以来中国古代的官方意识形态，对社会各个阶层形成了思想上的约束，以维持皇帝的统治。

我们接着来看绝对主义国家。

前面我们提到过，绝对主义国家可以看作是传统国家向现代民族国家转变的过渡形态。吉登斯主要是从三个方面对绝对主义国家进行介绍和分析。我们先来看第一个方面，绝对主义的国家体系。吉登斯认为，在绝对主义国家时期，新型的国家体系开始形成，外交制度的发展表明监控活动已伸延至国际领域并促进了"国际关系"的发展。国际会议也发展起来，与此同时，边陲地带开始向国界转变。海上力量的扩张也同步得到发展，其结果是人类开始第一次生活在拥有"普遍性知识"的世界里，这为后来的商业扩张打下了基础。我们再来看第二个方面，作为组织的绝对主义国家。绝对主义国家虽然和传统国家有一定的联系，但是在绝对主义国家内部，也在几个关键的方面表现出与传统国家截然不同的政治秩序，包括行政力量的集中和扩张、新的法律机构的发展以及财政管理模式的交替运用，这些都促进了国家内部组织的发展和完善。尤其是在绝对主义时代，主权观念大大发展，这使国家内部的发展同国家体系的外部巩固结合起来，国家的内外组织体系更加完善，绝对主义国家从更大的范围来看就可以视作一个精密复杂的组织。第三个方面是军事力量。吉登斯认为，在从绝对主义国家向民族国家转变的过程中，军事力量的发展是令人瞩目的，同时军事力量的发展又带动了绝对主义国家的其他方面的发展。比如说，在第一次世界大战前期，欧洲大陆在蒸汽机和钢铁行业的飞速发展促进了坦克的出现，在随后的第二次世界大战中坦克更是大显身手。而且，坦克发展的连带成果迅速转入民用工业领域，促进了工业和社会生产力的发展。

我们最后来看现代民族国家。

说完了传统国家和绝对主义国家，我们再来看现代民族国家。在吉登斯看来，作为国家发展的历史性形态，民族国家相较于之前的传统国家和绝对主义国家，有自己清晰的特征。

首先，民族国家对公民个体的监控发展到一个前所未有的程度。在民族国家中，公民权利是其重要的组成部分。吉登斯指出，法国大革命（又称法国资产阶级革命，是 1789 年 7 月 14 日在法国爆发的革命，统治法国多个世纪的波旁王朝及其统治下的君主制在三年内土崩瓦解）的意义并不只停留在革命本身，更在于其对思想解放造成的深远影响。法国大革命是民族国家崛起的沃土，从法国大革命开始，公民权利这一概念得到传播和发展。吉登斯认为，公民权利主要体现在公民个人享有利益的权利应该受到保护，包括政治权利、经济权利等，而且公民在享有国家承认的公民权利的同时，还应该接受国家的监督和管理，也就是公民需要接受国家对他的监控。现代社会由于通讯与信息储存手段的高度发展，使得国家对个人的监控体系发展到了一个更高的程度，民族—国家阶段监控力度不断加强，让统治者和被统治者之间原本比较松散的关系变得紧密起来，从而统治者对被统治者施加的影响越来越大，国家权力也越来越强大。

其次，民族国家逐步实现了对暴力工具的垄断性掌控。吉登斯认为，对于国家来说，军队的组织方式以及交通运输的便捷程度决定了国家能否垄断暴力工具。这也就意味着，一旦军队组织形式或者运输机动能力存在问题，就很有可能出现超出政府管辖范围的暴力事件。随着民族国家行政能力的增强，国家逐渐实现了对暴力工具的垄断，类似于革命、起义等威胁民族国家安全稳定的势力不断被压缩生存空间。国家内部监控能力的增强，使得社会内部使用暴力解决争端（尤其是阶级矛盾）的必要性减弱了。但需要注意的是，随着工业化的发展、现代技术在军事上的应用以及军队的职业化，民族—国家垄断的军事力量反而有更大的威胁性。比如说，古巴导弹危机为世人敲响了核战争的警钟，世界一些局部地区仍然处在战争之中，这些都充分说明随着国家对暴力工具的垄断性控制的增强，各个国家的军事能力也不断提高，这对于世界的和平与发展是一种潜在的威胁。

总结一下这部分的内容，《民族－国家与暴力》的核心思想内容，就是对传统国家、绝对主义国家和现代民族国家这三种国家形态的深度分析。吉登斯认为，传统国家是阶级分化的社会，社会整合能力较弱，有边陲而无边界；绝对主义国家是从传统国家向现代民族国家转变的过渡形态，其国家体系、组织发展和军事力量既有传统国家的特点，又孕育着现代民族国家的因素；而现代民族国家的主要特征就是国家对公民个体的监控发展到一个前所未有的程度，同时国家逐步实现了对暴力工具的垄断性掌控。

四、研究启示：立足文本解读，进行比较研究

自吉登斯的《民族－国家与暴力》问世以来，在国内外学术界引起了很大的反响，很多学者都对这本书进行了研究，主要涉及对这本书的内容解读分析、利用书中的理论资源进行现实研究等多个方面。

要对本书的思想进行现实性研究，首先就要对这本书的内容进行解读分析。比如说，2001 年发表在《史学理论研究》上的《安东尼·吉登斯的民族—国家理论——读〈民族－国家与暴力〉》一文，就对吉登斯的这本书进行了细致的解读分析。再比如说，2002 年发表在《广西社会科学》上的一篇文章《解读现代性的"制度丛结"——有感于〈民族－国家与暴力〉》，就对吉登斯书中提到的资本主义、工业主义、监控与军事力量这四个现代性的关键要素进行了深入的分析。其实检索知网我们可以发现，目前关于这本书

的解读分析已经有很多，但是早期的解读分析多偏向于对文本内容的介绍和解读，一定程度上造成了研究重复的问题，并且对于我们来说，可以拓展的空间并不是很大。尽管如此，这并不意味着我们在文本解读分析上面已经没什么作为的空间了。我们可以在立足文本内容的基础上，进行拓展性和反思性研究，看看吉登斯的理论存在哪些可以改进的地方。比如说，2010 年发表在《中国人民大学学报》上的文章《在国家体系的转变中突显暴力的内在张力——对吉登斯理念的一个增补》，就指出吉登斯在《民族－国家与暴力》中，分析了在从传统国家到绝对主义国家再到民族国家的三种国家体系转变的过程中，暴力存在两种形式：国家对武装力量运用的显性暴力和国家通过行政力量实行监控的隐性暴力，但吉登斯忽略了对这两种暴力之间存在的张力关系进行分析。因此文章的作者认为，在国家体系转变中突显暴力的内在张力，是对吉登斯理念的一个有益增补。

　　除了对《民族－国家与暴力》的文本内容进行分析解读之外，我们还可以将吉登斯的民族国家理论和其他思想家的相关理论进行对比研究分析。例如，吉登斯吸收了马克思研究成果，同时又拓展了马克思的未尽之处。马克思和吉登斯对国家的社会基础、本质、职能、类型以及未来命运等进行了不同的解读，可进行比较研究。除了将吉登斯与马克思进行比较研究之外，我们还可以将吉登斯的国家理论和韦伯、涂尔干等人的国家思想进行比较分析，看看他们的国家思想有什么异同，吉登斯的国家理论究竟是不是像他自己宣称的那样，对社会学三大家的国家理论进行了理论超越，吉登斯与社会学三大家的国家理论之间有什么内在的逻辑关联性等等。这些学术史的问题都值得我们去进一步探索。

　　最后，我们来总结一下今天解读这本书的核心要点：

1.《民族－国家与暴力》作者的研究背景，是吉登斯立足于时代发展背景以谋求对传统国家理论的超越。社会学三大家的国家理论在面对全球化深入发展、现代性危机不断涌现和民族国家内部的矛盾时，缺乏一定的解释力，因此时代呼唤新的国家理论去回应现实关切。

2.《民族－国家与暴力》的核心问题，就是探究传统国家是如何演变为现代民族国家的。吉登斯认为，传统国家是一个行政能力有限的异质性共同体，随着封建体制的逐步崩溃，绝对主义国家逐渐兴起；而绝对主义国家中又蕴含了现代民族国家的种种因素和特征，最终导致绝对主义国家演变为民族国家。

3.《民族－国家与暴力》的核心思想内容，就是对传统国家、绝对主义国家和现代民族国家的深度分析。传统国家社会整合能力较弱，国家并未完全实现对暴力的垄断，有边陲而无边界；绝对主义国家是从传统国家向现代民族国家转变的过渡形态，其国家体系、组织发展和军事力量既有传统国家的特点，又孕育着现代民族国家的因素；而现代民族国家的主要特征就是国家对公民个体的监控发展到一个前所未有的程度，国家逐步实现了对暴力工具的垄断性掌控。

4.《民族－国家与暴力》的研究启示，体现在立足文本解读，进行比较研究等方面。如何对《民族－国家与暴力》这本书进行反思性研究和拓展性研究？如何将吉登斯的国家理论与社会学三巨头的国家理论进行比较分析？如何看待吉登斯的国家理论和社会学三巨头的国家理论之间的关联性？这些都值得我们反复琢磨和思考。

扫码收听更多
精彩内容

 拓展书单

1. [英] 安东尼·吉登斯:《现代性的后果》,田禾译,译林出版社 2000 年版。

2. [英] 安东尼·吉登斯:《第三条道路——社会民主主义的复兴》,郑戈译,生活·读书·新知三联书店 2000 年版。

3. [英] 安东尼·吉登斯:《现代性与自我认同:晚期现代中的自我与社会》,夏璐译,中国人民大学出版社 2016 年版。

4. 郭忠华:《解放政治的反思与未来——安东尼·吉登斯现代性思想研究》,中央编译出版社 2006 年版。

5. 王希恩:《全球化中的民族过程》,社会科学文献出版社 2009 年版。

6. 杨雪冬、薛晓源编:《"第三条道路"与新的理论》,社会科学文献出版社 2000 年版。

7. 钱乘旦、陈意新:《走向现代国家之路》,四川人民出版社 1987 年版。

8. 郁建兴:《马克思主义国家理论与现时代》,东方出版中心 2007 年版。

9. 杨雪冬:《全球化:西方理论前沿》,社会科学文献出版社 2002 年版。

哈贝马斯《公共领域的结构转型》

——国家的社会化与社会的国家化

"

　　随着等级特权为封建领主特权所取代，代表型公共领域萎缩了，这就为另一个领域腾出了空间。这就是现代意义上的公共领域，即公共权力领域。

　　资产阶级公共领域首先可以理解为一个由私人集合而成的公众的领域；但私人随即就要求这一受上层控制的公共领域反对公共权力机关自身，以便就基本上已经属于私人，但仍然具有公共性质的商品交换和社会劳动领域中的一般交换规则等问题同公共权力机关展开讨论。这种政治讨论手段，即公开批判，的确是史无前例，前所未有。

"

《公共领域的结构转型——论资产阶级社会的类型》（*Strukturwandel der Öffentlichkeit. Untersuchungen zu einer Kategorie der bürgerlichen Gesellschaft*），作者是哈贝马斯（Jürgen Habermas，1929— ）。哈贝马斯是德国著名的社会学家、哲学家和思想家。他曾历任海德堡大学教授、法兰克福大学教授、法兰克福大学社会研究所所长以及德国普朗克科学技术世界生存条件研究所所长。哈贝马斯的研究涉及社会学、政治哲学和媒体研究等多个领域，研究体系宏大而完备，思想庞杂而深刻，被誉为"当代最有影响力的思想家""当代的黑格尔"和"后工业革命最伟大的哲学家"。哈贝马斯也收获了许多赫赫有名的奖项，如西格蒙德·弗洛伊德奖（1976）、西奥多·W.阿多诺奖（1980）、戈特弗里德·威廉·莱布尼茨奖（1986）和京都艺术与哲学奖（2004），这些奖项通常被认为是"诺贝尔哲学奖"。众多的头衔与国际奖项表明了哈贝马斯的思想具有全球影响力，在西方学术界占有举足轻重的地位。

哈贝马斯一生中最为重要的著作可能当属1981年于德国出版的《交往行为理论》，那是他的社会学思考被系统化的恢宏成果。但是，如果要说起最有影响力的著作，则是他年轻时写的第一本书，于1962年出版，也就是我们今天将要介绍的《公共领域的结构转型》，这本书的内容其实是来自他为了申请教授资格而写的一篇论文。他本人曾公开声称这本书是其"思想体系的入口"，而且也是他此后学术生涯中探讨的大部分研究主题及学术思想的起源。

《公共领域的结构转型》刚出版时如同石沉大海，并没有引起学界和公众的关注。直到1989年，这本著作被译成英文之后，迅速成为人们炙手可热的阅读对象，而书中所提出的公共领域理论也被奉为传播学批判理论的经典。那么，公共领域理论究竟是一种什么样的理论？哈贝马斯是如何解释公

共领域的结构转型的？在此基础上该如何认识媒介？公共领域的转型与媒介
又有着什么样的关系呢？

以下，我们将通过研究背景、研究思路、核心问题、研究影响和研究应
用五个部分来进行解读。

一、研究背景：在学术批判中探寻并通达自己与时代的困惑

1929 年 6 月 18 日，哈贝马斯出生于德国科隆附近的小城谷默斯巴赫，
他的家庭是新教徒，而他的父亲曾经是纳粹支持者。哈贝马斯的孩提时代是
在第二次世界大战中度过的，当时的他并不是很清楚自己所经历过的纳粹统
治究竟意味着什么。但是成年以后，纳粹帝国战后遗留下来的历史问题让他
开始感到不安，促使他开始反思德国战后的影响，并且开始尝试探索德国民
主化进程在魏玛共和国时期走向歧路的历史根源。正如哈贝马斯自己所言，
"这场经历对于我们这一代人是如此重要，以至于决定了我们的思想"，"这
种面向未来的兴趣实际上来源于对过去的考察，针对的是在'共同体'和'社
会'之间作出错误选择的生活条件上"。

在哈贝巴斯的理论研究中，他对黑格尔、马克思、韦伯、阿尔多诺、海
德格尔等诸多先辈哲学家提出过尖锐的批评，而且与德里达、伽达默尔、布
尔迪厄等当代著名理论家也发生过激烈的论战。由此不难看出，哈贝马斯思
想中所具有的极为浓重的批判意识可能正是来自他青少年时代与成年后的认
知反差。因此，哈贝马斯这个名字在某种意义上也成为了一种批判国家权威
和通过媒体操纵大众的哲学。

20 世纪 50 年代也许是哈贝马斯学术发展最重要的十年。当时他在法兰

克福社会研究所工作，与批判理论家霍克海默和阿多诺共事。这些理论家联合建立了"法兰克福学派"，在以马克思主义视角批评西方社会的基础上发展了新的理论来批判社会现状。哈贝马斯用来申请教授资格的论文，即后来出版的第一本书《公共领域的结构转型》便创作于这种学术环境中，而且书中所用的新方法和观念又进一步推进了法兰克福学派的批判事业。因此，哈贝马斯也被看作是法兰克福学派第二代的代表人物。

　　如前所述，《公共领域的结构转型》一书并非一面世就一鸣惊人，而是经历了一段波折。让我们回到 1955 年，当时哈贝马斯在法兰克福撰写申请教授资格的论文，但由于他的学术路线与霍克海默和阿多诺相抵触，这篇论文最后未能在法兰克福社会研究所获得答辩。而且，霍克海默和阿多诺在选择继承人方面并没有重视哈贝马斯。这让哈贝马斯在法兰克福感受到了被排挤，最终与霍克海默和阿多诺产生了重大决裂。为了继续追求更加具体的社会学研究，他于 1971 年离开法兰克福，来到位于斯塔恩堡的马克斯·普朗克科学技术世界生存条件研究所，担任所长。直到 1983 年霍克海默和阿多诺去世后，哈贝马斯才又返回法兰克福社会研究所担任所长。由于在法兰克福这段不愉快的学术政治斗争经历，再加之当时的哈贝马斯初出茅庐，其有限的学术影响力导致《公共领域的结构转型》于 1962 年出版时并没有在社会和学术界产生很大反响。直到 1989 年东欧发生了剧变之后，一些政治左派的思想家们发现，书中既描述了历史性的转变同时也发展了一种民主社会理论，这对于解释历史和现实问题十分有用，学术界开始重视这本书，并且重新发掘该书的理论与实践价值。就这样，《公共领域的结构转型》在历经了一段"沉寂期"后，才开始得到几乎所有人文社会科学学者的重视，流行于学术界中。

　　其实，提到哈贝马斯在"公共领域"的理论研究贡献，从《公共领域的结构转型》这本书中所体现出来的研究思想和研究基础背景，可以发现有三个人的研究对哈贝马斯产生了影响。

首先是黑格尔的"市民社会"，可以视为哈贝马斯所提出的公共领域的思想渊源。根据黑格尔的观点，成员以独立个人身份联合形成了"市民社会"，这与"国家"的意义是不同的。"市民社会"的建立条件包括：成员有共同的需要、有法律制度保障成员的人身和财产、有外部秩序维护成员的特殊利益和社会的公共利益。哈贝马斯受到了黑格尔关于市民社会的联合性和公共性思想的启发，提出"公共权力与私人领域之间存在一个中间领域，国家无法制约这个中间领域，而且国家公共权力还会受到这个中间领域的监督、批判以及制衡"，这就是"公共领域"的本质。可见，哈贝马斯的"公共领域"思想比黑格尔的"市民社会"思想在内涵上更加深刻。

其次，汉娜·阿伦特首次提出的公共领域思想启蒙了哈贝马斯的公共领域理论。根据阿伦特的观点，人的基本活动主要包括"劳动、工作和行动"，其中，劳动和工作属于私人领域，而行动则属于公共领域（阿伦特所说的公共领域实质上是指一种政治空间，在这里人们能够进行平等对话）。正是由于人具有多样性，才有了公共领域存在的基础，但是从古希腊开始，随着西方社会的发展，人们逐渐追逐经济利益，越来越多地通过劳动的活动形式，有意识地扩张私人领域，而那些涉及公共对话的行动却渐渐消失，行政充斥着社会领域，以政治为代表的公共领域日益萎缩，西方政治已名存实亡。哈贝马斯继承和发展了阿伦特的公共领域思想，他通过对历史进行深入的考察，研究了公共领域的兴衰，同时提出了"政治的""代表性的""文学的"等不同的公共领域理想型，进一步发展了公共领域理论。

最后，是马克斯·韦伯的社会理论对哈贝马斯的影响。韦伯认为人存在的本性就是趋向合理化的，资本主义社会制度让人的这种本性得到了淋漓尽致的发展。在资本主义社会中，人们的生活不可避免地出现严重异化，根源就在于这种理性化深刻地影响了每个人的思想与行为。与韦伯的合理化理论一脉相承的是，哈贝马斯也是以合理化概念为中心发展了社会理论，但是，两者的不同之处在于——"合理化"在韦伯那里，被作为工具来探寻资本主义社会价值中心，分析近现代社会的发展过程；而在哈贝马斯那里，"合理化"则被视为一种理论基础，可以用来解释现代型危机的来源及现代资本主义社会被重塑的可能性。

由此可见，上述三大理论思想奠定了哈贝马斯《公共领域结构转型》的研究基础并提供了研究工具，而人生遭遇促成了哈贝马斯对时代与社会境况有着更加敏感的理解，对于哈贝马斯在公共领域方面所作的研究工作，与其说是他在继承与发展前人的思想，倒不如说是，他在试图以一种特殊的方式来通达自己与时代的困惑更恰当。

二、研究思路：利用多学科交叉的视角探究公共领域的时空变迁

不知道朋友们是否读过《公共领域的结构转型》？如果读过，有没有感觉到这本书读起来有些艰难呢？

其实，哈贝马斯的这本《公共领域的结构转型》并非单纯意义上的政治学或者社会学著作，而是多学科交叉而成的作品。哈贝马斯本人在初版序言（1990 年中译版）中提到"研究对象难以把握，比较复杂"，这是"社会学、经济学、宪法学和政治学以及社会思想史等各学科一体化所带来的难题"，"用单一某个学科的方法难以奏效"。因此，在书中，哈贝马斯运用了丰富的历史素材，从古希腊古罗马开始，至中世纪再到资产阶级国家，完整地勾勒

了公共领域的来龙去脉。与此同时，他还用大量的社会学的知识介绍以英法德为代表的阶层变化与社会变迁，因为公共领域的结构与转型是与社会变化分不开的。此外，哈贝马斯还旁征博引，引用洛克与卢梭的观点来阐述什么是公共舆论；引用康德、马克思、黑格尔、约翰·穆勒、托克维尔等人的观点论述公共性。显而易见，由于书中涉及的背景知识非常庞杂，特别是有大量的政治哲学引述，这就让读者在初读之时容易产生晦涩难懂的阅读感受。

下面就让我们一起来看一看哈贝马斯究竟是如何用多学科交叉的研究视角向我们展示什么是公共领域、它的构成如何，以及它到底是如何发生了结构转型的。

首先，哈贝马斯从 18 世纪和 19 世纪初德国、法国和英国的历史语境中提炼出"资产阶级公共领域"的理想类型。在哈贝马斯的概念中，"'资产阶级公共领域'是一个具有划时代意义的范畴"，不是可以随意应用到具有相似形态的历史语境当中的。也就是说，"它不再局限于某一特定的历史时期或某一特定的国家地域，而是一种介于市民社会与国家之间或之外进行调节的领域"（出自 1990 年版自序）。具体而言，"资产阶级"一词将"公共领域"限定在最"资产阶级"的时期，即自由主义阶段。在这个时期里，国家与市场、公共领域与私人领域是有明显区分的。由于这一时期的经济学基础是古典经济学，而古典经济学主张政府不能干预经济，在商品交换和社会劳动领域完全由私人自律，当然还要遵从三个市场前提，即，按照价值交换规律进行商品交易；保障自由竞争；资本、产品和生产者完全自由流动，在上述条件下，市场的供求关系总是能够保持均衡的。显然，在当时的资本主义发展水平下，通过经济活动简单划分后，社会中的"公"与"私"有着泾渭分明的边界：资产阶级商品交换和社会劳动领域中发展出来的市民社会就可归为私人领域，而与之相对的国家机关，便可归为公共权力领域。

随着资本主义的发展，在私人领域中诞生了资产阶级知识分子，他们关注私有财产、契约精神等，这些经济上的要求逐步开始转化为政治需求。但是在当时的历史背景下，主流文学的判定权在宫廷，王公贵族是不会与资产阶级探讨政治问题的。然而，这些资产阶级知识分子创作的文学作品在城市中的文化市场和商品市场中不断流通，通过沙龙、咖啡馆的交谈不断传播并扩大其影响力，甚至依靠出版报刊影响公共权力机关。就这样，资产阶级知识分子与公共权力机构之间建立了联系。哈贝马斯把这些读书俱乐部、新闻界描述为文学公共领域。就这样，文学公共领域搭起了资产阶级知识分子与王公贵族社会的桥梁。

而另一方面，在经济领域和政治领域之间也需要一座桥梁。以法国为例，市民阶级在经济领域中日渐占据所有重要地位，这是不需要经过国家和教会的领导的；而君主特权制下，贵族阶层拥有等级分明的阶层身份，其社会交往也是在一定的社会等级秩序下进行，这样一来，在经济领域中占据重要地位的市民阶级便有了与贵族阶层同等的获取物质利益的机会。贵族们与杰出的市民们、知识精英们有更多的机会发生社会交往，当他们在"文学批评"的沙龙中平等地相遇时——由"文学批评"产生了"政治批评"，这个领域被称为"政治公共领域"，简单来说，可以看成是"资产阶级公共领域"。由于君主权力和资本主义发展水平不同，所以英国、法国、德国三国的公共领域机制是不同的，但是上述提及的公私领域、政治公共领域、文学公共领域原理是相似的。正如哈贝马斯强调的那样，公共领域本质上是产生于私人领域，受制于公共权力机关，但是它却又反对公共权力机关，这正说明了公共领域本身就是妥协的产物，所以才会表现得如此矛盾。

如前所述，哈贝马斯从历史层面追溯了从文艺复兴时期到现代的社会和政治观念中"公共"的含义变化，同时也在理论层面解释了公共领域作为个人和国家之间的中介到底具有哪些功能，在此基础上哈贝马斯进一步阐述了国家的社会化与社会的国家化变迁过程，论证了公共领域是如何完成了功能和结构的转型。

在"资产阶级公共领域"诞生之前，西方社会经历过两个历史时期，古希腊罗马时期与中世纪。在古希腊罗马时期，公共（政治）生活在广场上进行，哈贝马斯认为在这个时期的公共领域是建立在对谈和共同活动的基础之上的——对谈可以分为讨论与诉讼，而共同活动可能是战争，也可能是竞技活动。可见，该时期的公共领域是与政治参与密切相关的。在欧洲的中世纪，是"凯撒"与"上帝"的天下，在这个时空领域中，私人领域与公共权力领域的边界含混不清，因为王权与教权可以随意侵入私人领域，私人无意识也无能力搭建一座"桥梁"去影响"凯撒"与"上帝"，所以，为了有别于"资产阶级公共领域"，哈贝马斯针对欧洲中世纪的公共领域新提出了一种"代表型公共领域"，这里的"领域"一词并不是指一个社会领域的概念，实质是指一种地位的标志。

随着工商业的发展，掌握经济优势的资产阶级与没落贵族发展出与公共权力机关交流的"公共领域"。资本主义的车轮没有停止转动，社会产生三种新的趋势，公共领域因此不得不发生转型。这三种趋势分别是公共领域与私人领域开始融合、社会领域与内心领域发生两极分化、公众由文化批判转向文化消费。首先，经济理论发生的变化引起了公共领域与私人领域的融合。在 19 世纪末 20 世纪初，自由主义逐渐被国家干预主义代替，这一理念限制了私人的自主性；同时，资本市场出现了垄断资本主义。同步进行的社会的国家化和国家的社会化趋势中，私人领域与公共权力机关都在扩张，处于中间的公共领域开始逐渐缩小。其次，社会领域与内心领域发生两极分化是与福利国家密切相关的。"古典风险，诸如失业、事故、疾病、年老、死亡等"都是由家庭来解决，在福利国家中，家庭成员都受到公共保障，家庭以外的力量是直接作用于个人的，在"集体"面前，内心领域开始消解，私人生活走向公共化，私人由此陷入公共漩涡之中，文学公共领域中的创作主体日渐式微。最后，公众逐渐从文化批判转化为文化消费，是因为文学公共领域中的批判意识本来是产生于纯粹的文学形式，产生于私人领域的内部事务；但是随着技术进步和经济发展，文学成为了消费品，文化批判的公众被文化消费的大众所取代，比如，曾经公众在阅读和讨论中对一些文化话题进行批判，但后来，批判逐渐减少，公众之间的讨论更多的是以交换彼此的品位与爱好为主题，那些少数精英知识分子们也开始失去公开批判意识，越来越多的公众成为了接受消费的大众；文化消费很大程度上是不需要文学中介的，而非文字传达方式（比如借助听觉、视觉实现传达）越来越多地取代了古典文学生产的形式，娱乐漫画、人情故事插画等内容比例超过了政治新闻或时事新闻的报道，因此，那些曾经的"公众"们也慢慢地丧失掉了阅读、批判等特有的交流方式。

正如我们在前面所提到的，公共领域和私人领域能够被严格区分，是资产阶级公共领域模式的存在前提，但现在，一旦这个前提缺失了，资产阶级公共领域则不得不面临转型。这种转型呈现出四个特点：第一，私人的新闻写作成为大众传媒的公共服务，报刊被操纵，私人机构变为官方机构。第二，公共领域丧失了许多沟通功能，公共领域成为国家进行宣传工作的一种工具，在文化领域，曾经的批判原则变成了被操控的整合原则。第三，公共领域中分成了人为公共领域和非公众舆论，比如，在民众选举活动中，政客们利用大众媒体来操纵公众，而不是让他们参与批评讨论，竞选不再是意见冲突的结果。第四，自由主义法治国家开始向社会福利国家转变。

三、核心问题：作为公共领域转型的"中枢"
——媒介的功能与角色是什么

在《公共领域的结构转型》一书中，哈贝马斯详细地阐述了公共领域是如何由起初的文学公共领域转变成了政治公共领域。无论是以哪一种形式存在，从某种意义上讲，公共领域就是一个公共话语空间，与媒介之间有着密不可分的关系。从哈贝马斯有关公共领域的界定、政治功能转型和结构转型的论述中，我们都不难看到，媒介发展的进程为构筑不同时空下的公共领域提供了条件，公共领域的形成、转型进程与媒体的发展是同步的，这正是本书所探讨的核心问题。

哈贝马斯从两个方面分析了这个问题：

首先，媒介是公共领域转型的"中枢"，公共领域功能的发挥离不开这个"中枢"的重要作用。如前面提到过的，公共领域本身就是私人领域和公共权力机关之间妥协的产物，它具有的消除专制统治的目的与动机，成为一种"公共性"，而它同时又在社会发展的进程中，不可避免地为维护新兴资产阶级的统治而代言，在这种内在矛盾的产生与不断平衡的过程中，媒介不仅扮演了机制化平台的角色，同时也承担着发挥公共领域功能的重要载体的作用。

其次，媒介不仅冲击着公共领域的公共性，而且也在统治着公共领域。这是因为公共领域的批判性和交往理性被媒体所产生的消费文化一步步地消解，比如，曾经的文化批判的公众之间的交往是在家庭私人领域与外界隔绝的空间进行，以阅读为基础开展批判，但是文化消费的公众所开展的活动无需通过讨论来继续，在任何社会环境下都可以进行，人际之间的交往变得越来越崇尚迎合，而不是批判。日益普及的大众媒体开始被商业化和宣传工具化了，不再是简单的信息传播工具或通道。媒体变得越来越功利，尤其在涉及民主选举活动方面，消费者、选民和当事人越来越强烈地感受到了来自媒体的影响，而自己的理性判断能力被削弱。书中有这样一段描述："商业广告开始崛起，逐步消解了报刊作为公共话语空间的功能。比如，广告商通过有计划地制造新闻或事件来吸引人们的注意力，表面上这是一种销售手段，但是实质上它已经在侵入'公众舆论'，并且将商业目的置于公共舆论之上，具有了舆论管理的政治功能，可以开始操纵人们的观念或者意识形态了。"广告对公众舆论的这种影响，恰恰反映出公共领域正在丧失公共性的功能，或者说曾经的"公共领域"已开始越来越被人为地操纵，非公共领域出现了。

讲到这里，也许我们已经能够更加清楚地看到，哈贝马斯正是以公共领域理论为参照，深刻地剖析了媒介作为公共话语平台，是如何完成了对理性交往社会的构建过程以及在这一过程中表现出来的前后变化。公共领域是资产阶级用以结束封建专制下舆论统治的利剑，却在媒介的中枢作用下，黯然失去了"公共性"与"理性"的原则，与媒介的功能一同完成了转型。公共领域的功能与结构转型是国家和社会"重新封建化"衰落的迹象，而媒介就是造就这种再次封建化的"伪公共牢笼"——这正是本书从始至终对媒体功能和角色问题所隐喻着的最深刻思考。

四、研究影响：站在"学术高地"上的"学术标靶"

前面我们在介绍《公共领域的结构转型》的研究背景时，提到过哈贝马斯在西方学术界占有举足轻重的地位。作为"公共领域"理论体系中最重要的开篇之作，《公共领域的结构转型》在获得关注的同时也受到了来自多方面的挑战，比如：哈贝马斯在 1999 年版的再序中承认，由于他在公共领域中对宗教和女性存有否定或忽视的态度，这受到了女权主义和神学界的反驳；该书第一次出版时，引起了左派政治思想家们的争论，他们提出了"无产阶级公共领域"与哈贝马斯针锋相对；以黄宗智为代表的学者提出了"第三领域"，国内的许纪霖教授提出了中国以知识分子为主体的"公共领域"等。在新闻传播学界，有一种声音，他们认为哈贝马斯轻视了传媒在"公共领域"中的作用……对于上述这些声音，哈贝马斯没有直接回应，而是一直笔耕不辍，用实际行动来丰富与发展自己在公共领域理论方面的研究，以此与学界进行研究对话，比如：他基于交往理性的观点，提出了生活世界与系统的概念；在后民族理论中讨论了关于超越民族国家、包容所有世界公民的"全球政治公共领域"等概念……这些都是在直接或间接地承继着他之前所研究的公共领域概念（或理论）。与此同时，时代的发展与技术的进步正催生出一批立足于哈贝马斯"公共领域"基础的理想型概念，如"电子公共领域""算法公共领域"等在国际学界中开始兴起。

显而易见，上述这些质疑声和讨论声从某种角度证明了，之所以被关注、被争议，正是《公共领域的结构转型》这本书所体现出来的学术思想在不断丰富、影响力不断扩大的表现。毕竟，能够成为一个学术靶子，被持续关注与讨论，不正说明这个靶子本身就是一个"学术高地"吗？

五、研究应用：为理解国家与社会关系、发展国家模式提供了理论借鉴

在哈贝马斯之前，已有许多探讨国家与社会关系的经典阐述。例如，共

和主义主张以国家干预社会领域的方式来消除国家和市民社会的界限，把整个社会看作是一个政治社会；自由主义以个人权利和自由为基础严格区分了市民社会和政治国家。对于这两种阐述的思路，哈贝马斯是持反对态度的。如此所述，因为受到阿伦特思想的影响，哈贝马斯提出了一个区别于市民社会和政治国家的第三个领域——公共领域，从社会学、历史学的视角提出了"资产阶级公共领域"的概念，并且从媒介改变了社会交往结构这个角度论述了公共领域如何发生了结构转型，这种研究模式在分析国家与社会关系方面是独具特色的，而且具有重要的规范意义与较强的现实解释力，因此，《公共领域的结构转型》也成为后人在研究各国的公共领域问题、民主理论、社会交往、大众文化及传媒等问题的重要参考。

书中阐述的公共领域理论的基点是资本主义的发展，对于资本主义社会发展过程中存在的种种问题进行了综合考量，并且蕴含着改良资本主义的意图。所以在探索并实现国家、社会、公民的和谐统一路径方面，本书具有一定的实践指导意义。与此同时，本书以事实分析为依据来阐述理论观点，带有极强的历史规范，再加上公共领域理论本身就是带有阶级属性的规范理论，因此此书对于如何规范社会公众的内在行为及社会规则，规范公民、社会、国家三者之间的关系方面给出了理论研究应用于实践的依据。

此外，民主理论与实践、新时代下传媒的功能与影响是当前全球普遍遭遇的最主要难题，而"具有政治功能的公共领域"这个概念，为研究这一难题提供了一个合适的分析视角。哈贝马斯在提出民主理论的过程中，重点强调了公共领域与大众传媒的关系，认为公共领域是借助大众传媒建构而成的。按照这个理论逻辑，媒体是公共领域的一种重要机制，个人与社会之间的意见交换是通过媒介进行的，由此形成了对公共事务的舆论影响。因此如果一个国家能够重视一种公共舆论的形成机制，强调公民可以平等、自由而又独立地通过大众媒体公开进行理性讨论，这将会是有助于促进解决社会民主问题的。

由于哈贝马斯思想的影响力，目前在社会学界存在一种认识，即，以《公共领域的结构转型》为基础，后续发展起来的《交往行动理论》《后民族结构》《合法化危机》《哈贝马斯精粹》等一系列著作呈现出一种全球治理思想。这种思想具备了世界主义民主体系的规范性要求以及实践方面的可能性。比如，哈贝马斯就提出了一种"全球治理的三方模型"，可以作为一种选择来替代世界政府，这个三方模型的核心思想是民主合法化、跨国域治理、超国家治理。它为全球化治理提供了一种具有可实践性的原则，而且，蕴涵其中的价值观念为人们探究如何改造国际政治经济秩序问题提供了一条可资借鉴的思路。尤其对于解决诸如全球环境危机、恐怖主义等全人类所共同面临的发展问题，哈贝马斯公共领域理论体现出的全球治理思想具有广阔的研究应用空间。

当然，值得一提的是，在中文简体版《公共领域的结构转型》（1999）一书的最后，翻译者曹卫东提到了有关中国的问题，他认为"当今中国处于急剧转型当中，现代性的冲击一波强于一波，政治变革、社会变迁、文化认同的危机以及个体信念的矛盾，都是我们始料未及的，也是我们的传统理论资源所难以解释与解决的"。在这种情况下，哈贝马斯的"公共领域""公共性"规范批判为我们从事当代中国的社会批判提供了一定的可能性。在此书出版后的二十多年里，尤其是近十年里，由于互联网技术对社会发展带来的影响，国内的众多学者们更加重视对哈贝马斯的《公共领域的结构转型》一书的学习，尝试以公共领域理论为思想脉络起点来延展自己所研究的学术领域课题，尝试着通过借鉴该书的研究视角和思维逻辑来探究中国现象和中国问题。

最后，我们来回顾一下这本书的核心要点：

1.《公共领域的结构转型》的研究背景是源于哈马贝斯早年所处的时代与社会境况、人生遭遇，再加上学术生涯早期受到"黑格尔的政治哲学""马克斯韦伯的社会理论"和"汉娜·阿伦特的公共领域思想"的影响，哈马贝斯通过学术继承与批判的方式来探寻并通达自己对时代的困惑。

2.《公共领域的结构转型》的研究思路是：哈贝马斯利用政治学、社会学、历史学和经济学以及社会思想史等多学科的研究方法和视角，在历史层面追溯了自文艺复兴时期到现代的社会和政治观念中"公共"的含义变化，同时也在理论层面解释了公共领域作为个人和国家之间的中介到底具有哪些功能，在此基础上哈贝马斯通过国家的社会化与社会的国家化的变迁过程，论证了公共领域是如何完成了结构转型和功能转型的。

3.《公共领域的结构转型》的核心问题是媒介的发展为构筑不同时空下的公共领域提供了条件，在公共领域中扮演着中枢的角色，它冲击公共领域中的公共性的同时也在统治着公共领域，对于公共领域转型起到了关键作用。

4.《公共领域的结构转型》的研究影响主要表现在该书已成为后人研究"公共领域"理论的基石，为后人提供了研究框架与思维逻辑。在经历了出版后一段时间的"沉寂"之后，迅速成为学界关注的焦点，被视为"公共领域"里的"学术高地"及"标靶"。

5.《公共领域的结构转型》的研究应用主要体现在：书中呈现出一个独具特色的国家与社会关系的分析模式，由于这种分析模式具有重要的规范意义与较强的现实解释力，因此，也成为后人在研究各国的公共领域问题、民主理论、社会交往、大众文化及传媒等问题的范本。基于此书后续完成的系列著作构成了哈贝马斯的全球治理思想，为发展国家模式、解决人类所共同面临的全球发展问题提供了理论路径。

扫码收听更多
精彩内容

 **拓展书单**

1. [德] 尤尔根·哈贝马斯:《交往与社会进化》,张博树译,重庆出版社 1989 年版。

2. [德] 尤尔根·哈贝马斯:《交往行动理论》,洪佩郁、蔺青译,重庆出版社 1993 年版。

3. [德] 尤尔根·哈贝马斯:《合法化危机》,刘北成、曹卫东译,上海人民出版社 2000 年版。

4. [德] 汉娜·阿伦特:《人的条件》,竺乾威译,上海人民出版社 1999 年版。

5. [英] 詹姆斯·卡伦:《媒体与权力》,史安斌、董关鹏译,清华大学出版社 2006 年版。

6. [德] 马克斯·霍克海默、西奥多·阿道尔诺:《启蒙辩证法:哲学断片》,渠敬东、曹卫东译,上海人民出版社 2006 年版。

7. [美] 托马斯·麦卡锡:《哈贝马斯的批判理论》,王江涛译,华东师范大学出版社 2010 年版。

8. [德]斯蒂芬·穆勒 – 多姆:《于尔根·哈贝马斯传:知识分子与公共生活》,刘风译,社会科学文献出版社 2019 年版。

科塞《社会冲突的功能》

——理解冲突内涵，把握冲突逻辑

我们对当代几个有代表性的社会学家的讨论表明，与美国社会学的开创者们相比，他们不太关心对冲突问题的社会学分析。我们发现，即使有这种关心，也主要是讨论如何减少冲突。由于没有把冲突视为所有社会关系中的一个必要的和积极的部分，这些社会学家倾向于把冲突仅仅视为一种破坏性的现象。

我们看到团体内的冲突，有助于统一体的建立，或是在那些由于成员间的敌意和对抗情绪而受到威胁的地方重新建立这种联合和内聚力。然而我们已经注意到并不是任何一种冲突都有益于团体结构，也不是说冲突对所有团体都有这种功能，社会冲突是否有利于内部适应，取决于是在什么样的问题上发生冲突，以及冲突发生的社会结构。但是，冲突的类型和社会结构的类型都不是独立的变量。

刘易斯·科塞（Lewis A.Coser，1913—2003）的经典著作《社会冲突的功能》（*The Functions of Social Conflict*）的中文版大约 12 万字，我将用 30 分钟左右的时间为你解读书中精髓，包括如何理解社会中的冲突，以及如何理解社会冲突在社会发展中的独特作用，还有我们如何正确地认识冲突，有效化解生活中的冲突。

在讲解本书之前，我们先来讲一个例子来帮助理解书中的内容。假如你刚刚加入一个新公司，面对新同事、新环境、新任务，你可能会感到茫然和手足无措。这时，如何快速拉近你与新同事之间的距离就成为了一个非常重要的问题。当然我们也有很多解决办法，比如主动帮忙、周末聚会等。但是不知道你有没有想到过一个简便易行而又效果明显的办法：一起吐槽某个人。说到这里你可能会心一笑。诚然，融入一个新集体最好的办法就是和他们站在统一战线上。一直以来我们普遍认为在一个良好的公司中，上司和下属之间应该团结协作，亲密无间，但是实际上，无论在哪家公司，小到吐槽老板，大到办公室政治，总是会有着大大小小的冲突。日常的工作和生活中都或多或少地包含着冲突的因素。社会学家刘易斯·科塞就敏锐地发现了这一点，他认为，社会学不能仅仅关注使社会良性运行和协调发展的内容和因素，也应该关注那些使社会处于紧张、冲突状态的内容和因素。正是基于这种观点，科塞在 1956 年写下了这本《社会冲突的功能》，这本书从社会冲突的定义出发，分析了社会冲突在社会发展中的独有功能和独特作用，刻画了社会冲突在社会发展中的角色与定位。这本书将从底层逻辑告诉我们，社会冲突如何影响社会组织的发展，而我们又应该如何面对和处理社会冲突。

刘易斯·科塞（Lewis A.Coser，1913—2003），1913 年出生于德国柏林的一个犹太人家庭。和很多犹太知识分子一样，科塞一生颠沛流离。他1933 年流亡于法国，在巴黎度过了一段艰辛岁月，在巴黎大学确定了社会学的研究方向，后来又接受了马克思主义的熏陶。1941 年科塞移民到美国，1954 年从哥伦比亚大学毕业，1956 年本书出版，其后科塞在纽约大学执教。1975 年，科塞担任美国社会学会主席，并担任该会执行委员十年。20 世纪 60 年代，美国社会运动风起云涌，科塞凭借本书声名大噪，一时间风光无二。本书的影响使他成为社会学理论中冲突学派的代表人物，但是他本人不愿意被贴上"冲突学派"的标签，晚期他的研究逐渐转向其他方面，先后出版了《理念人》《贪婪的制度》等书。2003 年科塞逝世，享年 90 岁。

科塞是社会冲突论方面的著名学者，被后世誉为"冲突科塞"。他系统地继承了齐美尔关于社会冲突的理论，开创了社会冲突理论流派，他与德国社会学家达伦多夫一起开创了冲突功能主义的社会学思想。可以说，迄今为止，任何与社会冲突有关的理论，都绕不开科塞的基本观点。

《社会冲突的功能》是科塞最具影响力的代表作之一，书中论述了冲突在维护社会的团结和统一、疏通社会中的不满情绪、协调各方利益和要求等方面的积极功能。本书还分析了冲突得以发挥积极功能的条件，以及在此过程中要付出的代价。这本书是科塞在哥伦比亚大学学习时所写的学位论文。而书中开创的社会冲突理论发展到今天，已经成为理解社会冲突的钥匙和化解社会冲突的基础，从这个意义上说，要真正理解科塞的社会冲突理论，这本书是不二之选。

一、如何理解社会冲突：不可或缺的发展机制

下面我们首先来了解一下本书的第一个重要内容：如何理解社会冲突？在回答这个问题之前，科塞首先对传统社会学忽视社会冲突的观点展开了

批判。

科塞指出，传统社会学只把社会冲突看作是导致功能失调的因素和产生破坏性后果的原因，而忽视了社会冲突的积极功能。科塞认为，必须抛弃那种忽视冲突，视冲突为社会病态的观点，而要承认冲突是社会的常态，是社会发展过程的一个基本方面。但同时科塞也旗帜鲜明地反对过分强调社会冲突的观点。他认为冲突绝不只是一种破坏社会稳定与整合，从而引起社会变迁过程的因素，冲突对于社会的团结一致、稳定发展具有重要的促进作用。因此，在科塞看来，我们既要反对忽视冲突，也要反对夸大冲突。他试图把这两种观点结合起来，论证社会冲突与社会合作对整个社会同样的积极功能，这也是科塞著作的主题。

在了解了科塞对传统社会学忽视社会冲突的批判以后，我们首先来看社会冲突的含义。所谓社会冲突，就是发生在社会中的冲突，而这种冲突就是对价值、稀有地位、权力和资源的斗争。在这种斗争中，对立双方的目的是要破坏乃至于伤害对方。比如在中国近代的社会革命中，不同的利益团体为争夺政权展开了激烈的冲突，这种冲突往往会导致大规模的战争。科塞认为，没有哪个社会是完全和谐，没有冲突的。一个没有冲突的社会是缺少变化的，一个社会需要和谐，也需要不和谐；需要合作，也需要对立；他们之间的冲突绝不全是破坏作用。社会的形式就是积极因素和消极因素之间相互作用的结果，他们之间不是一个消灭另一个的关系，而是共生共存的关系。比如新中国成立以后，虽然国家内部还是有不同成分的阶级存在，但是国家不再专注于革命战争时期的斗争策略，而是采用更加温和的社会主义改造策略，这种斗争策略的变化就体现出一个社会中积极因素和消极因素之间的此消彼长。而科塞也提到，不同的因素具有不同的社会功能，一定的社会冲突是社会形成和社会生活持续的基本要素。

其次我们来看社会冲突的类型。社会冲突基本上分为内部冲突和外部冲突两种类型。顾名思义，就是发生在内部和外部的冲突。这里内部和外部的界限是指群体，即发生在群体内部的冲突就是内部冲突，反之亦然。对于一个群体而言，内部冲突有助于保护内部的社会分工和分层系统。比如在美国，国家不断地通过种族、性别、环保等话题引导社会舆论，制造社会矛盾，在这个过程中，不同阶层的群众之间针对不同的话题展开了斗争，这就使得美国内部的收入分配和阶层固化的矛盾被暂时掩盖起来，美国高度分化的社会分工也就得以延续和稳定下来。这种策略把冲突控制在了国家可以忍受的范围之内，既维护了统治秩序的安全，又疏解了群众的紧张情绪。对于一个群体而言，外部冲突则有助于建立和维护本群体内部的身份和边界线。比如当我们历经第二次鸦片战争、甲午中日战争和抗日战争以后，我们在与外部群体冲突的过程中逐渐建立起了"中华民族"的概念，到1949年新中国成立，"我是中国人"的概念深入人心。由此可见，有时外部威胁可以帮助群体内部更加团结。

综上所述，这部分我们主要了解了社会冲突的含义和社会冲突的类型两方面内容。社会冲突是指对稀缺资源的争夺，这种稀缺社会资源可以是权力、资源、地位等等。同时社会冲突有外部冲突和内部冲突两种类型，不同类型的冲突各有其独特的作用。

二、社会冲突的功能：群体内部整合和群体之间整合

在了解了社会冲突的定义和类型之后，再来看看本书的核心内容：社会冲突的功能。首先来看群体之间冲突的积极功能和消极功能。科塞指出，积

极功能主要体现在四个方面。

第一，群体之间的冲突有助于群体内地位相同的人形成有共同利益、具有自我意识的群体组织。比如在学校运动会中，不同班级之间的竞争会加强同一班级之间的认同和团结，在以班为单位的竞赛中，每个人对于自己班级的归属感加强了，对于集体荣誉的获得感更加明显了，比如你们班的一位同学长跑得了冠军，虽然你并没有参与比赛，但是你也会非常高兴，这就是群体间冲突对于群体内部整合产生的影响。科塞写道："不同群体之间的冲突，可以对群体身份的建立和加强作出贡献，并维持他与周围社会环境的界限。"

第二，群体之间的冲突有助于加强各群体内部成员之间的统一和团结。比如在雅典与斯巴达人的战争中，原来各自分散的城邦由于感受到了强大的外部威胁而团结在了雅典周围，共同与斯巴达人展开作战。这时雅典联盟内部就产生了一种生死与共、风雨同舟的感觉。科塞认为，这时群体成员之间更加意识到相互之间的同一性和依赖性，从而加深了群体内部的团结程度。又比如在第二次世界大战期间，日本对美国展开进攻，这种外部冲突反而加强了美国内部黑人与白人之间的团结，有效缓解了美国内部的种族矛盾，提升了黑人在美国的社会地位，这也体现了外部冲突对内部团结的加深作用。

第三，群体之间的冲突还有助于群体之间的整合和群体内部的整合。科塞认为，冲突能起一种激发器的作用，使得冲突双方结合在一起。通过冲突，原来没有任何联系的双方现在走到一起，这就奠定了开展其他形式联系的基础。中国有句古话"不打不相识"，描绘的就是这种因为冲突而走到一起的关系。此外冲突还有助于冲突双方的内部整合。科塞认为，组织的统一性有利于组织在冲突中取胜，陷入冲突的组织总是不断寻求统一和联合来赢得冲突，如果内部整合不成功，组织就会寻找外部的公共准则来调节冲突，从这个意义上来说，联合国的成立就是基于第二次世界大战这种大规模的冲突之上的，可以说，没有冲突就没有协商。

第四，群体之间的冲突有助于加强社会的联系和平衡。科塞认为，最能够有效抑制冲突的力量就是冲突力量的展示。比如在冷战时期，美苏两个大国都向对方展现了能够让对方毁灭的核力量，这种核力量的对峙与平衡使美苏双方在博弈时始终保证了冷静和理智，最终使得冷战没有转化为大规模武装冲突，一定程度上保证了世界的和平。就像科塞所说，和解只有在双方意识到他们的相对实力的时候才有可能。冲突还通过创造联盟的形式，把更多的个人或团体结合起来。通过这种联盟，更多的个人与团体和公共生活领域联系起来，扩大了社会联系的范围，加强了社会联系的程度。

但科塞也指出，群体间的冲突并不总是积极的，也可能会产生负面影响。如果在发生外部冲突之前群体内部非常涣散，以至于群体成员并不认为有必要保护群体，或者实际上群体成员把外部威胁视为对群体中一部分人的威胁，而不是对整个群体的威胁。在这样的群体中，外部冲突就不会促进内部团结，反而会导致群体瓦解。比如在第二次世界大战期间，德国纳粹对英国疯狂进攻，这种外部冲击增强了社会的团结，在丘吉尔的领导下英国扛住了德国的狂轰滥炸。但是同样是面对德国纳粹的进攻，法国就缺乏内部的团结和领导，最终导致法国人的抗战心理很快崩溃，最终投降。同时期，在亚洲战场，日本对英国和荷兰的东南亚殖民地展开进攻，但英国和荷兰没等组织起有效的反抗就匆匆溃败了，因为在这种殖民地社会中，大多数成员认为日本的威胁是针对封建领主的，即英国和荷兰的，与自身并没有关系。结果就是东南亚殖民地没有迎来解放，而是在第二次世界大战后迎来了一轮新的殖民浪潮。总而言之，科塞认为，只有当外部冲突发生，且群体内部存在着一致的价值和利益时，也就是说，只有当外部威胁被认为是对整个群体的威胁时，外部冲突才对群体内部有着某种整合而不是瓦解的影响。

科塞提出，由于外部冲突对于群体内部的团结和统一具有重要的促进作用，因此，对于许多群体来说，外部冲突的停止或外部敌人的消失可能并不是好事。对于某些群体而言，为了维持和增强群体团结，他们必须不断地诱发冲突。比如在希特勒统治时期，德国纳粹就不断地炮制"国家内部存在敌人"的说法来引导社会舆论，他们最开始反对执政党，然后反对共产党，最终反对犹太人，通过不断诱发冲突，达到维持团结的目的。此外，为了促进群体内部的团结，外部冲突并不一定要真正出现，虚构出的外部敌人同样能达到这种效果。比如魔鬼撒旦和地狱其实并不存在，但是基督教就是通过这种外部威胁的塑造来深化宗教内部的团结。科塞还指出，这种寻找外部敌人的行为不仅能起到维持群体结构的作用，还能在群体内部干劲松懈或者内部分歧增加的时候增强群体内部的团结。比如在第二次世界大战时期，面对强大的德国纳粹，虽然英国、美国、苏联有着意识形态和社会结构的差异，但是他们还是团结起来建立了盟军，为第二次世界大战的胜利迈出了关键的一步。

接下来，我们来了解群体内部冲突的积极作用。外部冲突可以加强群体内部的团结好理解，群体内部冲突是如何促进群体团结的呢？科塞认为，这主要体现在以下三个方面。

第一，群体内部的有限冲突可以成为安全阀。群体内部一定条件下的某些冲突有助于纾解社会关系中积累起来的紧张情绪和敌意，这可以防止紧张情绪无法得到疏解而不断积压，最终瞬间爆发导致整个群体瓦解的灾难性后果。在这个过程中，群体内部冲突实际上成为了一种保护群体生存和发展的安全阀。比如在核武器出现以后，类似第二次世界大战的现代大规模战争已经不再可能出现，于是人们转而更加关注体育方面的竞争，体育赛场上的胜负往往关系到国民心态和民族自豪感。实际上，这种体育赛场上的竞争就为国际之间的紧张情绪找到了一个可控的疏解渠道。科塞认为，如果没有疏解相互之间的敌意和发表不同意见的渠道，群体成员就会感到不堪重负，进而会加剧累积的冲突爆发，导致群体解体的可能。科塞指出，社会中往往存在着两种不同类型的安全阀。第一种安全阀是指，在不破坏群体内部关系的前提下，针对群体内部对象的敌意或冲突行为，在社会所允许的限度内，使用社会所认可的手段表达出来。比如在欧洲曾经流行过决斗制度，如果两个人之间产生了某种冲突，他们可以选择决斗，即一对一的直接冲突。决斗的结果双方都必须承认，决斗也不能牵扯到其他人，其他人也不得报复决斗中胜出的一方。这实际上就是一种可控的安全阀，它把社会冲突控制在了极为有限的规模之内，避免了社会冲突的扩散。第二种安全阀则是指，在面对已经产生无法消除的敌意的时候，可以设置一些替代目标来引导敌意的方向，来避免群体内的直接冲突。比如在第二次世界大战时期，纳粹德国的宣传和教育部长戈培尔就指出，纳粹德国允许与希特勒有关的政治笑话流传，不是因为无法管控，而是故意设置了情绪的发泄口。科塞指出，在维护社会关系的方面，第一种类型的安全阀比第二种安全阀更加有效。

　　第二，群体内部冲突有助于不断消除成员之间的利益分歧，使成员间的关系变得更为协调一致，更为稳固。一般说来，群体关系越是紧密，群体冲突的机会就越多，但群体冲突的频率可能反而不会增加。怎么理解呢？科塞认为，如果一个群体内存在着紧密关系，但是这种紧密关系并不牢固，人们会因为害怕冲突瓦解这种关系，而抑制冲突。但这种抑制的结果往往是阻塞了双方沟通和消除分歧的渠道，导致敌意和分歧的积累，一旦最终爆发冲突，就可能导致群体瓦解。这就解释了为什么很多看起来相敬如宾的夫妻会在一夜之间默默离婚，老死不相往来。科塞指出，只有当双方认为关系相对稳固，且冲突不具有危险性的时候，冲突可能就会经常发生。这就是为什么很多夫妻吵吵闹闹，分分合合，但是最终白头到老的原因，按照科塞的思路，就是这种细小分歧引起的冲突导致双方可以经常就冲突交换意见，从而使冲突获得解决，减少了紧张情绪和敌意的积累，加强了冲突双方的协调一致，使他们的关系更为稳固。从这个意义上说，经常的小冲突可以作为关系稳定和牢固的标志。

第三，群体内部多重交错的局部冲突实际上有助于社会的稳定性。科塞认为，在社会内部，不同群体之间的冲突会导致不同的利益集团之间形成相对稳定的关系。这是由于相互交错的冲突关系的存在，使得任何局部的冲突都无法轻易地扩散到整体，总是在扩散过程中受到不同规则的限制。但是科塞也指出，并不是所有的内部冲突都有助于社会的统一和稳定，只有那些非基本原则问题上的冲突，才会对群体内部的关系有积极功能。如果人们在基本原则问题上发生了分歧，那就有可能导致群体的分裂和瓦解。科塞进一步把社会内部群体之间的冲突比作玻璃破碎的时候产生的裂纹，如果一个社会内部存在着很多不涉及基本原则的冲突，那么一个社会的敌意和危险就会沿着玻璃破碎时像蜘蛛网一样展开的裂纹扩散，这种多重交叉的裂纹实际上分散了社会内部的敌意和危险，把基本原则冲突发生的概率降低到最小的程度。这将使得分歧之间相互抵消，社会体系更加稳定。因此，科塞认为，许多社会结构的稳定可能是各种持续发生而又相互交错的冲突的结果。

综上，这部分我们主要了解了群体之间的冲突和群体内部冲突的功能。首先，群体之间的冲突可以促进群体成员之间的团结统一，促进群体之间的整合，加强社会的联系和平衡；但群体之间的冲突也有消极作用。其次，群体内部的冲突有利于消除成员之间的利益分歧，有助于社会的稳定性，成为社会的安全阀。

三、《社会冲突的功能》的深远影响：冲突理论的深化

科塞在社会学界的影响巨大，他开创的社会冲突学派深刻影响了后续的社会学研究。通读这本书，我们能够看出，首先科塞通过他的理论试图向人们证明，冲突对社会的统一和稳定、平衡和整合并不一定是坏事，冲突并不是社会的病态现象，在社会内部成员的基本利益、基本原则一致的情况下，冲突的存在不但不会破坏，甚至还会促进社会的统一、稳定、平衡、整合。相反，如果把任何冲突都视为坏事，掩盖和压抑冲突，反而会给社会带来更大的危险。其次，冲突的危险程度和对社会体系的破坏程度，与这个社会结构的僵化程度有关。威胁社会结构内部平衡的不是冲突，而是这种僵化本身，这种僵化能够使敌意积累起来，一旦冲突爆发，这种积累的敌意就会集中到一条导致分裂的主线上。最后，科塞并没有抛弃结构功能主义的许多概念和基本假设，也没有背离结构功能主义对社会均衡、整合的关心这一理论传统，他只是给结构功能主义加进了冲突的一面，纠正结构功能主义把冲突视为社会病态的缺陷，使结构功能主义重视社会均衡、整合的思想，与冲突论"重视冲突，视冲突为社会的常态"的思想能够协调一致。通过这种论述，科塞为把功能论和冲突论这两种相互对立的观点结合起来提供了一种方法。

科塞的社会冲突理论进一步推动了社会学的相关研究。根据谷歌学术上的查询，与这本《社会冲突的功能》相关的内容已经达到250万条以上。根据文献分析可以看出，《社会冲突的功能》这本书的学术影响主要集中在社会冲突的本土化和社会冲突的理论深化等方面。

在社会冲突的本土化研究方面，我们从中国知网上选取了《思想战线》刊登的一篇文章《社会冲突的双重功能》加以说明。文章作者认为社会冲突

存在于每一个社会中，中国也不例外。我们应当辩证地认识社会冲突的功能：一方面社会冲突能促进社会发展，加强群体和社会的整合；另一方面也可能产生社会问题。这启示我们可以在理解中国社会冲突情境的基础上，展开富有成效的探索和研究。

在社会冲突的理论深化方面，我们从中国知网上选取了《毛泽东邓小平理论研究》上的一篇文章《社会冲突的发生机理、深层原因和治理对策》进行说明，文章作者认为，随着社会冲突进入高发阶段，我们要系统剖析社会冲突发生的深层原因，寻求规避和化解社会冲突的有效对策，即通过增加政府的公信力、扩大社会认同度、促进有效沟通制度化，妥善应对各种社会风险与社会冲突。在研究中，我们可以基于社会冲突理论加深对于社会冲突如何生成、冲突事件如何扩散、如何有效化解冲突、如何构建冲突化解的体制机制等问题的理解，也可以基于中国的现实情境进一步做理论提炼，完善和丰富社会冲突理论的内容。

下面我们来作一下总结。

第一部分我们一起了解了社会冲突的定义和类型，知道了社会冲突就是对稀缺资源的争夺，同时社会冲突有外部冲突和内部冲突两种类型。

第二部分我们一起探究了社会冲突的功能，包括外部冲突和内部冲突的功能两方面内容。我们知道了外部冲突可以促进群体团结统一、促进群体之间的整合、加强社会的联系和平衡，但也有消极作用。其次，内部冲突有利于消除利益分歧，增加社会稳定性，成为社会的安全阀。

最后我们梳理了这本书的核心思想对于社会学研究的深刻影响，以及后续与本书有关的学术研究的情况。

诚然，生活中总是存在着大大小小的冲突，从国际关系到家庭感情，我们都处在冲突关系之中。科塞的社会冲突论并不能解释所有纷繁复杂的冲突现象，但他为我们理解社会冲突打开了一扇窗。在科塞之前，社会学更加关注如何使社会避免冲突，而不关注社会冲突本身。在科塞之后，越来越多的社会学家开始把目光投向社会冲突的发展，从而产生了"抗争政治"等一系列反映社会冲突的社会学概念。从这个角度上说，科塞开拓了社会学研究的新领域，发掘了我们避而不谈的盲区，提出了我们从未想到的议题，永久地改变了社会学的研究领域。总的来说，《社会冲突的功能》这本书是社会学科的经典书籍，对于当今很多问题的研究都有指导意义，是一本值得仔细品读的经典著作。

扫码收听更多
精彩内容

 拓展书单

1. ［英］拉尔夫·达伦多夫：《现代社会冲突》，林荣远译，中国人民大学出版社 2016 年版。

2. ［美］刘易斯·A.科塞：《理念人》，郭方等译，中央编译出版社 2004 年版。

3. ［美］刘易斯·A.科塞：《社会思想名家》，石人译，上海人民出版社 2007年版。

布迪厄《区隔》

——重塑"阶级"概念，刷新认知方式

"

社会学力图建立一些条件，以便文化商品的消费者以及他们对于文化商品的趣味得以生产；同时，对于在某个特定时刻被认为是艺术品的种种物体，社会学也力图描述占有它们的各种不同方式，并描述被认为是合法的占有模式得以构成的社会条件。但是，除非日常使用中狭义的、规范的意义上的"文化"被引回到人类学意义上的"文化"，并且人们对于最精美物体的高雅趣味与人们对于食品风味的基本趣味重新联系起来，否则人们便不能充分理解文化实践的意义。

对文化贵族阶层该作何定义一直是斗争的关键所在；这种不同集团之间的斗争从 17 世纪至今从未间断。这些集团对于文化的观念，对于文化和艺术品的合法关系的观念都各不相同，因而在习得条件——这些性情乃是其产物——方面也不相同。

"

《区隔：趣味判断的社会批判》（*La Distinction: Critique Sociate du Jugement*）。这本书的作者是法国当代著名社会学家皮埃尔·布迪厄（Pierre Bourdieu，1930—2002）。布迪厄对人类学、社会学和哲学领域都有深入研究，他的很多著作都被列为社会学经典，比如《实践感》《实践理论大纲》等。

《区隔：趣味判断的社会批判》的法文版于 1979 年出版，这本书被国际社会学协会评为 20 世纪最重要的十本社会学著作之一。

一、思想渊源：哲学与社会学思想的"合流"

每一本书都是作者研究经历的一面镜子。《区隔》这本书融合了多个学科的思想观念，它也像一面镜子一样反射出布迪厄的个人经历。1930 年 8 月 1 日，布迪厄出生在法国西南部一个偏远的小山村里，他的父亲是一名邮差。布迪厄凭借自己的努力，在 1950 年考入了巴黎高等师范学院。这座学校是当时法国最著名的大学之一，培养了很多我们熟悉的哲学家和社会学家，比如涂尔干、伯格森、列维－斯特劳斯……布迪厄在这所学校学习哲学专业。在布迪厄生活的那个年代，哲学专业位于大学教育的顶端，哲学正在经历它最辉煌的发展阶段。布迪厄阅读了很多哲学家的著作，它们为布迪厄后来的思想发展提供了充足的养分。

1956 年，布迪厄应征入伍，被派往阿尔及利亚服兵役。在阿尔及利亚，橄榄树下嬉闹的孩子们、米提加平原的农业工人，以及贫民窟里流动的商贩……都引起了布迪厄的兴趣。于是他开始转向人类学和社会学研究。比如他的早期著作《阿尔及利亚社会学》就是以实地调查资料为主，对阿尔及利亚社会文化进行研究的成果。对于布迪厄来说，在阿尔及利亚的经历就像牵引风筝的麻绳一样，给他提供了一种回归方式，让他可以通过社会实践思考哲学命题，对任何理论都保有实践的意识。当布迪厄结束兵役回到法国后，他渐渐把研究的注意力转向了法国，他感受到，法国这样的发达社会也和阿尔及利亚有着某些相似性。

《区隔》就是布迪厄对法国文化、政治和社会阶级进行研究的一种实践。在这个过程中，一些经典的社会学理论也为布迪厄提供了"燃料"。比如我们都很熟悉的马克思，他认为一个社会存在着不同的"阶级"，也可理解为不同的"集团"。在马克思看来，阶级的划分标准取决于一个人在经济生产中的地位。比如在 16、17 世纪，加勒比海地区到处都是甘蔗种植园，那些种植园主拥有大量的土地和奴隶，他们就是剥削阶级。而那些命运悲惨的奴隶们，在甘蔗生产中处于被剥削的地位，也就是被剥削阶级。

布迪厄借鉴了"阶级"的概念，但他不认同阶级只能由生产关系来做区分。换句话说，布迪厄承认人和人是属于不同群体的。然而他认为：虽然人和人是不同的，但这个"不同"的方式有很多，马克思认为经济关系是不同阶级的标志。而布迪厄决定从文化方面考虑，也就是从日常的饮食习惯、穿着打扮、室内装饰、音乐选择等文化实践来区分不同的阶级。最伟大的理论往往是在和前人进行对话时产生的——继承是一种对话，批判也是一种对话。当然，除了马克思之外，《区隔》这本书还受到了韦伯、涂尔干等著名社会学家的影响。

总之，布迪厄在学生时代对哲学的思考，加上他后来的社会学研究经历，使《区隔》成为哲学、社会学和美学等多个学科相融合的尝试。正是因为它跨学科的属性，这本书所涉及的话题非常广泛，在布迪厄出版的众多研究著作中，占据着非常重要的地位。尤其是它的英译本出版后，很快就受到人文社科领域的广泛关注。

二、研究立场：回归日常生活实践的研究

从《区隔：趣味判断的社会批判》这本书的书名上，我们就可以看出它是关于"趣味判断"的研究。这是什么意思呢？

"趣味"对应的英语词汇是"taste"，意思是体验、口味、品位、审美、偏好等，我们可以先简单把它理解成一个人有没有审美，有没有品位。

在布迪厄之前，有一位哲学家康德也提出了自己对"趣味"的看法。在康德看来，人类具有先天的对"美"的感受能力，所以他认为真正的审美趣味是天生的、纯粹的、不功利的，审美趣味具有普遍性。如果不符合这些标准，就不是纯粹的"趣味"。比如有人说，"这条裙子的花纹真是赏心悦目，我觉得它太漂亮了"——这就不是康德所说的审美"趣味"，这只是说话者个人的经验判断，并不具有普遍性。康德的观点被称为"纯粹的美学"，对后来从事美学的研究者产生了巨大影响。

但是布迪厄不同意康德的这种观点，在《区隔》这本书一开始，布迪厄就表达了自己的看法。他说：康德提前预设了一种审美判断的标准，说白了无非是因为他站在自己所处的阶级看待"美"，这是贵族的视角。这就好比一位外出游玩的诗人，看到山坡上的稻田时，兴致勃勃地吟道："绿遍山原白满川，子规声里雨如烟"——山野、稻田、烟雨和杜鹃的叫声……这对大多数人来说都是一幅绝美的风景画，因为我们和诗人一样，是站在游玩者的角度去欣赏和想象的。但是在田地里辛勤耕种的农夫肯定不会这样认为，他们看到的也许只是漫山遍野的农作物和干不完的农活。

在布迪厄看来，人并不是生来就拥有审美趣味。想要研究审美趣味产生的原因，不应该把目光局限在美学艺术的范围，而是要回归到日常生活中，

回归到文化实践里。因为审美"趣味"本来就是日常生活中的一部分。举个简单的例子，比如要判断一个人有怎样的审美趣味，我们可以去看看他偏爱怎样的衣服和食物，或者他喜欢什么电影和书籍……趣味和格调就像一个影子，体现在他日常生活的方方面面。

所以布迪厄认为，趣味不是自然和纯粹的，而是有社会条件的。只有回到日常生活中，回到一个人的饮食、服饰、装饰、运动、阅读等文化实践中，才能更好地理解趣味选择的原因。他还提出要把日常生活中的人放在不同的社会关系中考察，具体来说，有以下几点：

第一，每个人都掌握着属于自己的"资本"，比如和经济、财富、收入有关的经济资本，和欣赏能力、教养相关的文化资本，和关系网络相关的社会资本等。资本是审美趣味产生的基础，也决定了不同的人处于哪一个社会阶层。比如有一些收入较高的家庭花费了很多精力送孩子去学钢琴、绘画，这些孩子自然有更高的审美，"资本"决定了他在一个社会或一个群体中处于什么位置。

第二，布迪厄把不同社会关系互动、斗争的空间称为"场域"。场域也是审美趣味存在和相互斗争的场所。在书中，他举了一个例子：20 世纪 60 年代，法国著名女戏剧演员、作家——弗朗索瓦丝·多兰创作了一出戏剧《转变》，描绘了一个通俗戏剧作家想变成前锋作家的故事情节，这部剧本一经推出，就受到了媒体的激烈争论，一些报纸媒体认为弗朗索瓦丝·多兰是一位文笔精湛的作家，有的人却提出委婉的批评。为什么同样一部剧在不同人群中会得到不同的反应呢？布迪厄认为，这是因为不同场域中都有利益，比如在戏剧演出这样的场域中，也有审美趣味的斗争，不同的报刊媒体对同一件事物的反应都会有不同。

第三，存在于不同人身体中的"习性"也是审美趣味产生的条件之一。

习性是在历史环境和个人经历积淀下的产物。不管是穿着打扮、饮食方式还是审美爱好，都和个人习性有关系。之前有部很火的电视剧叫《父母爱情》，讲的是资本家大小姐安杰和农民的儿子江德福一起生活的故事。安杰从小就接受了良好的家庭教育，喜欢外国电影和文学，品位不俗，就是我们常常说的"小资青年"。电视剧有一个细节巧妙地展现出了这一点：当时，安杰带着两个儿子前往海岛，打算跟驻军在那里的丈夫团聚。出发时，安杰还不辞辛劳地带了一大堆杯子。当他们安顿下来以后，安杰把杯子拿出来一个一个地擦拭，这让她的丈夫江德福难以理解。安杰这样说："我就要这样过，就是这样喝水用水杯，喝茶用茶杯，喝咖啡用咖啡杯的日子。"你看，即使和丈夫生活了这么多年，安杰还是改不掉也不想改掉这样的生活习惯，这其实就是习性。

在《区隔》这本书中，布迪厄通过"资本"、"场域"和"习性"这三个概念，勾画出不同趣味和阶级处于社会中的什么位置。这些概念其实就是审美趣味形成的社会条件。正是借助这些概念，布迪厄批判了康德的纯粹美学，明确了自己的研究立场，他指出，一切的审美、趣味和偏好都和日常生活、社会文化密切联系着。

三、核心内容：趣味是阶级"区隔"的标志

刚才提到，《区隔》这本书是布迪厄从文化出发，根据审美趣味对不同的人所作的阶级区分。接下来我们就来看看，"趣味"是怎么成为阶级区隔的标志的。

布迪厄认为趣味不仅仅是一个审美范畴，它可以被分类，还能用来分类

分类者。这话有点拗口，简单来说就是：审美趣味可以被分成不同的类别，同时，被分类的人也自动形成不同的群体。就好像我们在做游戏时分组一样，按照颜色分出红组、黄组和蓝组，组员们按照自己喜欢的颜色进入不同的小组。

那么，在《区隔》中，趣味可以被分成哪几类呢？布迪厄认为有三种：

第一种，合法趣味。

首先，我们看看什么是合法趣味。

合法趣味是统治阶级，或者说是上流社会所认可的趣味和审美。简单来说，合法趣味更加关注形式，而不是功能。比如那些所谓上流社会的人在外出就餐时非常注重餐厅的环境，舒适的灯光、轻松的音乐能让他们感到愉悦，饭菜和水果要摆放精巧，甚至碗碟和筷子都是他们欣赏的对象。生活在乡村里的老百姓外出就餐时是不会考虑这些的，他们坐在街头的矮凳上，看着手里皱巴巴的菜单，考虑更多的是吃什么，怎么吃才合算。

在布迪厄看来，这种区别不是天生存在的，它是由学校的教育水平决定的。通过教育，一个人学会了如何欣赏一件艺术品、一幅画或一首音乐，长期的熏陶让他拥有了审美能力，或者说是具有了"眼光"。比如有一天，当他走进纽约现代艺术博物馆，面对凡·高的《星月夜》，他可以迅速理解这幅画的意义，而不会觉得莫名其妙。

显然不是所有人都能拥有所谓合法的审美趣味，只有那些有钱又有一定社会地位的人才能接受更好的教育。他们尽力让自己的审美趣味变得"合法"、成为主导，这样一来，他们就拥有了区隔其他阶级的"特权"。

比如在日常生活中，我们总是能透过一些人选择的家具、衣服……看出他们的整个生活方式。一个人的衣橱里挂着华丽的衣服，家里摆放着奢华的家具，那么他应该是一个生活精致的人。因为这些衣服、家具像摆放在商场橱窗里的展示品一样，显示出它的主人具有怎样的经济条件，或者文化品位。布迪厄还提醒我们，人和人之间的关系已经被我们不自觉地和审美联系在了一起。我们还以衣橱和家具为例，它到底是奢华的还是寒酸的，是美的还是丑的，都是由不同人的"眼光"决定的，那些有相同"眼光"的人当然更容易产生共鸣，成为朋友。

所以，一样东西究竟是"美"还是"丑"，已经不是审美的问题，它背后隐藏着阶级之间的区隔。

于是这里有一个问题，"合法趣味"就是高雅的吗？可能你心里已经有答案了。

布迪厄认为，合法趣味掌握在统治阶级手中。不如我们换种说法：统治阶级把自己的审美趣味认定为是高雅的、正统的，并把它作为整个社会的标准。本质上，合法趣味是被统治阶级建构的。

第二种是中等品位趣味，也就是中产阶级的趣味。

在布迪厄看来，在法国这样的发达国家里，中产阶级的趣味有点儿尴尬，因为它"上不去，下不来"。

"上不去"是说中产阶级非常欣赏上流社会的趣味，渴望他们的生活方式，希望能像他们一样去昂贵的大剧院看戏，或者在演出结束之后去高档餐厅享用一块红丝绒蛋糕。但是在现实中，他们既没有足够高的经济水平，在文化和社会地位上也比上流阶层稍逊一筹，所以他们只能通过"道德保证"来换取经济、文化方面的机会，简单地说，就是为了进入上流社会和统治阶级的圈子，他们展示出努力工作、勤俭节约的美德。举个例子，热播剧《三十而已》里有一位深受大家喜欢的女性角色——顾佳，她和丈夫经营着一家烟花公司，算得上是让人羡慕的优质中产阶级。但是为了让儿子获得更好的教育资源，她不得不让自己努力融入上流"太太圈"。她是怎么做到的呢？就是通过做蛋糕、辛勤奉献这样的"道德保证"获得机会的。

"下不来"是说中产阶级这部分人打心眼里瞧不起工人阶级的趣味，一心想着远离他们、区隔他们，来证明自己已经摆脱了"低级趣味"。为了把自己和普罗大众区分开，这一阶层总想要努力"做点什么"。比如中产阶级家庭的主妇，在外出时总是要精心地梳妆打扮。为了更好地做到"区隔"，他们甚至通过借贷，购买一些物品——比如仿造的豪华汽车、名字复古的"住宅"……让自己更靠近统治阶层的"合法趣味"。

就是因为这种"上不去，下不来"的特征，布迪厄认为中产阶级处于社会的中间地位。中产阶级的趣味受统治阶级的影响和引导，没有一个明确的判断标准。如果今天上层社会流行丝绸的高腰长裙，中产阶级也会倾向于认为这些长裙精致优雅；但可能到了明天，上层社会开始青睐方领短裙，那么中产阶级也会改变自己的审美趣味，收起高腰长裙，换上方领短裙。我们可以把这想象成一场关于消费的"竞赛"，统治阶级是赛场中的领跑者，中产阶级在后面奋力追赶，人人都希望可以获得冠军，成为最有品位、引领潮流的那个人。

第三种，大众趣味，也就是普通民众的趣味。

最后一种趣味类型——大众趣味，它属于工人阶级，或者说一般民众。布迪厄把这种趣味概括为"必然的选择"。为什么说是"必然的选择"呢？因为工人阶级在挑选一件物品时，总是看它是不是实用，有什么功能。比如一位汽修工人想买一块肥皂，于是他对店员说："有没有实惠一点的，只要能洗掉手上的油污就行！"他可能无法理解，有人会用高出几倍的价格买那些有香味儿的肥皂。所以工人阶级常常这样说："我喜欢结实的衣服"，"这件家具能派上大用场"，或者说"这顿饭吃的真划算"。

可以说，"必然的选择"就是符合基本的需求。

布迪厄认为工人阶级的这种趣味来源于他们的习性。尤其是在现代社会，物质条件丰裕，工人们也买得起品位"高雅"的商品，但是他们只认同实用的趣味，认为实惠有用就是最好的，这也就是我们常说的"性价比比较高"。所以上流社会交谈中最喜欢的话题，比如盛大的音乐会、艺术展览、电影，都不会出现在工人阶级的谈话中。

也可以说，趣味不仅是由经济资本决定的，它还受到习性和文化资本的影响。

在一个社会里，因为统治阶级的趣味被他们塑造为"正统的""主导的"，工人阶级的趣味就被边缘化了，趣味变成了不同阶级斗争的反映。

我们总结一下这部分的内容，布迪厄把趣味分成"合法趣味""中等品味趣味"和"大众趣味"三种，但是他的目的不在于此，而是要阐述一个事实：趣味是一个人日常生活的基础，它把人们区隔成不同的群体和阶级。

四、研究方法：大范围的调查统计与资料呈现

说到这里，也许你会疑惑：趣味和审美怎么说得清楚呢？在日常生活中，衣食住行方方面面都体现出"趣味"来，就算聚焦到对电影的趣味上，也有很多种情况：一个人喜欢看剧，看什么剧，为什么喜欢看这部剧……这些都是十分琐碎的问题，布迪厄是怎么把它们变成研究材料并得出这个结论的呢？

在《区隔》这本书中，你会惊讶地发现，布迪厄运用了大量的统计资料和访谈资料，这些资料通过分类表、图示、图片、对话或文字描述等形式展现出来。这些庞大的资料数据是从哪里来的呢？

　　首先，在 1963 年和 1967—1968 年两个时间段，布迪厄进行了两次实地调查，约有 1217 人参与了访谈，内容包括屋内装饰、服装、阅读、电影、音乐、绘画等方面，这两个阶段的调查为布迪厄的趣味研究提供了基础资料。此外，布迪厄还搜集到很多"二手"的调查资料，包括法国民意调查公司在 1966 年对民众消费的调查，国家统计和经济研究所在 1972 年对家庭生活条件的调查，以及广告媒介研究中心在 1970 年的社会调查等。

　　比如，布迪厄在书中呈现了工人、自由职业者、管理者、上层贵族和教授在 1972 年的食物开支数据。他指出，那些生活拮据的工人只希望能够"饱食"，相比来说，自由职业者和管理者有了更高的要求，他们口味清淡，喜欢精致细腻的菜肴，上层贵族更倾向于选择昂贵的食物，比如新鲜却罕见的蔬菜。最有意思的是教授，因为他们的文化资本比经济资本更加丰厚，也就是收入少但是品位高，所以往往愿意花最少的钱去"图个新鲜"，比如去吃意大利餐厅、中国菜或农家菜等。在处理这些数据的时候，布迪厄很少进行二次加工，而是把它们完整地呈现出来。也就是说，这些调查资料和数据本身就来源于社会各个阶层，只不过布迪厄将它们汇集到一起，进行再分类。这些翔实的、琐碎的统计资料告诉我们，即使是那些看似非常主观的个人想法——比如说哪些人爱吃精致的烤牛肉，哪些人爱吃大炖锅焖肉——也都展现出了规律性，或者说展现出社会的结构。于是，由大量的统计资料所推导出来的规律就形成了布迪厄的核心结论：审美趣味塑造了阶级。

五、研究应用：趣味的阶级区隔成为学术共识

　　《区隔》这本书构建了一种新的阶级分类方式，用不同的趣味区隔了人

们所属的社会阶层，可以说是赋予了"阶级"新的概念。《区隔》问世后，很快受到了学术界的广泛关注，以"趣味"为标志形成的阶级区隔成为一种新的共识。目前，关于《区隔》这本书的相关研究主要集中在以下三个方面：

第一个方面，以《区隔》书中的具体理论开展的深度研究。

我们选取两篇论文来说明。第一篇论文是发表在《江海学刊》上的《社会空间与社会阶级：布迪厄阶级理论评析》。这篇论文梳理了布迪厄阶级理论与马克思和韦伯的师承关系，在这个基础上，阐述了阶级理论的主要内容，并结合国外的相关研究成果对阶级理论进行了反思。对于社会学研究人员来说，这篇论文值得参考，因为它把布迪厄的阶级理论定位在一个复杂的理论脉络中进行探讨——既对此理论进行了追根溯源，又对它进行了反思批判。这种宏大的理论视野可以让研究者更准确地理解布迪厄的阶级理论，从而进一步拓展研究。

我们选取的第二篇论文是《布尔迪厄的"生活风格"论》，发表在《民俗研究》上。之所以选择这篇论文，是因为它独辟蹊径，从布迪厄《区隔》这本书中选择了一个"小众"但是核心的概念——"生活风格"进行解析。论文的作者把"生活风格"和文化品位、生活趣味、阶级等概念联系起来，扩展了对布迪厄思想理论的理解，同时也为民俗学学科提供了一个可以使用的新概念。这篇论文给我们的启发是，在阅读一本书时，可以从多个角度对核心概念进行拆分，避开老生常谈的那一部分，往往会有新的发现。

第二个方面，"区隔"理论的文化社会学研究。

从文化社会学的角度讨论布迪厄区隔理论的成果比较多，我们选取了发表在《社会学研究》上的《文化社会学的转向：分层世界的另一种语境》来作说明。这篇论文回顾了布迪厄的"区隔"、美国社会学家甘斯的"品味文化"、英国历史学家汤普森"英国工人阶级的形成"，通过对这三种不同理论的对比，作者指出文化社会学的研究方向应该转向整体的社会生活和社会现象。根据这个线索提示，研究人员可以做一些文化社会学方面的经验研究，并且，把不同时期的相关理论串联起来去聚焦一个问题，也是这篇论文给我们提供的一个启示。

有一位来自北卡罗来纳州大学的助理社会学教授做过一项统计，他从 2008 年到 2012 年间发表的 5000 多篇论文中，排列出被引用最多的 100 本社会学著作和论文。其中布迪厄的《区隔：趣味判断的社会批判》位列第一。如今研究人员仍然在不断探索，如何进一步拓展布迪厄的理论，并把它运用到不同学科以及不同社会问题的探讨中。作为社会科学领域的经典著作，《区隔》这本著作的生命力令人惊叹。

最后，我们来回顾一下今天解读这本书的核心要点：

1.《区隔》的思想渊源可以追溯到哲学、社会学等多个学科。它的产生与布迪厄的成长环境、求学经历和后期的社会学研究转向都有联系，这本书也是一本融合了哲学、社会学和美学等多个学科思想理论的成果。

2.《区隔》的研究立场是回归日常生活实践的研究。在书中，布迪厄批判了康德的纯粹美学，通过场域、资本和习性等关键概念，明确了自己的研究立场，那就是：一切的审美、趣味和偏好都和日常生活、社会文化密切联系着。

3.《区隔》的核心内容是探讨日常生活中的审美趣味为什么是阶级区分的标志。布迪厄将趣味分为合法趣味、中等品味趣味和大众趣味三种，它们分别对应着统治阶级、中产阶级和工人阶级。

4. 在《区隔》这本书中，布迪厄运用调查和访谈的方法，他通过图表、文字等方式呈现了大量的统计资料和访谈资料。这些数据资料将受访者的主观想法汇集在一起，展现出规律性，反映出社会结构，从而形成布迪厄阶级理论的核心。

扫码收听更多
精彩内容

拓展书单

1. [德] 马克思:《资本论》,人民出版社 2018 年版。

2. [德] 康德:《判断力批判》,邓晓芒译,人民出版社 2002 年版。

3. [德] 马克斯·韦伯:《新教伦理与资本主义精神》,阎克文译,上海人民出版社 2019 年版。

4. [法] 皮埃尔·布迪厄、华康德:《实践与反思:反思社会学导引》,李猛、李康译,中央编译出版社 2004 年版。

5. [法] 皮埃尔·布迪厄:《艺术的法则——文学场的生成和结构》,刘晖译,中央编译出版社 2001 年版。

6. [法] 皮埃尔·布尔迪厄:《文化资本与社会炼金术——布尔迪厄访谈录》,包亚明译,上海人民出版社 1997 年版。

7. [美] 戴维·斯沃茨:《文化与权力——布尔迪厄的社会学》,陶东风译,上海译文出版社 2012 年版。

8. [美] 保罗·福塞尔:《格调:社会等级与生活品味》,梁丽真、乐涛、石涛译,北京联合出版公司 2017 年版。

9. [英] 罗丝玛丽·克朗普顿:《阶级与分层》,陈光金译,复旦大学出版社 2011 年版。

10. 范玉吉:《审美趣味的变迁》,北京大学出版社 2006 年版。

布劳《社会生活中的交换与权力》

——结构中的社会交换理论

> 本书的目的是通过分析支配着个体和群体之间关系的社会过程来帮助人们了解社会结构。这儿提出的基本问题是，社会生活怎样被组织成日益复杂的人与人交往的结构。
>
> 人类的许多痛苦以及人类的许多幸福，其根源都在其他人的行动中。

商务印书馆于 2017 年再版的《社会生活中的交换与权力》(*Exchange and Power in Social Life*),作者是彼得·布劳(Peter M. Blau,1918—2002),译者为李国武。

布劳是美国社会学家,结构主义交换论的代表人物,他的名字对于中国社会学界来说并不陌生。在中国的社会学专业恢复重建的过程中,布劳曾为当时的南开大学社会学班讲过课。1955 年,布劳的《科层制的动力》出版,这部有关正式组织的专著为他赢得了广泛赞誉。1968 年,布劳与美国社会学家邓肯合作出版了《美国的职业结构》,并获得了该年度美国社会学学会的索罗金奖。此外,《社会整合原理》(1960)、《社会生活中的交换与权力》(1964)、《互动:社会交换》(1968)、《社会交换中的公平性》(1971)、《不平等与异质性:社会结构要论》(1977)、《微观过程与宏观结构》(1987)以及《社会结构的宏观社会学理论》(1987)等也是布劳的代表作。

其中,1964 年出版的《社会生活中的交换与权力》是布劳学术生涯早期的重要著作,并使他成为社会交换论的重要代表人物之一。这本书被认为是继美国社会学家霍曼斯的《社会行为:它的基本形式》(1961)之后当代社会交换理论的第二部最重要的著作。

一、创作背景:社会交换理论的兴起

说到《社会生活中的交换与权力》的创作背景,我们首先要了解布劳的成长经历。1918 年,布劳出生于维也纳。1939 年,他搬到了美国,但是正式成为美国公民却是在 4 年以后。他大学就读于美国伊利诺斯州艾姆赫斯特学院,第二次世界大战爆发后,他的大学生活被迫中断,于是他投笔从戎。战争期间，布劳因勇敢表现而获得了荣誉勋章。第二次世界大战结束后，他回到了大学继续完成学业。1952 年，布劳在哥伦比亚大学获博士学位，毕业后曾先后任教于康乃尔大学、芝加哥大学、哥伦比亚大学，出任过 1973—1974 年度美国社会学协会主席，后任美国科学院院士和哥伦比亚大学社会学系主任。由于在第二次世界大战期间参战以及半官僚化的工作经历，使得布劳的早期研究集中于社会组织问题。他在研究官僚组织内部非正式过程的课题时，发现工作人员以工作建议获得尊敬，并对其中蕴含的非经济利益取向的社会交换过程产生了兴趣。布劳就是受到这些互动交换的启发，开始创作《社会生活中的交换与权力》这本书的。

从理论发展史来看，布劳的社会交换理论深受霍曼斯的行为主义取向交换论影响。《社会生活中的交换与权力》比霍曼斯的《社会行为：它的基本形式》晚出版 3 年，布劳在撰写本书序言时坦言，霍曼斯对他产生了深厚的影响，以至于在本书的"基本交换过程"部分，霍曼斯几乎无处不在。霍曼斯是社会交换理论的创始人，他认为社会学的研究单位是人，他以人的心理结构为出发点来解释社会现象。霍曼斯借用了"理性人"的概念，认为人们出于利益最大化的考量，会通过社会交换来获得最大效益。布劳认同霍曼斯的交换理论，认为正是人们在个体层面的交换构成了社会的微观结构，进而形成了社会的宏观结构。然而，布劳与霍曼斯的分歧要大于他们这种表面上的共同点。在布劳看来，霍曼斯的解释根源于心理学，着眼于小群体内直接面对面的基础交换过程，缺乏对社会结构的考量，因此难以解释制度化的社会行为。

布劳的社会交换理论研究的重点不是"社会行为"的结构，而是"社会交往"的结构。因此，布劳更强调在人际关系和社会互动中突出的社会属性，并试图通过社会交换理论，在微观互动过程和宏观社会结构之间建立连接。其实，布劳所强调的这种突出属性，受到了涂尔干的社会事实的影响。社会事实作为群体性活动的展现，虽然来源于个体交往，但是它却超越了个体。在布劳看来，社会交往作为一种社会事实，虽然开始于个体的心理活动，但是只有个体将自己的行为指向他人时，社会交往才会真正出现。所以，布劳认为，在分析社会交往时，不能仅从行为主义或者心理还原主义等视角来解释个体层面的行为，而更要注重人们进行社会交换时所处的社会结构环境。

在具体研究形式上，德国社会学家齐美尔的形式社会学研究对布劳的交换理论的形成，产生了深厚的影响。在齐美尔看来，社会交往是一种流变的、不固定的形式，是人们出于自身利益考虑，进行交往而产生的。社会学研究者的任务便是从复杂的现实社会交往活动中，提炼出人类社会交往的基本形式。受到这种形式社会学研究的影响，布劳把微观结构中个体的互动过程抽象为基本交换形式，并且由此推导出宏观社会结构的一般形式。

二、研究思路：分析微观交换过程作为社会结构理论序曲

那么，布劳是围绕什么主题来写这本书的呢？他又是按照什么逻辑和顺序来阐述这个主题的呢？

首先，我们来看看《社会生活中的交换与权力》这本书的主题是什么。在书中，布劳的目标是分析支配人们之间交往的各种过程，以此作为一种社会结构理论的序曲。具体而言，布劳通过微观结构层面的社会交换研究，推动了宏观社会交换理论的产生。这里提出的基本问题是：社会生活是如何被

组成日益复杂的社会结构的。

接下来，我们再来看一下《社会生活中的交换与权力》的内容结构。《社会生活中的交换与权力》一共有十二章，其中第一章为总领章，在本章中，布劳从人际交往中较为简单的过程入手，逐步转到大型社会结构中更为复杂的过程。同时，他也认为，齐美尔的社会交往分析说明了人际关系的社会背景的重要性。

第二章到第六章主要是关于微观结构中的社会交换，布劳通过分析"社会整合"及"社会支持"等社会现象，指出"社会吸引"把个体们团结成一个整体，"社会吸引"的重要性取决于它们的真实性、稀缺性以及其他人对给予者的态度倾向。通过阐述霍曼斯行为主义取向的社会交换理论观点，分析了简单社会中的交换以及交换的原理，并且对基本交换过程中产生的"权力的分化"及"期望"等现象进行了分析，布劳将权力定义为通过否定性的制裁而施加的控制，确立权力需要提供所必需的利益；过去的经历、参照标准以及成就都影响着交往中的"期望"。

从第七章开始，布劳将论述的重点由微观结构层面转向了宏观结构层面。他在第七章"群体中变化和调整的动力学"中，将边际分析应用到对群体中的交换与分化的研究中，其目的在于说明操作性假设是如何从所提出的理论中推导出来的。第八章到第十一章，对宏观结构中的"合法化和组织"及"反抗"等现象进行分析，从而提出"共同价值"是大型集体间接关系的媒介，它们使社会秩序合法化，而共同价值又通过大型集体和时间扩展了社会过程。而将共同价值制度化的过程充满着矛盾，从而促进了组成宏观结构的亚架构的变动。

最后，第十二章是"辩证的力量"，在这一章中，布劳从先前的几个章节的分析中，推断出了社会结构变迁的动力原因。布劳认为，虽然宏观结构中的社会交换过程，离不开共同的价值观与制度化的过程，但是这二者之间永远存在着不可调和的冲突。具体而言就是，制度化过程难以全面系统地展现出共同价值观中的全部思想观点，因此确立的制度永远都是不够完美的，这些制度需要不断地被推翻，并重新建立起新的制度。也就是说，在制度确立的过程中就已经包含着制度毁灭的因素，并且价值观与现行制度的矛盾将导致社会冲突，由此推动着制度的变革。

　　总的来说，布劳的创作思路是通过微观社会交换过程研究从而推导出宏观社会交换过程，因此全书前半部分主要是关于微观结构中的社会交换，后半部分主要是关于宏观结构中的社会交换。

三、核心内容：结构取向的社会交换理论

　　了解完布劳写作本书的背景、研究思路之后，我们再来看看《社会生活中的交换与权力》这本书的核心内容。概括来说，本书的核心内容是"结构取向的社会交换理论"，主要包含三大部分，即关于社会交换、微观结构中的社会交换、宏观结构中的社会交换。第一个核心部分——关于社会交换。布劳承认了霍曼斯在微观层面上的社会交换的论述，他认为人们之间的互动都是基于给予与回报模式，是出于自身利益最大化的考虑，而这背后的原因则在于人们的心理动力因素。但是布劳考虑到了社会性方面因素，阐述了人们在共同价值观与制度化过程中遵循的五个基本规律：理性规律、互惠规律、公正规律、边际效用规律、不均衡规律，即在社会交换过程中，某种交换关系的稳定，会导致其他交换关系的不稳定。由此可见，布劳的社会交换理论的目标，不仅在于分析支配个体和群体之间关系的社会交换过程，而且

还在于理解社会生活如何被组织成日益复杂的社会结构的。

本书第二个核心部分——微观结构中的社会交换，被布劳视为基本交换过程，这个过程包括社会吸引、竞争、分化、整合以及对立五个方面的内容。

第一，社会吸引是个体主动进行社会交换的初始力量。当个体受到他人吸引，希望在与他人的交往中获得某种预期报酬时，便形成了单方面的社会吸引。这种预期报酬有两种，一种是内在性报酬，行动者以交换本身作为目的；另一种是外在性报酬，行动者认为交往能够提供外在的收益。因此从广泛含义而言，社会吸引是指个体不论出于何种原因，都希望与他人交往，并且一旦单方面的社会吸引形成，个体为了展现自身更多的吸引力，就会展开自我印象管理，从而促使自己给他人留下印象。如果印象管理的策略取得了成功，个体间就会形成相互吸引的交换活动，并且随着互动频率的增加，个体间很可能会扩大交换的范围。而在这个交换的过程中，是互惠规范起到了效用，也就是说彼此提供的报酬维持着交换的过程。

第二，行动者会通过竞争来提高自身的社会吸引力，从而得到更高的报酬。在社会交换过程中，个体在迫使交换对方提供更多报酬的同时，也在积极地与第三方交往，以期获得更多的吸引，让自己融入到更大范围的社会交换过程中。但是由于交换双方拥有的背景资源具有差异性，因此占据更多资源的一方，便拥有了交换的主动权，并通过对方需要的资源来换取更多的报酬；同理，资源占用较少的一方，则失去了交换过程中的优势，不得不依附于对方，导致自己处于劣势。

第三，个人组成的群体，伴随着竞争结构，按照各方拥有的资源总量与回报能力产生了分化。布劳将社会交换过程中产生的报酬，按照社会价值的大小，分为了四个等级，分别是：金钱、社会赞同、尊敬和服从。其中，金钱将社会交换关系物质化与经济化了，在众多的社会关系中都不是合适的报酬，因此价值最小；社会赞同虽然是同阶层的群体间的合适报酬方式，但由于群体间的社会地位差别不大，所以它的价值也不是很高；最能体现结构分化的是尊敬和服从，其中服从的价值最大。在具体交换过程中，处于劣势的个体，出于自身利益的考虑，倾向于选择价值最小的报酬进行交换，但是由于交换双方的资源相差悬殊，个体也只能使用高价值的服从作为回报。不过，处在结构条件中，并不意味着处于劣势地位的个体，在交换过程中接受资源时，不能避免使用服从报酬。布劳指出，人们可以用其他形式的服务作为回报手段，也可以选择其他的报酬方式，还可以使用某种强制性的手段迫使对方提供资源，或者可以找到其他资源的提供者或替代的资源，而不依赖于特定的提供者或特定的资源，从而避免使用高价值的报酬进行回报。在一般情况下，人们往往使用赞同或者尊敬进行回报，这使得交换关系出现了赞同网络分化模式和声望等级分化模式。

第四，权力结构是正式组织赖以形成的基础，因此权利结构的分化最终会导致潜在的冲突。因为处于优势地位的一方，可以凭借自己所拥有的、他人依赖的资源，对资源依赖者提出各种要求。他可以向资源依赖者们提出彼此都认可的公平和正义的要求，也可以对他们提出他们认为过分和受到剥削的要求。在这个过程中，人们对于权力概念的共同定义和共同制定的集体规范，就构成了领导合法权威的社会基础。在互惠和公正的社会规范下，处于资源优势地位的一方，要求另一方使用服从等高价值的报酬方式进行回报，便是合法合理的。而在这种情况下，领导为了保持自己的领导权力的合法性，他就必须遵循群体规范。

第五，权力结构的分化，除了引发之前提到的交换过程的合法化以外，还会引起对抗性力量。在这种对抗力量的状态下，人们反对现有的秩序，质疑已有权力的合法性，从而导致交换过程中出现对抗和分裂。比如说，处于优势地位的一方提出了不公平的要求，或者行动者对于交换过程作出的贡献，没有得到充分的回报，而这些不公平信息的共享可能会使处于劣势地位的人们相互传递他们的愤怒、挫折以及被侵犯的情感，从而引发更大规模的反抗。出现对抗性力量还会导致组织的权威解体，进而威胁组织的存在，此时解决这种冲突的办法，在布劳看来，只能更换组织内的领导，或者是构建新的权力结构。

本书第三个核心内容——宏观结构中的社会交换，对此，布劳认为，虽然在基本交换过程中的分析概念，可以解释与分析部分现象，但是在宏观过程中存在着某些突出的性质，这些突出的性质难以还原为微观交换过程。因此，他在进行宏观交换关系的研究时，增添了部分新的概念，其中最重要的便是共享价值观和制度化。

首先，共享价值观提供了共同的交往规则。相对于微观交换的过程而言，宏观结构中的社会交换更加复杂，交换对象不仅可能是个体，更可能是群体和组织，交换方式不光是直接的、面对面的，还有可能是间接的、时空间隔较大的。因此，在微观交换的过程中，具体交换对象出于回报概率的考量而形成的"社会吸引"，便难以维系这种复杂的社会交换关系。此时，就需要共享价值观发挥调节作用了，也就是说，社会成员在社会化的过程中所内化的共享价值观，是宏观结构中的社会交换过程形成的先决条件。同时，持有共享价值观的交换双方，能够接受统一的社会标准，进入彼此都认可的交换情景中，双方可以预先熟知交换过程中的预期报酬、互惠标准、回报价值以及公平准则。正是由于共享价值观的出现，为交往双方提供了一致性的文化背景，减少了彼此交往过程中的隔阂、误会等不确定因素，从而促使宏观结构（群体、组织、社区等）上的交换过程能够形成。

其次，制度化起到了维护宏观交换关系模式的作用。虽然共享价值观为宏观社会交换过程的形成提供了先决性条件与可能性，但是这种交换过程的稳定形成，还需要在结构层面上固定，这就需要制度化的过程。而制度化的核心在于，基于共享价值观，各个行动单位能够使得各种具体的交换关系稳定下来，并形成普遍的规范，从而为参与交换的大多数行动者带来利益，使他们获得相应的报酬。但是由于宏观交换的复杂性，在制度化过程中，必然会出现许多不确定性的干扰与妨碍，因此会出现权力单位来构建与维护制度，它们凭借着强制力，将各个行动单位都纳入了制度轨道。这些权力单位同其他交换单位一样，必须服从共享价值观。作为回报，其他交换单位会向它们提供一定的报酬。

通过共享价值观和制度化概念的作用，布劳将微观结构与宏观结构衔接起来，这在一定程度上完成了用交换关系说明宏观结构的理论夙愿。

总的来说，布劳的社会交换理论是结构取向的，他通过对微观结构中的社会交换过程的研究，也就是对基本交换过程的形成、发展过程及其形态和影响的阐述，进而阐述了宏观结构中的社会交换。除了基本交换过程中存在的概念外，布劳还提出了共享价值观与制度化的新概念。这在一定程度上将微观结构交换与宏观结构交换衔接起来，拓展了霍曼斯的行为主义取向交换理论，丰富完善了社会交换理论。

四、研究应用：社会交换理论的实证应用

社会交换理论于 20 世纪 60 年代在美国发展起来，通过霍曼斯、布劳等

人的学术研究与努力拓展，逐渐成为了社会学界中具有较大影响力的理论学派，被大量学者所接受，并应用于各种经验研究活动中。

在中国知网上，如果我们进行篇名检索，就会发现题目中包含"社会交换理论"字眼的论文有 500 多篇，内容涉及教育、社会流动等各个方面。可见，"社会交换理论"已然成为社会科学研究中相当普遍的理论工具，感兴趣的朋友可以根据自己的爱好去下载相关论文进行阅读。

最后，我们来总结一下今天解读这本书的核心要点：

1.《社会生活中的交换与权力》的创作背景：在现实经验层面，早期研究官僚组织内部非正式过程的课题时，布劳发现工作人员可以凭借工作建议获得尊敬，并对其中蕴含的非经济利益取向的社会交换过程产生了兴趣，并由此受到启发开展研究创作；在思想来源层面，布劳主要受到了涂尔干的社会事实、霍斯曼的社会交换理论以及齐美尔的形式社会学等理论思想的影响。

2.《社会生活中的交换与权力》的研究思路：布劳通过微观结构层面的社会交换研究，推动了宏观社会交换理论的产生，将社会生活是如何被组成日益复杂的社会结构作为基本研究问题。

3.《社会生活中的交换与权力》的核心内容：布劳的交换理论注重社会性，具有理性、互惠、公正、边际效用、不均衡等五个原理。对于微观交换过程，布劳阐述了社会吸引、竞争、分化、整合以及对立等概念；对于宏观交换过程，布劳除了已有的微观交换概念外，还提出了共享价值观与制度化等重要的新概念。

4.《社会生活中的交换与权力》的研究应用：布劳的社会交换理论逐渐成为了社会学界中具有较大影响力的理论观点，被大量学者所接受，并应用于各种经验研究活动中，对于社会变迁、群体间关系等社会现象具有较强的解释力。

扫码收听更多
精彩内容

 拓展书单

1. George C. Homans. *Social Behavior: Its Elementary Forms*，New York: Harcourt Brace Jovamovich, 1974.

2. ［美］彼得·布劳、奥蒂斯·杜德里·邓肯：《美国的职业结构》，李国武译，商务印书馆 2020 年版。

3. ［美］彼得·布劳：《不平等和异质性》，王春光、谢圣赞译，中国社会科学出版社 1991 年版。

4. ［美］彼得·布劳、马歇尔·梅耶：《现代社会中的科层制》，马戎、时宪明、邱泽奇译，学林出版社 2001 年版。

5. ［德］齐美尔：《社会是如何可能的：齐美尔社会学论文选》，林荣远编译，广西师范大学出版社 2002 年版。

6. ［德］齐美尔：《货币哲学》，译泽民译，贵州人民出版社 2009 年版。

7. 涂乙冬：《社会交换和社会认同视角的员工、组织关系研究》，武汉大学出版社 2015 年版。

8. 刘永根：《社会交换论：古典根源与当代进展》，上海人民出版社 2015 年版。

马林诺夫斯基《文化论》

——功能主义视角下的文化功能

　　我们的分析指明了：文化根本是一种"手段性的现实"，为满足人类需要而存在，其所取的方式却远胜于一切对于环境的直接适应。文化赋予人类以一种生理器官以外的扩充，一种防御保卫的甲胄，一种躯体上原有设备所完全不能达到的在空间中的移动及其速率。文化，人类的累积的创造物，提高了个人效率的程度和动作的力量；并且它与人以这样深刻的思想和远大的眼光，在任何其他动物中，都是梦想不到的。这一切无不是为个人成就的累积性的通力合作的能力所赐。

　　文化深深地改变人类的先天赋予。在这种作用中，它不但赐福人类，并且与人以许多义务，要求个人为公共而放弃一大部分的自由。

《文化论》（*The Scientific Theory of Culture*），作者是马林诺夫斯基（Bronislaw Malinowski，1884—1942）。马林诺夫斯基是英国著名的社会人类学家、功能学派创始人之一、田野民族志方法的奠基人。曾先后担任伦敦大学、伦敦政治经济学院和耶鲁大学的教授以及波兰科学院的院士。他的学术成果对于人类学、民族学、社会学等多个学科都产生了重要影响，尤其是在方法上，作为民族志记录的创始人之一，马林诺夫斯基的实地调查方法论对于人类学乃至整个社会科学领域都作出了巨大贡献。

他的代表作有《巫术、科学与宗教》《澳大利亚土著家庭》《西太平洋上的航海者》《原始社会的犯罪与习俗》等。《文化论》是马林诺夫斯基在一系列民族志实地研究的基础上形成的、关于文化及功能主义的集大成之作，也是马林诺夫斯基功能主义理论的系统性学术成果。

《文化论》的中文版译者是我国著名的社会学家、人类学家、民族学家、社会运动家费孝通先生。费孝通先生于 1935 年从清华大学社会学人类学系毕业后，于 1936 年赴英国伦敦政治经济学院学习社会人类学，师从马林诺夫斯基。在马林诺夫斯基的指导下，费孝通的博士论文《江村经济》出版后引起了广泛关注，被誉为"人类学实地调查和理论工作发展中的一个里程碑"，直到今天都是人类学和社会学学者必读的经典。费孝通先生的代表作还包括《生育制度》《乡土中国》《美国人的性格》等，他写下了数百万字的经典，是中国社会学和人类学的奠基人之一。

一、研究背景：从人类学田野调查到功能学派的诞生

1884 年，马林诺夫斯基出生于波兰克拉科夫，他的父亲是语言学教授，

母亲则出身贵族，因此，童年及青少年时代的马林诺夫斯基接受了良好的家庭教育，拥有贵族式加学术精英式的社区环境。青少年时期，马林诺夫斯基的母亲曾带他前往非洲、大西洋、地中海的岛群旅游，这让马林诺夫斯基在成长的重要时期接触到了不同的岛屿文化，产生了对田野调查的初步兴趣，对于其人类学的学术道路产生了深远的影响。

1902 年，马林诺夫斯基进入波兰的雅盖隆大学攻读哲学，不过他的学习兴趣却不止于此。大学期间，他在数学、物理学、心理学、教育学、文学、历史学等多个学科均有所涉猎，并逐渐对民族、社会、经济、家庭、实证方法等领域产生了兴趣。1908 年，马林诺夫斯基以优异的成绩毕业，并继续前往莱比锡大学攻读心理学和经济史，在英国人类学家弗雷泽的《金枝》一书的影响下明确了对人类学的兴趣。马林诺夫斯基的学生时代饱受疾病的干扰，并因健康问题休学，但正是休学期间的旅行和阅读，让他有机会接触到不同的岛屿文化，阅读了大量人类学的著作，奠定了他此后数十年人类学研究的根基。

1910 年，马林诺夫斯基前往伦敦政治经济学院继续学习，并于 1913 年成为伦敦政治经济学院的讲师，发表了第一本英文著作《澳大利亚土著家庭》，借此获得了博士学位。1914 年，马林诺夫斯基因第一次世界大战的爆发滞留在了澳大利亚，从而借机对迈鲁岛、特罗布里恩群岛展开了实地调查，逐渐总结出一套人类学的田野调查方法论，即通过民族志、参与观察等方法真正深入到部落、社群及当地文化之中，探索不同文化之间的差异性与人类文明的本质。值得一提的是，这也是人类学家第一次用当地语言进行田野调查，展现了马林诺夫斯基在语言上的卓越天赋。

在特罗布里恩群岛，马林诺夫斯基获得了构建其功能主义理论的一手资料，并基于这些材料完成了《西太平洋的航海者》《原始社会的犯罪与习俗》《原始社会的性与压抑》《野蛮人的性生活》等一系列著作，确立了现代人类学田野工作的规范，而这些资料和研究成果也正是《文化论》这本书背后的实证支撑，可以说，《文化论》是综合了马林诺夫斯基个例研究后归纳出的有关文化的普遍原则。

1920年，马林诺夫斯基带着丰硕的田野调查资料回到英国，逐渐在社会人类学领域占据了重要地位。在伦敦任教期间，马林诺夫斯基积极地推广他的功能主义观点，培养出了大量社会学、人类学领域的学术大师。

那么功能主义理论究竟有哪些特点呢？其实，功能学派的核心主张就是从社会功能的角度审视社会结构、精神文化、风俗习惯、物质文化，从而探究这些事物如何满足人类实际需要。这一理论的核心内容我们将在核心思想部分系统阐述。

尽管《文化论》这本著作及其核心的功能主义观点在某种程度上来自马林诺夫斯基个人的人生经历与研究成果，但功能学派整体上的诞生与兴起却离不开当时英国的政治社会环境和学术传统。

1914年第一次世界大战爆发，全世界的殖民地开始兴起了民族运动，尽管英国战后是名义上的战胜国，但其帝国基础已经被动摇了，英国在海外殖民地的统治受到了极大威胁。在此背景下，英国政府希望通过人类学家在殖民地地区的实地调查，提供持续维持殖民统治的方法和建议。同时，19世纪末20世纪初也正是英国实地调查方法盛行的时期，英国哲学家、社会达尔文主义之父斯宾塞就曾前往澳大利亚调查当地的土著，马林诺夫斯基的老师，英国人类学家塞利格曼也曾在这一时期到新几内亚、斯里兰卡进行调研。可以说，实地调查和比较研究的方法为研究不同文化在不同社会中的功能提供了新的视角和研究材料，学术界、政界对于实证分析和经验研究的推崇也助推了功能主义理论的诞生。

功能学派就在这样的社会环境和历史条件下应运而生。1922年，马林诺夫斯基发表了《西太平洋的探险队》，同年，另一位英国人类学家阿尔弗雷德·拉德克利夫—布朗也发表了其著作《安达曼岛人》，这两部人类学经典之作的诞生标志着功能主义正式被提出，并逐渐渗透到人类学、民族学的研究之中。因此，1922 年也被学术界公认为功能学派的诞生之年。

《文化论》这本书作为功能主义的代表性著作，其诞生也是一波三折的。《文化论》起初来自马林诺夫斯基于 1936 年赠予吴文藻先生的一份打印文稿，并授权其在中国出版，后经费孝通先生翻译，每周一次发表在天津《益世报》的"社会研究"副刊中。抗日战争爆发后，发表中断，直到 1987 年才正式出版全书，这算得上是马林诺夫斯基生平第一本在中国出版的理论著作。

1938 年，马林诺夫斯基离开英国，前往美国耶鲁大学任教，并于 1940年在美国逝世。在他学术生涯的晚年，马林诺夫斯基的功能主义理论引发了广泛争议，其中甚至不乏他亲自培养的学生对于这一理论的批判。那么，在人类学领域占据如此重要地位又颇具争议的功能主义理论，究竟包含了哪些内容呢？功能学派又是如何看待文化的功能的呢？

二、核心概念：什么是文化？

在阅读《文化论》这部著作之前，我们有必要对马林诺夫斯基理论中的"文化"这一概念做一个清晰的界定，为把握这本书的核心思想奠定基础。

对于以马林诺夫斯基为代表的功能学派来说，文化本身就是一个组织严密的体系，它可以分成最基本的器物和风俗两个方面，或者按照马林诺夫斯基的话来说："文化含有两大主要成分，即物质的已改造的环境和精神的已变更的人类有机体。"他认为将文化进行个别的或切割开来的研究是不切合实际的，只有探究文化内部各要素、各方面的关系，注重文化在人类生活中所扮演的角色和功能，才能真正把握文化的本质。

在本书第一节中，马林诺夫斯基就指出："文化是指那一群传统的器物、货品、技术、思想、习惯及价值而言的，这概念包容着及调节着一切社会科学。"我们将 19 世纪英国人类学家泰勒对于"文化"的经典定义与马林诺夫斯基的定义做一下对比，便可以发现马林诺夫斯基对于文化内涵所做的延展。泰勒认为，"文化是一个复合的整体，包括知识、信仰、艺术、法律、道德、风俗以及其他人类作为社会成员所获得的任何其他能力和习惯"，显然，马林诺夫斯基对于文化的列举中多出了包括器物、货品在内的物质部分，这打破了我们日常所认为的只存在于精神层面的文化概念。在后续章节中，马林诺夫斯基又补充了社会组织进入文化所包含的内容之中。

马林诺夫斯基认为，文化包含四个方面，即物质设备、精神文化、语言、社会组织。之所以称为四个方面而不是四个部分或四个要素，是因为在他看来，文化是一个"复合的整体"，不可分割，部分和要素有将文化切割的倾向，因此不如用"方面"更能展现出文化的整体性。文化中的物质设备方面，指的是器具、房屋、船只、工具、武器等，它们在一定程度上决定着生产工作的效率，也决定着文化的水平，唯物主义史观其实就是试图将人类进步的全部动力、价值意义归于这种物质文化。但显然，在马林诺夫斯基看来，物质设备本身并不是一种动力，生产制造需要知识，需要道德、情感、精神上的价值体系，最终形成标准化的习惯和风俗，这些在马林诺夫斯基的理论中，都属于精神方面的文化。伴随着技术知识的发展，技术名词也随之增加，语言逐渐开始展现出它在不同情境中的不同内涵，因此，一个人语言知识的成熟度往往会表现出他在社会和文化中的成熟度。最后，马林诺夫斯基还认为社会组织也应当是文化的一个方面，它代表着集团行动的标准规矩。家庭、地域上的集聚、经济、政治、宗教等一切有组织的活动将人类与周遭环境相关联，让人遵循着一定的社会规则和习惯，这些组织及其内部的规范，本质上都是文化。

可以说，文化的概念贯穿《文化论》这本著作始终，它对于我们理解马林诺夫斯基的理论思想有重要意义。那么，马林诺夫斯基在本书中究竟是如何阐释其观点？又是如何将功能学派的核心理念传递给读者的呢？

三、研究特点：于生活经验处见真知

马林诺夫斯基的《文化论》的研究特点是"于生活经验处见真知"。马林诺夫斯基认为，要想研究文化，就要从人的日常生活中寻找人们的需要，因而在《文化论》这本书中，他也是借助日常生活经验来阐述理论内容的，他用通俗易懂的案例来剖析了文化的意涵。接下来我们就举个例子来一同感悟这种富有魅力的研究方法。

我们知道，马林诺夫斯基的功能主义理论与之前的社会人类学观点一个很重要的不同之处，就是承认物质的文化意义。在论述物质文化这一概念的过程中，马林诺夫斯基运用"木杖"的例子，生动地阐述了物质在人类活动体系中的作用、地位、价值，也就是物质在人文世界中如何发挥作用。马林诺夫斯基指出，木杖之所以是一种文化工具，就是因为它能够满足不同场景下的生活需要，人类可以用它撑船、做武器、垦掘坚土。当我们脱离文化意义谈论木杖时，它仅仅是作为一种物质类型，一旦木杖的概念处于一定的文化布局中，比如经济秩序、家庭规范、社会活动、民谣风俗中，木杖就会开始发挥它的文化功能，在不同情境下对人们有着不同的功用，继而获得了不同的文化价值，成为了文化的一部分。因此，当我们探讨木杖的文化功能时，木杖就有了锄柄、手杖、船篙等反映其功能的、在特定文化布局中的名称，尽管物质类型相同，但文化意义已有了明显差别。

在《文化论》中，类似这样用日常生活中的器物和生活经验来分析文化功能的案例数不胜数，独木舟、标枪、巫术、宗教图腾、婴儿游戏等都成为支撑全文观点的分析工具。这种用日常生活来阐述理论观点的研究思路实际上与马林诺夫斯基深厚的田野调查功力密不可分，马林诺夫斯基正是通过细致入微的观察，才能从日常生活中平淡无奇的经验里提炼归纳出精致而具有普遍性的理论观点，这种出色的洞察力和分析能力着实令人钦佩。

那么，通过这样一种研究视角，马林诺夫斯基究竟想要传达什么样的核心思想？他的功能主义理论能否揭示文化背后的秘密呢？

四、核心思想：文化的功能在于满足人们的生活需要

我们在前面已经介绍了《文化论》这本书诞生的背景、核心概念以及作者开展研究的视角，接下来，我们就来归纳一下马林诺夫斯基在本书中所要传递的核心思想。

把文化看作满足人类生活需要的人工体系，是马林诺夫斯基功能主义理论的基本观点。文化诞生的意义就在于它能对人类的生活形成影响并发挥一定的作用，不能满足人们生活需要的不能称之为文化。简而言之，文化的意义就在于其功能，文化必须对人的生活有用处。

文化的功能就是用来满足人们这样或那样的生活需要，而这种需要主要表现在生理上和心理上的需要，因此这种功能思想是以生物性的需要为基础

的，但同时也是生理器官以外的扩充，它能够提高个人效率，甚至能将个体转变为有组织的团体，用马林诺夫斯基的话来说："文化根本上是一种'手段性显示'，为满足人类需要而存在"。文化在满足人类需要的同时，也创造了新的需要，这种新的需要指的是可以让人们看到更高的、可追求的目标，这也是人类进步的关键。

既然文化的功能是满足人类的需要，那么人类的需要究竟包含了哪些层次呢？

马林诺夫斯基认为，人类的需要主要分为基本需要、派生需要以及整合需要三个层次。基本需要即生物需要，派生需要即社会需要，整合需要则侧重于精神层面的需要。功能学派就是围绕文化对于满足人类这三大需求层次所发挥的功能来具体展开的。

按照马林诺夫斯基的说法，人类的需要形成了基本的"文化迫力"，围绕着营养、生殖、保护等需求，强制着一切社区发生种种有组织的活动；在满足生理需求之外，一种新的文化迫力构建了更为广泛的联系，即"文化的手段迫力"，这种迫力催生了法律、教育、经济体系的诞生，这些新的组织形式和工具进一步整合着人类的生产，使得人类一旦离开它们就如同离开了食物一样，无法生存。因此，人类生存的维系实际上有赖于文化的维持，文化手段迫力同生理需要本质上是相同的。按照马林诺夫斯基的观点，除了上述文化迫力和文化手段迫力，宗教、巫术、知识、艺术、游戏、娱乐等还构成了"思想和道德完整的综合迫力"，它们都建立在一定的生理和物质设备的基础上，满足着人类的一种普遍的需要，发挥着重要的文化功能，拥有其特定的文化意义和文化价值。

在这里，我们必须对文化迫力和个人动机做一个区分，以便更深刻地理解文化迫力的本质。在马林诺夫斯基看来，文化迫力只能从整个文化中加以说明，是社会团结、文化绵延、社区生存所必需的条件，而个人动机则是社区内个体的冲动，二者本质上是不同的。

马林诺夫斯基认为，人们的基本需要包括生殖、营养、居所等，它们对应着婚姻、耕作、房屋制度等；派生需要要求社会分工、社会秩序、信息传递、文化继承，因而有赖于经济、政治、文化、语言等制度；对于包括知识、信仰、文化娱乐在内的整合需要来说，学术、宗教、文学艺术、娱乐制度就格外重要。因此，马林诺夫斯基提出了一个重要观点，即社会制度是文化的真正要素，只有通过社会制度才能真正传播和演化文化。

马林诺夫斯基认为，社会制度是由"一群能利用物质工具并固定生活在某一环境中的人所推行的一套有组织的风俗与活动的体系"，即人类活动有组织的体系。每一个社会制度都对应着人们的某一种需要，并构建在物质的基础上来实现它的功能。理论上，满足某一文化的需要可供选择的方法是有限的，就拿耕种制度来说，其本质是建立在为人类提供食物的基本需求之上，那么为满足这种需求所进行的有关土地的操作类型就是有限的，用什么样的耕种技术、种什么植物、如何施肥、谁来耕种、谁来享受成果，都有其背后的依据，因而在现实中各种耕种活动是基本相同的，也就是马林诺夫斯基在本书中提到的"有限变异"原则。

在《文化论》中，马林诺夫斯基还提出了人类活动体系的概念，实际上指的就是"制度"，他认为文化的功能指的就是它在人类活动体系中的地位，之所以在全球各地不同的文化中可以看到相同的人类活动体系，就是因为某一根本需要对应着特定的社会制度，因而基于这种需要所能进行的变异和调整空间也不会很大。由此我们可以知道，马林诺夫斯基所认为的文化的真正要素具有永久性、普遍性、独立性的特点，这就要求人类活动被限制在有组织的体系之中，也就是社会制度之中。因为人们有生殖繁衍的需要，这才有了家庭制度；因为人们需要消费品、需要食料，这才有了经济制度；因为人们的一切活动需要良好的社会秩序，这才有了政法制度，社会制度就是在这样的需求下不断满足生活需要的。

大多数的人类制度都兼有多种功能，比如家庭制度，既是一种生殖制度，用以繁衍氏族，又是一种教育制度，用以训练后代掌握工具和风俗习惯，同时也是一种组织生产的经济制度和法律制度，比如财产的继承、家族内部的分工、法律地位的继承，甚至在特定环境下还是一种宗教的单位。即便是生殖体系本身，也并不是单纯依靠生理性的冲动和本能，而是由各种制度组合而成的，比如求偶活动、婚姻关系、亲子关系、亲属氏族关系等，社会的日常规范指导着人们采取各种各样特定的形式，以保证某种生活需要得到满足。

那么在马林诺夫斯基的理论框架下，物质设备是如何与社会制度发生关系的呢？马林诺夫斯基认为，一方面，物质设备的形式从它所处的社会组织的布局中获得意义；另一方面，客观条件对于社会及道德现象的决定作用，也是通过那些影响文化中社会及精神生活的物质设备来定义和叙述的。马林诺夫斯基在这里用特罗布里恩岛的例子生动地描述了这一关系：在特罗布里恩岛，炉灶建筑在房屋的中央，这是因为在当地，邪术往往是通过烟来实施的，而将炉灶建在中央则可以防止烟从屋外进来。同时，炉灶也是女人的特有财产，男性被禁止进行烹饪。此外，没有煮过的蔬食会被视作污秽，因而在村落中，厨房与货栈也是分开的。这表明，类似房屋的建筑结构安排这种简单的物质设备构造，往往也蕴含着复杂的文化意义，成为了社会的、道德的、法律的、宗教的实体。即使是相同的物质，在不同的文化布局中也呈现出不同的用处和不同的文化意义，因而我们在看待物质的功能时必须要将其放到特定的文化制度中来进行观察。

总之，紧紧围绕"文化的功能在于满足人们的生活需要"这一思想，就能够把握好《文化论》这本著作想要传递的核心观点，并可以用功能学派的视角对我们周遭的世界产生崭新的认识与看法。那么，马林诺夫斯基的功能主义理论和《文化论》这本书又是如何被应用于学术研究之中的呢？学者们又是如何借助这些理论成果来分析社会现象的呢？

五、研究应用：功能主义理论的多元应用与批判

了解了《文化论》这本书的核心思想后，我们再来看看《文化论》及功能主义理论是如何启发当代学者进行思考和应用的。

首先，想要读懂《文化论》这本书并进行拓展，就必须要阅读费孝通先生在 1995 年《北京大学学报》哲学社会科学版中发表的《从马林诺夫斯基老师学习文化论的体会》一文。费孝通先生是《文化论》的中文版译者，同时也是马林诺夫斯基的学生，可以说，《文化论》一书除了马林诺夫斯基本人的思想外，也包含了费孝通先生对于老师理论成果的整理与思考。这篇文章详细阐述了《文化论》这本书诞生的来龙去脉，同时对于《文化论》中与达尔文生物演化论一脉相承的观点进行了分析。除了对《文化论》本身的诠释，费孝通先生还用自己数十年的学术经历提出了一些新的观点，对《文化论》既有补充又有批判。总之，要想全面了解《文化论》背后的故事以及获得对本书更加深刻的分析，这篇文章可以说是必读之作。

目前，基于《文化论》的理论所进行的研究呈现出多元的趋势，比如在细分领域运用功能主义理论分析艺术、宗教、巫术等相对具体的话题，同时也有对《文化论》的评论和批判，还包括功能学派和其他人类学流派在理论和研究方法上的比较研究，这些都是学者们所关注的领域。但显然，功能学

派的影响力在第二次世界大战后开始逐渐缩小，由于殖民国家纷纷独立，人类学家的田野调查受到诸多阻碍，越来越多的学者也意识到功能主义存在很大的局限性，尤其是在 20 世纪 50 年代法国结构主义兴起以及功能学派内部分化后，功能主义的应用受到了一定程度的影响。相比于从社会功能视角出发，结构主义更倾向于探索现象背后操纵全局的系统和规则，探索文化意义背后的相互关系，在第二次世界大战后的学术界占据了更重要的地位。但无论如何，《文化论》和它的作者马林诺夫斯基仍为我们提供了一个认识身边世界的独特视角，功能主义理论或许有望在新的历史时期重新获得学术界的关注，并在研究应用层面取得进一步的成果。

最后，我们来回顾一下今天解读这本书的核心要点：

1.《文化论》的研究背景：本书是建立在马林诺夫斯基的人类学田野调查实践基础之上的。伴随着 1922 年功能学派的诞生，马林诺夫斯基开始系统地用功能主义的视角研究文化这一主题，并最终著成了《文化论》一书。

2.《文化论》的核心概念就是"文化"。马林诺夫斯基认为，"文化是指那一群传统的器物、货品、技术、思想、习惯及价值而言的，这概念包容着及调节着一切社会科学"，想要理解文化就必须认识到文化包含着的四个方面，即物质设备、精神文化、语言以及社会组织。

3.《文化论》的研究思路可以概括为"于生活经验处见真知"。马林诺夫斯基通过田野观察收集到了资料，并用具体的实物案例对功能主义理论进行了解析，深入浅出地从人们的日常需要出发，归纳出了一套完整的、关于文化功能的深刻见解。

4.《文化论》的核心思想：文化的功能在于满足人们的生活需要，文化自身的意义就在于其功能。其中，社会制度是文化的真正要素，只有通过社会制度才能真正传播和演化文化。文化在满足人类需要的同时，也创造着新的需要。

5.《文化论》的研究应用主要涉及对于《文化论》的评论以及细分领域的功能主义分析。其中，费孝通先生发表的《从马林诺夫斯基老师学习文化论的体会》一文是了解《文化论》的必读文献。读者若对功能学派感兴趣，还可以将法国结构主义与英国功能主义的理论著作进行比较，一定能够获得更大的启发。

扫码收听更多
精彩内容

 **拓展书单**

1. 费孝通：《江村经济》，商务印书馆 2001 年版。

2. 费孝通：《生育制度》，商务印书馆 1997 年版。

3. ［英］拉德克利夫－布朗：《安达曼岛人》，梁粤译，广西师范大学出版社 2005 年版。

4. ［英］马林诺夫斯基：《西太平洋的航海者》，梁永佳、李绍明译，华夏出版社 2002 年版。

5. ［英］马林诺夫斯基：《原始社会的犯罪与习俗》，原江译，法律出版社 2007 年版。

6. ［澳］迈克尔·扬：《马林诺夫斯基——一位人类学家的奥德赛，1884—1920》，宋奕、宋红娟、迟帅译，北京大学出版社 2013 年版。

7. ［美］塔尔科特·帕森斯：《社会行动的结构》，张明德、夏翼南、彭刚译，译林出版社 2003 年版。

8. 谢立中：《从马林诺斯基到费孝通》，社会科学文献出版社 2010 年版。

韦伯《儒教与道教》

——中国为何没有出现资本主义?

> 随着世界观理性的增加,对在人们中间分配物质财富的伦理"精神"的需要也越来越多。这样一来,那些个别因素也许能大显身手了。宗教伦理的研究日益理性化,蒙昧的观念被排除了,于是,神义论遇到了越来越大的困难。
>
> 混入实际理性化中的非理性的特征是一个避风港,唯理智论的那种占有超现实价值的、备受压抑的需要越是认为尘世已经被这些价值剥夺了,它就越要退到那些非理性的特征中去。

《儒教与道教》（*Konfuziamismus und Taoismus*）的作者是马克斯·韦伯（Max Weber，1864—1920）。马克斯·韦伯是德国著名的社会学家、哲学家，也是政治活动家，曾任巴黎和会德国代表团顾问，留下了大量与第一次世界大战有关的演讲记录与时评，是当代最有影响力的社会科学家之一。他一生著作颇丰，尤其在政治社会学和宗教社会学两个领域内的著述，其主要著作《经济与社会》就奠定了社会学的学科基础。此外，马克斯·韦伯的作品涵盖的内容也非常广泛，包含了经济学、宗教学、史学、法学、政治学、社会学等多个学科，是典型的"百科全书式"的学者。目前，学界对于马克斯·韦伯的研究兴趣日益浓厚，甚至还兴起了一门学问，叫"韦伯学"，足可见其在世界文化领域内的影响力。

一、研究背景：对宗教伦理与社会经济辩证关系的持续思考

1864 年，马克斯·韦伯出生在德国艾尔福特的一个中产阶级家庭，他是家中的长子，父亲是一位知名的政治家及公务员。父亲的职业使家中充满了政治的氛围，许多政客及学者经常造访韦伯的家，所以韦伯从小就对政治及相关领域的问题十分感兴趣。大学毕业后，韦伯通过了律师考核，但没当几天律师，他便受到在柏林父母家里结识的一批年轻的国民经济学家、社会政治学家及神学家的影响，将兴趣转移到了经济学及社会学领域。尤其是外祖母家族对韦伯的影响巨大，他的外祖母虔诚地信奉加尔文教，韦伯第一部宗教经济学伦理著作《新教伦理与资本主义精神》就体现了外祖母对他的影响，他在讲究宿命论的加尔文教禁欲伦理里发现了早期资本积累的动力。

之后，韦伯顺利当上了弗莱堡大学的经济学教授，但不久韦伯就患上了

精神衰竭症，在 1903 年辞去教职，开始专注于宗教伦理与社会经济之间的研究，并把视野投向了遥远的东方，开始关注中国等亚洲国家的经济及宗教状况，写成了《儒教与道教》一书。《儒教与道教》是一部典型的宗教社会学方面的书籍，最早发表在 1916 年的《社会科学与社会政治文献》的第 41 卷第 5 册上，后来因为影响广泛，在重新补充修订之后，又被收录到了《世界宗教的经济伦理》的第 1 卷中。《世界宗教的经济伦理》包含三篇论文和若干附录，《儒教与道教》是第一篇，它又与《新教伦理与资本主义精神》和《新教教派与资本主义精神》等一起归到了韦伯的著名文化比较系列专著《宗教社会学论文集》的第一卷中。在《儒教与道教》中，马克斯·韦伯研究的内容是：中国为什么没有出现西方那样的资本主义？具体而言，马克斯·韦伯主要关注的是儒家伦理与东方资本主义发展的精神阻力之间的生成关系。韦伯以较长的篇幅分析了中国社会的传统结构，又重点研究了建立在这种结构基础之上的正统文化，也就是儒教伦理。他将儒教与西方的清教作了较为透彻的分析，最后得出了一个结论："儒家伦理阻碍了中国资本主义的发展。"

二、核心问题：什么是资本主义产生的重要因素

中国的货币文化由来已久，甚至在现代的生活话语中，还保留着古朴的货币特色，比如，跟钱有关的许多字，都是"贝"字旁，如财货、贿赂、贵贱等。通过造字法就可以说明，中国很早就产生了商业经济。但是，历朝历代的统治者，都没有放任商业经济的发展，这是因为，制造货币的原料是金属，而金属的开采一直是国家掌握的，国家发行的货币必须要有定量。与此

同时，由于开采困难和铸币技术的落后，导致中国古代早期的硬币极易仿制，仅仅由于这个原因，就决定了金属货币，不可能成为唯一的流通尺度，也就加剧了中央王朝对于矿坑的保护，以免私人铸币导致天下大乱。所以中国古代在元朝以前大部分的贵金属来源不是矿坑开采，而是西域的商业贸易。古代的人们深知西方贵金属的流通规模要比中国大得多，所以通过丝绸之路的买卖，每年都会用一大批丝绸茶叶的订单把沉甸甸的黄金带入中国。

后来，随着商品贸易的不断发展，金属货币已经不能满足市场的需求了，于是造价低、生产快、便于运输的纸质货币开始登上历史舞台。但是有一利必有一弊，由于纸币对于制造技术的要求较低，同时便于仿制，所以经常出现粗制滥造的现象。这就导致政府部门拒绝接受这种粗制滥造的钞票进行纳税，因为这种钞票一旦收上来，就很有可能在短期内发生霉变与损毁，这样一来国家全年的经济利益就全打水漂了。国家都不认可，民间就更不认可了，这就直接导致了纸币的信用度一降再降，全国上下没人愿意再花纸币了，而最终结果就是币值的大起大落直接影响到了国内物价的稳定，致使国家不得不采取措施中断纸币交易。而黄金却不一样，黄金不管什么时候都是硬通货，纸币由于对信用的依赖度较强，信用性纸币制度的破产就直接导致了中国货币制度的破产。尽管政府采取了很多强制性的措施和补救方法，试图将纸币纳入经济的流通渠道中，但最终都因为通货膨胀所引发的社会动荡而不得不宣告结束。之后，纸币制度在中国黯然失色，一直到明清时期，货币经济也仍然是以金银铜等贵重金属为主要等价物在市场流通。

所以韦伯认为，贵金属占有量的激增，在一定程度上促进了货币经济的发展，但是贵金属的增加并没有伴随着传统主义的解体，也就是中国当时的政治制度没有丝毫改变，而政治制度没有变化，就不能反哺商业经济，所以中国的资本主义发展没有任何明显的进步。

具体来说，就是韦伯认为，近代西方发生理性资本主义的先决条件之一是发达的货币经济及货币制度，尤其是发达的货币经济，通常被看作是西方资本主义兴起的主要标志之一。而中国的货币政策及税收制度一直在王权社会下缓慢发展，缺乏刺激经济的现实推动力，仅仅为了国家的财政发展而存在，并没有形成完整的商业体系与商业文化，更不要提成熟的货币制度与货币经济了。这就导致国家的经济来源主要依靠强制性的税款征收，而不是灵活多变的经济贸易与商业策略。所以一旦发生灾荒与战乱，国家的经济根底就会被断绝，没有类似银行的机构或组织来拯救或者帮助政府渡过难关。令其深感不解的是，中国的经济实力与商业潜力，足够建立起强大的资本市场，出现资本主义应该是理所应当的事情。更何况，中国在世界上率先建立起了最早的城市制度，中国筑城史已有 4000 多年，远远领先于其他的古老文明。一般而言，城市的发展都会伴随着货币经济的繁荣，但韦伯指出，现实并非如此。中国的封建王朝在明清以前缺乏健全、完整的货币发展机制，我们前面已经说过，重金属的开采十分困难，加上铸币技术也不高，贵金属的产地又多在北方，少数民族的入侵和土地失陷导致采矿区的开采环境很不稳定，所以政府提高了私人铸币成本，各种税收层层盘剥，开设的工厂及占用耕地的租金也都远远超出了实际价值，导致私人铸币根本承担不起成本，所以也就没有人参与私人铸币了。国家看似把经济大权牢牢地攥在手里了，但实际上却阻碍了以金银为主要等价物的货币制度的发展。

所以韦伯进一步指出，中国货币的神奇之处就在于，尽管中国自明清以来的中央王朝对于货币经济有了大幅度的支持，国家的经济水平也在显著提升，但是却没有出现成熟的货币制度，这种货币经济的发展不但没有形成资本主义，反而强化了封建主义，也就是韦伯所说的传统主义。最终，韦伯把中国货币制度的破产归咎于渗透在中国古代政治、经济及精神文明每一个角落的传统主义。正如他自己所说："这种传统每每使一切认真的货币改革都归于失败。"那么，这种传统主义是什么？它又是如何形成的呢？

三、研究视角：中国社会的精神结构

从《儒教与道教》这本书的书名来看，很显然韦伯是在分析产生于中国本土的两个宗教对于中国政治及经济的发展作用。我们先来看看韦伯眼中的中国儒教是怎么样的。儒教，众所周知是孔子开创的儒家学派，在历史的演变中逐渐有了宗教的性质，早在唐朝就已经出现了儒释道三教合一的征兆，到了明代这种现象已经完全定型，儒教已经成为一种独立的宗教，与道教、佛教一起发挥着思想教化与稳定社会的功用。

儒教最开始来源于"周礼"，而"礼"则来源于上古的文献与典籍。士人通过对典籍与文化的学习来掌握礼仪并使之成为官方的意识形态，最终获得国家官职或社会地位，并且牢牢掌握精神话语权，就如同西方的教士一样拥有神圣的地位。韦伯指出，官员的升迁决定于自身的品格，而是否尽职则看个人的素质，就连官场内都充满了师徒之间的派生关系，因为老师往往会提拔自己的学生，这些特点都说明了政府的官吏不仅仅是官吏，他们更类似于西方的教士，所以韦伯认为儒教在中国确实是存在的。尤其需要说明的是，中国的典籍，尤其是儒家的经典，有一种"泛灵论"的魔力，使士人对于古代典籍的学习本身就带有一种精神的膜拜与灵魂的景仰，他们在获取经典知识后以此来指导皇帝按照圣人的路径治国理政，否则皇帝就会遭受天谴。这与犹太教先知所谓"重外交而轻内政"的思想理路完全相反，中国一直重视的都是修内政、修内心、修内学的"内在工夫"。中国的士人阶级所代表的儒教，与基督教等其他宗教不同的地方就在于"儒教更贴合世俗，并不具备典型的宗教色彩"。

韦伯还总结了中国的儒教教育具有以下两个特点。第一，儒教的教育是纯世俗性质的教育，考生学习的目的完全就是为了求取官爵。与此同时，儒教的教育也是单一学科的教育，也就是只学习四书五经，除此之外并不会学习其他方面的知识与能力，教育内容是一成不变、永不更新的，具有封闭与落后的特点。第二，儒教的教育是文献性质的教育，韦伯认为，中国的神性教育，归根到底都是文献教育，学习者是不能对其权威性提出质疑的，但在西方，神性教育具有可抗衡的理论，各类哲学家与社会学家会对国家及政策提出看法，并编纂成书告知全体公民，这是中国儒教教育所缺乏的。因为中国的儒教教育强调的是入世，也就是为官，正如孔子所说，"学而优则仕"，所以教育的目的是求官，而不是思辨。没有人会去想自己所学的东西究竟是对还是错，只会想自己能不能用它来获取利益。中国的儒教经典没有太多的宗教理念，不关注宇宙人生，不关注神灵魂魄，孔子早在两千年前就已经定下基调"不知生，焉知死"，根本不会提及人死后的魂魄究竟归于何方。所以"子不语怪力乱神"成了后世读书人奉若圭臬的精神路标，即只看书，不问道。韦伯对此指出，中国的儒教没有为中国带来经济上的理性主义，但却带来了政治与文化上的理性主义。

儒教是这样，那么韦伯眼中的道教又是如何的呢？这本书的名字叫《儒教与道教》，这也就说明，在中国历史的发展与变革中，道教也起到了重要作用。韦伯自然关注到了这一点，虽然他认为儒道两教组成了中国社会的精神结构，但他把道教看作是"异端邪说"。在韦伯眼中，正统和异端的区别在于是否具有派别之间的矛盾冲突，这一点是借鉴了基督教中各个派系划分的历史经验。但事实是中国自唐朝以后就已经有了儒道合流的历史趋势，儒道不仅没有产生强烈的冲突，反而互相借鉴。只不过儒教最终成为了官方正统，而道教则一直处于思想接受的边缘，所以在韦伯眼中道教成了"异端"。但在底层阶级，尤其是农民阶级，他们有信奉神灵的精神需求，仅凭祭祀儒教的代表，也就是孔孟这些精神领袖，显然不足以满足他们对诸神职能的需求。但是道教却可以满足，比如求雨要拜龙王，长寿要拜寿星，发财要拜财神等等，这些都是儒教所给不了的。因为儒教只能满足群体性利益，而不能满足个体利益，尤其对个体的灵魂救赎和心灵慰藉缺乏重视，这样一来，道教就有了发展的空间。韦伯首先指出，古希腊哲学家和中国哲学家一样，都对神灵不置可否，但在民间信仰方面，古希腊和中国的儒教却有着显著差别。古希腊尊重民间信仰，但儒教则对民间信仰坚决打压。历代帝王为了自己统治的长治久安，都将儒教列为治国理政的法宝，就是因为儒教经典完全剔除了神灵鬼魅的内容，并且摒弃了一切违背伦理道德的事物，这样的"经典"教育出来的人民，就是安分守己的人民，这是统治者最愿意看到的。

道教则不同，道教是道家思想与神仙方术的结合，起源于西汉，后来不断发展壮大。道教的典型特征，就是倡导修静工夫，通过修行可以羽化登仙，可以容颜不老，甚至可以通过诸如打坐、炼丹等外在手段让自己长生不老。与儒教最大的不同是，道教是出世，儒教则是入世，道教要求人们通过"心斋""坐忘"等方法让自己达到虚无的状态，以此与天地合一、与万物并存，尤其要舍弃自己的贪财求富之心，以免干扰自己的纯真之气。但在具体的政治实践中，道教也显示出了自身存在的问题。虽然他们反对儒家士人所倡导的诗礼教育与尊卑秩序，但是也在某种程度上陷入了反动势力的历史漩涡中。在道教势力被儒教势力压制之后，道士们为了求得自己的生存，往往引导帝王修仙炼丹、荒废国政，甚至站到了宦官和外戚的阵营，成为了祸乱天下最不安分的因素之一。所以韦伯给道教最终下了一个定义，那就是"绝对反理性"[1]。

针对这一点，韦伯指出了道教思想的弊端，首先是影响了自然科学的发展，使其朝着非理性的方向越走越远。天文、数学、历法、物理、化学、气象等诸多学科都没有发展成独立的思辨学科，而是沦为了占卜与通灵的工具，尽管药物学与药理学都曾获得过创造性的突破，但也只是被道教用作求取长生不老的物品，终究没有成为独立的学科门类。

其次，道教的风水理念对国民经济的影响甚大。民众对于风水的过度迷信影响了建筑和工业的布局及走向，这种现象最大的弊端就是完全切除了从实际需要和国家发展层面，自然进化出的现代交通业与工商业企业，持续发挥作用的不过是风水师的个人看相技术与经济发展的巫术化特征。国家能不能致富全靠风水，不靠实业，可想而知这种观念带来的后果是什么。所以说无论是儒教还是道教，都没有像清教那样为人提供理性的生活方式，这也是韦伯认为中国为何没有产生资本主义的原因之一。那么，清教和儒教的区别到底在哪，儒教又是怎么阻碍中国资本主义发展的呢？

四、核心思想：中国为何没有出现资本主义

韦伯认为，在清教支配下的国家及地区，更容易产生资本主义。所谓的清教，是一个广泛、不确定的名称，它包括了许多不同的集团和派别，产生于 16 世纪后半期。但这些不同的集团和派别都有一个共同特征，那就是提

---

[1] 反理性的哲学观主张意志自由、选择自由，否认道德规范的作用及其客观依据，以及绝对相信感觉和心理作用。

出了和英国国教不同的新的教义、仪式和组织原则，最显著的特点，就是要求清除英国国教中天主教的残存因素，所以他们的主张被称为"清教"。儒教与清教不同，具体表现在三个方面：

首先，韦伯指出，儒教和清教的最大区别在于儒教是适应现实的，而清教是改变现实的。清教会根据现实社会的变迁与人民精神的需要而改良宗教，但是儒教不会。儒教对世界采取的是一个宽和仁厚的和谐态度，而清教则长期处于一种紧绷的状态，时刻都在警惕自己对"被造物"产生崇拜，也就是不会对帝王、贵族等群体产生膜拜甚至顺从的心态，在他们的眼中只有上帝。儒教某种程度上也可以说是一种理性的宗教，但在具体的教义上，它是肯定现实的，无论世界变得好与坏，无论君主做得优与劣，他们都是积极拥护现实的。这也使得儒教徒没有过多的"心气儿"去改造社会，进而从事种种理性的经济行为。

其次，韦伯认为清教更重视专业技能，而不是儒教所看重的人文情怀。从孔子开始，一直到晚清灭亡，中国的文人士大夫一直在强调修身、齐家、治国、平天下的人文情怀，读书的目的是让自己更加爱这个社会和这个国家，爱这个国家下面的一切事物，进而反对自然科学知识所带来的"机心"。因为儒家学者认为，科技的进步带来的是思想观念的改变，人变得越来越聪明，总想着创造与改良，这会大大威胁统治阶层的地位。

最后，韦伯认为中国的儒教徒缺乏理性的生活方式，不像清教徒那样有宗教信仰和清规戒律来束缚民众不做出格的事。清教徒的特点在于运用理性来征服和改造世界，儒教徒的特点则在于运用现有的知识维持现状。韦伯还指出，儒教重视礼制给普通群众带来的最大弊端就在于中国人十分爱面子，这也导致人与人之间普遍存在着不信任感，这也间接妨碍了经商关系与资本运作，最终导致资本主义没有兴盛起来。

在韦伯眼中，中国和西方一样，有着成为资本主义国家的机遇，从宋代开始，商品经济的勃兴已经在孕育资本主义的萌芽了，尤其是国家对于经济体系的开放，经商迁徙的自由、工种转换的自由、生产方式交互的自由都是普通百姓唾手可得的。此外，中国自明清以来的大商人集团，诸如晋商、徽商、苏商等，都在不同程度上创造了商业精神，这对资本主义的产生是具有决定作用的。但为什么中国的资本主义被扼杀在摇篮里了呢？简单来说，就是儒教缺乏积极进取的精神与发展经济的眼光，尤其缺乏对理性技术知识的运用与改良精神。清代仍然在沿袭先秦留下的小农经济制度，改良也只是小范围内的改良，并没有触及根本，尤其欠缺理性的企业管理办法、合理的货币经济制度、完善的法律法规条目、先进的外贸外汇理念，这就导致中国虽然有较好的经济发展基础，但最终没能踏上资本主义道路。

儒教所谓的"君子不器"和清教徒倡导的"天职观"对于专业技能的重视程度有着天壤之别。儒教强调的是如何让自己立德、立功、立言，最终使自己成为君子，而清教强调的则是通过利用现有的技术和思想，来改良陈旧的经济与教育体系，以便焕发出新的活力，这是中西两方最大的不同，也是西方诞生资本主义，而中国没有产生资本主义的根本原因。

五、研究应用：对儒道两教的集中反思

马克斯·韦伯的《儒教与道教》一经发表，便引起了轩然大波。因为韦伯不懂中文，所收集到的文献全部都是来华传教士的翻译资料，所以对中国真实的历史信息理解得不太准确，而且是站在西方的理论角度来审视东方文化的，所以被业界称为"伟大的外行"。但是《儒教与道教》也还是有一定的

积极影响的，尤其是对于儒道两家的思想评判，在今天看来仍具有借鉴意义。

我们先来看一篇发表在《深圳大学学报（人文社会科学版）》上的论文，名叫《"即世而超越"：论道教的出世与入世——读马克斯·韦伯〈儒教与道教〉》，作者是南京大学哲学系教授孙亦平。在这篇文章里，作者强调韦伯所指出的道教思想中的出世与入世思想，具有一定的借鉴意义，道教在今天仍然具有相当重要的理论地位，道教的"道"作为人类思想的终极目标，在一定程度上为人类了解宇宙、人生、社会、世界提供了一种方法论，当代道教如果能以智慧为基准，强调道教本身所固有的修己特点，那么就可以为当代人的价值取向和道德情操的提升提供一种参考。作者最后指出，将韦伯眼中的道教理论扬弃继承，并与当下文化相结合，大概就是道教应有的现代角色了。

另外，我们再看一篇发表在《广东社会科学》上的论文，名为《〈儒教与道教〉里的世界与中国》，作者是中国社会科学院社会学研究所研究员何蓉。在这篇文章中，作者指出，韦伯看待中国文化的视角，影响着 19 世纪以来欧美各国对于中国的看法，尤其是对于中国的态度与策略，都通过韦伯创立的宗教社会学而发生着潜移默化的影响。与此同时，韦伯阐释的儒道两教，不仅使欧美各国重新认识了中国的传统思想，更对隐藏于其中的中国文明与历史评价有了更清醒的认识，从而对韦伯所揭露的东西双方在文化源头上的共通之处表示了认可。虽然韦伯的认知具有一定局限性，但是韦伯的思想对于传播中国文化具有不可言喻的积极作用，这也关涉到中国文化自身的认知与反思。所以通过《儒教与道教》的接受与阐释，我们可以更好地树立文化立场，以更好的姿态、更美好的形象面向世界、面向未来。

最后，我们需要指出的是，自 20 世纪 70 年代以来，以儒家伦理为传统文化的东亚国家及地区经济都有了突飞猛进的发展。鉴于这种情况，有学者甚至提出，是儒家伦理促进了像日本、新加坡这样的国家经济快速发展，韦伯的"儒家伦理阻碍论"也随之受到了冲击。因此，学术界围绕着儒家伦理与东亚经济发展之间的关系，便展开了一场颇有深度和规模的讨论，至今仍在进行。再有，随着社会学研究的开展和深入，国内学术界也像国外学术界一样，对韦伯以及他的理论提出了质疑。但是不可否认的是，韦伯的著作跳出了中国人传统的认知范畴，以第三方视角来审视中国宗教与文化。仅从这一点来说，我们就应该重视这个伟人，重视他对于中国文化的独特解读。

最后，我们来回顾一下今天解读这本书的核心要点：

1.《儒教与道教》的研究背景是韦伯在接受了家族及社会政治的影响后，开始将研究兴趣由法律转移到了社会与宗教学上，并将研究视角对准了东方的宗教，也就是以中国为主要发生地的儒教与道教。

2.《儒教与道教》要阐明的核心问题是资本主义产生的重要因素究竟是什么。韦伯指出，没有完整的货币体系，资本主义就无从谈起。中国因为历史上的种种原因导致货币政策无法建立，纸币经济的衰亡更是直接斩断了货币经济的发展脉络，最终将初生的资本主义萌芽扼杀在摇篮里。

3.《儒教与道教》的研究视角是中国社会的精神结构，也就是由儒道二教组成的思想政治体系。韦伯指出，儒教的墨守成规与服从教化的特点，阻碍了社会经济的发展，而道教作为异端不仅没有修正儒家的思想弊端，反而加剧了封建统治，使得传统主义一直主宰着中国经济，也使得中国没有形成完整的资本主义链条。

4.《儒教与道教》的核心思想是中国为何没有出现资本主义。韦伯认为，清教徒主宰下的西方国家比较容易产生资本主义，而儒教则不能。其原因在于清教是改造现实的，而儒教是适应现实的；清教注重科学技能，而儒教重视人文关怀；清教有宗教教义规范教徒，而儒教全靠道德自觉修身养性。所以在需要改革与技术为主导力量的资本主义发展阶段，清教国家就显得更得心应手一些，而中国则相对困难。

　　5.《儒教与道教》的研究应用是中国学者对儒道两教的集中反思。虽然韦伯对中国的儒道二教分析得头头是道，但是不可避免地还是有一些局限性。所以中国的学者都在抽象地继承其中的积极之处，比如对于道教自身优缺点的分析，以及在时下，我们该如何更好地发挥传统文化的作用。再如在世界大环境下，韦伯的这本书向世界展现了中国的传统文化与宗教思想，这对于中华文明的输出也是具有积极意义的。

扫码收听更多
精彩内容

1. [美] 莱因哈特·本迪克斯：《马克斯·韦伯：思想肖像》，刘北成、刘援、刘新成译，上海人民出版社 2002 年版。

2. [德] 马克斯·韦伯：《中国的宗教——儒教与道教》，康乐、简惠美译，广西师范大学出版社 2004 年版。

3. [加] 威尔弗雷德·坎特韦尔·史密斯：《宗教的意义与终结》，董江阳译，中国人民大学出版社 2005 年版。

4. 高晞：《德贞传——一个英国传教士与晚清医学近代化》，复旦大学出版社 2009 年版。

5. [美] 卢公明：《中国人的社会生活：一个美国传教士的晚清福州见闻录》，陈泽平译，福建人民出版社 2009 年版。

6. 潘光旦：《民族特性与民族卫生》，北京大学出版社 2010 年版。

曼海姆《意识形态与乌托邦》

——知识活动的重新解读

　　本书探讨人如何实际进行思考的问题。这些探讨的宗旨不在于研究思想如何以逻辑形式在教科书中表现出来，而在于它在社会生活和政治活动中如何作为集体行动的工具实际发挥作用。

　　我们只要想想，与早期的社会比较，现代更多的东西有赖于对情境作彻底的正确的思考，就可以明白，这种异常就变得更异乎寻常地严重了。社会知识的重要性随着社会过程中制约干预的必要性日益增长而成比例地增长。然而这种所谓前科学的不精确的思维方式（似乎自相矛盾的是，当逻辑学家和哲学家必须作出实际决策时也要运用这种方式），并不能单纯用逻辑分析的方法去理解。它构成一种复合体，既不能离开组成它的基础的情感和生命的冲动的心理学根源，也不能离开它在其中发生以及寻求解决的情境。

《意识形态与乌托邦》（*Ideology and utopia*），作者是知识社会学的创始人卡尔·曼海姆（Karl Mannheim，1893—1947）。曼海姆于 1893 年 3 月 27 日出生在匈牙利的首都布达佩斯，父亲是匈牙利人，母亲是德国人。在结束大学的文科预备教育后，曼海姆进入了布达佩斯大学学习哲学。1918 年曼海姆获得了哲学博士学位，活跃于布达佩斯的知识分子圈。年轻时的曼海姆主要受到德国哲学的影响，后来也接触了马克思主义，但他并未赞同无产阶级革命的理念。后来因政治牵连，曼海姆前往德国，开始了他的第二个时期。在这期间，他在海德堡大学担任讲师，随后在法兰克福大学教授社会学与经济学。1933 年，曼海姆因受纳粹迫害流亡英国，最后于 1947 年初猝然去世，享年 54 岁。曼海姆著有《意识形态与乌托邦》《变革时代的人与社会》《自由、权力与民主设计》《知识社会学论集》《社会学系统论》等。

《意识形态和乌托邦》一书是知识社会学的经典名著，而曼海姆也是知识社会学的主要代表。曼海姆于 1929 年完成了《意识形态与乌托邦》一书，从而奠定了他在意识形态研究领域中不可忽视的地位，这本书的任务就是创造出一个描述和分析社会思想及其演变的方法。该书的英文版，是由三篇相对独立的论文构成的，第一章是曼海姆为英文世界的读者了解自己的思想和著作而撰写的导论性文章，第二章至第四章是意识形态与乌托邦一文，第五章是他为《社会学袖珍词典》一书撰写的"知识社会学"词条。

一、研究背景：西方现代性危机的爆发

曼海姆的思想深受德国哲学的影响，在当时特定的社会环境里，曼海姆发展并完善了知识社会学。是什么样的观念氛围以及社会时代背景催生了曼

海姆学术上清新的、批判性的思想呢?

曼海姆社会学思想形成的时期,正是西方观念世界"混乱不堪"的时候,社会动荡、阶级矛盾等各种冲突不断,西方现代性危机全面爆发。那时的西方世界,出现了一大批描写西方文明"终结""衰弱""危机""异化""死亡"的作品。为何会出现如此混乱的局面呢? 曼海姆认为,在欧洲的中世纪时期,教会基于基督教教义及其掌握的绝对权力和无上地位,设立了客观世界秩序的价值观念,这种价值观念强调"神"主宰一切,并形成了一套完整的解释世界和社会运行的模式,在这样的情形下,没有任何力量可以撼动教会的权威以及这一套完整统一的世界观。但是这种世界观片面地夸大了"神"的作用,忽视了人的自觉性和自我主宰,无法完美地解释人类社会和客观世界的现象。彼时的欧洲神学与政治合一,神权甚至高于政权,政权利用神权来控制大众精神。这种基于神学的统一的世界观,自然就引起了有觉悟的人们的不满。直到 14 世纪以后,文艺复兴、宗教改革、启蒙运动等一系列的思想解放运动兴起,人们开始敢于公开地运用自己的理性,逐渐摆脱社会加之于自己的蒙昧的状态,由此思想的解放和理性的批判使人们的思想观念日益多样化,教会的地位不再像从前那般不可侵犯,于是西方世界原有的统一的世界观轰然崩塌。原有的神学世界观抑制人的主观能动性,于是当人的理性得到解放之后,人们便迫切地运用理性,从客观世界观念中脱离,主动发现世界,渐渐地发展成为理性主义思想。主体性观念驱使着人们不停地探索世界,发现客观规律,自然科学在此过程中也得到了充分的发展。人们试图把自然科学的传统与整套研究方法搬运到人文社会科学领域中,然而这种尝试却常常导致混乱、误解,毫无成效,于是各类社会观念与思想不断演变、冲突,让人惶惶不安。

面对原有统一的世界观的崩溃、各类社会思想观念的变迁,曼海姆给德国社会学大会提交的论文——《竞争在精神领域中的意义》，体现了他对时代精神的诊断，并描述了现代社会精神领域的"诸神斗争"状态。在《意识形态与乌托邦》一书中，曼海姆通过对知识分子阶层的变迁分析，描绘了这种时代状况的发生。他在书中写到：教会对解释世界的垄断，已经被打破了，而且，一个自由的知识界已经出现，并且代替了那个封闭的和经过彻底组织的知识分子阶层。曼海姆还指出，这个阶层的思想不再受到某种阶级的控制，而且这些知识分子没有属于他们自己的社会组织，所以，他们便使各种思维方式和经验方式都可以获得受公众注意的机会，于是为了获得公众的偏爱，他们的思维方式和经验方式在更大的世界里公开地互相竞争。在《意识形态与乌托邦》一书中，曼海姆所指的参与自由竞争的"诸神"，正是在各个社会历史时期中出现的保守主义、自由主义、社会主义—共产主义等意识形态以及乌托邦观念。通过对各类观念以及现实社会透彻而清晰的分析，曼海姆将知识与现实社会活动联系了起来，把"诸神纷争"看成是一个问题，试图使用他的知识社会学来克服这种思想混乱的状态，接着他公正地、明晰地提出了知识活动和社会存在之间的关系，展开并深化了他对知识社会学的论述。

综上，随着教会地位的衰落，原来由教会构建的统一的客观世界秩序的价值观念轰然崩塌，理性主义思潮随之而来。同时，各类社会思想观念的"纷争"让世人惶惶不安，现代化危机困扰着西方世界。《意识形态与乌托邦》一书本身就是这样混乱不安时期的产物，曼海姆分析了导致这种危境的各种力量，虽然本书没有提出摆脱当时所面临的困境的办法，但是曼海姆在对社会知识、意识形态等主要问题进行阐述的过程中，也对知识危机作出了前所未有的深入分析，曼海姆为人们客观地调查社会生活指明了道路。

二、分析对象：人类社会中的"知识"

在进入 20 世纪后，西方世界面临着严重的现代性危机，社会文化、思想、意识形态等方面都出现了混乱不安的局面。于是曼海姆开始研究不同时期、不同民族的思想、意识、精神的发展史，研究各种思想观念的发展与社会文化的联系，对思想危机进行了深入的分析，并且进一步完善了知识社会学的内涵。那么，作为曼海姆的分析对象——知识，究竟是什么知识，它涵盖了哪些内容？

在我们平时看来，知识是那种可以帮助我们理解某些事物和现象或者是更好地生产生活的理论。作为知识社会学的创立者之一，曼海姆认为，知识就等于思想，人类思想是如何形成、如何演变的，是知识社会学研究的重要内容，所以当时的知识社会学也被称为思想社会学。知识就其性质来看，可以简单地分为自然科学的知识和人文社会科学的知识，而曼海姆认为这两种知识有着不一样的决定因素。在那些更为数学化的自然学科的研究领域中，人们可以不受制于社会环境的影响进行研究，得出的结论也是客观独立的，而人文社会科学的研究是性质的研究，对性质进行理解的过程就是评价的过程，要进行这种评价就需要使用人们特定的视角和世界观，而人们的视角和世界观也必然会受到所处社会环境的影响。所以，曼海姆认为的思想或者知识是由社会环境、社会状况决定的，而非思想本身，这就是所谓的"社会存在决定社会意识"。然而，自然科学的知识却不是由社会存在所决定的，因此，曼海姆将人文社会科学的知识纳入到了社会学范畴进行研究，而把自然科学知识排除在外。

也就是说，曼海姆眼中的知识，它指的是人们的思想及其产生与演化。

他认为，决定知识如何演化的并非知识本身，而是社会的环境与状态，即社会存在决定社会意识。

三、理论根基：知识社会学——知识与其社会情境的有机联系

在前文我们一直提到知识社会学，那么，这个重要的理论有哪些内容，它又是如何形成的呢？

首先，知识社会学研究的是知识或思想的产生、发展与社会文化之间的联系，它是一门社会学分支学科，又称思想社会学。所谓知识包括了人类社会中的思想、意识形态、文化制度、历史情境、时代精神、民族文化与心理等。知识社会学的任务就是对思想的形成、发展、变化及各种观念的相互依赖关系进行有控制的经验研究，把这种经验上升到认识论的层面，确定思想意识与社会存在的联系与结构，建立起检验知识或思想的正确标准。

曼海姆对于知识与社会存在的认识是基于前人的思想发展而来的，曼海姆曾说："知识社会学实际上伴随着马克思而出现，他的深刻而富有启发性的洞察，深入到了事物的本质。"唯物史观是马克思对社会中知识与思想的认识的理论基础，马克思唯物史观里有一个基本命题——社会存在决定社会意识，在后来的社会学研究中，这一命题发展成为知识社会学的核心命题。在《德意志意识形态》一书中，马克思明确指出："不是人们的意识决定人们的存在，相反，是人们的社会存在决定人们的意识"，马克思的这一唯物史观对知识社会学的发展产生了深远的影响。对于知识社会学思想的形成，社会学三大奠基人之一的涂尔干也作出不少贡献，涂尔干在他的宗教理论中讨论了知识与社会关系的问题。在涂尔干看来，宗教是社会的产物和"集体

表象",范畴、概念、思维逻辑等知识的基本要素与宗教有着某种始源性的联系,也是集体和社会的产物。涂尔干还认为,道德、价值等思想观念对社会有着重要作用,但是人们不能直接获得某种思想观念,而只能间接地通过感知社会的现实活动来获得。涂尔干的思想其实已经蕴含了知识社会学的思想,即观念、思想等知识来源于社会活动,是社会现象的产物。一定程度上,涂尔干关于知识与社会关系的论述,对后来知识社会学的发展起到了奠基性的作用。在经过马克思、涂尔干等社会学大师对知识与社会关系的探索之后,另一位思想家进一步发展了知识社会学,他就是知识社会学创始人之一、德国著名思想家舍勒。舍勒指出:"所有知识,尤其是关于同一些对象的一般知识,都以某种方式决定社会的本性。"换个角度理解的话,舍勒认为所有的知识都是由社会及其结构决定的。

经过前人的不懈探索,曼海姆将马克思关于意识形态的讨论明确地固定了下来,使意识形态成为知识社会学的研究对象,并且曼海姆还论证了乌托邦也是一种政治知识形式。除了对意识形态有了更深刻的认识,曼海姆还对"集体无意识"现象进行了探讨,他指出,这种"集体无意识"并非是意识真空的状态,而是人们的思想被无意识控制和引导的一种状态,这种无意识不仅存在于意识形态中,也存在于乌托邦的观念中。曼海姆把意识形态和乌托邦确定为政治知识的一种形式后,法国社会思想家福柯对知识与权力的关系也进行了深入研究,使知识与政治之间的关系变得更加明朗。因为权力常常被作为政治的代名词,所以福柯通过对知识与权力进行分析,指出了知识和政治之间存在着一种相互包含关系。

综上,在马克思、涂尔干等社会学先驱的探索下,知识社会学逐渐成为社会学的一个分支学科,舍勒作为知识社会学的开创者之一,正式地探讨了知识和社会结构的关系,紧接着曼海姆将意识形态和乌托邦确定在政治知识形式的范围内，对意识形态与乌托邦的分析让曼海姆更加深刻地认识到了意识形态的阶级本质和政治本质，并且也催生了有别于舍勒的新的知识社会学。

四、核心思想：意识形态与乌托邦的对立统一

接下来我们讲一讲曼海姆在《意识形态与乌托邦》一书中所要表达的核心思想：意识形态与乌托邦是什么？他们有着怎样区别与联系？

在中世纪时期，宗教统治着社会中的一切事务，并没有意识形态、乌托邦等思想，随着教会权威的崩溃，社会中的思想开始多样化之后，意识形态与乌托邦等观念才随之产生。

首先，我们需要先对意识形态的概念进行梳理，我们一般认为意识形态是一种观念的集合，是与一定社会的经济和政治直接相联系的观念、观点、概念的总和，包括政治法律思想、道德、文学艺术、宗教、哲学和其他社会科学等意识形式。在曼海姆看来，意识形态有两种不同的含义，一种是特指性含义，一种是总体性含义。特指性含义是指那些受评价的对象——我们称之为论敌，他们为了实现自己的利益，会面向大众进行一系列的观点陈述，同时我们会怀疑论敌所陈述的观点是对某种状况的真实性有意或无意的隐瞒，因为真相有损于他们的利益。这种歪曲包括有意识的撒谎、半意识和无意识的伪装、善意欺骗他人和自欺欺人，也就是说，这种特指性的意识形态是具有目的性的。区别于特指性含义的意识形态，总体性含义的意识形态指的是在某一个特定的历史时期或者社会环境里，某个集团或者阶级总体的意识形态，这种总体性含义更侧重于探讨这个集团或者阶级在特定的社会时期内整体思想观念的特征和结构，也就是说，总体性含义的意识形态是具有功

能性的。那么特指性意识形态和总体性意识形态有什么联系和区别呢？在曼海姆看来，特指性意识形态和总体性意识形态都是主观的意识，不论是有意的还是无意的，两种意识形态都具有隐瞒真相的性质。曼海姆还指出两者的区别就在于对特指性意识形态的分析是基于纯心理学层面的，是涉及行为动机的，而对总体性意识形态的分析则是基于社会性的，是一种功能分析，是不涉及动机的。

从历史的角度看，曼海姆认为意识形态的发展经历了三个阶段：第一阶段是意识发展萌芽时期的"自在意识"，到第二阶段德国著名哲学家黑格尔注入了"民族精神"这一观念，最后"阶级"取代了"民族"，演化为"阶级意识"，成为了社会中更为重要的组成部分。除了有不同阶段的演化以外，同一个阶段也有着不同的意识形态。曼海姆强调，任何一种意识形态都没有占据绝对真理，都是从一个角度认识世界，因此他认为，在意识形态的斗争中，人们应该不断地纠正自己的错误。

而作为意识形态对立面的乌托邦，有一种"子虚乌有之地"的含义，对于什么是乌托邦这个问题，曼海姆曾指出：乌托邦"是一定秩序的代表，是一种在原则上永远不能实现的概念，并认定为是绝对的乌托邦"。就这一点来看，乌托邦不同于理想，理想是可以实现的，而乌托邦的不可实现性是它永恒不变的特性，它只存在于人们的思想观念中，而不能在现实中找到对应的实体，某种程度上乌托邦便是完美的化身，是存在于理念中的天堂。此外，曼海姆还界定了构成乌托邦的两个前提：第一，乌托邦本身是一种超越现实的、处在一种非统治地位的意识；第二，这种意识必须对现存的社会秩序、社会存在具有变革性作用。现在我们就可以清晰地区分开意识形态与乌托邦了，我们再来举一个例子具体说明一下两者的区别。在欧洲中世纪的文化语境里，有"天国"这一概念，虽然"天国"是非现实的，但它却是一种处于统治地位、对社会存在不具有变革性的思想观念，这就不属于乌托邦。"天国"的观念能很好地与那个时代的世界观相结合，所以教皇能更好地统治人民、调配军队、进行扩张。在 11 世纪，宗教灌输给世人的那些观念，比如"天国"之类的概念，虽然也是超越现实的，但是它具有统治性质，并且对社会不具有变革作用，甚至还与当时的社会"和谐地"结合在一起，所以它就是一种意识形态，而非乌托邦。相反，马克思主义或者是共产主义则具有典型的乌托邦性质，因为它们具有强烈的革命意愿。

曼海姆的知识社会学证明了人类的社会意识形态与乌托邦这两种形态的存在，并且认为，意识形态是"维护现行秩序活动的那些思想体系"，乌托邦是"产生改变现行秩序活动的那些思想体系"，前者的功能在于维护现行秩序，后者的功能则在于对抗这种秩序。根据曼海姆这一思路，对意识形态和乌托邦的分析与认识，就是探寻人类思想混乱的基本因素和过程。曼海姆不仅区分了意识形态与乌托邦，还区分了两种"集体无意识"，所谓"集体无意识"是指人们无意识地接受了某种思想观念，曼海姆将其区分为"利益与形势"主导下的集体无意识，以及"愿望与行动的想象"主导下的集体无意识。被统治阶级受到利益与形势的驱使而产生的集体无意识，对应的是意识形态；而人们由于受到美好愿望的召唤而产生的集体无意识，对应的便是乌托邦。换句话说，意识形态中的集体无意识是由统治集团将利益与形势密切联系带来的，而乌托邦中的集体无意识则是由某些受压迫的群体用想象代替现实带来的。

了解了曼海姆关于意识形态与乌托邦的认识，我们可以知道，在曼海姆看来，意识形态是为了维护现行秩序、具有统治性质的思想体系，而乌托邦则是为了改变现行秩序、具有革命功能的思想体系。曼海姆还区分了两种集体无意识，意识形态和乌托邦分别对应着这两种集体无意识。

五、应用研究：互联网技术领域的意识形态研究

对《意识形态与乌托邦》一书的研究背景、分析对象、理论根基以及核心思想都有了一定的了解之后，接下来让我们来看看，这本书所提出的理论都应用于哪些方面，以便能够给大家的科研工作带来一点思考和启发。

曼海姆和他的知识社会学对意识形态的总体概念进行了进一步发展，将原来作为党派的思想武器的意识形态理论变成社会和思想史的一般研究方法。曼海姆的《意识形态与乌托邦》在出版之后被大量引用，在社会学界和哲学界产生了深刻的影响。当今社会，互联网发展迅速，深刻地改变着人们的生活与思想，于是有学者通过曼海姆的意识形态理论以及知识社会学，对互联网世界的意识形态问题进行了研究。比如载于《思想教育研究》的《深化对于互联网信息技术与意识形态关系的理论认识》一文，分析了曼海姆的意识形态理论与知识社会学，探讨了互联网与意识形态的关系。其指出互联网信息技术本身不具备意识形态属性，关键在于谁掌握、谁利用，然而西方世界利用互联网进行意识形态渗透具备明显优势，所以我们必须要直面互联网空间的舆论竞争。这一篇论文将曼海姆的意识形态理论与知识社会学运用到互联网空间建设与发展领域，为我们的研究打开了一个新视野、新空间。

可以说，曼海姆对于社会中知识的研究极具哲学认识论的色彩，在《意识形态与乌托邦》一书中，曼海姆不仅探讨了人如何进行思考的问题，还发展并完善了一门能对社会生活作出新的和更深刻理解的新学科，即知识社会学，这对人类社会的发展具有指导性意义，我们应该珍视这一成果，开拓我们的思维，努力为社会科学的研究作出创新性贡献。

最后，我们来回顾一下今天解读这本书的核心要点：

1.《意识形态与乌托邦》的研究背景是西方世界正经历着前所未有的现代性危机的时期，社会环境动荡，充斥着各种各样的社会思想，观念的"纷争"让世人惶惶不安。曼海姆分析了导致这种危境的各种力量，对社会知识、意识形态等主要问题进行了阐述，也对知识危机作出了前所未有的深入分析。

2.《意识形态与乌托邦》的分析对象是人类社会中的"知识"，曼海姆眼中的知识指的是人们的思想及其产生与演化，并且指出，决定知识如何演化的并非知识本身，而是社会的环境与状态，即社会存在决定社会意识。

3.《意识形态与乌托邦》的理论基础是"知识社会学"，基于马克思等前人的探索，以及舍勒对于知识和社会结构的关系的探讨，曼海姆将意识形态和乌托邦确定在政治知识形式的范围内，对意识形态与乌托邦进行了深入而清晰的分析。

4.《意识形态与乌托邦》的核心思想在于曼海姆清晰地界定了意识形态与乌托邦的区别和联系，在他看来，意识形态是为了维护现行秩序、具有统治性质的思想体系，而乌托邦则是为了改变现行秩序、具有革命功能的思想体系。曼海姆还区分了两种集体无意识，意识形态和乌托邦分别对应着这两种集体无意识。

5.《意识形态与乌托邦》的影响十分深远，不仅关系到传统的社会学研究领域，还影响到了新兴的互联网信息技术的研究领域，书里面的思想让人们对社会的发展与演化能够进行更为深刻的思考。

扫码收听更多
精彩内容

 **拓展书单**

1. [德] 卡尔·曼海姆:《重建时代的人与社会:现代社会结构研究》,张旅平译,译林出版社 2014 年版。

2. [德] 卡尔·曼海姆:《保守主义:知识社会学论稿》,霍桂桓译,中国人民大学出版社 2013 年版。

3. [英] 卡尔·曼海姆:《思维的结构》,霍桂桓译,中国人民大学出版社 2013 年版。

4. [德] 卡尔·曼海姆:《卡尔·曼海姆精粹》,徐彬译,南京大学出版社 2002 年版。

5. [德] 马克斯·舍勒:《知识社会学问题》,艾彦译,译林出版社 2014 年版。

6. [美] 霍尔茨纳:《知识社会学》,傅正元、蒋琦译,湖北人民出版社 1984 年版。

7. 张建忠:《曼海姆知识社会学思想研究》,上海人民出版社 2013 年版。

8. 李成旺编著:《〈德意志意识形态〉导读》,中国民主法制出版社 2012 年版。

9. [德] 马克斯·舍勒:《哲学与现象学》,刘小枫编,倪梁康等译,北京师范大学出版社 2017 年版。

10. [德] 马克斯·韦伯:《经济与社会》第 1 卷,阎克文译,上海人民出版社 2010 年版。

第四篇

PART 4

气象万千的

社会世界

Individualization

贝克夫妇《个体化》
——"为自己而活"的现代人

> "个体化"概念引起了很多误解。它不等于个人主义，也不等于个性化。……"个体化"概念描述的是有关社会制度以及个体和社会关系的一个结构性的、社会学的转变。……我希望通过"个体化"这个概念，弄清楚人们在认同和意识方面如何应对这些变化，并考察他们的生活处境和人生轨迹是如何改变的。
>
> 个体化与全球化是两个超出一般的重大过程，它们正在改变一切社会行动领域中共同生活的基础。表面上看，二者给人造成了威胁，其实它们也容许社会做好准备重塑自身以迎接第二现代性。

《个体化》（*Individualization*）中文版首次出版于 2011 年。本书是在对 20 世纪经典社会学理论（如吉登斯的理论）的批判性继承之上，针对 20 世纪 90 年代到 21 世纪世界各国在现代化发展过程中出现的新问题提出的思考。本书和作者的另一本著作《风险社会》一起，是近年社会学领域最受关注的作品，也是大家了解 21 世纪社会学必读的理论著作之一。

本书作者是一对学术夫妻：丈夫乌尔里希·贝克（Ulrich Beck，1944— ），德国慕尼黑大学社会学教授，英国伦敦经济学院社会学教授，是当今西方社会学界最有影响的学者之一；妻子伊丽莎白·贝克 – 格恩斯海姆（Elisabeth Beck-Gernsheim，1946— ），是德国社会学家、心理学家和哲学家，埃尔兰根大学社会学教授，主要研究领域为社会变迁与家庭制度的改变状况。

我们将从个体化的源起、个体化的现象分析、个体化的挑战以及个体化理论在中国的应用四个方面来为大家解读这本书。

一、个体化的源起：现代化的两个阶段

要理解这本书，首先得从几个基本概念入手，理解了以下几个概念，也就对个体化现象出现的原因以及本书作者的思想脉络有了基本认识。

（一）传统社会

传统社会是指人们的主要行为方式代代相因，很少改变的社会。在一个传统社会里，人们的行为方式主要受习俗支配，社会阶级差别明显，人们安于自己的社会身份，并以相应的社会身份从事生产和生活。比如我们经常提及的古代社会，士农工商，三教九流，出身于不同的阶级，就拥有相应的身

份，且必须按照这个身份做自己该做的工作，尽自己该尽的责任。在生活上大家遵守传统习俗，什么身份的人该穿什么、该吃什么、该说什么，都有规矩。人们以"家族"展开社会交往，社会流动性差，因此显得秩序分明；人们从出生到死亡的发展过程，基本是一目了然的。

（二）现代社会

现代社会是与传统社会相对应的社会形态，主要特征有：都市化、工业化、世俗化、媒介参与、高度的参与性、民族素质等等。在现代社会中，由于工业化、技术化的迅速发展，人们不可能再以家族为本组织生产，办企业的人需要网罗天下人才，替别人工作的人以自身的知识和技术为谋生资本。人们不再以出身论英雄，而是凭本事谋发展。地位、出身、家族名誉不再成为人们生产和生活的决定力量，陌生的人们聚集在城市里，整个社会呈现出激烈的竞争氛围。并且，由于人们脱离了以传统家族和村落为依存的生活，按照法律、公德和民族文化为基础重新聚集在一起，就形成了以民族国家为依据的政治观念、以生产方式为依据的阶级区分，以核心家庭为依据的生活方式。

由传统社会向现代社会转变的过程，就是"现代化"。现代化不仅仅是个经济学概念，而是涉及政治、经济、文化、观念、习俗等社会全方面的过程。在现代社会里，人们的思想观念充分更新，竞争意识和时间观念加强，崇尚科技、追求真理、积极变革等思想成为人们的价值取向，这就是"现代性"。

（三）自反性现代化

了解了前面两个基本的概念，接下来我们就可以进一步理解贝克夫妇所提出的新概念：自反性现代性。

贝克认为，作为第一次现代化标志性成果的民族国家（如欧洲一些发达国家）、大型组织（如美国大型汽车企业）、阶级、传统家庭等趋于衰落；工业现代化处于自我颠覆之中，当今世界的现代化是一种与工业现代化迥然不同的现代化，是自反性现代化。贝克的典型论断是：第一现代性是线性的，第二现代性是非线性的。怎么理解这句话呢？我们打个比方来说，在第一次现代化（工业现代化）中，人们以大工厂生产取代传统的家族式生产，人们自我的身份认同从传统社会的"我是某某家族的"变成"我是某某企业的"；人们的生活方式从传统大家族转变为核心小家庭，但家庭内部的分工仍然是明确的；人们所依赖的生活资源从传统的家族名声变成后天习得的知识与技能……变化是明显的，但人们的生活方式、生活理念以及赖以生产生活的社会环境和传统社会一样，也是相对"确定"的，"有章可循"的。但第二次现代化就不一样了，随着民族国家概念的淡化、大型企业的衰落，人们的身份变得更加模糊，随着女权主义的崛起，婚姻观念也动摇了……整个社会呈现出碎片化和巨大的不确定性。虽然仍然是在现代性的大范畴之中，但此时的现代性与彼时的现代性有着天壤之别，因此贝克夫妇将此时的现代性称为自反性现代性。

（四）个体化

个体化是自反性现代性的集中表现。为什么会出现个体化呢？贝克认为，现代社会的核心制度，包括基本的公民权利、政治权利和社会权利，以及维系这些权利所需要的有薪工作、培训和流动，都是为个体而非群体配备的。这些基本权利已经内化为个人的东西，人人都希望或必须积极参与经济活动以谋取生计，人人为自己而活，社会共存的群体基础如阶级、阶层等已经不明显了。个体在历史上首次成为社会再生产的基本单元。因此，个体化，可以被定义为"不再重新嵌入的抽离"，是制度化的个体化。

打个比方来理解，在不同的社会里人们怎么介绍自己呢？在传统社会里，"我是来自某某家族，我们是书香门第"；在工业社会里，"我是某某工厂的技术员，高级工程师、工会会员"；在第二现代性社会里，"我就是我，不一样的烟火"。

贝克认为，从第一现代性过渡到第二现代性是必然的，是全球化的结果，也是从全球视角可观测到的现象。

二、个体化的体现：在风险社会里为自己而活

如果说第二现代性有两个核心表现元素，第一个就是"风险社会"（请阅读贝克的另一本著作《风险社会》），第二个就是"个体化"，而个体化又集中体现在"为自己而活"的理念及状态。接下来，我们就看看本书是怎么描述及分析当今社会的个体化现象的。

（一）个体化的生活方式

我们生活在这样的时代之中，国家民族、阶级、族群及传统家庭所锻造的社会秩序不断衰微。个体自我实现的伦理，即为了自己想要的生活而努力奋斗成为时代的共识。以都市人的生活为例，"铁饭碗"几乎都被打破，国家包干正在被瓦解。在职业生涯里，人们将收入和能力挂钩。现代生活把人们能够想到的一切：上帝、自然、科学、真理、道德、婚姻、爱情等，都变成了"不确定的自由"。一切必然性和确定性的东西，都正在被"艺术性"（也就是不确定性、随机性、偶然性等）所取代：我们都是走在钢丝上的舞者。

生活的剧本、事业的方向都没有明确的社会因素来安排，全靠我们自己去掌握，同时自己承担各种风险。就像我们经常听到的一句话：谁都靠不住，只能靠自己。

人们必须做点什么、必须积极努力、必须取得成功，必须在激烈的竞争中保护自己，而且这种生活不是只有一次，而是日复一日，从幼儿园到退休。现代人的标准人生就是"选择性人生""自反性人生""自主人生"：为自己而活，也必须为自己而活。你可以选择上普通小学还是贵族小学，可以选择公立中学还是出国留学，可以选择公司打工也可以选择自主创业，你可以选择任何行业；但是，选择虽是自由的，却不一定必然会成功。自主的人生也是一种"风险人生"，我们始终都面临着危险。那人们如何面对失败呢？首先个体要避免失败；即使失败，人们也要重新开始，积极主动，不屈不挠，灵活多变。即使失败，现代人也不会把失败的原因归结为外在的因素（如天气、政策、环境等），而是归结于自身原因，如决策、能力、知识等等。也就是我们经常说的一句话：多从自己身上找原因。

在全球化的背景下，个体化还表现为人们过着一种旅行生活，即一种新型的游牧生活。汽车、飞机、网络以及过于发达的传媒支撑着人们超越地理上的国家边界，过着一种国家主权被"架空"的国际化生活。所谓"上午在巴黎喂鸽子，下午在香港开会""一边和美国客户谈生意，一边和中国玩家斗地主"。人们可以在不同国家之间、不同社群之间、不同职业之间，甚至是不同的地位（富人、穷人等）之间自由切换、随意迁徙，是新型的"流浪者"，大家求同存异地生活在一起。

同时，个体化生活也是一种"去传统"的生活，是一种"试验性"的生活。人们从父辈那里遗传下来的生活方式已经不再起作用。而他们的生活方式没有一个历史模式可供参照。传统价值观被抛弃，但新的价值观又没有建立起来。这个时代充满令人焦躁不安的东西，因为一切都要靠自己去尝试。

当然，个体有无可能逃避这种社会焦虑呢？解决方案是"制造权威"或者"寻找替代性成功"：比如崇拜有神秘色彩的瑜伽大师、灵修大师、成功大师；比如加入"饭圈"，捧红偶像、打赏主播等。然而，这终究只是短暂的逃离，归根结底，"还是得为自己而活"。

（二）个体化的政治

在德国等发达国家里，社会不平等的结构非常稳固，但人们不再把不平等的问题归结为阶级问题，而是归结为个体的问题。不平等的社会意义发生了变化，这种变化却经常被忽视。导致社会不平等的个体化的重要推手是劳动力市场，这是因为经过数百年的发展，资本主义人力资源观念已经得到了社会的认同，个体通过教育、竞争等方式获得工作技能，并实现财富和阶层的流动。即使失败也将失败原因归结为个人的教育与竞争的失败，而且并不认为失败是长期的或者宿命的。因此也会将不平等的原因归结为个体的原因。因此说，个体化进程是劳动力市场的产物。

而不断增长的竞争压力带来了普遍的个体化。虽然教育、知识等共享背景可以加强人们之间的互动，但竞争又导致了同质性群体（如同一个企业、同一个群体）内部个体之间的相互隔离。也就是说，竞争加剧了个体化的进程。

在这个以雇员为主体的个体化社会中，阶级变得无关紧要。社会群体丧失了自我认同，群体与个人之间的紧密联系也失去了，人们不再结成政治和社会联盟。社会流动（流沙状的社会）成为政治中的重要概念。

同时，社会不平等并没有消失，而是被个体化重新解读了。社会问题越来越被认为是心理气质上的问题：个人缺陷、焦虑、冲突及紧张。个体直接面对社会的风险和冲突。社会危机变成了个体危机。个体化社会突出的表现就是：心理问题越来越受关注了，心理学越来越重要了。尽管个体的命运越来越受到经济趋势和历史必然性的决定，比如经济危机或产业转移等，但个人仍然会聚焦于个体自身。于是出现两种情况同时流行：政治冷漠和心理疾病。简单地说，人们不再联合起来，寄希望于工会等组织来改变社会结构问题，而是专注于个体的奋斗，独享成功的喜悦，独饮失败的苦酒。

（三）个体化的文化

伴随着个体化进程的是"为自己而活"的自我文化，也就是：人们过着一种充满不确定性的属于自己的生活；并接受（享受）自己生活与他人生活各不相同时导致的压力或愉悦感。自我文化反映在人口统计学指标上的一个显著标志就是离婚率不断攀升。人们对于贫困、婚姻、年龄及政治等概念都有了新的理解。概括起来，自我文化有三个方面的重要特征：第一，审美的生活方式与自我表演。人们乐于把自己的生活打造得富有审美味道且热衷于互相展示，不仅"美"还要"秀"。第二，自由主义实践。自我文化是自由主义的文化，人们承担自我的义务并享受权利，做什么不做什么，都认可"愿赌服输"。第三，自组织。人们会自发组建各种兴趣或者利益群体，并从容自由地穿梭其中。就如社会学家吉登斯所言，我们生活在一个由"聪明的公民"所组成的世界中。这里的聪明是指人们对他们所处的极不稳定的生活情境的一种回应能力。也就是，不管世界如何变化，我都能且必须适应。

当然，我们不能仅仅戴着乐观的滤镜看自我文化。还应该看到，自我文化也是一种模糊的文化。在第一现代性社会里，无产阶级文化与资产阶级文化之间是清晰的，什么是富人什么是穷人，标准也是明晰的。在第二现代性社会里，自我文化不是一种"非此即彼"的文化，而是一种"亦此亦彼"的文化。举个简单的例子来说，社会最底层与社会最高层并不是相互隔绝的，而是相互重叠的。为自己而活的文化扩大了社会风险。判断并控制某个人的行为方式越来越难了。贝克认为，个体化的社会是没有社会结构的模糊社会。

自我文化加剧了社会的不稳定性，具体来说，有这么几种表现：第一，人们需要持续不断的平衡行动来防止自己跌入危险之中，这种持续的焦虑感变成现代社会的常态。第二，社会地位不稳定也会导致人们有一种希望感，寄希望于下一次会更好。第三，负罪感取代了阶级意识。人们不再相信集体命运，而将贫困、失业等失败转化为个体内心的负罪感。一种前所未有的焦虑氛围随着自由主义弥散开来。

（四）个体化的女性和婚姻、家庭中的个体化

19 世纪时，女性很少有机会去创造自己的生活，她们的天职就是温柔地为家庭而活，社会和家庭对她们的要求是自制和自我牺牲。直到 20 世纪 50 和 60 年代之后，女性受教育的机会开始得到很大改善，因此女性才能够代表她们自己。教育机会改善导致知识增长，为女性带来更多更好的工作机会。通过外出工作，女性不再只是被视作家庭成员（女儿、姐妹、妻子），也是被当作个体的人。女性不再是家庭的核心，不仅被允许有自己的行为，而且被要求有自己的行为。也就是说，"为自己而活"不仅是女性的选择，也是社会对她们的要求。从这个角度来看，女性"被迫独立"，被要求自己处理性爱、怀孕等问题，被要求和男性一样，参与激烈的社会竞争。

20 世纪 50 年代和 60 年代的西方工业社会，所有人都在为家庭大唱颂歌。而从 60 年代末到 70 年代开始，学生运动和妇女运动兴起，传统的家庭结构被强烈反抗，家庭似乎成了日常暴力和压抑之地。而现在，女性不再像

她们前代人一样将婚姻看成是获得经济保障和社会地位的途径。女性可以自由地选择结婚、单身或是离婚。

在传统社会中，家庭主要是由于团结的义务而结合在一起的共同体，但在现代社会中，个人设计生活的逻辑越来越被接受，家庭变成了一种选择性关系，变成了个人的联合，每个人的兴趣、利益、经验和计划都被纳入家庭之中。这就需要人们花费更大的力气才能将不同的人生轨迹结合起来。维护家庭的成本越来越高，家庭的纽带越来越脆弱。除了婚姻之外，人们之间发展出多元化的类婚姻形式，比如非正式婚姻（同居）、单亲家庭或者同性伴侣关系等等。

女性的个体化带来一个现象就是，在婚姻关系中，家庭内部的分工越来越成为紧张、愤恨甚至争执的来源。因为一份工作不仅仅是工作本身，家务劳动也不仅仅是家庭劳动本身，工作与家务都代表着家庭和两性之间的理想。家务分工激发了男女双方深层次的认同、对未来的计划以及自我形象的维护，实际上是风险在家庭内部夫妻之间的分配，由谁放弃经济独立的问题。谁做饭、谁洗衣这些在过去不成问题的问题成了现在家庭中的重要问题，婚姻中的人们越来越感觉孤独了。

贝克认为，危及两性关系的不只是工作，还有认同的维持。这些隐藏着的冲突可能在未来变得更加尖锐，甚至导致新的家庭组织形式的出现。

从这些描述中我们看到，现代性的基本特征已经不再是"自治"，而是自主自决的人生轨迹和道德。人们为自己而活，也为自己而死。同时，个体又必须独自承担风险社会带来的不确定性及其引发的种种社会问题。

三、个体化的未来：社会将变成一盘散沙吗

以个体化为特征的第二现代性并不全是美好和友善，个体化带来了社会的碎片化、"沙化"，也为个体带来了难以承受的焦虑心理。由此，一些文化悲观主义者认为第二现代性是自由过了头，并担心这种"为自己而活"的社会会导致崩溃。其实大可不必如此悲观。贝克认为，自由不会过头；而且，如果想要了解一个国家及其人们能否拥有自由，不能只看该国的宪法，而是去看看该国人民在过度自由（色情作品、年轻人的暴力行为等）的情况下，能否保持沉着应对。简单地说就是，尽管自由也有其丑陋的一面，但这绝非是对自由的否定，而是自由的明证，证明自由确实是属于人，和人一样难免有错。

在这个时代，并非人人都自私自利、逃避义务；恰恰相反，新的价值取向出现了，个人责任(如终生奋斗)、自组织(如依据兴趣和利益建立的社群)和个人政治（如对健康、平等、环保的重视）开始成为分配社会责任和权力的新理念。

以婚姻、家庭为例，我们不能限制所爱之人的自由，但又希望他们爱你。双方都希望对方是自由的，但都被对方束缚了手脚。因此，人们需要像孩子一样学习，学习生活的取予之道，学会如何与他人相处，如何协调我们对自由的要求和对他们的依赖。这将会出现一种新伦理，打破爱和自由之间、个性化和承担义务之间两难困境的新伦理。

这种设法将个体化与对他人的义务结合起来的新伦理体系虽然没有完全建立起来，但在社会的很多领域已经开始展现，例如：在价值观领域，人们并没有完全陷入疯狂追求收入、消费和事业成功的陷阱，越来越多的人认为

支配自己时间的自由比收入增加和事业成功更重要。在基本生活有保障的前提下，在生活由个体自决的时代，时间就是打开对话、友谊、同情、娱乐……大门的钥匙。这标志着人们由追求物质财富向稀缺的非物质资源的转变，这是一种自我取向、生态取向的价值观。

另外，由一些日常生活伦理形成一种"亚政治"现象，一些积极的非政治的青年一代，他们冲破大型机构的束缚，以自组织的方式去关心他人。如各种贫困捐助组织、反家庭暴力组织、亚文化组织等，围绕着食物、身体、性、认同等自由理念组建的非政治团体，其实都具有政治性。

总之，风险虽然处在时代的中心，个体化和全球化也有阴暗面，但是没必要觉得大祸临头，谁知道未来是变得越来越好还是越来越糟？我们不妨开创一种新的思维模式，并为之努力。要看到未来的希望，永远保持乐观。

四、研究应用：个体化与中国社会问题

在中国，尽管贝克的"风险社会"理论的影响更大，但仍然有很多中国学者运用贝克的"个体化"理论来解释和分析当下中国社会的一些情况。其中，代表性的结论有以下三个。

（一）警惕"无公德个人"的出现

美国加州大学洛杉矶分校人类学终身教授阎云翔在《中国社会的个体化》中提出，个体在私人生活领域的崛起，已成为中国改革开放以来最显著的变化。通过对哈尔滨市郊的下岬村进行的人类学研究，他发现，当前的这种个体化是处在政府掌控之下的，私人生活的充分自由与公共生活的严格限

制，最终会导致"无公德个人"的出现。也就是说，在个人生活领域、经济领域，人们能够实现个体化；但在政治领域、社会生活领域，社会结构的控制仍然占据主要地位。个人领域的自由与社会领域的不自由形成了不完全的个体化，这种不完全的"个体化"容易变成反社会的自私自利。新出现的这些变化会将中国带往何处，值得关注。

（二）中国的文化传统使第二次现代性风险降低

厦门大学谢冰露教授认为，中国民众在个体化的过程中不存在从第一次现代性的原有制度上"抽离"之说，而是存在于固有的缺失上。因此中国的个体化对制度的依赖性并不强。中国人自古以来的对"天命"的敬仰和服从，以及一直被灌输的集体主义思想使得个体对外在环境和国家天然产生一种理所当然的顺从。虽然市场化带来的利益极大地动摇了传统价值观，但是这种文化本能根深蒂固。在安全感丧失的情况下，中国个体还是会从内产生一种传统文化力量——这种力量不在于应对外来风险，而是调节自身心态。从这个意义上说，中国的个体化过程使得二次现代性的风险性有所降低。

（三）单靠"个体化"难以完全解释中国现代人生活的变迁

鲁东大学副教授焦玉良认为，在经济和政治领域，我们不能忽视现代性所带来的另一个显而易见的趋势：组织化。所谓组织化，是指在传统的家庭共同体之外出现了大量的功能性社会组织，不仅仅包括国家组织，还包括大量的社会、经济、教育、军事组织等。当家庭的功能转移到这些组织，作为家庭成员的个人开始获得了一个重要的而且非常稳定的组织成员身份：工人、经理人、官员、教师、医生、党员等，这些职业或者政治身份的获得，都意味着个人的组织化。另外，在中国，自20世纪80年代开始，出现了农民工、留守儿童、留守妇女、空巢老人等一系列新生群体以及离婚、外遇、独居、民工潮与民工荒等诸多社会现象，这些都与现代性的组织化趋势所引起的工业化和城市化有关。所以说，中国社会的大量问题并非由"个体化"引起，而恰恰是社会结构变迁的结果。就拿"留守儿童"这个社会问题来说，用"个体化"理论强行解释是行不通的，因为这是由快速城市化、传统家庭的育儿观念以及城乡户口二元制等多种社会结构原因造成的结果。

总之，贝克的"个体化"理论是基于对美国社会发展的思考，对中国社会现代化的发展也有很高的理论参考价值。但由于中国社会的特殊性和复杂性，大量社会现象和问题是不能用个体化理论来解释的。

最后，我们回顾一下本书的主要观点：

1. 当今世界的现代化是一种与工业现代化迥然不同的现代化，是自反性现代化。个体化是自反性现代化的集中表现。

2. 个体化生活是一种"去传统"的生活，是一种"试验性"的生活。社会问题越来越被认为是心理气质上的问题：个人缺陷、焦虑、冲突及紧张。个体直接面对社会的风险和冲突。社会危机变成了个体危机。

3. 个体化的社会是没有社会结构的模糊社会。自我文化加剧了社会的不稳定性，而隐藏在家庭中的两性冲突可能在未来变得更加尖锐，甚至导致新的家庭组织形式的出现。

4. 个体化和全球化虽有阴暗面，但是没必要因此觉得大祸临头，要保持乐观。

扫码收听更多
精彩内容

拓展书单

1. [德] 诺贝特·埃利亚斯：《个体的社会》，翟三江、陆兴华译，译林出版
   社 2008 年版。
2. [英] 齐格蒙·鲍曼：《个体化社会》，范祥涛译，上海三联书店 2002 年版。
3. 阎云翔：《中国社会的个体化》，陆洋等译，上海译文出版社 2016 年版。

The Philosophy of Money

齐美尔《货币哲学》

——探究个体生命在货币化社会中的命运

> 本书的这项研究没有只字片语是国民经济学式的。也就是说，那些国民经济学从一种立场观察的估价与购买的现象、交换与交换手段的现象、生产形式和财产价值的现象，本书将从另一个立足点予以考察。
>
> 货币拥有者的财富自然增值只是我们所说的货币形而上学特质的一个单独的例子而已；这种形而上学特质就是超越货币的任何一种特殊用途，并且，因为货币是终极的手段，这种形而上学特质就是作为所有可能性的价值实现所有价值的可能性。

社会学理论著作《货币哲学》（*The Philosophy of Money*），作者是德国著名社会学家格奥尔格·齐美尔（Georg Simmel，1858—1918）。有学者认为，齐美尔是继马克思之后，又一位在货币研究领域作出重大贡献的学者，他的《货币哲学》对货币的本质进行了深刻的分析，并且对当今人们在货币经济影响下生存价值和生活风格的改变，进行了经典的论述。齐美尔在书中的种种思考，被认为具有一种"地震仪般的精确性"，并且对当今的种种社会现象有着十足的指导意义。

一、创作初心：探究货币对个体生命和社会生活的影响

19 世纪末，在第二次工业革命的带动下，德国的资本主义经济进入了快速发展的时期，然而此时生活在柏林的齐美尔，却对这一变革隐隐感到不安。在齐美尔看来，传统经济方式向现代经济方式的转变，对时代精神和人们的心理状况产生了极大的影响，这些影响中虽然有积极的部分存在，但也不乏一些令人担忧的现象，比如个人特色在事物规律下的日渐式微。在这样的社会背景下，齐美尔萌生了从经济层面研究个体生活的想法，而《货币哲学》就是齐美尔在这方面的研究成果。

在《货币哲学》中，我们可以看到很多关于经济现象的讨论，再加上这颇具迷惑性的书名，人们很容易会下意识地认为，《货币哲学》是一本经济学著作。就连与齐美尔同时代的一些学者，也对《货币哲学》的门类归属捉摸不透，这是因为书中除了有很多关于经济现象的讨论，其中的方法论大体上是哲学层面的，整体的大框架却又是社会学层面的。因此，当这本书问世之时，学界根本不知道应该把它归类到哲学、经济学还是社会学。

事实上，尽管这本书叫作《货币哲学》，但分析货币的社会经济机制并不是齐美尔研究的重点，货币及其制度化的现代发展对文化生活的影响，尤其是它对人们的内在生活和精神品格的影响，才是这本书的主旨所在，而货币以及书中讨论的种种经济现象，只是齐美尔理论研究中类似"媒介"的存在。正如齐美尔在《货币哲学》的前言中所说的那样："在这个问题范围内，货币只不过是手段、质料或实例，用以表现最表层的、最实际的、最偶然的现象与存在最理想的潜力之间的关联，表现个体生命与历史的最深刻的潮流之间的关联。"

从《货币哲学》的行文结构上，我们同样能够看出这本书的社会学本质。《货币哲学》分为分析卷和综合卷两部分，其中分析卷的主要内容是通过"那些承载货币之存在实质和意义的条件出发阐释货币"，而综合卷则是考察货币的历史现象、货币的观念与结构对"内在世界"，即个体的生命情感、个体命运的链接、一般文化的影响。从这里我们可以看出，分析卷中有关货币本质的讨论，是《货币哲学》的研究基础，而综合卷中有关货币对个体生活影响的内容，则是《货币哲学》中理论研究的落脚点，也就是说，齐美尔对货币的研究和分析，最终还是为了对个体生命和社会生活进行解释。

二、研究基础：货币的本质

前面我们说过，分析卷中有关货币本质的内容是《货币哲学》的研究基础，而齐美尔正是在对现代社会中货币的本质进行了分析后，才进一步地讨论了货币对个体生活的影响。因此在开始介绍《货币哲学》的核心内容前，我们需要先解析一下分析卷中齐美尔关于货币本质的观点，以便我们能够更加容易地理解后面的内容。

关于货币的本质，历史上主要存在着两种看法，分别是"货币金属论"和"货币符号论"。"货币金属论"认为，货币是一种商品，而它的价值是由货币材料的价值所决定的，比如金、银等贵金属，就是"货币金属论"中理想的货币；而"货币符号论"认为，货币是所有者用来换取其他商品的一种票券，是使交换得以实现的一种计算符号，其本身可以没有任何内在价值，比如我们使用的纸币，或者银行户头中的一串串数字，就是"货币符号论"的一种体现。

齐美尔对于货币本质的理解，就属于"货币符号论"。齐美尔认为，货币是在交换的过程中发展起来的，而交换就必然会涉及两种商品之间价值的度量。其中，人们为了度量两种商品之间的变化、差别和关系，并不需要这两者存在任何质的同一性，只需要被度量者的比例能反映出度量者的比例就可以了。举例来说，我想用我种的大米去换邻居编的草鞋，这两者一个是食物一个是衣物，并不具有质的同一性，直接交换的话，我们很难确定合理的交易额。但是，只要我们能够确定大米和草鞋与第三者之间的比例关系，那么它们之间的关系也就可以确定了。比如，一双草鞋可以换十个贝壳，而十个贝壳可以换五斤大米，通过大米、草鞋与贝壳之间的比例，我们就能确定大米和草鞋之间的关系。

通过这个例子我们会发现，在交换与价值衡量的过程中，我们需要确定的只是不同商品之间的比例关系，而货币作为交换的媒介，实际上并不需要自身具有价值，也不需要与商品有质的同一性，它只要能够提供两种商品之间的比例关系就可以让交换完成。在这个过程中，货币与商品之间的价值衡量，依靠的不是两者材料价值的对等，而是一种比例性的对等。通过这样的分析，齐美尔得出结论，货币作为交换的媒介，自身可以不具有任何内在价值，这也就是"货币符号论"的观点。

正因如此，齐美尔认为纯粹符号化的货币才是最理想的货币，货币从古至今的发展方向，也是从物质意义货币向功能意义货币发展的过程。在这个过程中，齐美尔认为社会的稳定和公众的信任十分关键。在稳定的社会中，功能意义更强的符号化货币才会有赖以生存的条件，如果社会动荡，人们就会更加偏向于物质意义更强的货币，俗话说"乱世买黄金"就是如此。而对于公众的信任，齐美尔认为有两点非常关键，第一点是公众的信任"既可以是对政府的，也可以是对任何其他能够决定钱币价值与票面关系的人"，第二点则是公众还必须有"对一个经济社会的信任"。简单来说，人们必须确定自己手中符号化的货币能够以同样的价值购买其他商品，才能放心地使用货币，所以公众的信任是货币符号化的基础之一。

在分析卷的最后，齐美尔还对货币在主观心理层面的变化进行了分析。前面我们说过，货币是在交换的过程中发展起来的，可以说货币一开始存在的意义，就是它作为交换手段的性质。而随着货币可支配对象的范围越来越广，人们几乎所有的心愿都可以通过使用货币来得到满足，于是，货币慢慢地获得了绝对的中心地位，近乎成为了当代人心目中的"上帝"。在这种情况下，大部分人都把获得足够多的金钱当成了人生的终极理想，认为金钱是快乐的源泉，人生的意义也与金钱挂钩。这种手段和目标的颠倒使人们迷失了生活的意义，一旦追求金钱的目标得以实现后，人们就会陷入迷茫和失望之中。对于这种情况，齐美尔向人们提出了警告："金钱只是通向最终价值的桥梁，而人是无法栖居在桥上的。"

总的来说，在这一部分中，齐美尔从外在和内在两个方面分析了货币的本质。在客观实践领域，货币成为了一种纯粹的抽象价值符号，而在主观心理层面，货币则成为了人们追求的终极目的，甚至成为了人们心目中的"上帝"。对货币本质的分析是齐美尔货币哲学思想的基础，齐美尔认为，正是货币在现代社会中的内在本质的变化，才导致了现代生活中的一系列问题，而这也是我们接下来要讲的内容。

三、核心内容：货币经济对现代人生存价值和生活风格的影响

在《货币哲学》的综合卷中，齐美尔主要探讨了货币经济对现代人的生存价值和生活风格两方面的影响，不少学者都认为，这部分内容很好地体现出了齐美尔对货币文化相关问题的看法，齐美尔本人也认为，这部分内容是全书的精华所在。下面我们就结合文本，简单分析一下这部分内容。

（一）货币经济对现代个体生存价值的影响

齐美尔认为，货币经济对现代人生存价值的影响，主要表现在"它一方面使一种非常一般性的、到处都同等有效的利益媒介、联系媒介和理解手段成为可能，另一方面又能够为个性留有最大程度的余地，使个体化和自由成为可能。"简单来说，就是货币扩大了个体自由的同时，又给人们带来了平等化的媒介。

对于货币扩大个体自由的方式，齐美尔总结了三个，第一个是货币改变了人们承担役务①的方式。在齐美尔看来，自由与义务总是如影随形的，人类命运的进程，就是奴役与解放、义务与自由不断交替轮换的过程，很多时

---

① 译者在翻译的时候，obligation 一词如果表达的是抽象的概念含义，就会翻译成"义务"，如果表达的是承担义务的人进行的具体活动，就会翻译成"役务"。

候，我们认为的自由事实上只是义务的另一种表现形式。对于人们承担役务的方式，齐美尔根据自由度的不同，又分为了三种情况，第一种是由个人劳动直接负担。这是最压迫人身自由的役务方式，服役者会与繁重的劳作完全捆绑在一起，比如奴隶社会中的奴隶，他需要付出自己所有的时间、精力和体力来参与劳动，并且他的一切劳动所得都归奴隶主所有；第二种役务形式是用特定的个人劳动产品来代替个人劳动，这种形式相比第一种会有所改观，它允许服役者用指定的劳动产品来代替自己承担役务，这样他们就不必再将一切时间和精力束缚在劳作上。比如在封建时代，农民需要在地主的安排下耕作，并且按照事先商定的数量或比例，定期向地主缴纳粮食，相比于前面所说的奴隶，承担役务的农民由此获得了更多的自由；第三种役务形式则是用不限制来源及种类的产品来代替特定的个人劳动产品，简单来说就是实物租税被货币租税所取代，在这一阶段，农民只需要向庄园主缴纳规定的货币即可，农民可以自己决定在土地上种植什么作物，只要他们能按时、按量缴纳货币地租，庄园主就不会关心他们是如何在土地上获得收入的。从前面三种役务方式的转变我们就能看出，随着货币的加入，人们在承担役务的过程中的个体自由也在逐步扩大，这就是货币经济通过改变人们承担役务的方式，来扩大个体自由的情形。

货币扩大个体自由的第二个方式，则是将个体占有财产的方式从实物财产转变为货币财产。齐美尔认为，个体是否会因为占有某些财产而束缚自身的自由，在一定程度上与个体占有的财产性质有关，尤其是当我们占有实物财产的时候，保有财产不仅会对我们自身的能力提出一定的要求，还会对我们的生活造成一定的影响。比如某个人拥有了一家饭馆，为了让这家饭馆运营下去，他就必须要投入一定的时间和精力来进行管理，与此同时，他还需要一些诸如烹饪、采购、宣传的能力，这样才能让饭馆长久稳定地经营下去。由此我们可以看出，当我们占有实物财产时，为了维系财产和我们自身之间的联系，很多时候我们不得不投入大量的时间和精力，这样我们的自由就必然会受限。但抽象的货币财产却不是这样的，当我们收到一笔钱的时候，我们不必为了保有这笔资产而付出时间和精力，也不需要专门去提高自己的某项能力，因此从占有财产的角度来说，货币同样扩大了个体的自由。

货币扩大个体自由的第三个方式，则是人际关系网络的改变。这一点主要指的是货币的出现创造出了一种新型的依附关系，而这种依附关系扩大了个体的自由。举例来说，承担役务的人如果暂时没有足够的资金来保障生产的顺利进行，那么他可以通过抵押贷款的方式来获得资金。在这个过程中，他依赖的并不是具体的某个人，而是在货币经济下衍生出来的一种金融服务，这种服务具体由谁来提供对我们并没有影响，我们可以随意更换和选择提供服务的对象。从这个角度来说，个体的自由也得到了扩大。

从上述的三种货币扩大个体自由的方式我们能够看出，货币之所以能为个体带来自由，关键在于它让人和人之间的关系尽量客观化了。在货币社会中，人们更多地会处于客观的规则之下，而不是他人主观的意志之下，由此人们就感受到了自由。然而齐美尔认为，当货币把个体从各种主观的、确定性的关系中解放出来时，我们所获得的自由实际上也是存在问题的，因为这种自由是消极的自由。在齐美尔看来，真正的自由是指人们既有权利选择做某件事，也有权利选择不做某件事，而不是不做某件事就等于自由。当货币让人们从以往的役务中挣脱出来的时候，如果没有新的内容来填充空白的话，那么这种自由就是不完整的。比如，农民通过货币地租取代了曾经的劳动地租和实物地租，从而让他不再与土地束缚在一起，然而此时因为没有地主的干预，农民也失去了每天的工作内容，这时的他虽然自由，但这种自由不能帮他指明未来的生活方向。由此齐美尔认为，货币给个体带来的自由，实际上是一种消极的自由。

说完货币对扩大个体自由的影响，我们再来说一说货币对平等概念的影响。在前面有关货币本质的内容中我们提到过，凭借着衡量事物价值的有效性，货币成功地在价值世界中获得了统治地位，各种性质千差万别的事物，都通过货币在价值层面上得到了统一，因为通过价格对比，我们就能很轻松地衡量各种事物的价值。

在这个过程中，事物本身某些特殊的因素很容易被人们所忽略，尤其是那些金钱无法表达的因素。这背后的原因，是由于货币经济的盛行，人们总是会依据货币价值对各种事物进行估价，久而久之货币价值就会成为唯一有效的价值了，而人们也就更加容易与事物中那些与货币无关的意义擦肩而过了。

这一点在齐美尔看来是十分可怕的，因为就货币本身而言，它只是一个纯粹的交换媒介，抛却这一概念后，货币便与"高雅"一词毫无关系了。然而那些特殊的、有自身价值意义的事物，在经过货币的衡量后，却很容易就会被人们忽视掉它们自身的特殊价值，哪怕这些特殊价值才是真正宝贵的东西。可以说，货币总能兑换到近乎所有物品的现状，让很多事物损失了本身的特殊价值。而对于人们来说，也会因此变得越来越麻木，因为人们想要得到的任何东西几乎都可以通过货币来获得，人们对事物价值的衡量也只是值多少钱而已。这种千篇一律的对待方式，只会让人们越来越无法感受到事物本身的价值，从而成为金钱的奴隶。

另一方面，货币除了会遮蔽事物本身的价值，它也会遮蔽人的价值，因为与事物的特殊价值类似，人类的劳动价值也无法仅仅依靠货币来计量。首先，当劳动者在提供劳动产品的时候，除了报酬之外，人们常常也会希望自己的劳动能够得到人们认可。比如一位歌手在演出的时候，除了出场费外，他肯定还会希望得到观众的赞赏；画家在出售自己的画作时，除了酬劳之外，他肯定也希望自己的作品能够受到别人的赞誉。总之，除了金钱，劳动者还希望获得他人的承认，这是金钱无法表达的。

其次，金钱成为人的价值的等价物，是对人的个性和尊严的藐视。对于个人来说，诸如价值观、个性等个人价值，本身是不适合用来相互比较的，然而在货币经济的影响下，人的价值也逐渐变得客观化和物质化，这会让我们的生活慢慢失去个性。当我们为了金钱牺牲掉个人价值，并且没有收到任何超出物质之外的回报时，就会对工作以及生活产生厌倦感。比如在生活中，很多人即便拿着可观的工资，但因为从工作中感受不到成就感，最后还是选择了离职，背后的根源就在于货币对人的价值的掩盖。

总的来说，货币对现代个体生存价值的影响，主要体现在扩大个体自由、平衡人和物的价值两个方面。首先，货币使人们从束缚自己的役务方式、财产占有方式和社会关系网络中解放出来，看似实现了自由，但齐美尔却认为这种自由是消极的，它使人们失去了真正有意义的东西；其次，货币在价值社会拥有了统治地位，人的价值和物的价值都开始通过货币来进行衡量，客观的标准似乎意味着平等，但这却是对人和物特殊价值的贬低。

（二）货币经济对现代人生活风格的影响

货币经济对现代人生活风格的第一个影响，是让理性主义成为了社会生活中的主流价值观念。齐美尔认为，在货币经济还未发展起来的时候，情感才是占据主导地位的精神力量，而随着货币经济的兴起，理性的力量在社会生活中取得了压倒性的优势地位。

对于这一现象，齐美尔总结了两点原因，第一点是在货币从手段变为目的的过程中，情感发挥作用的次数变少了。举例来说，在原始社会中，人们生活的主要目标是获取食物、保障自身安全，这些需求比较容易满足，人们达成目标的次数会比较频繁，因此情绪上感到振奋的情况也会比较多。而在现代社会中，货币让人们达成最终满足的时间变得无比漫长，因为货币将许多毫不相关的需求联系在一起，很多时候一个需求的成果会成为另一个需求的准备基础，比如为了买房买车而努力赚钱。在这个过程中，货币从手段慢慢变为了目的，而许多真正的目的却降格成了手段，还是以买房买车为例，因为房、车的货币价值与工资收入的货币价值太过悬殊，很多人奋斗多年之后已经忘了自己最初的目标，只记得一心赚钱，实际上一开始，我们只是希望过上安稳舒适的生活，结果却在这个过程中让我们自己疲惫不堪。货币逐渐将个体和生活联结在一张大网中，而情感则慢慢被排斥在这张网络之外，最终我们只会在生活的转折点和终极目标上看到它的身影。

第二点原因则与货币的无特性（不会与其他事物相互排斥，没有特性）和客观性有关。货币可以不带任何的主观色彩，并且一视同仁、机械客观地反映事物的价值；而理性的思维同样能够适用一切事物，并且不带偏见地为事物提供同样的服务。在处理矛盾的时候，货币和理性也同样会表现出相似的特质，无论是情绪对峙还是学术讨论，通过理性的思维都可以得到很好的解决，而货币在利益冲突中，也为和解提供了基础。在前面有关货币本质的内容中，我们就曾提到过货币因为它的客观性，再加之货币的价值在社会上占据统治地位，而与货币特征相似的理性特质，自然也就在现代社会占了上风，毕竟多愁善感的人更容易受到周遭环境的影响，而理性的人却能够客观、理智地看待问题，从而更好地解决问题。由此我们可以看出，现代人的理智至上的思想与货币经济的发展是密不可分的，正是因为货币的无特性、客观性，以及从手段变为目的的种种过程，造就了现代人理性至上的观念。

货币对现代人生活风格的第二个影响，是"文化悲剧"危机。所谓"文化悲剧"，指的是现代社会中客观文化对主观文化越来越有压倒性的优势，在这个过程中，人类自身的特性逐渐消失，慢慢湮灭在无限扩展的客观文化之中。所谓客观文化，就是人类通过生产劳动创造出来的产品，其中既有物质形式的工具、材料，也有精神形式的艺术、宗教；而主观文化指的就是我们创造、运用、吸收客观文化的能力。

在齐美尔看来，主观文化应该是重中之重，因为它是衡量主体利用客观财富和成就的尺度；而客观文化虽然是主观文化存在的前提，但因为并不是所有客观文化都能被主观文化吸收利用，所以客观文化可以部分地独立于主观文化之外。简单来说，客观文化中难免会有一些落后工具或者思想，比如手机出现后就销声匿迹的 BB 机，以及封建社会中三从四德的思想等。我们不能保证三从四德的思想能从社会上杜绝，但只要坚持主观文化的核心地位，我们就不用担心某些客观文化会对社会产生什么恶劣影响。

然而齐美尔认为，在现代社会条件下主客观文化之间的理想关系似乎已经无法实现，并且两者还面临着对立的情况。在齐美尔看来，现代社会中客观文化已经达到了极高的程度，比如日新月异的科技产品、交通工具等，但主观文化却没有取得相应的进步，甚至还发生了倒退。比如工人们虽然能够熟练地使用机器进行生产劳动，但他们对于机器的构造和原理却并不了解，也不感兴趣。

齐美尔认为，主客观文化之间的对立和分化，原因主要在于劳动分工。劳动分工的出现割裂了主体的统一性，由此出现的专门化的生产劳动则让人无法自由且完整地发展。简单来说，因为劳动分工，劳动者只需要从事整体劳动中的某个环节就可以了，这样虽然能够让劳动者的身心能力和技能得到提高，但对于劳动者整体主观文化的提升却是毫无价值的。

总的来说，货币经济给人们的现代生活带来了理性主义的特征，在这个过程中，情感的力量逐渐衰落，人们开始习惯用理性而不是情感来思考问题。同时，货币经济还带来了"文化悲剧"，即主观文化与客观文化之间的对立分化，而产生这一现象的主要原因则是劳动分工。

四、研究应用：以齐美尔和马克思的思想对比为主

在查阅了有关《货币哲学》的学术专著以及文章后我们发现，目前我国学者在对齐美尔的货币理论进行研究时，常常会将注意力放在齐美尔与马克思二人的思想对比上。比如在《现代性社会理论绪论》一书中，作者就探讨了齐美尔和马克思货币理论的异同，他认为在马克思的理解中，货币是一种商品，是作为资本存在的，而在齐美尔看来，货币则是一种文化表征。齐美尔在《货币哲学》中，从文化生活的角度对货币进行了探讨，而马克思却没有对这方面的内容进行过分析，所以从某种程度上说，齐美尔的理论弥补了马克思理论在这一方面的缺憾。

而发表于《吉林大学社会科学学报》上的文章《论马克思社会理论的当代效应——以西美尔〈货币哲学〉为案例》，则对齐美尔和马克思的理论关系进行了更加深入的分析。作者认为"齐美尔的货币哲学是马克思历史唯物主义的一种 理论效应"，齐美尔的理论工作，是在马克思的历史唯物主义的基础上开发出来的，如果"没有马克思的经济结构分析，齐美尔文化体验分析的问题起源与学术背景都是不可理解的"。

而在《齐奥尔格·齐美尔：现代性的诊断》一书中，作者则认为《货币哲学》是与马克思"理论对话"的产物，他认为"马克思对齐美尔的影响清晰可见"。同时，作者认为齐美尔的思想在一定程度上也对马克思的思想进

行了补充。

总的来说，对齐美尔和马克思的思想进行对比，是目前国内对齐美尔较为主流的研究方向，而研究的结论基本上是认为，齐美尔的《货币哲学》关于现代生活的分析是对马克思《资本论》的补充，而马克思的政治经济结构分析，则为齐美尔的货币理论思想打好了基础。对于想要了解齐美尔和马克思的理论有何关联的朋友，上述的著作和文章值得一读。

除此之外，关于货币给现代社会带来的种种危机如何解决的问题，齐美尔在书中也并没有给出明确的答案，这一点也可以成为我们的研究方向。悲观的齐美尔认为，在这个逐渐货币化的社会中，人们终究会被自己的贪欲所吞噬。无法摆脱追求物欲的我们，只能沉溺于痛苦和迷茫之中。相对于齐美尔的悲观，学术界也有很多学者在积极地探索个体突破货币困境的方法，例如德国哲学家黑格尔在《法哲学原理》一书中，就把国家看成了个体自由的真正保障，他认为只有在国家中，个体意志才能真正摆脱主观性，实现主客观文化的统一。包括齐美尔晚年提出的"个体法则"，也认为依靠个体的自觉和坚守，就能够实现个人意志的完整性。感兴趣的朋友，可以结合众多学者对于货币经济困局的理解，给《货币哲学》中悬而未决的问题一个答案。

最后，我们来总结一下《货币哲学》的核心要点：

1.《货币哲学》的创作初心，是为了探究个体生命在货币社会中的命运。齐美尔认为，传统经济方式向现代经济方式的转变，对时代精神和人们的心理状况产生了极大的影响，这其中不乏消极的影响存在。为了了解经济方式的转变给人们带来了哪些影响，齐美尔萌生了从经济层面研究个体生活的想法，《货币哲学》就是这一想法的产物。

2.《货币哲学》的研究基础，是货币的本质。在这一部分中，齐美尔从外在和内在两个方面分析了货币的本质。在客观实践领域，货币成为了一种纯粹的抽象价值符号，而在主观心理层面，货币则成为了人们追求的终极目的，甚至成为了人们心目中的"上帝"。对货币本质的分析是齐美尔货币哲学思想的基础，齐美尔认为，正是货币在现代社会中的内在本质的变化，才导致了现代生活中的一系列问题。

3.《货币哲学》的核心内容，是货币经济对现代人的生存价值和生活风格的影响。货币对现代个体生存价值的影响，主要体现在扩大个体自由、平衡人和物的价值两个方面。货币对生活风格的影响，是给人们的现代生活带来了理性主义的特征，在这个过程中，情感的力量逐渐衰落。同时，货币经济还带来了"文化悲剧"，即主观文化与客观文化之间的对立分化，产生这一现象的主要原因是劳动分工。

4. 目前国内学者对《货币哲学》的研究，主要集中于齐美尔与马克思二人的思想对比上。大部分学者得出的结论，都是齐美尔的《货币哲学》关于现代生活的分析是对马克思《资本论》的补充，而马克思的政治经济结构分析，则为齐美尔的货币理论思想打好了基础。除此之外，关于货币给现代社会带来的种种危机如何解决的问题，也可以成为我们的研究方向。

扫码收听更多
精彩内容

 **拓展书单**

1. [德] 格奥尔格·齐美尔:《金钱、性别、现代生活风格》，顾仁明译，华东师范大学出版社 2010 年版。

2. [德] 格奥尔格·齐美尔：《社会是如何可能的：齐美尔社会学文选》，林荣远译，广西师范大学出版社 2002 年版。

3. [德] 格奥尔格·齐美尔：《社会学》，林荣远译，华夏出版社 2002 年版。

4. [德] 格奥尔格·齐美尔：《现代人与宗教》，曹卫东译，中国人民大学出版社 2003 年版。

5. [德] 马克斯·韦伯：《经济与社会》，阎克文译，上海人民出版社 2010 年版。

6. 刘小枫：《现代性社会理论绪论》，上海三联书店 1998 年版。

7. 成伯清：《齐奥尔格·齐美尔：现代性的诊断》，杭州大学出版社 1998 年版。

福柯《规训与惩罚》

——权力如何对社会进行监督

> 我们此时已远离刑轮、绞刑柱、绞刑架、示众柱星罗棋布的酷刑国度，我们也远离大约五十年之前改革者的梦想——惩罚之城，其中，数以千计的小舞台展示出无限丰富多彩的司法表演，在装饰过的断头台上精心制造出的惩罚将构成刑法典的持续节目。
>
> 相反，法庭外在于和从属于监狱。监狱占据着中心位置，但它不是茕茕孑立，而是与一系列的"监狱"机制相联系。这些机制都是用于减轻痛苦，治疗创伤和给予慰藉的，因此表面上与监狱迥然有异，但它们同监狱一样，都往往行使着一种致力于规范化的权力。……所有这一切都是为了制造出受规训的个人。

米歇尔·福柯（Michel Foucault，1926—1984）的《规训与惩罚》（*Surveilier et Punir*）中文版，由生活·读书·新知三联书店于 2003 年出版。作者米歇尔·福柯是 20 世纪极具反叛精神的法国哲学家、思想家和历史学家之一。1961 年福柯获博士学位，1970 年起任法兰西学院（该机构是法国的学术殿堂）思想系统史教授，他的主要代表作有《疯癫与文明》《词与物》《知识考古学》《规训与惩罚》《性经验史》等。在西方哲学史流派中，福柯属于"后结构主义"的代表之一。这一流派有着强烈的解构特征，这里的解构指的就是对传统的一些观点进行反抗。在这本书中，福柯的贡献主要在于他从历史发展的维度，关注知识与权力的关系，权力如何体现出来？权力和一些规训的手段是怎么继续结合的？而《规训与惩罚》一书就是关于权力和规训手段的结合在监狱里是怎么发生的。虽然这本书出版时间较晚，但福柯本人却坚持称它为"我的第一部著作"，所以，这本书在福柯本人学术生涯中的分量还是很重的。

那么福柯为什么要写《规训与惩罚》这本书呢？这本书的写作线索是什么？福柯本人在书中体现的核心思想又有什么？对于日常从事研究与写作的人来说有何值得借鉴之处？

一、研究初心：从小监狱看大社会

《规训与惩罚》一书可以说是颠覆了我们对监狱的传统看法。其研究初心源于福柯两方面的兴趣：一是想认识政治权力的真实面貌；二是对监狱的研究兴趣。作者福柯在 1971 年时创立了一个组织，名叫监狱信息小组。这个小组是做什么的呢？是对当时法国监狱进行了解，向当时的法国民众介绍犯人们在监狱里的生活情况，想通过这样的方式了解监狱、研究监狱，进而改造监狱。福柯本人在这个过程中也是呕心沥血、身体力行，亲自拜访了法国大量的监狱和监狱里面的工作人员、犯人们，也和犯人的亲戚、家属、朋友等进行了多次接触。同时，福柯本人也一直在阅读历史上关于监狱制度的大量著作与文章。但是，尽管福柯身体力行地进行着调查与研究，但不幸的事最终还是发生了，这个与本书有着很强关联性的监狱信息小组最终被政府封杀。虽然这个监狱信息小组被封杀了，但这个小组的存在为《规训与惩罚》的诞生起到了巨大的推动作用。

福柯一直都没有一个固定的"称号"，他可以是哲学家、历史学家或者是社会学家。原因在于福柯在巴黎高等师范学院求学时，涉猎的范围极广，毕业后从事的各种各样研究中，也有着很强的跨学科性。在写本书之前，福柯对疯子、病人、同性恋、罪犯等处于社会边缘群体的人进行过研究，也可以说福柯主要的研究对象就是那些不太被人们关注的群体。福柯本人认为，要想真正地认识到政治权力的真实面貌，仅靠泡在书海里阅读大量的文献、著作资料是远远不够的，我们需要关注政治和社会权力怎么把一个个体变成符合社会法则的人，怎么一步一步地实施着权力渗透的原则，怎么一次又一次地监视着、改造着每一个人。有一句我们熟知的名言，"监狱是一个小社会，社会是一个大监狱"，这句话集中概括了《规训与惩罚》竭力想表现出的思想。

二、研究主线：酷刑的消失与监狱的产生

福柯在写作《规训与惩罚》的时候是按什么主线来写的呢？他是按两条

主线来写作的，这也可以被看成是福柯写作本书的两条大动脉，贯穿全书始终。一是酷刑逐渐消失；二是监狱逐渐产生。这两条主线并不是毫不相关的，而是相互纠缠在一起的。福柯分析了 17、18 世纪的惩罚方式，那时君主掌握着一切，权力集中在国王、神职人员和一些权贵手中，可想而知，那时的惩罚方式主要就是酷刑。到了法国大革命时期，那些极为残暴和血腥的场面开始逐渐消失，一种比较温和的惩罚方式开始了。到 19 世纪初时，权力已经从君主、国王等人的手上转移到了中产阶级的手上，比如说像一些企业家、知识分子、律师等职业的人，这时候惩罚的方式更加温和，随着相应的法律制度的建立，监狱作为一种制度下的产物也开始出现在大众的视线里。

三、研究思路：从文献到实地

首先，福柯的研究思路是从文献到实地。在描写那些非常残暴和血腥的酷刑时，福柯本人也泡在了各种各样的资料、论文、著作里，他孜孜不倦地去翻阅、去查找、去考证每一个历史时期下对犯人是怎么进行处置的。当然，我们也都知道，做研究不能仅仅是泡在书房里找资料，还要去现场走一走、看一看、问一问。福柯本人就是这样的，他走访了许多法国监狱，他和监狱里面的工作人员、犯人、犯人的亲戚、家属、朋友等进行了多次接触。正是由于这样的一次次接触，福柯对监狱的产生有了更深的思考。所以说，福柯对监狱的研究不仅仅停留在书本知识上，还有大量的实地考察和调研，这些过程可以被看作是进入研究现场收集田野资料的过程，也是质化研究中做田野研究的研究人员必不可少的重要步骤。

其次，福柯的研究思路是先解构再建构，为什么这样说呢？之前我们已经介绍过，福柯是后结构主义的代表人物之一。他有着强烈的批判精神，他反对传统的、主流的、已经深入人心的观点，力图通过自己的努力去寻找与传统观点不一样的结论。所以，他必须先解除掉原先的那个固有结构，然后通过自己的研究再进行建构。就好比我们想要在一个废弃的烂尾楼地区建一幢新楼，我们必须把原先的烂尾楼先拆除，把里面的一些废弃物品先扔掉，把土地夯实平整，清理干净，之后才能开始打地基，建造一幢新楼。这个道理在福柯的写作中也是如此。这样的一种研究思路特别值得我们借鉴和学习，其实，我们在日常的研究和写作中很少会去大胆地解构掉传统的观点，我们甚至都不会怀疑已有文献资料的真实性和可靠性，更不用说敢于去否定掉已有文献的观点了。

从文献到实地，从解构到建构是福柯写作《规训与惩罚》的研究思路。他通过查阅文献、实地考察等方式先解除掉了原先的传统观点，继而重新建构了自己的研究。

四、核心思想：无孔不入的政治社会权力

《规训与惩罚》这本书分为四章，分别讲述了酷刑、惩罚、规训和监狱。整本书想要传达出来的一个核心思想就是：监狱是一个小社会，社会是一个大监狱。我们可以尝试着这样来理解，监狱作为一种制度的产物诞生后，里面的犯人、监狱长、工作人员之间的互动其实就是一个典型的小社会的样子。

而我们生活在社会中，这个社会里面的人与人之间的互动其实类似监狱

里的样子。有些人可能会问了，为什么我生活的这个社会类似监狱呢？那这样说岂不是表明我时时刻刻被监控着、被别人管着吗？没错，福柯就是想表达这一核心思想，整个大社会的运转都像监狱一样，政治社会权力无孔不入，无处不在。只要我们生活的地方，到处都有着监视和管制。举个城市生活中的简单例子，在我们生活的小区里、学校里、出门上班的路途中，到处都有监控录像，这些监控录像所拍摄的画面最终都会被传到司法机构的控制大屏上。那些闯红灯、在小区里闹事、偷东西的人就会被立刻识别出来并受到一定的处罚，这里的处罚有可能是罚款，有可能是拘留，也有可能是直接移送司法机关处理。那么普通人不就被监控了吗？我们的手机、定位、电话号等在不同场合、不同时间段被记录着，难怪现在都说网络社会越发达，使用网络的人就越没有隐私。这个通俗的说法用福柯的核心思想来解释也是可以的。要真正弄清楚福柯的这个核心思想，我们必须要对书中的一些核心概念进行了解。下面我们主要来看三个核心概念，一是惩罚；二是规训；三是全景敞视。

　　首先，这里的"惩罚"说的是一种普遍的惩罚，要想实施惩罚，一方面要去除酷刑，一方面要遵循实施惩罚的原则。随着历史的发展，那种用马分尸、直接砍头的酷刑实在是过于残暴和血腥。当社会和政治权力不再是国王和君主的专属特权时，惩罚就会变得更加温和一点。之前是一种旧的君主专制的时代，可想而知，最大的权力在君主和国王的手上。那时候的酷刑其实不仅仅是一种处理犯人的惩罚方式，还是一种仪式。通俗一点来说，就是杀鸡儆猴。通过这样的一种对犯罪者进行严厉的肉体上的折磨，让观看者乃至整个城邦里的人都不想犯罪。如果自己犯罪了，是要被砍头的，这种威慑力在当时是非常必要的。

　　如果说酷刑是一种折磨肉体的惩罚方式，那么对人慢慢减少使用这样的方式其实是一种进步，随着历史的向前发展，我们开始尊重人格了。当个体慢慢地演变成一个权利主体的时候，惩罚就不是那种残暴和血腥的场面了，而是变成了具有被操纵行为的表象。这是什么意思呢？这是说当一个人犯了罪以后，他面临的可能不是直接被粗暴地捆起来送到监狱去，而是有了审判和量刑的环节，也就是说，会对犯罪者的行为进行一种审视和讨论，然后再作出惩罚的决定。肉体的折磨变少了，对人的一种控制和约束却慢慢加强了。

监狱里的犯人要进行劳动，要每天按时起，按时劳动，按时吃饭，按时睡觉，他们的生活有着非常严格的时间制度和空间场所。比如说，十一点到十二点这一个小时，所有的犯人必须出来在哪块空地上排队，等饭吃。对于他们来说，时间是被规定的，必须服从，空间也是被规定的，也必须服从。

其实，这样一解释，我们就不难理解福柯为什么要说社会就是一个大监狱了，原因在于社会中许许多多的现象和监狱里一直奉行的严格的时间制度和空间场所是一致的。比如说，当我们入职某一家公司的时候，我们是不是要严格遵守公司的规章制度，要服从各种各样的守则，像办公室守则、值班制度、考勤制度、请假制度、调换班制度、轮休制度等，各种各样的制度其实都是一种严格的时间控制和空间限制。联想到这些，你有没有发现生活中仿佛到处都有这样的限制呢？

其次是规训这个概念。规训是为了训练出听话的、有纪律的身体。规训作为一种手段，有着层级监视、规范化裁决、检查这三个方面。

先来看看规训手段的第一个方面：层级监视。层级监视是金字塔形的，这是因为金字塔形的监视可以形成一个网络，同时也有一定的层次性。举个例子来说，当我们需要对犯人监视的时候，监狱长、巡逻的警察、监狱里的各种监控摄像头都处在不同的层级上面，他们都对犯人起着监控的作用。可能监控摄像头是处于最底层的，是普遍都用到的一种监视手段，而监狱长的位置可能是在最顶层的，因为他需要对整个监狱里的管理进行系统的安排。正是由于这样的一种金字塔形的监督，规训权力成了一种丝毫不掩饰的权力。不掩饰是因为这种规训权力不需要躲躲藏藏，它可以直接把自己暴露出来，它无处不在。同时，这样的权力还会特别小心谨慎。因为只要稍不注意，这种规训一旦出错了或者失效了，那将会造成无法想象的后果，比如说，犯人越狱逃跑、监狱内发生大规模暴动等等。正是为了防止发生这样的暴动和混乱的现象，所以监狱里必须要有纪律，纪律可以维持稳定，可以让犯人们趋于安静，以免发生大规模的混乱。

接下来看规训手段的第二个方面——规范化裁决。这里的规范化裁决是说在每一种规训系统中，都有一个小型的处罚机制，纪律就是处罚机制之一。怎么去理解这句话呢？比如说，在学校里，小学生都必须按照老师的要求坐好，双手叠加着平放在桌子上，身体要挺拔，眼睛要看着老师，这是小学生上课的最常见的姿势。那么如果有学生没有这样做的话，他就要被老师提醒，情况严重的要被惩罚。所以，上课要有上课的样子，上课就是要端坐着就成了课堂纪律。这种课堂纪律可以减少同学们之间坐姿不一样的问题，可以花最小的力量让所有来上课的学生都保持着同样的身体姿态。一旦有谁违反了，那就要受到纠正，以保持和其他学生一致。这就是纪律的建立。

在纪律的建立过程中，必须要明确什么是标准，谁不按标准来谁就要受到惩罚，谁要是遵守纪律，谁就会被奖励，因此，这种惩罚和奖励会无形之中增加纪律的效果，久而久之，这种纪律成了一种制度被建立起来。

接下来看一下检查，检查这种行为把上面所讲的层级监视和规范化裁决结合到一起了。是不是每个人都可以检查别人呢？当然不是，检查代表的是一种权力，只有拥有权力的人才可以实施检查，否则是没有资格去实施检查的。在检查的过程中，每个被检查的人都是一个独立的个体，他要被从上到下，从里到外检查分析一遍，这刚好是规训的要点所在。

规训作为一种手段，一定需要检查这种方式。原因很简单，如果没有检查的这种行为，层级监视和规范化裁决怎么被发现呢？我们还是用上面的学生例子来说，如果有学生在课堂上违反了课堂纪律，没有好好坐着，这时教师是不是要抬头扫视全班学生才能发现是谁违反了纪律？那么教师抬头、扫视的这一系列的行为就是检查，检查是不是上课时全班学生都坐好了。缺少了检查，层级监视和规范化裁决就不能被发现。

最后我们来谈谈《规训与惩罚》这本书中提到的全景敞视。我们先来看一下什么样子的建筑是全景敞视建筑。比如说，瞭望塔有一圈大窗户，对着环形建筑。环形建筑被分成许多小囚室，各囚室都有两个窗户，一个对着里面，与塔的窗户相对。另一个对着外面，能让光亮从囚室的一端照到另一端。我们需要做的就是在中心的瞭望塔里安排一名监督者，在每个囚室里关进一个囚犯。这样的话，站在瞭望塔里的监督者可以看到囚室的一切，可以起到很好的监视作用。这样的一种设置，这样的一种建筑我们就称它为全景敞视建筑。全景敞视建筑是一种分解"观看/被观看"二元统一体的机制。我们可以这样来理解，在建筑物的环形囚室里，人可以被观看，但看不到其他人。反而，在中心瞭望塔里的那个人可以看到一切，但不会被别人看到。

全景敞视建筑的机构不需要什么铁门铁链，只要有一种制度就可以了。犯人们都被关进一个个小房间里，互相之间是隔离的，但隔离并不代表犯人们想做什么就做什么，而是说这样的一种隔离会让他们时时刻刻更加方便地被监视着。这里的全景敞视建筑其实仔细想一想，在我们日常生活中也是到处可见的，比如学校里、工厂里、车间里等。

全景敞视建筑虽然对人进行了监视，但这就代表着全景敞视建筑的作用都是消极的吗？其实不一定，全景敞视建筑有一种好处，就是这种建筑的设计可以提高生产的效率，促进经济的发展，加快传播教育的速度。为什么这样说呢？举个简单的例子来说，在车间里如果采用了全景敞视建筑的设计，那么每一个工人其实都被监视着，但这样的监视对于整个车间的流水作业来说，是有好处的，可以大大加快车间的运行效率，可以帮助整个车间生产出更多的商品。全景敞视建筑不仅仅是建筑学上的一次创新，也是治理社会思想的一次创新。通过这样的一种全景敞视建筑，我们可以发现周围的社会似乎都遵循着全景敞视的原则。

从这里我们就可以理解，福柯所说的社会就是一个"大监狱"的核心思想。我们的社会不是一个到处都透明，到处都公开的社会，而是一个大多数人被监视的社会。这和福柯的核心思想："监狱是小社会，社会是大监狱"的观点是一致的。

五、研究启示：对边缘主题的大胆尝试

《规训与惩罚》这本书对我们从事研究的人来说，主要有以下几个启示：一是关注边缘主题，挖掘已有研究资料；二是认真审视自己拟定的研究题目和研究设计；三是学习福柯的研究精神，大胆尝试解构并建构自己的学术研究。其中第一个要点，关注边缘主题，就是那些别人不太关注的，而你自己觉得比较有潜力或者对它特别感兴趣的那些题目，在研究这类主题时，我们应该充分挖掘已有的研究资料，比如说，我们每个人做研究时，总要面对自己学科领域内的种种选题，有的是自己选择的，有的是导师给的，也有的是为了完成课题任务。不管是出于什么样的内在动力还是外在压力，每一位研

究者都要去完成选题这个事情。选题甚至直接决定了你的研究是否具有一定的创新性和新颖性。所以，选题确定之后，千万不要沾沾自喜，而是要通过查找文献的方式来确认这个题目的价值性和可行性。

第二个要点，是要认真审视自己的题目和研究设计，如果之前通过大量的文献资料已经确认了这个题目有一定的价值性，也可以实际操作，那么就赶快进入研究设计的层面。这个时候，一定要想清楚自己研究的目标是什么，自己想要按什么样的方式来收集资料、分析资料，有没有更好的方法。此时，一定要多问自己：为什么我要这样做？为什么我不能那样设计？提问题，可以带来思考，也可以让我们对自己拟定的题目有一种亲切感。

第三个要点，就是要尝试解构掉我们脑海中早就存在的一些传统的、主流的看法，逐渐通过研究的过程来建立自己的研究成果。比如说，当我们认真确定好选题后，就需要做大量的文献资料的收集工作，通过这些工作，我们会发现传统理论中的一些共同点和不同点：共同点是否还适合现在的情况？这是需要我们自己去思考、去处理的一个问题。如果不适合，我们应该如何进行调整，如何进行二次创造，从而可以让整个传统观点适合我们现在的情况。这里的解构并不是说完全要把所有的资料放在一边，不去查阅，而是说在认真研读的基础上，调整原有理论，使理论和我们的选题有更好的适宜性。这也是在选择理论进行研究设计时必须要注意到的一点。等到研究设计定好了之后，我们还需要通过在实际的情境中进行调查、收集资料，一步一步地构建出我们自己的研究结果。这就是建构的过程。

接下来我们对本书的解读进行总结：

1. 福柯写这本书的研究思路是从文献到实地、从书本到反思、从解构到建构，这种解构中建构的思路特别值得我们学习，从书本中跳出来看书本，从传统的观点到研究者自己的解读和创造，这个过程其实就已经是在进行建构的工作了。可以说，对原有的文献资料的文本进行诠释也是一种建构的过程。

2. 我们主要了解了这本书的三大核心概念：惩罚、规训和全景敞视。正因为在不同历史时期的惩罚方式、惩罚制度不一样。所以，从传统的酷刑到一种操控身体的技术，慢慢再演化成规训的手段，这样的一种变化过程是福柯长期在考察法国监狱的过程中逐渐发现的。也正是由于规训的一步步加强，通过全景敞视的这个原则，我们的整个社会都变成了像监狱一样的社会。

3. 跳出书本，我们可以发现这本书对于我们日常进行研究和写作有以下几方面的启示：首先我们应该关注边缘主题，充分挖掘已有研究资料；其次，我们应当认真审视研究题目，并且在充分研读资料的基础上认真思考自己的研究设计；最后一步也是最为困难的，同时也是最有挑战性的，就是要逐步尝试建构自己的研究。

扫码收听更多
精彩内容

　拓展书单

1. [法] 米歇尔·福柯：《疯癫与文明》，刘北成、杨远婴译，生活·读书·新知三联书店 2019 年版。

2. [法] 米歇尔·福柯：《知识考古学》，董树宝译，生活·读书·新知三联书店 2021 年版。

3. [法] 吉尔·德勒兹：《德勒兹论福柯》，杨凯麟译，江苏教育出版社 2006 年版。

White Collar : The American Middle Classes

米尔斯《白领：美国的中产阶级》

—— 属于凡夫俗子的时代来临

> 然而，正是在这个白领世界里，我们才能找到 20 世纪生活的主要特征。由于他们在数量上日益表现出来的重要性，白领职业者已推翻了 19 世纪认为社会应由企业主和工资劳动者两部分人组成的预测。由于其生活方式的大众化，他们已改变了美国人的生活气息及其感受。在最为公开的形式中，他们传递和体验着许多具有我们这个时代特征的心理问题。不管采取哪种方式，任何位于主流中的理论派别都不会把这些问题漏掉。
>
> 工作可能仅仅是一种谋生的手段，也可能是一个人内心生活中最重要的一部分；工作可以被视为服苦役，也可以被看成是内涵丰富的自我表达；它可以成为沉重的负担，也可以成为人类共性发展的结果。对工作的热爱和仇恨都不是人类生来就有的东西。工作本身并没有内在的特定含义。

《白领：美国的中产阶级》（*White Collar：The American Middle Classes*），首次出版于 1951 年，是美国中产阶级研究的经典著作，对美国中产阶级的发展历史及其政治、消费、文化等方面的特点进行了全景式描述与分析。随着我国经济和社会的发展，尤其是 21 世纪以来，中产阶级逐渐成为大众传媒中的热门词汇，而社会科学研究者则关注更为细致的问题——中国有没有中产阶级？中国的中产阶层是由哪些人构成的？中国的白领有什么样的特点？在这样的背景下，人们往往把眼光投向对美国中产阶级研究的成果，希望从中可以获得启发。

本书的作者是莱特·米尔斯（Charles Wright Mills，1916—1962），哥伦比亚大学教授，20 世纪美国杰出的社会学家与知识分子，也是文化批判主义的主要代表人物之一。除了《白领：美国的中产阶级》之外，中国学术界影响很大的《社会学的想象力》也是米尔斯的名著。

接下来，我们将从研究背景、研究思路、主要观点、研究启发等四个方面来为大家解读这本书。

一、研究背景："独立英雄"的日渐消亡

在社会学领域，通常将美国等西方发达国家的社会结构比喻成"橄榄球"式的结构，意思是——以经济社会地位来衡量，处在顶层和底层的人都是极少数，大部分人处于社会的中间阶段，这些处于社会中间地位的阶层就是我们这里重点讨论的"中产阶级"，或者"中间阶层"（middle class）。一般来说，这个"橄榄球"式的社会相对比较稳定，主要原因就是，作为社会主流的中产阶级充当了"稳定器"的角色，使社会革新不至于因为太激进而"翻车"。

作为顶尖社会学家，米尔斯敏锐地发现了 20 世纪前半期美国阶层结构的显著变化，这个变化最突出的一点就是美国中产阶级的成员由"小业主"逐渐转变为"雇员"。

米尔斯将小业主（包括小农场主、手工业主、小商人等）称为美国的老式中产阶级。这部分人在过去往往拥有土地或者小产业，在财富上是相对独立的。有句话这么说，谁想掌握自己的命运，谁就必须掌握自己的灵魂。要掌握自己的灵魂必须掌握自己的财产，即获得经济保障的手段。拥有土地的小农场主和拥有小店的手工艺者在经济上属于小生产者，独立拥有生产资源（土地、小店），不为别人打工，也不聘请雇工，往往以家庭成员组成的小团体来从事生产活动。比如，一个农场主家庭里通常是拥有一片属于家庭的土地，然后子承父业，过着相对稳定、自力更生的生活。同时，也没有谁去分配他们的所得或者强行安排他们的工作，他们不仅自由地组织生产，也能自由地分配所得。

在米尔斯看来，这种小业主的经济生活是一种"自平衡"的小世界。在这个小世界里，没有一个中央权威去分配物资或者指派工作，每个人仿佛在魔法的指引下，在自由的状态下创造了和谐。当然，在小业主之间也存在竞争，竞争可以影响小业主地位的变化，但总体上促进了小业主的成长和发展，创造了英雄用武之地。小业主们经济上不依赖于大型财团，政治上不依赖于政客集团，经济上的独立自主与自由竞争，为他们保障了精神上的独立和政治上的民主。在米尔斯的眼里，小业主们是"独立的英雄"，是美国的老式中产阶级。

米尔斯对老式中产阶级给予了很高的评价，认为"老式中产阶级是强大的美国方式的定位之锚"①，老式中产阶级的存在，在经济上"稳住"了自由

---

① 这是译者周晓虹对本书第一部"老式中产阶级"的概括。这部分里，作者米尔斯对老式中产阶级在维护美国的经济自由及政治民主方面有很多正面评价，屡次称其为"英雄"。

竞争的经济制度，在政治上"稳住"了美国的民主体制。

然而到了 20 世纪上半叶，情况发生了变化。自由竞争最终促成了垄断，大企业逐渐在各个领域实现了控制权，社会财产不断集中在大财阀的手里，传统民主制也受到了威胁，老式中产阶级（小业主）日渐消亡。有一组数据可以证明：在 19 世纪早期，大约有五分之四的从业人口是自雇型企业家（小业主）；到了 1870 年，这部分人只占三分之一；到了 1940 年，这个老式中产阶级的人口就不到四分之一了。2%—3% 的人口占据了美国私人财产的40%—50%，越来越多的人沦为"打工人"，美国成为一个雇员国家。绝大部分人不再拥有独立的生产资源（土地、店铺等），而是通过在劳动力市场上出售技能来谋生。在这个过程中，新的中产阶级（白领）就形成了。

与老式中产阶级相比，新的中产阶级具有完全不同的社会特点。随着这个群体逐渐成为社会的中坚力量，围绕新中产阶级的研究就变得非常有意义了。

二、研究思路：美国都有哪些"白领打工人"

米尔斯认为，美国中产阶级的转变主要体现在两个方面：第一，从有产到无产的转变。也就是，以小业主为代表的老式中产阶级通常是有产阶级，他们拥有农场、店铺或工坊等生产资料；而新中产阶级则是"无产阶级"（不占有生产资料的雇工）。第二，区分群体地位的标准从财产转变为职业。社会财富集中化的结果导致了小业主的逐渐减少、雇工人数的迅速增加；而在雇工之中，传统出卖劳力的蓝领所占比例越来越低，出卖知识、技能、创意的白领所占比例越来越高。由学校教师、推销员和办公室管理人员等"白领"

从业者形成了新中产阶级的主力军。那么，哪些白领打工人构成了美国的新中产阶级呢？

（一）被科层化的企业管理者

随着企业发展的集中化，在每一个经营的领域都需要越来越多的管理者，例如 CEO（首席行政官）、CFO（首席财务官）等等都是其中的佼佼者。在现代企业中，各种各样的管理者掌控着大小不等的权力，同时又被各种权力所掌控。他们往往遵循着既定的权力路径、依据各自的"专长"承担不同的责任和要求、按照正规的等级结构，遵循着可预期的生活流程和规则化的晋升程序，循规蹈矩地工作。比如一个会计学专业的大学毕业生进入职场后，他的职场发展路径是非常清晰的：普通会计员、会计主管、部门财务经理、公司财务总监、集团首席财务官，等等。米尔斯将这种大企业的严格科层化管理体制称为"科层制"，在这种科层制体系里，雇员受制于规则形成的权力，同时也具有职业性的安全感。

不过米尔斯也洞察到了企业管理者在科层制中的"难言的悲哀"境地，那就是——一种无形的操纵的力量控制着人们。19 世纪的小业主社会里，权威（顶级名流、政治家、老板、父母等）对雇员进行直接控制，这是一种"人格化"的控制，比如农场主家庭里的父亲对子女工作的控制；而在 20 世纪之后，白领面临的控制对象往往不是具体的哪个老板，而是整个企业的管理体制对员工的操纵。米尔斯认为，从权威到操纵的转变过程中，权力从有形变为无形，从知名变为匿名，随着物质水平的提高，剥夺的物质性越来越弱，心理性却越来越强。这是因为，非人格化的操纵比强制更为可怕，因为它是隐蔽的。例如职场中的 KPI（绩效管理制度）、"打卡"制度等，约束和控制着打工者，这种制度控制还带来了一种后果：人们面对的是"遥远的"、

"模糊的"组织，而不是具体的"老板"，每个人都不敢逾越制度，常常为了形式而形式，只求报表和总结好看，反而失去了作为人的责任心和创造力。

可见，制度是人创立的，制度为白领在职业上的发展提供了保障；但人创立的制度反过来控制着人，在制度中生存的人往往倍感束缚，失去了做事的主动性和责任感，沦为职场的机器、制度的奴隶。这或许就是马克思所说的"异化"吧。

（二）身不由己的专门职业者

律师、医生、教授等专业人士长期以来一直是自主从业者，他们往往以自己的名字挂牌开设独立的工作室；但 20 世纪以后，大多数专业人士成为工薪雇员。老式专业人员组成的中产阶级不需要占有财产，工作单位小，可以根据市场状况和个人意愿，决定收费或酬金的多少，并自由调整工作时间和工作条件。而新的专业人士则依附于大型组织机构（大企业、研究所、大学等），往往成为管理官员中的一部分。于是，他们同样受到"科层制"和"异化"的影响。

米尔斯认为，当一位教授在大学站住脚后，他的环境和知识就不可能有利于去创造独立性的思想了。他变成微不足道的科层体系中的一员，在这样的体系中生存，平庸地制定晋升的规则，并以职务上的成功来代替真正学术上的成就。因此，米尔斯认为，大学教授是缺乏独立意识的群体。他尤其对经济学教授进行了批判，认为他们只是"既得利益者的卫兵"。

（三）被征服的知识分子和艺术家

米尔斯认为知识分子不是一种单一的社会团体，而是由很多分散的小群体组成，界定知识分子的依据是他们的职能和主观特征，简单地说，知识分子是生产、传播并保存着人类意识的那部分人，是艺术和思想的携带者。米尔斯在该书中所指的知识分子除了大学教授之外，主要是指活跃在大众传媒领域的内容生产者（记者、编辑、作家、自由撰稿人等）。

米尔斯认为美国知识分子在政治上是失败的，并且普遍地精神空虚。主要原因是，科层制渐渐奠定了知识分子的生活条件，并控制了知识产品的主要市场。各种科层机构，国家的、商业的、政党的或者协会的，成为知识分子的主要雇主，成为他们工作的消费者。以传媒业为例，依靠广告支撑的报纸杂志不可能为独立的思想和观点提供舞台，市场需要知识分子说什么，知识分子就只能说什么，否则失去了受众，就失去了广告收入，也就失去了生计。在大型传媒公司垄断话语权的时代，独立知识分子是无法发出自己的声音的。同样的道理，在被大型影视公司、艺术经纪公司垄断的艺术界，艺术家同样成为科层制的受害者。

知识分子和艺术家往往依赖交流生活，而这个交流的平台却被大型机构夺走了；而不交流的知识容易变得晦涩不堪，最终造成遗忘。大众容易接受与利益、激情、仇恨相关的传媒内容，知识沦为娱乐化的对象。于是，"疏离"是 20 世纪知识分子的主要精神面貌，弥漫着挫折感、虚无感、荒诞感。这是美国知识分子巨大的不幸，是从精神崩溃跌入自我沉溺的形式，是被人征服的结果。

（四）无处不在的销售员

在小业主的世界里，销售只是一种很有限的活动；但在新中产阶级社会里，销售则是一种无处不在的活动，甚至从某种意义上说，每一个人都成了销售员。没有什么不可以被销售，包括科学与爱情、道德与良心、精心培育的技术和仇恨。市场，已经渗透进每一个机构和每一种关系之中。

米尔斯指出，新中产阶级社会里，最大的变化是人格的市场化。举个例子，在传统社会里，礼貌的微笑是一个人教养和性格的表现，是"私人的"、是自然而然的；但在新中产阶级社会里，"礼貌的微笑"常常只是一种人格化的产品。当售货员对顾客投以微笑的时候，微笑可能并非发自内心，而是与其所销售的货物一样，是一种服务类型的产品，让顾客为其礼貌的服务买单。同样道理，一个公司的职员也不能带着"私人"情绪上班，而必须带着符合企业要求的各种表情(礼貌、严肃、温和、激情等）才被认为是恰当的。人们戴着情绪的面具，对别人的情绪投以不信任，却假装对别人感兴趣，这是大都市人共有的个性，这是人类的自我异化。

（五）淹没在文件堆里的办公文员

衣着时尚的白领丽人手拿一堆文件急匆匆穿梭在办公室走廊，被新来的西装革履的男同事撞了个满怀……这是我们经常在美剧中看到的经典浪漫桥段。然而米尔斯告诉我们，白领丽人的生活并没有那么美好。来自小镇的办公室姑娘通常从事秘书的工作，她们与 19 世纪工厂的女工似乎没什么两样："在一排排毫无生气的柜台后面，坐着一排排面无表情的姑娘，她们苍白无力的手上拿着文件，索然无味地叠着一张张白纸。"

办公室里机械化和标准化的工作，使雇员了解和掌握整个业务过程的机会减少，除了极少数人有机会能私人接触权威人士（老板），大部分办公室人员就像工厂流水线上的工人一样，被异化成一双"熟练的手"，在严密的科层体制中，逐渐失去了知识更新和能力进步的可能，也失去了上升的机会和动力。

以上就是米尔斯重点提及的几类美国白领的构成及其生存状态描述。不难看出，米尔斯的视角是批判主义视角，甚至是"厚古薄今"的。但他在半个世纪前写的文字，让现在的我们读起来，仍然感到"于我心有戚戚焉"。

三、主要观点：新中产阶级是凡夫俗子

米尔斯对白领的分析从工作的意义、心理的状态、阶层的流动以及政治的态度这几个方面展开，分别得出了一些很精彩的结论，我们选择几个主要观点来介绍一下：

第一，对白领而言，工作与生活是割裂的，人们认为工作是时间的牺牲，在工作之外建构生活是必需的。

也就是说，一个人生命中最活跃的时光贡献给了挣钱的工作，工作是无趣、严肃的；只有闲暇时光才能让人从乏味的工作中解脱出来，才是真正的"生活"。那么什么才是真正的"生活"呢？为了填补白领的"生活"内容，各种娱乐机器发挥了重要作用，这就是各种竞技体育、大众偶像、休闲度假等娱乐产业。新中产阶级的娱乐既不像老式中产阶级的艺术活动那样让人们平静和放松，也不像手工业者那样将工作和娱乐融为一体，而是通过闲暇来摆脱工作中永无休止的折磨，凭借着消极的奢侈享受和尖叫刺激来消融生活的枯燥。于是，工作是挣钱的手段，闲暇是花钱的手段，当两者狭路相逢的时候，闲暇轻而易举地赢得了胜利。

第二，白领正在经历"地位的无产阶级化"[1]，白领职业的声望呈现降低趋势，人们希望在闲暇时光能享受"花钱买地位"的感觉。

异化过程使人们的工作失去了意义，工作只是挣钱的工具，在工作中无

---

[1] 米尔斯认为，新中产阶级不过是一种特殊类型的无产阶级。

法享受个人价值的实现，也就是现在人们通常说的——"干得好坏又如何？谁还不是个打工人呢！"于是，人们就开始在闲暇中追求地位的提升，企图通过竞相消费来实现个人优越感。白领姑娘们往往热衷于购买奢侈品、白领男人们则热衷于游艇等度假方式，通过这些豪华的消费，人们在闲暇中构建了一个虚幻世界，然后沉溺其中。

第三，大都市的集居生活中，快速变化的不确定性和匿名的相处方式让人与人之间的关系变得紧张、无情，人际关系沦为金钱关系。

大都市人的生平往往不为人知，职场上的快速流动性让同事之间无法真正了解，人们对彼此的认识是神秘而模糊的。亲近的个人接触只是一种上司操纵下属的手段而已，亲近不再是人们之间的生活方式。没有不同个性的和谐相处，只有千篇一律的孤独；人们结交朋友时，没有门第和传统作为评价标准，只有看得见的利益。人们之间可以说是鸡犬之声相闻，老死不相往来。

第四，大学成为社会地位的提升机，教育家们代替父母，对年轻人的人生计划实行无微不至的集中管理。

在传统社会里，人们的职业往往依赖于继承父母；现在人们则通过考试和咨询去就业，于是各种专业协会、工会以及国家的执照颁发系统渐渐控制了各种职业市场。文凭和各种资格证书成为白领职场的入场券，教育在阶层分化和职业授予中扮演了巨大作用。同时，人们也不再依赖儿孙养老，而是靠养老金保障，因此人们更加希望维护社会的稳定。

第五，新中产阶级的政治冷漠成为常态。

政治冷漠是指对所有政治迹象漠然视之，与政治这个体现忠诚、要求和希望的世界保持距离。政治冷漠的人超然于各种政治符号之上，无论他们有什么不安、要求和希望，都和政治无关。人们认为自己的生活没有什么政治意义，他们回避政治上的失望或满足。米尔斯认为导致政治冷漠的原因很多，其中大众传媒责无旁贷。过度娱乐化的大众传媒创造了一个不讨论政治意义的世界，将人们的关注力引导到球赛、明星、外星人等事物上。不过，导致新中产阶级政治冷漠的最根本原因是社会结构，个人和权力中心的距离越来越大，以至于个人产生了一种无权感。举个例子来说，一个放牛娃占有了一块水源充沛的土地，他能够很清楚地看到自己财富的大小变化及其原因；但一个生活水准降低的白领，面对着导致生活艰难原因的各种社会因素，他找不出谁才是罪魁祸首。也就是说，白领生活在一个非个人的、匿名的控制系统中，权力不是个人的，是结构化的；个人面对这种隐蔽的权力机构的压迫，更多的是焦虑不安，是深深的无权感，政治冷漠就成了常态。就像米尔斯所言，"他们是合唱队，因为胆怯而不敢开口，遇到掌声又会歇斯底里。他们是一群后卫。""新中产阶级正在高声叫卖自己，却没有人认真出个价。"

总而言之，米尔斯通过对美国新中产阶级状态的评价和分析，主要探讨的是科层制对人的异化问题。他对白领的评价总体而言是悲观的，认为与拥有经济与政治的双重独立性的小业主相比，白领异化为科层制的奴隶；与旧中产阶级的英雄气质相比，新中产阶级是平庸的凡夫俗子。

四、研究启发：如何理解中国的白领"打工人"

当前的中国也正好进入了一个"白领打工人"不断发展壮大的时代。米尔斯的研究对我们更好地了解中国白领阶层有很强的启发意义。

严格来说，并没有"中国中产阶级"这个概念，中国社会有多种社会分层，但"阶级"是一个特殊的政治概念。社会学研究中往往用"中产阶层"来代替"中产阶级"，但很多学者所谓的"中产阶层"又往往是以收入水平作为主要指标来衡量的，比如有人提出的年收入在 50 万元以上的家庭才是"中产阶层"等。这其实是对"中产阶级"的误读，甚至是庸俗化理解。实际上，这和米尔斯的"中产阶级"概念完全不同，因为米尔斯明确地指出，"新中产阶级的大多数是中低层收入的群体"。米尔斯认为白领是美国的新中产阶级，也就是白领"打工人"代替了过去的小业主成为社会的主流人群。真正能与米尔斯的"新中产阶级"概念对应的是中国传媒话语中的"白领打工人"。

中产阶级一向被视为社会的稳定器，中产阶级的壮大是社会繁荣稳定的象征。但米尔斯指出，旧的中产阶级，也就是由小农场主、作坊主、小商人组成的小业主才是具有维护资本主义自由竞争的"中坚力量"，是经济上和政治上的"独立的英雄"。而新的中产阶级，也就是白领，却因为科层制、异化的原因，沦为庞大的社会机构的奴隶，在经济上无法摆脱对制度的依赖，在政治上丧失了参与的热情，工作中是压抑的、闲暇时是放纵的、思想上是平庸的、感情上是冷漠的。那么中国的白领"打工人"是这样的吗？他们有不一样的特点吗？

能成为大企业的白领雇员，在眼下的中国社会中依然是令人羡慕的。大学充当了白领阶层的制造工厂，普通家庭出生的孩子通过读大学进入白领阶层，这是实现阶层流动的主要途径，是许多家庭在权衡之后的最优选择。而米尔斯所提到的"小业主"，在互联网经济飞速发展的中国，不但没有消减，反而越来越壮大了。依托互联网经济"微创业"，出现了越来越多的小作坊主、小店主、手工艺人、独立艺术家、独立制片人，等等，所以，中国的社会呈现出的情况有待于中国学者的进一步本土化的深入探讨。

最后，我们总结一下本书的主要观点：

1.20 世纪以来，美国的传统中产阶级（小业主）逐渐消亡，取而代之的是以白领雇员为代表的新中产阶级。

2. 相对于老式中产阶级的独立英雄气质，美国新中产阶级呈现出"凡夫俗子"的特点。

3. 美国新中产阶级无法摆脱科层制与异化的宿命。

4. 政治冷漠是美国新中产阶级的重要特点，白领是"政治后卫"。

扫码收听更多
精彩内容

 拓展书单

1. [美] C. 赖特·米尔斯：《权力精英》，许荣、王崑译，南京大学出版社 2004 年版。

2. [英] E.P. 汤普森：《英国工人阶级的形成》，钱乘旦译，译林出版社 2013 年版。

3. [法] 皮埃尔·布尔迪厄：《区分：判断力的社会批判》，刘晖译，商务印书馆 2015 年版。

4. [美] 威廉·朱利叶斯·威尔逊：《当工作消失时：城市新穷人的世界》，成伯清、王佳鹏译，上海人民出版社 2016 年版。

米德《心灵、自我与社会》

——社会皆我，我即社会

> 社会心理学特别关心的是社会群体对于决定个体成员的经验与行动所具有的影响。如果我们抛弃生来便具有个体自我的独立存在的心灵这个概念，那么我们可以认为，个体自我的发展，个体的自我意识在其经验范围内的发展，乃是社会心理学家的主要兴趣所在。
>
> 个体经验到他的自我本身，并非直接地经验，而是间接地经验，是从同一社会群体其他个体成员的特定观点，或从他所属的整个社会群体的一般观点来看待他的自我的。

《心灵、自我与社会》(*Mind, Self and Society*),首次出版于 1934 年,是芝加哥大学的师生对乔治·H. 米德(George Herbert Mead,1863—1931)教授所讲授的社会心理学课程的 30 年记录的汇编,体现了社会心理学体系的基本轮廓,其中的"符号互动论"影响最大。编者是 C.W. 莫里斯,他对本书的评价是"启发式、透彻的、未完成的、会话式的书"。这本类似于《论语》的"课堂笔记",在社会心理学领域声名卓著,也是了解"芝加哥学派"的必读书。

作者乔治·H. 米德(George Herbert Mead,1863—1931),美国实用主义哲学和当代社会心理学的创始人之一,芝加哥大学教授,芝加哥学派的创始人之一,虽然著述不多,但在教学上享有极高声望。

一、研究背景:实用主义哲学的思潮

19 世纪末,达尔文的生物进化论成为当时最具影响力的理论。这种理论对哲学产生了巨大影响,其中最重要的是,人们注意到世界是不断发展变化的,而不同于之前物理学和数学所显示的稳定性的世界。于是,哲学家们开始思索:人类的心灵是如何进化的呢?心灵与环境是如何相互作用的呢?世界可以被设想成复杂的生物体吗?在达尔文主义思潮之后,生物学、心理学和社会学等各个学科蓬勃发展,这让重新解释心灵和智能成为哲学的新问题和新任务。除此之外,当时盛行的实验方法和民主思想,与达尔文主义一起,共同构成了实用主义的源头。

20 世纪最负盛名的实用主义大师是杜威,米德不仅是杜威的同事,也是学术上的同道人与密友。要读懂米德的思想,就先得搞懂杜威的实用主义哲学。我们可以把以柏拉图、康德为代表的西方哲学称为"理性主义""基础主义"；杜威将这种哲学称作旁观者式的哲学。这种哲学思想的主要特点是将人对世界的反思态度作为出发点，认为人与世界是分离的。受达尔文的影响，杜威坚信人与自然的连续性，将"人在世界中的存在"当作哲学思想的起点。也就是，人不再是站在世界之外的旁观者，而是身在世界之中的能动者。人与世界的交互作用是实用主义哲学的第一原则。按照实用主义哲学的理解，心灵不是一种超自然的精神，而是人在与环境交互作用的过程中自然形成的能力系统。杜威认为，心灵应该被理解为动词而不是名词，指我们有意识地、明确地和我们所处的环境打交道的一切方式。简单地理解，柏拉图、康德等人的理性主义哲学体系中，人与世界是分离的，人是世界的旁观者，心灵是一种超越自然的精神现象；而在杜威等人的实用主义哲学体系里，人与世界是交互的，人与世界互相成就，心灵是人与世界互为建构的过程。打个比方来说，在康德的眼里，人是人，马是马；在杜威的眼里，马是一个认知的过程，包括人对马的认识、人与马的互动，比如"马是拉车的工具""马是草原的精灵"，等等。

在哲学上，米德是个实用主义者。这个学派哲学的精髓是对过程的关注。他们强调人类的行为和目的在经验、知识和意义中的重要性。他们把思想看成不断发展中的行动的组成部分。

在芝加哥大学期间，杜威和米德这对好友对实用主义哲学研究的任务也进行了"分工"：杜威提供了范围和远见（理论的广度），米德则提供了分析的深度和科学的精确性（理论的深度）。关于智能和心灵的理论，是实用主义哲学的基础，也是米德毕生的任务。在米德之前的社会心理学领域，没有人完全地解释过心灵及自我是如何从行为中产生的，学者普遍将心灵视为社会过程发生的先决条件，却未能对心灵产生的机制进行分析。米德的贡献就在于，他论证了作为心理意识活动的人的心灵与自我完全是社会的产物，而语言是心灵与自我产生的前提。

不过，米德并未将理论写成著作，而是通过在课堂上的讲授，向学生和同事们传播了自己的思想。《心灵、自我与社会》这本书就是根据米德教授在课堂上的授课内容编写的，被认为是实用主义哲学体系的经典之作。

二、研究思路和主要观点：自我是在社会中形成的

米德采用哲学研究常用的思辨方法，重新阐释了哲学中的几个关键概念：心灵、自我、符号、语言和社会。其基本研究思路可以概括为：生物个体转变为具有心灵的自我，是通过语言这个媒介而发生的。而语言又是以某种类型的社会和某些个体的生理能力为前提的。下面我们就这个思路详细介绍一下作者是如何论证的，以及陆续表达了哪些重要观点。

（一）人的行为是由意识决定的吗

行为主义心理学的解释是：人的动作是依据人的态度来组织的；态度通过神经系统将人的各个部分组织起来，不仅决定当下发生的动作，还要决定将要发生的动作。例如某人决定去抓一把锤子，他正在走近一把锤子，他的肌肉处于时刻准备抓住锤子把柄的状态。

而米德则认为，意识是从行为中突现的，意识绝非社会动作的前提，社会动作却是意识的前提。动作在较为基本的阶段或形式中，是可以撇开意识的。这有点像我们经常说的"肌肉记忆""下意识行为"。也就是说，行为和意识是独立存在的，这就是"平行论"心理学的观点。所以，探讨人类的心理，就必须强调行动，强调动态的东西而不是静态的东西。

（二）交流表意的符号是如何运作的

姿态，是人类行为的一种；有声的姿态，是人类最重要的表意的符号。人类的姿态是如何运作的呢？打个比方，"恫吓乃怯懦的表现"，这是一个古老的格言，其背后的逻辑是：恫吓者在他自己的身上引起了他那恫吓态度在另一个人身上所引起的畏惧态度。简单地说，当我们对别人采用恫吓的姿态时，其实是因为别人的恫吓姿态曾经让我们自己产生了畏惧心理。我们只有对"恫吓导致畏惧"深有体验，才会通过恫吓这种姿态来影响别人，企图引起别人的畏惧。所以，说到底，人的姿态是在情境互动之中形成的，就像是照镜子一样，我们以别人为镜子，期望中别人的反应正是我们自己内心的写照。作为人类交流表意的重要符号——有声的姿态，就是这样发生作用的。符号指向意义，在社会动作中，一个人对另一个姿态的顺应反应，就是那种姿态（符号）的意义。因此，意义是在人类个体之间交流与互相呼应的情境中形成的，且意义又形成了交流情境的一部分。基于这样的理论，人类的智能实质上是根据未来的可能结果及过去的经验解决当下行为问题的能力。打个比方说，基于过去的经验，我们因敌人的恫吓而怯懦；基于未来的可能判断：敌人会因为我们的恫吓而怯懦；解决当下问题的行为：我们对敌人实施恫吓。而这种行为（恫吓）又经过强化成为一种表意的符号，成为社会情境的一部分。所以说，个人在某种意义上造成了环境。个人与环境相互决定、相互依存。如果要充分地理解生命过程，就必须根据个人与环境的相互作用来考虑。

（三）你的心灵由你自己做主吗

当个人能够向他人和自己指出各种意义时，心灵就出现了。为什么动物没有"心灵"呢？打个比方说，房子对动物而言，不具备意义因素，但对人类而言，却充满了各种符号和意义。人类具有辨认意义的能力使房子成为一种心理事件。认识意义并向他人和自己指出意义的能力是人类特有的力量。人类将这种能力用语言等符号表达出来，就产生了控制意义的能力，这种控制意义的过程就是我们所说的"心灵"。我们通常会说"房子不仅仅是房子，是家"，"没有房子就没有安全感"，"结婚，就得先买房"等，这些"心灵"的动态就是对"房子"意义的建构过程。问题是：你的"心灵"从何而来？由谁做主？从前面的论述中，我们清晰地看到：个体的心灵是社会性的。个人无法脱离社会环境和社会经验，个人的智能和心灵是在个体与社会的互动中形成的。你说的任何话都不是绝对特殊的，你说的任何有意义的话全都是普遍的。也就是说，个人的自我意识（心灵）其实是社会过程的反射。

（四）自我是如何产生的

自我本质上是一种社会结构，产生于社会经验。自我产生的第一个前提是交流，包括语言的和姿态符号的交流，这一点在前面已经说过了。米德认为，除此之外，另一个重要前提是玩耍和游戏。在玩耍活动中，儿童经常会创造一个想象中的伙伴，作为某个角色说一些话，又作为另一个角色作出反应，而第二个角色的反应又是对第一个角色的刺激，如此循环交流下去，自我的概念就在他（她）的个体上产生了。在游戏中，儿童被要求扮演各种角色或者遵守一些规则，这样他们就通过掌握各种各样人的特征而建立彼此之间的社会关系。在棒球等游戏中，儿童的每一个动作都取决于他所设想的另一人的动作，他的动作受到制约，别人的态度影响了他的反应。于是，一个有组织的共同体就形成了，也可以称之为"泛化的他人"。"泛化的他人"的态度决定着个体的行为，自我就形成了。为什么说动物没有"自我"呢？打个比方来说，一条狗会同任何一条想夺走它骨头的狗作斗争，对于狗来说，只要是骨头都会抢，没有他人的概念。但一个人说"这是我的财产"，他采取了他人的态度。为什么这么说呢？他为自己的财产权利呼吁，是因为他也能够承认某些财产属于别人，也就是"泛化的他人"。所以说，我们必须是一个共同体的成员，要有一个控制所有人态度的"态度共同体"，否则我们就不能成为我们自己。我们必须有共同的态度，否则我们就不能享有权利。我们只有成为社会成员才能获得自我。

（五）自我是如何体现社会控制的

要进一步理解自我的概念，还要分清楚理解自我的两个方面："主我"和"客我"。"客我"是自身具有"泛化的他人"的态度，以控制自己准备做的事情，比如"这是我的财产"；"主我"是个体对"泛化的他人"的态度所做的反应，比如"这是不是我的财产？"也就是说，"客我"是循规蹈矩、因循守旧的个体；"主我"则是面临情境变化时的反应。"主我"和"客我"这两个侧面对于自我是必不可少的。为了归属一个共同体，某人必须采取一个他人的态度；为了进行思考，他必须利用纳入他自身的那个外界社会。关于"主我"和"客我"的两个侧面，我们还可以从一个有趣的社会现象中发现：我们看到一个人摔倒了，于是迅速去帮助摔倒的人站起来，这是"客我"的社会态度，因为我们也希望在摔倒的时候被别人扶起来，这是在采用"他人"的态度。但是，我们同时还有哈哈大笑或者抱着优越感去欣赏别人摔倒的反应，这并非恶意，其实是"主我"的社会表现，因为这个笑声或者欣赏都是对情境的反应，是自我在情境变化时可以不受社会控制的一种释放。大声嘲笑的那个我和扶起别人的那个我是自我的两个侧面而已。

通过以上的分析，我们可以看到，"客我"符合我们明确采纳的他人的有组织的态度，当"客我"的自觉性发挥出来时，就决定了我们的行动。用弗洛伊德的术语来讲，"客我"在某种意义上是一种潜意识压抑力。社会控制正是通过"客我"来实现的。"客我"本质上是社会群体的成员，代表着该群体的价值观。

而"主我"的反应则是适应性变化，这种变化不仅影响自我的形成，还能影响构成自我的社会环境。这就是进化论，在进化中，个体既影响自己的环境，又受到环境的影响。当某人使自己顺应于某个环境时，他成为另一个自我；但在他成为另一个自我时，他影响了他所生活的那个群体。举个例子来说，当某个普通人成为网红，影响力变大后，开始更多提升自己，包装个人品牌，这个过程就是"主我"，其在适应网民社会中形成了新的"自我"，这个"自我"又反过来影响了网民社会。

总之，自我是社会控制与社会适应的产物。

（六）什么是理想的社会

用进化论的思想来看，人类社会是一个有机体，处于不断的进化与发展之中。一切有组织的人类社会，在某种意义上也不过是其个体成员之间那些简单而基本的社会—生理关系（性别关系、亲子关系）的延伸，社会是从个人之间的关系中衍生出来的。我们所属的整个社会，不仅在其他人身上，也在我们自己身上。我们在自己身上引起的由我们的姿态在他人身上引起的那种反应越多，我们对他人的理解就越多。比如说，我们自己对遭受的不公平待遇越是有强烈的反应，我们就越能理解那些遭遇了不公平待遇的人。某人在他人身上唤起的反应正好也是某人在自身唤起的反应时，就是"主我"与"客我"的融合，最常见的情况是在宗教态度、爱国精神和集体工作中。

在这些情况中，"主我"的冲动是睦邻与友善。"客我"不是为了控制"主我"存在，"主我"与"客我"融为一体，这个时候往往会产生高昂的情绪，还伴随着一种感受：自我与他人的完全认同。比如在新冠疫情中，武汉市民集体打开窗户，一起高唱国歌，为自己、为城市、为国家鼓劲加油，这个时候的"主我"与"客我"是相互支持的，自我与他人也是高度认同的，情绪是极为高涨的。在集体工作中，如果人们都朝着一个共同目标努力，也能形成自我的统一感。这种自我的统一感使宗教、企业、国家等社会组织成为可能。

反过来说，"主我"与"客我"的冲突不仅仅是个人的心理冲突，也会体现为社会冲突，为了消除一个社会中个体成员之间的冲突，就必须对个人的心灵进行社会重建。所以，人类社会进步既包含社会层面的进步改革，也包括个体层面的自我完善。打个比方来说，由私有制到公有制的变革中，既有社会层面的制度保障，也有个人心理层面的自我重建，两方面缺一不可。

所以可以这样说，人类社会的终极理想是达到一个普遍的人类社会，使得所有人类个体都具有完善的社会智能，实现个体与"他人"的统一，"主我"与"客我"的统一。从这个角度来解释"民主"，是指个体可以高度发展存在于他自己天性中的各种可能性（主我），而且仍能采取他所影响的他人的态度（客我）。人类的理想社会是一个真正民主的社会，是一个心理和谐的社会，是一个人人具有完善的社会智能的社会。

三、研究应用：乐观、积极地建设更美好的社会

了解了米德的社会心理学理论之后，相信大家多少都会被他理论中的热情、乐观和积极的学术情感所打动。这也正是实用主义哲学的魅力所在，理论与现实是紧密结合的，学习这样的理论，难免会让人产生一种去实践的冲

动。事实上，米德教授的理论在很多社会实践领域都得到了应用：

（一）对教育思想的启发

米德在芝加哥参与杜威领导的教育改革实践。米德的心灵、自我理论对教育思想和教育事业是有很大启发的。米德认为自我即社会，幼儿自我建构的过程离不开玩耍、游戏等想象中的社会情境。只有处在人与人、人与社会的交往沟通中，个人的自我才能建立起来。而当前教育界一个比较严重的现象就是青少年生命价值的缺失，究其原因，用米德的自我理论来分析，就是由于现代教育工具理性至上和象牙塔式的学校管理体系，使得青少年在社会情境中无法正确定位自己生命的坐标点或参照系。生命价值的判断离不开青少年所生存的社会环境和交往过程，以及人们在其中向青少年传递什么样的符号信息。所以，不要把青少年关在象牙塔，而是要创造更多机会，让他们在社会生活情境中去体验、去历练，这是提高生命教育质量的办法。

另外，米德将冲突归因于情境变化所引起的个体自我内部的冲突以及个人与社会的冲突。只有对情境进行重建和改变，个体之间的互动冲突才能得到整合。从这个角度审视教育问题，课堂应该就是师生重建自我与整合冲突的协商过程。所以，教师不应该在课堂上过度强调教学内容的预设价值，而忽视了教学内容的情境性和生成性。也就是说，教师应该营造课堂互动的情境与氛围，设计知识和问题存在的各种模拟情境，引导学生在体验具体情境中提高分析问题、解决问题、消化知识的能力。

（二）米德的"符号互动论"对传播学研究的影响

米德的符号互动论从人与人互动、人与环境互动的角度去研究个人生活与社会生活，颠覆了西方思想史上理性主义者（康德等）对人类世界的本质看法。米德认为意义、价值、知识都是因为人与对象发生某种联系而产生的，它们的存在离不开具体的环境和条件。这在无意中开启了传播学的领域：传播符号研究。在大众传播时代，个体与社会的互动模式发生了巨大变化，需要通过大众传媒这个中介进行互动，这导致人们对符号的依赖大大增强，可以说，人与媒介的互动完全是通过高级符号来实现的。符号改变了环境的性质，人类社会的环境往往是一种"传媒现实"和"虚拟现实"。大众传播为何能够通过文字、图像、声音等高级符号影响受众，让人类社会进入一个"符号消费"的时代？米德的符号互动学说提供了很好的解释。同时，米德关于心灵、自我的研究开辟了"人内传播"的研究领域。总之，米德认为，人和社会本质上是一种关系，而非先天的结构，人的价值和意义是由关系来决定的；而关系的形成又依赖于符号以及交流，对符号和交流的高度重视，不正好是传播学的研究范畴吗？随着人类社会进入互联网传播时代，符号互动论仍然没有过时，仍然有很多学者运用这种理论来分析"朋友圈""表情包"等各种层出不穷的交流符号。

（三）米德本人的社会实践：社会重建

不得不说，米德是位幸运的学者，不仅能与大哲学家杜威志同道合，共同创立实用主义哲学体系；而且，芝加哥城市领导者让他有机会参与大量的社会改革实践，亲自去验证自己的理论。

米德在芝加哥所从事的各项社会实践活动中，最重要的是"社会重建"。他积极参与芝加哥的城市建设、市政改革和其他方面的改革，对芝加哥市的市政条件和公共事务进行调查研究和改进。米德对社会重建的过程、手段、目的诸方面有颇多论述，涉及对现代科学、社会主义和社会民主等重要问题的思考。这些思考都在本书中有所体现。米德特别强调"明智的社会重建"，也就是用科学方法指导的社会重建。在他看来，社会改革就是将智力应用到对社会条件的控制中。作为一个实用主义者，米德极为重视科学，尤其是现代科学对于人类的重要意义。"社会重建"是一个在现代社会科学发展的不同脉络中经常被提及的观念，例如大革命之后的法国。作为一个移民国家，美国也总是处在"社会重建"之中。米德提出社会重建是一个不断调适的过程，这种实用主义哲学的过程论极具启发性，也相当务实。

米德的思想实际蕴含着某种"理想"的因素，虽然其实用主义的科学观反对目的论的范式。但米德教授仍然描述了一种"理想社会"：人类未来会演进到的某种"普遍社会"，人们的相互关系变得亲密无间，必要的交流方式得到充分发展，个体的自我、心灵和谐统一，真正的民主得以实现。米德从社会心理学角度对民主进行了重新定义。强调一个真正的民主社会不是喧嚣争斗的，而是个人得到充分的发展，民主社会的前提是个人的完善。反过来也可以这样理解：个人的自我完善过程就是向美好社会迈进的过程；个人的成长就是社会的成长。自我即社会，不断地完善自我，提高"社会智能"，就是为建设美好社会做贡献。

正如米德教授在给朋友的信中所讲的，"我想要积极的生活"，实用主义哲学的世界观是积极的、乐观的、有感染力的，和中国儒家强调的"有为"精神是契合的。在当前中国，运用科学精神，适应环境的变化，将社会视为一个有机体，在不断进步中不断调适，朝着一个更美好的方向去努力，这不正好也是中国人的梦想吗？

最后，我们总结一下本书的主要观点：

1. 心灵不是一种超自然的精神，而是人在与环境交互作用的过程中自然形成的能力系统。

2. 探讨人类的心理，就必须强调行动，强调动态的东西而不是静态的东西。

3. 个人在某种意义上造成了环境。个人与环境相互决定、相互依存。如果要充分地理解生命过程，就必须根据个人与环境的相互作用来考虑。

4. 自我是社会控制与社会适应的产物。

5. 人类社会进步既包含社会层面的进步改革，也包括个体层面的自我完善。

扫码收听更多
精彩内容

拓展书单

1. ［美］查尔斯·霍顿·库利：《人类本性与社会秩序》，包凡一、王湲译，华夏出版社 2020 年版。

2. ［美］乔治·赫伯特·米德：《现在的哲学》，李猛译，上海人民出版社 2003 年版。

3. ［英］安东尼·吉登斯：《现代性与自我认同：现代晚期的自我与社会》，赵旭东、方文、王铭铭译，生活·读书·新知三联书店 1998 年版。

4. ［美］欧文·戈夫曼：《日常生活中的自我呈现》，冯钢译，北京大学出版社 2016 年版。

5. ［美］大卫·理斯曼：《孤独的人群》，王崑译，南京大学出版社 2002 年版。

涂尔干《自杀论》

——社会学实证主义的经典之作

> 自杀和杀人之所以经常朝彼此相反的方向变化，不是因为两者是同一种现象的两个方面，而是因为两者在某些方面构成对立的社会潮流。两者就像白天与黑夜、旱与涝那样相互排斥。
>
> 自杀的人现在之所以比从前多，不是因为我们为了保存自己必须作出更痛苦的努力，也不是因为我们的合法需要没有得到充分的满足，而是因为我们不知道合法的需要何处是止境，我们看不到我们所作努力的意义。……因此，我们的苦恼不是客观原因增加了数量或强度所造成的；这种苦恼不是证明在经济上更加贫困，而是证明令人不安的道德贫困。

今天我们解读的是社会学的理论著作《自杀论》（*Le Suicide*），作者是法国著名社会学家埃米尔·涂尔干（Emile Durkheim, 1858—1917）。《自杀论》在社会学发展史上有着极其重要的地位，这本书的问世，使涂尔干成为了社会学史上第一个通过对现实生活中的资料进行系统整理、比较、计算、分析来建立社会学理论的社会学家，可以说这本书为社会学学科地位的确立作出了无与伦比的贡献。

今天，我们会通过《自杀论》的创作背景、理论基础、核心内容、研究启发四个方面来为大家解读这本书。

一、创作初心：拒绝形而上学，研究一些真实存在的社会现象

18、19 世纪，在工业革命的影响下，世界经济开始高速发展，但与此同时也带来了许多社会问题，比如社会财富分配不均、资产阶级剥削劳动者等，各种不合理的社会现象让当时的社会矛盾变得越发尖锐，最终迎来了大爆发。19 世纪 30、40 年代，欧洲先后爆发了英国宪章运动、法国里昂工人起义、德国西里西亚纺织工人起义等工人运动，这说明欧洲主要国家的社会冲突在日趋加剧。为了化解社会危机，一些学者试图运用社会组织规律重新组织和安排社会生活秩序，以顺应社会改良和社会发展的需要，社会学便应运而生。而对于群众来说，社会学的创立同样是可喜可贺的，不少人都开始期待，这门新学科的出现能使当时的社会现状得到一些改变。

然而在涂尔干看来，社会学的研究现状与公众对它寄予的厚望显然是不匹配的。涂尔干认为，一门学科进步的标志，在于这门学科所研究的问题不再局限于某一方面，比如发现了迄今为止人们尚未发现的规律，或者提出了

新的问题，哪怕人们对这个新的问题毫无思路，只要有所产出，这门学科也算是进步了。但涂尔干认为，当时的社会学研究几乎没有任何进步的迹象，学者们在阐述社会学理论的时候，往往不会提出明确的问题，而是围绕着晦涩艰深的哲学理念大做文章。在这个过程中，学者们宁愿研究一些笼统的一般性概念，也不愿围绕某一个具体的社会现象进行研究。

涂尔干认为，这样的研究方式，虽然看起来对社会学进行了一番宏观的研究，但没能实现任何实际的目的，人们根本无法通过如此广泛且草率的概括，了解到现实社会中复杂的运行规律。由此，涂尔干得出了一个看起来有些决绝的结论：对于习惯于只研究某些特定问题的人来说，纯社会学的著作毫无用处，因为大部分纯社会学著作中没有特定领域的研究，而且它们还缺乏权威的资料作为依据。

为了不辜负公众对社会学的期望，也为了让社会学的研究更进一步，涂尔干提出了这样的观点：社会学家应该把"各种具有明确界限的现象（看得见摸得着的，社会中真实存在的现象）"作为研究对象，而不是热衷于对社会现象进行形而上学的思考，我们撰写的是社会学专著，而不是哲学专著；同时，学者们还应该参考其他学科的权威数据和资料，从事实出发才能够有所作为。

在这样的想法下，涂尔干计划从众多的社会现象中，选择一个作为社会学的研究对象，经过慎重的挑选，他选择了"自杀"这一社会现象，并以此创作了《自杀论》。涂尔干之所以会将自杀作为研究对象，主要是出于三个方面的考虑。首先，随着社会矛盾的日益加剧，自杀俨然成为了一种"集体疾病"，对自杀现象进行研究，有利于我们了解社会危机的原因和程度；其次，自杀现象是一种具有明确界限的社会现象，现实生活中比自杀更容易确定的课题并不多，而且通过这个课题，涂尔干更容易向学术界证明社会学方法的优越性，从而维持大众对社会学的期待；最后，有关自杀的数据资料很容易获取，许多国家都有对外公布自杀数据，学术研究中也有许多关于自杀的论文，这些都成为了涂尔干研究自杀的有利条件。

当然，因为涂尔干的出发点是为社会学正名，而不是纯粹地研究自杀现象，所以在《自杀论》这部著作中，涂尔干虽然有意帮助人们"理解"自杀这种社会现象，但却没有强调解决"自杀"问题的方法。但不可否认的是，涂尔干的《自杀论》是社会学历史上里程碑式的著作，无论是帮助人们理解自杀现象，还是分析当下的某种社会现象，《自杀论》都具有十足的指导意义。

二、理论基础：实证主义社会学

在开始介绍《自杀论》的主要内容之前，我们还需要花费一些篇幅，来简单地介绍一下本书的理论基础：实证主义社会学。前面我们其实已经提及了涂尔干的实证主义社会学，比如选择具有明确界限的现象作为研究对象，又比如参考其他学科的权威数据等。下面，我们将有针对性地介绍一下涂尔干的实证主义社会学思想，以便我们能更容易地理解《自杀论》的主要内容，以及更直观地感受到涂尔干社会学思想的独到之处。

所谓实证主义社会学，指的是主张用自然科学法则研究社会现象的社会学理论，其概念最早由法国思想家奥古斯特·孔德在 19 世纪提出，而真正让这一理论发扬光大的，则是涂尔干。涂尔干之所以能把实证主义社会学推向高峰，关键在于他提出的"社会事实"这一概念，以及由他制定的一系列社会实证主义准则。

我们知道，一门学科的基础在于它的研究对象，比如法学的研究对象是法律，医学的研究对象是疾病，如果一门学科无法确定自己的研究对象，那么这门学科也就失去了存在的意义。为了找到社会学存在的意义，许多学者都为确定社会学的研究对象作出了不懈的努力，这其中就包括涂尔干。涂尔干作为实证派代表，明确指出：社会学的研究对象就是社会事实。

对于社会事实，涂尔干给出了这样的定义："一切行为方式，不论它是固定的还是不固定的，凡是能从外部给予个人约束，或者普遍存在于该社会各处并具有其固有存在的，不管其在个人身上的表现如何，都叫作社会事实。"简单来说，社会事实的存在不取决于个人，它先于个体生命而存在，比个体生命更持久，它由现行的社会事实所造成，并以外在的形式强制作用于人们，塑造人们的意识。这其中，人们很容易将心理现象与社会现实混为一谈，比如两者都会对自杀、婚姻等现象进行研究。但从社会学的角度来说，自杀、婚姻等现象是社会事实在个人身上的表现，我们考虑的不仅是自杀本身，更是自杀背后的社会现实。

说完了社会现实，我们再来说一说社会实证主义准则。涂尔干将社会实证主义准则分为观察社会事实的准则和解释社会事实的准则，其中观察社会事实的准则有三点，第一点是"必须始终如一地摆脱一切论断"，也就是在科学研究中我们要保持价值中立，排除个人感情和各种干扰来观察事物；第二点是"对所研究的对象进行操作定义"，简单来说就是在开始研究之前，我们不能仅凭自己的想象来对社会现象下定义，而是要先通过观察了解事物的外部特征，然后再把符合这个定义的全部现象收在同一个研究之中，这样才能深入地研究事物；第三点则是要避免使用夹杂私人感情的感性材料，尽量采用较为客观的感性材料来进行研究。

关于解释社会事实的准则，涂尔干总结了两点，第一点是"社会事实的决定性原因，应该到先于它存在的社会事实之中去寻找，而不应到个人意识的状态中去寻找"。关于这一点，在前面"社会事实"的内容中有所体现，任何社会现象的产生，都源于另一个社会现象，而不是一种个人心理现象，所以一种社会事实的决定性原因，应当到先于它存在的社会事实之中去寻找；第二点则是"对社会事实的完整解释，必须包括因果分析和功能分析"，简单来说，就是我们在解释一种社会现象的时候，必须分别研究产生该现象的原因和它所具有的功能，因为这样的分析方式是符合因果逻辑的。

三、主要内容：自杀的原因与类型

在上一部分关于"解释社会事实的准则"的内容中，涂尔干认为在解释一种社会现象的时候，必须分别研究产生该现象的原因和它所具有的功能，因此在《自杀论》中，涂尔干第一个研究的内容，就是自杀产生的原因。

（一）自杀原因的证伪（证明它是错的）：非社会因素

如今，当我们谈论起自杀相关的话题时，难免会去下意识地猜测，自杀的当事人是不是可能存在精神问题。而在涂尔干生活的年代，"自杀是精神失常的表现"更是一个主流的看法。那么，人选择自杀真的是因为精神问题吗？

对此，涂尔干通过实证的方式，给出了否定的答案。涂尔干收集了包括丹麦、纽约在内的多个国家和地区的精神病患者数据，发现在各地的精神病院中，女性患者的比例基本都会多于男性患者，由此涂尔干得出结论：在那个年代，女性患精神病的比例要多于男性。在这个前提下，如果"自杀是精神失常的表现"成立，那么女性的自杀率就应该多于男性。然而，涂尔干通过对奥地利、法国等多个国家在不同时期自杀人口总数中的男女比例进行对比，证明了当时女性的自杀率明显是低于男性的。

同时，涂尔干还统计了不同信仰的人们精神失常的比例，他发现犹太教徒精神失常的比例要大大高于其他教徒，如果说自杀与精神失常有关，那么犹太教徒的自杀率必然会高于其他教徒的自杀率。然而，涂尔干经过数据统计后发现：恰恰犹太教徒的自杀倾向是相对较弱的。涂尔干还统计了不同年龄的精神病患者的自杀率，同样没能发现其中的关联性。由此可见，自杀与精神疾病之间并没有绝对的因果关系。

除了猜测自杀可能与精神问题有关外，当时还有一些学者认为，自杀可能与种族有关，某些种族可能天生就比其他种族拥有更高的自杀倾向。为了证伪这一猜想，涂尔干统计了四个欧洲种族的自杀率，发现日耳曼族的自杀倾向是最高的。然后，涂尔干又对日耳曼族进行了横向对比，他发现在所有的日耳曼民族中，德国人的自杀倾向更加强烈。由此他得出了第一个初步结论——与自杀有关的不是种族而是国籍。

为了证实这一猜测，涂尔干又统计了德意志人在德国以外的地方和其他民族生活在一起时的自杀率，他发现当德意志人和斯拉夫人生活在同样的社会环境中时，他们的自杀倾向也大致相同。因此涂尔干认为：当环境不同时，人们在自杀倾向上所表现出来的差异与种族无关。

紧接着涂尔干又进行了一项统计，他选取了一些拥有相同信仰的地区，并从中筛选出了德意志人占多数的地区和其他种族占多数的地区，然后将这两类地区的自杀率进行对比，他发现，只有在部分宗教地区内，德意志人的自杀率才会更高。由此涂尔干认为，"德意志人中的自杀者之所以多于其他民族，其原因不在于他们的血统，而在于他们在其中受到熏陶的文明"。通过这一系列的分析，涂尔干也否认了"自杀与种族有关"这一结论。

除此之外，当时还有学者认为气候和季节性气温的变化会对自杀产生影响，因为从欧洲不同纬度地带的自杀率差异看，似乎最易发生自杀的地区是欧洲气候最温和的地区。针对这一猜想，涂尔干统计了意大利自杀人口的地区分布数据，结果发现在 1870 年以前，意大利北部省份自杀率很高，其次是中部，再其次是南部，似乎自杀率会随着纬度的降低而降低，然而在 1870 年以后，意大利的中部地区却成了自杀率最高的地区。涂尔干经过调查后发现，1870 年意大利攻克了教皇国的首都罗马，由此将自己的首都由北部迁到了位于中部地区的罗马，大量人口的到来，才导致中部地区的自杀率上升。由此我们似乎可以看出，真正影响自杀率的或许并不是气候，而是人类社会活动的密集程度。

为了证实这一观点，涂尔干又统计了法国每月自杀人数占全年自杀人数的比例，结果发现这一数据与法国的昼长变化存在着对应关系，基本上白昼逐渐增加时，法国的自杀率也在逐渐上升，而昼长逐渐缩短时，法国的自杀率也在逐渐降低。这一发现用"气候决定论"很难解释，因为欧洲各国气候与气温的差异相对较大，但昼长变化却相差无几。唯一能够解释的是，随着白昼逐渐变长，人类的社会活动变得更加频繁，而这才是自杀率攀升的原因。

从心理学的角度，还有一个疑似自杀诱因的存在，那就是效仿。简单来说，在具有自杀倾向的人身边，人们可能会不自觉地也产生自杀倾向。涂尔干认为：效仿首先必须要有被效仿的对象，如果自杀现象可以被效仿，那么被效仿对象的所在地就应该是自杀的中心地带（如首都和大城市），而离中心越远，自杀率就应该越低。

但是，从涂尔干搜集的世界各国自杀人数分布图来看，自杀并没有围绕着某些中心发生，也没有从这些中心均匀地扩散开来，而是以差不多同样的数量成批的在各地发生，没有任何的中心。由此可见，自杀与效仿也没有绝对的因果关系。

在这一部分中，涂尔干通过证伪的方式，从精神疾病、种族、气候等非社会因素的角度进行了分析，证明了自杀并非由这些非社会因素所决定，从而为接下来社会因素的证实做了铺垫。

（二）自杀的三种类型

在对非社会因素与自杀的关系进行澄清之后，涂尔干便将分析重点放在了社会因素上。在这一部分，涂尔干划分了三种主要的自杀类型，分别是利己主义的自杀、利他主义的自杀和反常的自杀。在介绍这三种自杀的类型时，涂尔干还阐述了每种类型各自对应的社会事实，并且通过分析，阐述了社会因素与自杀之间的关联。

首先，我们先来聊一聊利己主义的自杀。所谓利己主义的自杀，指的是一种产生于个人主义的特殊类型的自杀，它的基本特征是在一个社会群体中"自杀人数的多少与个人所属群体的一体化程度成反比"。这里提到的"群体的一体化程度"，指的就是集体对个人的控制程度，也就是说在利己主义的自杀这一情况下，如果集体能够比较紧密地控制从属于这个群体的个人，那么这个群体的自杀率就会相对较低，反之亦然。

举个例子，在分析不同的宗教信仰对自杀率的影响时，涂尔干指出：虽然新教和天主教都明确禁止自杀，但是新教徒的自杀率却远远高于天主教徒，原因就在于新教的一体化程度远远小于天主教的一体化程度。这是因为新教一体化程度小于天主教，所以新教对教徒的控制程度就小于天主教，在这种情况下，新教教徒就会比天主教徒拥有更强烈的个人意识。当个人意识过度发展时，个人就不会再服从于集体对自己的束缚，集体对于自杀的遏制也就减弱了。这时，如果个人在社会面前过分显示自我，并通过结束自己生命的方式来与其所属的群体抗争，或者逃避他对集体的义务，那么这种情形就可以称为利己主义的自杀。

说完利己主义的自杀，我们再接着讲利他主义的自杀。如果说利己主义的自杀根源在于个人意识太强，那么利他主义的自杀则正好相反，它的根源在于个人意识的泯灭。利他主义的自杀者们会把自己的生命看得无足轻重，无论是出于狂热的信仰，还是为了显示忠诚，一旦集体发出命令或是号召，他们就会像完成义务一样来结束自己的生命。这种出于宗教狂热或者社会习俗而引起的利他主义的自杀，多发生在社会发展的低级阶段，统治阶级为了维护和宣扬集体的权威，往往会故意贬低普通个体的人格，同时还会对这种不在意个人生命的行为大加赞赏。

而在现代社会，利他主义的自杀则大多出现在军队之中。军队作为一个非常特殊的群体，他们为了国家和人民的权益，往往会将集体荣誉和集体利益放在个人利益之上。由于军人使命的特殊性，他们不会过于重视生命，尤其是自己的生命，因此，士兵没有自己的行为准则，而这正是利他主义的典型特征。因为军队的特殊性，很多学者不愿意把军人为了荣誉和使命献出自己生命的行为称为自杀，但在涂尔干看来，即便军人无私奉献的精神值得我们钦佩和赞扬，但他们所表现出来的特征仍然与利他主义的自杀无异，所以没有理由将他们划分为一种特殊的类型。

我们再来说一说反常的自杀。反常的自杀指的是由于社会力量限制个人欲望的作用降低，或者个人欲望无限膨胀引发个人活动失常并受损，由此导致的自杀。在正常情况下，人的欲望应该是受到限制的，这种限制力作为精神力量一般只能由社会赋予。因为想要限制个人欲求，必须依靠个人之外的精神力量，这种精神力量的优势还必须得到个人的承认，在涂尔干看来，一般只有社会才有这种超越于个人并被个人所承认的精神力量，因为"只有社会才有必要的权威制定法律和给情欲指明不能逾越的界限"。

在涂尔干生活的年代，就常常出现反常的自杀。当时的欧洲社会，正在由以压制性的制裁手段来抑制个人意志从而实现社会团结的机械团结社会，向以恢复性的制裁手段让分工的人们团结在一起的有机团结社会过渡，这个过程中出现了大量的"社会失范"现象。所谓社会失范，指的是社会对个人的规范作用已经减弱或者丧失了，因而导致社会处于一种规范缺失的状态，这意味着社会所蕴含的精神力量对人的欲望的限制作用也受到了减弱。与此同时，自从人类进入工业社会以来，财富的增长使得人们的欲望无限膨胀，一旦个人的欲望得不到满足，或者由于经济危机等突发的社会混乱使得欲望无法实现，那些被欲望控制却又无法满足欲望的人，就容易放弃自己的生命。

以上便是涂尔干划分的三种自杀类型，这三种自杀类型虽然不能概括全部的自杀现象，但它们仍然是所有自杀类型中最为基本和主要的。总的来说，这三种自杀类型的根源都在于个人与集体之间的关系，无论是社会集体联系个人的方式过松或者过紧，还是社会管理个人的方式出现的减弱或者异常，都可能会引起自杀。

（三）自杀研究的意义所在

在《自杀论》中，涂尔干虽然把自杀作为研究对象，但他所关注的不仅仅是自杀在个人身上的表现，更是对各种自杀类型背后的社会原因进行深入的探讨。经过一系列的分析后，涂尔干得出了这样的结论：自杀是一种特殊的社会现象，它跟种族、遗传、心理状态、自然条件、气候变化没有绝对的关系，但却跟社会环境关系密切。虽然自杀事件的原因多种多样，但群体自杀率却受基本社会事实的制约，自杀率只能从社会学角度加以解释。

在涂尔干看来，无论自杀率相对稳定还是不断升高，根源都在于社会意识是否发生变化。社会意识长期保持不变，社会自杀率就相对稳定，一旦社会意识发生了变化，这种变化也必然能引起自杀率的变化。所以，他认为自杀现象虽然是一种病态的社会现象，但却是必然会出现的，社会绝对不可能没有自杀，关键在于我们如何看待这种社会现象。

四、研究方向：定义、统计与预防

虽然在社会中不可能完全避免自杀现象的发生，但是我们也应该尽量减少自杀的发生，这就要求我们要在更大的范围内关注社会力量对自杀现象的控制作用，主动调节可能引起自杀的集体性社会因素，逐步缓和个人与社会之间的对立矛盾，这对于建设社会主义现代化国家也具有重大的现实意义。

我们在中国知网检索"自杀论""涂尔干"等关键词后发现，目前关于本书的研究主要集中在内容解读与方法论运用两个方面，比如载于《社会》上《自杀与现代人的境况 涂尔干的"自杀类型学"及其人性基础》一文，就将涂尔干在《自杀论》中提出的三种自杀类型作为了研究重点，并从这个角度分析了现代人的生存境况；而《社会科学研究》上刊载的文章《从迪尔凯姆的〈自杀论〉看"实证"和"否证"方法的统一》，则将重点放在了《自杀论》中"实证"和"否证"方法的运用分析上，并得出了"'实证'和'否证'虽然在思想层面上相互对立，但在操作层面上却趋向一致"的结论。针对国内对《自杀论》的研究现状，我们将补充一些提及较少的研究方向以供大家参考。

第一个研究方向是关于自杀的定义。关于自杀定义的争议可以归结为：如何准确认定自杀、准确计算自杀率？在涂尔干之后，美国自杀学权威施耐德曼和世界卫生组织专题研究小组也未能完全解决这一问题。这个问题的复杂性在于，自杀涉及意愿（是否真正想死）、认知（是否确切知道行动结果）、行动（直接或间接、积极或消极）和结果（是否死亡），一个定义很难包含该问题所涉及的全部因素。在这基础上，感兴趣的朋友可以按照不同的意愿、认知、行动和结果对自杀行为进行细分，形成自杀的系统分类，从而得出自杀的定义。

第二个研究方向是自杀数据统计。《自杀论》问世后，不少学者都对其中的统计数据提出了质疑，认为涂尔干搜集的数据可能并不可靠。其中的原因在于，受当时的技术水平限制，某些被认定为一般死亡的情况可能实际上是自杀，某些被认定为自杀的情况可能没有自杀意愿，一些有强烈自杀意愿的人可能自杀未遂，某些没有死亡意愿的人却意外造成死亡。这其中的关系十分复杂，要认定一次"完美"的自杀十分难得。涂尔干也发出过类似的感叹："对个人自杀进行名副其实的观察几乎是不可能的。"感兴趣的朋友，可以结合如今更为权威的统计方式，对这一内容进行分析。

第三个研究方向是预防自杀的策略。受创作初衷的限制，涂尔干在《自杀论》中并没有过多的谈及预防自杀的策略，感兴趣的朋友，可以结合书中的内容，以及当下国内社会的现状，系统地总结一些预防自杀的策略。

最后，我们来总结一下《自杀论》的核心要点：

1.《自杀论》的创作初心源于当时的社会学研究现状。涂尔干认为，当时的社会学研究几乎没有任何进步的迹象，学者们在阐述社会学理论的时候，往往不会提出明确的问题，而是围绕着晦涩艰深的哲学理念大做文章。在这种情况下，涂尔干提出要把具有明确界限的社会现象作为研究对象，而不是热衷于对社会现象进行形而上学的思考。在这样的想法下，涂尔干选择了"自杀"作为研究对象，并以此创作了《自杀论》。

2.《自杀论》的理论基础是实证主义社会学，涂尔干作为这一学派的代表人物，《自杀论》中充斥着这一理论的思想。实证主义社会学有两个关键的概念，一个是社会事实，一个是社会实证主义准则。社会事实是社会学的研究对象，一切行为方式，不论它是固定的还是不固定的，凡是能从外部给予个人约束，或者普遍存在于该社会各处并具有其固有存在的，不管其在个人身上的表现如何，都叫作社会事实；社会实证主义准则分为观察社会事实的准则和解释社会事实的准则，其中观察社会事实的准则有三点，分别是"必须始终如一地摆脱一切论断""对所研究的对象进行操作定义""避免使用夹杂私人感情的感性材料"。解释社会事实的准则有两点，分别是"社会事实的决定性原因，应该到先于它存在的社会事实之中去寻找，而不应到个人意识的状态中去寻找"，"对社会事实的完整解释，必须包括因果分析和功能分析"。

3.《自杀论》的主要内容是自杀的原因和自杀的三种主要类型。涂尔干在书中用证伪的方式证明，自杀与种族、遗传、心理状态、自然条件、气候变化等非社会因素之间并没有绝对的关系，与自杀真正有关的是社会因素。涂尔干还将自杀分为了利己主义的自杀、利他主义的自杀和反常的自杀三种类型，并在分析后得出这三种自杀类型的根源都在于个人与集体之间的关系的结论。

4.目前国内对于《自杀论》的研究主要集中在内容解读与方法论运用两个方面，而在自杀的定义、自杀数据统计、预防自杀的策略这三个方面的研究较少，感兴趣的朋友可以研究一下。

扫码收听更多
精彩内容

 **拓展书单**

1. [法] 埃米尔·涂尔干：《社会学方法的准则》，狄玉明译，商务印书馆 1995 年版。

2. [法] 埃米尔·涂尔干：《社会分工论》，渠东译，生活·读书·新知三联书店 2000 年版。

3. [美] 门林格尔：《人对抗自己：自杀心理研究》，冯川译，贵州人民出版社 2004 年版。

4. [美] 杰弗里·亚历山大：《迪尔凯姆社会学：文化研究》，戴聪腾、陈维振译，辽宁教育出版社 2001 年版。

怀特《街角社会》

——参与式观察法的经典应用

> 如果我们能够熟悉这些人，并理解了小人物与小人物之间，大人物与小人物之间，以及大人物与大人物之间的关系，那么，我们就会知道科纳维尔的社会是如何组织的。在这一认识的基础上，就有可能解释人们的忠诚以及政治和非法团伙活动的重要意义。
>
> 由于群体的成分稳定，其成员又缺少社会保障，所以形成了群体内部非常高的社会相互作用率。群体结构就是这些相互作用的一种产物。从这种相互作用中，产生了一种相互义务，这也是群体内聚力的基础。

《街角社会：一个意大利贫民区的社会结构》(*Street Corner Society：The Social Structure of an Italian Slum*) 一书，它是理解美国移民偏见的开山之作。作者威廉·富特·怀特（William Foote Whyte，1914—1999）是美国芝加哥学派的社会学家、美国艺术和科学研究院院士。怀特 1914 年出生在美国马萨诸塞州的一个中上阶层家庭，其祖父与外祖父分别是医生和教育厅厅长，父亲是大学教授，1943 年获芝加哥大学哲学博士学位。自 1942 年起，怀特曾先后任教于俄克拉荷马大学、芝加哥大学、康奈尔大学，1964 年任美国应用人类学协会主席，1977—1978 年任美国社会学协会主席，1982 年曾来华讲学。他的主要著作有《街角社会：一个意大利贫民区的社会结构》《拉丁美洲美国企业中人的问题》《组织行为：理论与应用》等。

其中，《街角社会》是他的代表作，更是他的成名作。在哈佛大学青年研究员基金的资助下，怀特于 1936—1940 年，以"街角帮"成员的身份，对波士顿贫民区——"科纳维尔"进行参与式观察研究，投身于街角青年的环境和活动中，对闲荡在街头巷尾的意大利籍青年的生活状况、非正式组织内部结构及活动方式，以及他们与周围非法团伙成员和政治组织关系加以观察，并及时作出记录和分析，得出关于社区、社会结构的重要结论。本书就是对这一观察过程、所获资料及结论的翔实记述。由于本书开创性地将参与式观察应用于城市研究，开辟了城市研究的新方法，因此，早在 40 多年前，本书就被列为社会学的经典著作，至今在国内外大学里仍被视作社会学的必读书目，并被那些从事城市研究的社会学家和社会工作者视为实地研究的参考书。

一、研究背景：美国社会学"芝加哥学派"的产生

在 20 世纪初，美国社会学研究通过融合统计调查、实验法、实地调查等传统社会学研究方法和文化人类学，逐步形成了系统化、精确化的城市社会研究方法和相关研究流派。在诸多流派之中，以"芝加哥学派"的影响最为深远，"芝加哥学派"借用生物进化理论，研究都市环境的空间格局及城市间的相互依赖关系，尤其注重研究区位对人类组织形式和行为的影响，形成"人文区位学"，又称"人类生态学"。该学派认为若想真正认识城市中的边缘地带，就要给其以"社会"地位和客观感知。具体来说包括以下两个方面。首先，边缘地带得以维持的原因在于其内部有完善的社会结构和行为规范，不能主观地将其视为主流社会的"毒瘤"或"弃婴"；其次，社会学的主要"武器"，比如入户访谈、抽样调查等，在边缘地带"异文化"中很难保证真实性，沟通、行为等方式的迥异造成调查者与被调查者之间理解的困难。因此，若想真正地认识一个"社会"，就不能在目的论指导下先行理论预设，而必须极力融入所研究的"社会"，切切实实地扎根在那里，才能深刻理解当地"社会"的真实情景。基于这一学科背景，怀特深入城市底层社会了解真实情况，创造性地将参与观察法引入社会学的调查研究中，对化名为"科纳维尔"的地区进行田野调查。

美国拥有来自世界各地的移民，这些移民有着不同的文化背景、宗教信仰和价值观，因此种族歧视在美国普遍存在。在美国这一大背景下，"科纳维尔"作为意大利移民的聚居区，美国波士顿中心一个人口密集的贫民窟，在第二次世界大战时期一直被认为是个问题地区，被人们看作是非法勾当、贪污腐败、贫穷和犯罪的聚集地，以及起颠覆作用的信仰和活动的大本营。

因此，生活在"科纳维尔"的人们似乎天生便是社会调查工作的对象、刑事案件中的被告……但，这些评价都是人们通过泛泛调查得出的结论，事实远非如此。如果你到"科纳维尔"地区生活，参加当地人的活动，就会发现另一番天地与景象。怀特认为，要想真正读懂某个社区，就必须真正理解这个社区的结构和人们的行为模式。要做到这一点，必须采用参与观察法，也就是说，研究者需要身临其境地参与社区生活，获得局内人感受，了解每一种外显行为背后的权衡与博弈，以及影响外显行为的内在因素。

二、研究方法：采用参与式观察获取真相

《街角社会》是一部社会学经典著作，它之所以经典是因为怀特提出一种独特的社会学研究方法——参与式观察。虽然在怀特之前，也有人使用过参与观察法，但先前的观察对象只针对原始部落，以马林诺夫斯基为代表；而怀特则把参与观察法的应用范围扩大到了现代社会。这一研究方法的改进对社会学研究来说是一种跨越式的贡献。

具体来说，参与观察法要求研究者作为研究客体成员，深入到研究客体的生活之中，进行长期、持续的观察。对比来看，参与观察法与一般观察法存在明显区别，如果说参与观察法是"下马看花"，那么一般观察法就是"走马观花"。二者的本质区别在于，一般观察法只是在短时间内进行观察，而参与观察法要求研究者用较长的时间进行观察，因此，参与观察法可以获得研究客体在某个时间段内的变化过程，呈现出连续动画样态，也就是说，研究结果"是一部活动的电影，而不是一张静止的照片"，所获结论更接近事实真相。在《街角社会》中，怀特就以街角社会成员的身份，对"科纳维尔"

进行了为期三年多的观察，时间从 1936 年持续到 1940 年。尽管参与观察法的优势十分明显，但实施参与观察法却不是一件容易的事情，接下来，我们将对参与观察法的实施要求和研究者可能会面临的问题进行介绍。

首先，参与观察法要求研究者必须亲自融入研究客体的生活之中。"科纳维尔"是意大利移民聚居区，在这里，意大利语言掌握的流利与否会极大地影响人们友情的建立，并对交流、沟通及访谈工作产生影响。为此，怀特先是刻苦学习了意大利语。当面对自己完全不熟悉的"科纳维尔"地区，街角青年们也对怀特缺乏基本的了解和信任，因此怀特需要采取一定的方法进入该地区，他通过地方福利委员会的工作者找到街角青年多克，并通过这层关系顺利地进入了"科纳维尔"。

进入"科纳维尔"地区以后，怀特以街角青年的身份开展深入观察，亲身参与到青年们的社交聚会、体育活动，甚至是犯罪活动中，完全融入街角生活，成为街角社会中的一分子。因此，怀特能够从内部视角对"科纳维尔"的街角青年、意大利人社交、体育俱乐部、非法团伙组织、政界要人等进行持续的观察，进一步了解各种团体、组织的发展变化过程，以及各组织内部人际关系的发展演进路线。

其次，参与观察法对研究者的角色定位要求更加复杂。这一方法既要求研究者深入到研究客体中，又要求研究者不能够影响或改变研究客体自身的发展规律，否则，研究者了解的情况就有可能不是研究者到来之前的真实情况，得出的结论就有可能是虚假的。这既要研究者参与到研究客体的活动中，又不能因为自身过于积极而影响到研究客体的正常发展轨迹，所以说，实施参与观察法对研究者自身素质的要求极高，需要研究者能够较为清晰地认识到自身的角色定位与参与程度。比如，保龄球比赛是影响"诺顿帮"成员社会地位结构的"核心仪式"，怀特必须要积极参与到街角青年们的保龄球活动中，以便于他能更好地融入进街角青年们的生活中，但是他会在比赛中故意输掉，以防止因为自己的出现导致比赛结果的改变，从而影响"诺顿帮"内部的社会地位结构。

最后，由于参与观察法需要研究者融入研究客体进行深入观察，研究者常常会面临一些伦理道德问题。当然，其他调查方法也会面临伦理道德问题，但是，由于参与观察法要求研究者长期进行深入观察，需要研究者与研究客体建立更为紧密的合作关系，这就会让一些伦理道德问题变得更加突出。在这里，我们主要说明以下两个较为关键的问题：第一个问题是，研究者是否应该告诉研究客体自己所进行的研究，告诉到什么程度，以及如何告诉他？如果研究者不告诉研究客体自己在进行某种研究，虽然这样比较容易了解研究客体的实际情况，但是，研究客体一旦发现研究者是为了研究自己而与自己交往，就会有被欺骗、被利用的感觉，这不利于研究的持续推进；而如果研究者告诉研究客体，自己在进行某种研究，那么研究客体的行为就会产生某种形变，包括规避研究，故意表现，选择性提供信息等。这些形变会让研究者的研究无法深入，只能够让研究者了解到一些表面现象或虚假情况。第二个问题是，研究者是否应该给予研究客体一些回报、给予什么回报，以及给予多少回报？在参与观察的过程中，研究客体常常会给研究者提供一些帮助，比如接受研究者的访谈、为研究者提供情报等。一般来说，社会学研究离不开研究客体的帮助，因此，研究者应该给予研究客体一定的回报。但是，研究者常常吃不准究竟应该给予研究客体什么回报，以及给予多少回报。这一问题也让《街角社会》在出版多年之后再次成为舆论焦点，怀特没有给予研究对象适当回报的行为受到了同行乃至社会的批判，甚至就连本书的调研对象多克的儿子也认为怀特剥削了多克，并以此要求获得更多的补偿。可见，研究者在进行参与式观察时需要认真研究和处理这些伦理道德问题。

三、研究内容：非正式组织中的社会结构及"相互作用"机制

怀特最开始的研究计划是全景式的，力图梳理整个"科纳维尔"地区的历史、政治、经济、教育、娱乐模式、社会态度等各方面情况，希望能够对"科纳维尔"地区的生活景象进行全面的描述与分析。但是这种全景式的研究容易流于表面，难以深入了解该地区人们的生活世界，同时怀特的时间、精力也使他不能完成这样浩大的研究。因此，怀特把研究的落脚点放在研究"科纳维尔"人们的交往模式上，以个人和群体为基础来反映"科纳维尔"的主要社会情况，采用参与式观察对"科纳维尔"地区非正式组织中的社会结构及内部组成进行了详尽的描述，这就是本书的研究内容。

在《街角社会》中，怀特着重描述了"诺顿帮"、意大利人社区俱乐部等非正式组织。在边缘社区"科纳维尔"，这里的"街角青年"基本上都是意大利移民第二代和第三代。生活在这里的男青年分为两大部分，即街角青年和男大学生，街角青年是处于社会底层同时构成科纳维尔男青年的大多数，他们的主要社会生活集中于某些街角地带以及相邻的理发店、小吃店、台球房或俱乐部活动室；在 1929—1933 年的经济萧条时期，他们大部分人失业或者打零工，而且他们的文化程度不高，只有极少数人上完中学。他们构成了街角青年组织"诺顿帮"。而那些接受了高等教育且地位较高的男大学生，组建了意大利人社区俱乐部。

在具体分析时，怀特首先以多克为中心人物，详细地介绍了"诺顿帮"的形成、发展和解体，着重说明了在发展过程中这个团伙内部的人际关系，包括领袖和追随者之间的关系、领袖与他的副手之间的关系以及团伙内部各个追随者之间的关系。接着，怀特剖析了"诺顿帮"解体后，多克参加的意

大利人社区俱乐部的情况，他也分析了这个社区俱乐部的内部人际关系，特别是这个俱乐部内部的权力之争。与此同时，怀特还阐明了"诺顿帮"与意大利人社区俱乐部之间的相互关系，他认为"诺顿帮"代表了"街角社会"的底层社会，意大利人社区俱乐部代表了中层社会。

怀特不仅介绍了"科纳维尔"地区非正式组织的内部社会结构，还详细地展现了这些组织的外部社会关系。他为我们呈现了"科纳维尔"地区非法团伙的活动情况、组织形式、活动内容以及他们和"科纳维尔"警方相互勾结、贿赂的真实情况。与此同时，怀特在本书中还交代了"科纳维尔"街角青年与非法团伙的社交情况，以及"科纳维尔"政界与街角青年和非法团伙相互勾结、相互利用的真实情况。总之，在"科纳维尔"的街角社会中，政界、非法团伙、街角青年三者之间的关系错综复杂，彼此之间互利共生。

根据街角社会复杂混乱的社会互动情况，怀特在研究过程中采用了当时兴起的"相互作用"理论，也就是社会互动论，该理论最早由齐美尔开展研究，认为个体的社会行动会对他人行为产生影响，反过来，他人的期望影响着个体自身的大多数行为。例如，正是由于街角青年们对于多克的政治活动的期待以及在男大学生奇克的嚣张气焰的刺激下，使得多克参加了街区议员竞选；而多克参与议员竞选又反过来鼓舞了街角青年的士气，制约了奇克的放肆行为，从而维护了"科纳维尔"街角男青年群体内部的互动交往方式与社会结构。

在"相互作用"的理论框架下，怀特详细地记录了自己获得的实践经验材料，并且粗略统计了街角成员之间的互动频率和持续时间，集中观察了这些群体活动的发展情况。通过这种观察研究，他发现："科纳维尔"地区的人们认为，社会是紧密结合的等级制组织，因此，人们的地位和彼此间的义务被限定和承认。这不仅体现在他们的生活世界里，还体现在他们的宗教信仰里。由于区域内的群体成分稳定，同时缺少家庭和社会的保障，群体内部形成了非常高的社会互相作用，产生相互义务，而群体结构正是相互作用的产物。延续这一逻辑，怀特认为："科纳维尔"的问题不在于它没有组织，而在于"科纳维尔"的社会组织未能与社会结构融为一体，这就使"科纳维尔"的人们缺乏更多的机会参与这一区域以外的社会活动。因此，怀特认为，应该让"科纳维尔"人在正式权力结构上获得合适的位置，为他们提供更好的经济发展机会，让他们担负更多决定自己命运的责任。

在这部著作中，怀特放弃了全景式研究，而是把研究重点放在了"科纳维尔"街角青年的交往模式上，以个人和群体为基础来反映"科纳维尔"地区的主要社会情况，在相互作用理论的框架下，深入细致地为读者们展现出了街角青年的人际关系结构、"科纳维尔"的社会结构，点明了"科纳维尔"的社会问题在于缺乏与外界世界的互动，因此提出要增加这个地区与外界的互动机会，给予"街角青年"合适的正式权力位置，为他们提供更好的经济发展机会，让他们把握自己的命运。

四、研究应用：参与式观察的社会学应用

前面我们说过，"参与式观察"是怀特开展调查的重要研究方法，贯穿于《街角社会》全书。在怀特看来，开展研究必须深入调研当地情况，像当地人们一样生活、一样思考，才能理解并得出真实结论，从而获得有效信息。自从怀特将参与观察法带入社会学研究后，许多研究都开始沿用这一方法。下面我们仅仅选取以"参与式观察"为题目，且在知网引用率较高的社会学相关文章进行说明。

载于《管理学刊》的《参与式观察与非参与式观察在案例研究中的应用》一文中，作者针对研究方法进行探讨，认为参与式观察和非参与式观察是社会学案例研究的重要组成部分，也是社会调查研究的重要方法。在实际应用中，二者各有千秋，但目前对于这两种方法的内涵和应用尚缺乏系统的梳理，对于它们各自的优势也缺少深刻的认识。通过分析两者的内涵与特征发现，与其他调查研究方法相比，参与式观察和非参与式观察能更为有效地解释现象的因果关系。其中，参与式观察更贴近被调查者，接近因果关系的本质，更能揭示潜在关系的真相；而非参与式观察更容易保持独立判断，不受其他环境因素的影响，更易于准确评价。

载于《妇女研究论丛》的《农村仪式性人情活动中的性别分工与性别关系：基于皖北农村葬礼的参与式观察》一文中，作者以亲朋好友的身份全程参与了一次皖北农村葬礼，采用参与观察的方式记录葬礼的过程，并对参加葬礼的家庭成员、宾客以及懂得礼仪的人进行了无结构式访谈，以此深入了解葬礼人情活动中男性和女性各自承担的角色、任务与性别分工的严格程度。此外，作者在研究方法部分讲明了参与式观察在实际应用中的局限性，她认为，正是由于自己以内部人身份开展参与式观察，才导致身为女性的她不得不遵循葬礼的性别禁忌，也就是说，她无法以女性的身份参与选墓地、下葬等仪式，这让她无法获取真实有效的一手材料，只能间接询问其他男性。

自《街角社会》面世以来，"参与观察法"逐渐被社会学界所接受。在知网上，如果我们选择"社会科学理论与方法""社会学及统计学"等目录进行检索，就会得到如下结果：题目中包含"参与式观察"字眼的论文有8篇，主题搜索有27篇，摘要搜索则得到1000多篇。由此看来，虽然以"参与式观察"为题的论文较少，但是使用"参与观察法"的社会学论文很多。可见，"参与式观察"已然成为社会学研究中相当普遍的一种研究方法，感兴趣的朋友可以根据自己的爱好去下载相关的论文进行阅读。

最后，我们来回顾一下这本书的核心要点：

1. 将参与观察法用于社会学研究。参与观察法作为一种研究方法，主要被人类学、民族学等学科使用，早期的研究对象主要是原始部落，而《街角社会》则将参与观察法运用于城市社区研究，这无疑丰富了社会学领域的研究方法。

2. 从时间维度上研究社区。怀特在《街角社会》中选取特定的个人和群体，进行长期的观察、描述及分析。这种持续的观察方式既展现了研究对象在某个时间节点上的行为状态，比如"诺顿帮"的组织结构，也展示了研究对象的行为变化过程。因此，与以往社区研究报告相比，《街角社会》的研究维度具有革新性。

3. 在实地研究中应用"相互作用"理论。怀特在《街角社会》中遵循"相互作用"的理论框架，也就是从社会互动论出发，集中精力观察并粗略地统计街角帮成员之间的相互作用频率和持续时间，得出了关于群体活动变化的相关结论。通过这种观察，他掌握了非正式群体的内部结构，以及该群体与上层社区结构之间的关系，并据此提出了解决"科纳维尔"社会问题的方法。

扫码收听更多
精彩内容

拓展书单

1. 袁方主编：《社会研究方法教程》，北京大学出版社 1997 年版。

2. 李晓凤、佘双好编著：《质性研究方法》，武汉大学出版社 2006 年版。

3. ［英］凯西·卡麦兹：《建构扎根理论：质性研究实践指南》，重庆大学出版社 2009 年版。

4. 范明林、吴军编著：《质性研究》，格致出版社、上海人民出版社 2009 年版。

5. 冯尔康主编：《中国社会结构的演变》，河南人民出版社 1994 年版。

6. ［美］施坚雅：《中国农村的市场和社会结构》，史建云、徐秀丽译，中国社会科学出版社 1998 年版。

7. 孙立平：《转型与断裂：改革以来中国社会结构的变迁》，清华大学出版社 2004 年版。

8. ［美］T. 帕林斯：《现代社会的结构与过程》，梁向阳译，光明日报出版社 1988 年版。

9. 陆学艺主编：《当代中国社会结构》，社会科学文献出版社 2010 年版。

10. ［美］默顿：《社会理论与社会结构》，唐少杰等译，译林出版社 2006 年版。

费孝通《乡土中国》

——理解乡土的经典，影响中国的名作

    提到了我们的用字，这个"家"字可以说最能伸缩自如了。"家里的"可以指自己的太太一个人，"家门"可以指伯叔侄子一大批，"自家人"可以包罗任何要拉入自己的圈子，表示亲热的人物。自家人的范围是因时因地可伸缩的，大到数不清，真是天下可成一家。

    在都市社会中一个人不明白法律，要去请教别人，并不是件可耻之事。……但是在乡土社会的礼治秩序中做人，如果不知道"礼"，就成了撒野，没有规矩，简直是个道德问题，不是个好人。

费孝通先生的经典著作《乡土中国》，全书大约 10 万字。

在讲解本书之前，请你思考一些现实生活中存在的悖论。一方面我们认为乡村是贫穷、封闭的代名词，似乎与乡村有关的一切都是落后的；但另一方面我们又追求"土鸡蛋""放养鸡"这种农村的原生食品。一方面我们认为农村生活中充满了自私自利、斤斤计较的行为；但是另一方面我们又向往淳朴厚道、自然闲适的乡村生活。我们对于乡村的印象似乎总是充满了矛盾和纠结，在李子柒、华农兄弟等反映乡土生活的自媒体火热的当下，真实的乡土生活到底是什么样？这本《乡土中国》将会重新塑造你对乡土社会的认知，并且帮助你真正理解乡土社会背后的逻辑。它将从乡土社会的特征及其运行方式等方面告诉你，一个真实的乡土社会是如何塑造以及怎样运行的。它会从乡土社会的本质、乡土社会的特征、乡土社会的权力体系等角度入手，帮助你精准把握这些现象背后的逻辑。它从社会调查出发，为你描绘了一个真实的中国乡土社会的图景，同时为你揭示了这幅图景是如何影响中国的过去和现实，并启发我们去理解这幅图景中的结构和逻辑演化。

本书的作者费孝通先生，是我国著名的社会学家、人类学家、民族学家、社会活动家，中国社会学和人类学的奠基人之一。曾获得英国皇家人类学会颁发的赫胥黎奖章①、日本亚洲文化奖等。费孝通先生一生与社会学息息相关，其突出贡献在于影响了中国社会学的发展，被誉为"中国社会学的总设计师"。在社会学的研究方面，费孝通先生博士毕业于伦敦政经学院，著作有《江村经济》《美国人的性格》《乡土中国》《生育制度》《从事社会学五十年》《行行重行行》等。在社会学的发展方面，费孝通先生在 1979 年以后主持重建了中国的社会学体系，对中国社会学的发展做了总体设计，确立

---

① 赫胥黎奖章，1900 年为纪念赫胥黎而创设的，是国际人类学的最高学术荣誉奖。

了中国社会学的实证风格，为社会学的恢复与重建作出很大贡献。在社会学的教学方面，费孝通先生曾在清华大学、北京大学、中国社科院等高校任教。同时费孝通先生也因其学术地位担任过包括全国人大常委会副委员长、全国政协副主席等职务。2005 年费孝通先生逝世，享年 95 岁。

《乡土中国》是费孝通先生最著名的代表作之一，本书是费孝通先生在西南联大所讲"乡土社会学"时的上课内容，共由 14 篇文章组成。费孝通先生在本书中强调："这里讲的乡土中国，并不是具体的中国社会的描绘，而是包含在具体的中国基层传统社会里的一种特具的体系，支配着生活的各个方面。"这本书于 1984 年再版，被学界公认为中国乡土社会传统文化和社会结构理论研究的重要代表作之一。2020 年 4 月，本书还被教育部列入中小学生阅读指导目录。这本书虽然源自费孝通先生在新中国成立以前在农村的调查研究与实践，但是它对当下的乡村振兴和三农问题相关的研究也具有很大的借鉴和指导价值。费孝通先生在本书中提出的差序格局和乡村中存在的四种权力对后续的社会学研究也具有深远的影响。正如费孝通先生的弟子、中国人民大学教授赵旭东所说："费孝通先生的《乡土中国》吸引的不仅是社会学和人类学家们对于中国乡村的理解，它的影响范围可以说包括了整个中国社会科学界。"

一、乡土性是什么：稳定的生产和传统的生活

乡土性是什么？费孝通先生认为这个问题的答案可以被分为两个方面。

首先，乡土性对于生产方式具有巨大影响。我们经常认为乡下人土里土气、行为笨拙、思想落后。但是费孝通先生指出，乡下人的"土气"正是他

们依靠土地生存和发展的生产方式导致的。土地是不会移动的，自然土地上的庄稼也不会移动，所以对于这些完全依靠土地吃饭的农民来说，不断重复世代相传的生产方式就是最好的选择。从一小块土地开始，不断开垦，等到人口饱和以后在新的地区继续开垦土地，不断重复这一过程。在这个过程中，几千年的农耕文明就被这样数不清的村民和乡民们稳定延续下来，从而形成了自给自足的小农经济的生产方式。

那么，乡土性是怎么对生活方式产生巨大影响的呢？在乡土社会中，每个人都遵循祖辈流传下来的生活方式，平时精耕细作，打理自家的田地，当遇到灌溉或者秋收的时候，大家就团结合作，一起完成工作。当人口逐渐增加，原有的土地不够用时，就有人召集大家开垦新的土地，然后新增的人口分配到土地，又构成一个新的村落。村落不断扩张，就变成了乡，这个乡里的所有人自然也都相互认识。在这个社会中，大家都对彼此知根知底，相互熟悉。这种过于熟悉的社会就衍生出很多具有浓厚乡土气息的行为，比如做事不讲制度而是讲规矩、交易也从不签合同、抗拒新鲜事物等。在这一部分费孝通先生还提到当时知识分子推进"文字下乡""扫盲运动"，但是农民认为文字学起来费力，实际生活中也用不到，所以这些活动都失败了，我们可以说，正是因为当时的知识分子没有意识到乡土性对于农民生活方式的影响，所以这些不切合实际的行动才屡屡失败。

费孝通先生认为，只有理解了乡土性，才能够准确把握乡土社会中纷繁复杂的社会关系。而费孝通先生正是在切实的社会调查研究中才发现乡土性是中国乡村中各种不同的社会活动的根本原因，可以说乡土性是乡土中国的根基。在充分理解和把握这一根基之上，我们才能够真正理解乡土社会中的社会关系和运行逻辑。

二、乡土性产生了什么社会关系：熟人社会和差序格局

由于乡土性衍生的生产方式使得乡村社会只需要日复一日、自给自足，稳定就成为了中国的乡土底色。而同时因为乡土性衍生的生活方式使得村落内部所有人都相互熟悉，所以大部分行为都是约定俗成的。这样一个生产稳定、生活传统的社会就是"熟人社会"。在这个社会中，社会行为大都是遵循礼制和规矩、社会尊重长者权威、社会成员之间知根知底。约定俗成的事务之外的事务，熟人社会都漠不关心，所以熟人社会是抗拒新鲜事物、抗拒改变的。

了解了宏观上中国的乡村社会是一个熟人结构之后，我们来看微观上中国的乡村成员是怎样展开社会互动的。费孝通先生认为中国乡土社会中的社会成员主要是按照"差序格局"开展互动的。这里费孝通先生给出一个形象的比喻，自我就像一块石头，石头被丢进水塘以后，会激起一圈圈的波纹。石头就是社会关系的中心，也就是自我，波纹代表着社会关系的亲密程度。离中心越近，产生的波纹起伏越大，社会关系越亲密；离中心越远，产生的波纹振幅越小，社会关系越疏远。费孝通先生提出差序格局主要有三方面内容。第一，自我决定差序格局的核心。一个人有各种各样的标签，这些标签就是其与社会的联系。比如你是一个儿子，也是一个父亲，你是一个女儿，也是一个母亲，等等。你和所有人之间的联系都是以你为中心，向外不断辐射，最终形成一张庞大的社会关系网。第二，主干决定差序格局的扩张。费孝通先生认为夫妻关系是决定差序格局如何扩张的主干，结婚意味着社会关系同时在纵向和横向两个方面发展。纵向是生儿育女，传宗接代，横向是夫妻之间的家族相互认识沟通。这样扩张以后，一个以夫妻关系为主干的大家

族就诞生了。第三，伸缩性决定差序格局的范围。差序格局可能包括很多成员，亲近的包括直系亲属，疏远的包括远房亲戚。费孝通先生认为正是核心人物的地位高低决定了这个格局包括多少成员，具体范围是多少。如果一个人位高权重、非富即贵，那么他的关系范围会非常庞大。例如《红楼梦》中大观园里住着各式各样的亲戚。反之，如果一个人家境贫寒，那么他的关系范围就会非常有限。

在了解了差序格局的内容之后，我们来看熟人社会和差序格局这两方面内容是如何相互影响相互作用，最终塑造了乡土社会的。首先，差序格局决定了社会评价。费孝通先生认为中国乡土社会讲求的社会评价是有区别的，因为每个人都处于差序格局的中心，都是以自我为中心来对人或者事物进行评判的。例如一个人犯错，如果这个人和我的关系非常亲近，那么我就会帮他想办法解决问题。但如果我们完全不认识这个人，那么他一定会面临惩罚。所以在中国的乡土社会中，社会评价取决于每个人的审时度势，几乎不存在普遍性的道德规范。其次，熟人社会影响了差序格局。前面说到夫妻关系是差序格局的主干，但费孝通先生认为乡土社会的夫妻结合中感情的成分微乎其微，夫妻在一起更多的是合作伙伴、生育繁衍、人脉拓展等功能。比起配偶，人们更愿意在熟人社会中与自己年龄相仿的同性谈天说地。最后，礼治秩序是维持熟人社会和差序格局的关键。在这样一种宏观上熟人社会、微观上差序格局的社会中，要保证社会的正常运转，靠西方的法律是没有作用的，费孝通先生认为只能依靠礼治秩序，就是用礼数来管理日常的生活秩序，约束人们的行为。礼治的落脚点在于"礼"，品行不端就应该接受惩罚，而维持礼治的手段，不在于至高无上的法律，而在于自己的良心。

三、乡土社会关系怎样维持：
横暴权力、同意权力、长老权力、时势权力

费孝通先生提出，中国的乡土社会中存在着四种根深蒂固的权力维系着乡土社会，这就是横暴权力、同意权力、长老权力、时势权力。所谓横暴权力，经常与冲突和斗争联系在一起，这种权力往往与军事实力、政治权力相关，掌握了横暴权力的人简直是呼风唤雨，无所不能。横暴权力往往在动荡的时候取得，越是动荡，最终产生的横暴权力也就越大。所谓同意权力是一种人们就自己的社会分工所达成的共识，这种权力没有强制力的基础，依靠的是双方的协商。费孝通先生认为同意权力是中国乡土社会中民主的那一部分。而所谓长老权力是一种乡土社会中的强制权力，顾名思义，这种权力归属于德高望重的长者。长老权力往往与礼治、祖宗家法等词语联系在一起。所谓时势权力有点类似于横暴权力，乡土社会是稳定的，一旦遭遇动荡人民就会不知所措，这时在动荡的环境中能够稳定民心的人就掌握了时势权力。

费孝通先生认为横暴权力的内容主要有两点：一方面横暴权力有明显的两面性，手握横暴权力的人既能够稳定大局，使国家走向更好的局面，也能够滥用权力，激化矛盾，可能造成更剧烈的社会动荡；另一方面横暴权力是一个循环往复的过程，费孝通先生举了这样一个例子：国民休养生息以后国力日渐强盛，皇帝运用横暴权力开疆辟土，修城筑殿，权力扩张就会导致国库逐渐空虚，然后民怨沸腾烽烟四起，皇帝只能再次休养生息，恢复生产，如此循环往复。这就是横暴权力的基本内容。而同意权力的内容同样也有两点，一方面同意权力产生于能够保障所有人权利的公共事务，这种事务在乡土社会可能是兴修水利，集体劳作等等；另一方面这种公共事务是通过谈判

和妥协一定利益实现的，每个人的利益在协商中都会受到不同程度的影响，也就是说同意权力往往与协商、民主政治这些关键词联系在一起。长老权力这种具有乡土特征的权力也有两个主要内容，第一个是，长老权力的核心是长者，长者必须既德高望重又阅历丰富，这样他的经验才能作为权威的处理标准；第二个是，长老权力的礼治规范是基本传统道德和长老主观想法的结合，惩罚方法也是以批评教育为主，长老权力相比于其他三种权力来说，是乡土社会中最具有乡土性质的权力。时势权力不经常出现，其主要内容也包括两点，一方面时势权力总是与动荡的环境有关，不稳定的环境才能够影响人们的心理，从而产生受到追捧的英雄，正所谓"时势造英雄"；另一方面时势权力没有其他三种权力那么普遍，毕竟和平年代总是更多一些，同时自给自足的乡土社会也厌恶动荡。

了解了乡土社会中存在的四种权力之后，我们来介绍一下四种权力是怎样发挥作用并且影响乡土社会的。费孝通先生认为，从政治的角度来看，四种权力之间相互作用。中国的乡土社会中存在着同意权力和长老权力，同时士绅阶层中存在着横暴权力，士绅阶层通过科举制度和行政管理与乡土社会之间沟通。如果横暴权力泛滥，比如皇帝横征暴敛，乡土社会就会揭竿而起，也就是同意权力与长老权力就会转化为时势权力，这体现了政治过程中四种权力之间的相互关系和相互影响。从文化的角度看，长老权力承担着乡土社会延续的核心任务，其他权力都有向长老权力转化的趋势。稳定的乡土社会一代又一代延续相同的生产方式，来自过去的经验能够帮助当下的社会。所以长老实际上承担着乡土社会中文化传承的作用，它是乡土社会中承上启下的核心。长远来看，无论是横暴权力还是时势权力，在乡土社会趋于稳定之后都会向长老权力转化，这体现了长老权力的乡土性质，所以说长老权力是乡土社会中最为核心的权力。

四、《乡土中国》的深远影响：治理转型、形态转换、文化转向

通读这本书，我们了解到费孝通先生对传统乡土社会的深刻理解，从大量的社会调查中进行总结，对"熟人社会""差序格局""四种权力"等概念进行一一阐释，为我们勾画了一个乡土社会的真实图景。其中"乡土社会"是费孝通先生思想影响最广泛的部分之一，对学术界影响巨大。主要有以下几个方面。

第一个方面，从"乡土社会"到"文化自觉"。费孝通先生是针对西方社会而提出"乡土社会"概念的。它指的是中国境内与王权政治相对的社会空间，其中既包括乡村又包括城镇。这个社会空间拥有和西方不同的根本特征，同时又蕴含着等级与人情两种维系力量。这种比较研究的视角深深影响了中国社会学界，推动中国社会学立足于本土的社会调查和研究，针对全球化发展的大势，讨论如何坚守本国的社会研究特色的重大命题。从乡土社会的调查研究开始，中国社会学界逐渐从乡土中国中提炼出能够与全球化开展对话的概念和话语，直到 1997 年中国社会学界提出"文化自觉"的概念。所谓文化自觉是指对文化地位作用的深刻认识、对文化发展规律的正确把握、对发展文化历史责任的主动担当。这种文化自觉的概念与乡土社会，也就是具有中国特色的社会学研究是分不开的，同时文化自觉也在推动着中国社会学研究不断推陈出新，百花齐放。

第二个方面，从研究风格到研究范式。费孝通先生在长达 70 多年的乡土社会的研究生涯中，形成了独有的研究范式，这种研究范式对中国的社会学界有着巨大的影响，也确立了中国当前实证型社会学的发展方向。简单来说，费孝通先生认为社会学研究必须以实地调查为基础，以提供解决社会问

题的办法为导向，重视定性分析，方式以访谈为主，并结合使用相应的统计资料，具体的研究从微观入手，结论上升到宏观。这种学术范式深深影响了中国的社会学界，时至今日"费孝通优秀论文奖"（全国社会学博士论文最高奖项）仍旧主要关注以切合实际的田野调查、民族志为主要内容的论文。

"乡土社会"的概念不仅在当时为我们提供了一个理解中国的维度和切口，也推动了后续对于乡土社会的进一步研究，尤其是改革开放以来中国乡土社会发生进一步变迁之后，费孝通先生的"乡土社会"概念对当下的学术研究仍旧具有指导意义。根据谷歌学术的查询，与这本《乡土中国》相关的研究成果已经达到 20 万条以上。根据文献分析可以看出，《乡土中国》这本书的学术影响主要集中在乡土社会的治理转型、乡土社会的形态转换、乡土社会的文化转向三个方面。

在乡土社会的治理转型方面，费孝通先生在本书中提出的乡土社会的主要特征和典型内容仍旧在新的经济高速发展的时期发挥着作用，这种传统乡土社会与新型工业社会之间的互动和影响催生出新的"后乡土中国"的概念。我们选取了《人文杂志》上的一篇文章《费孝通先生的乡土中国对于新时代乡村社会治理的意义》，这篇文章被引量 102 次，下载量 5055 次，这篇文章主要认为乡土中国在经历土地革命、社会主义改造等一系列重大制度变迁之后，乡土性特征已经发生变化，但乡村社会的实体结构及部分乡土文化依然存续，由此构成了中国基层社会的后乡土性特征。后乡土性特征突出表现在当前农村的双二元格局及秩序基础的行政化和制度化，城乡二元和体制内、体制外二元已成为农村发展不确定性的重要因素，而农村基层政权建设已将乡村治理纳入国家公共管理体系之中。这正是在新的现代化发展时期对于费孝通先生"乡土中国"概念的进一步发展和扬弃。

在乡土社会向城乡中国的转变方面，费孝通先生提出的乡土社会由于农村土地制度改革，基层自治制度实施等多个方面的原因而剧烈变化，据此有学者认为在乡土中国的基础上，我们正在迎来从乡土中国向着城乡中国的转变。我们选取了《管理世界》上的一篇文章《从乡土中国到城乡中国——中国转型的乡村变迁视角》，这篇文章被引量 85 次，下载数 5822 次，这篇文章认为由于中国近百年结构转变及其人地关系和乡村制度变革，中国已经从以农为本、以土为生、以村而治、根植于土的"乡土中国"，进入乡土变故土、告别过密化农业、乡村变故乡、城乡互动的"城乡中国"。在城乡中国阶段，一方面是农民的高度异质化以及乡村的经济社会关系发生分野；另一方面是要素在城乡间配置活跃，乡村在分化的同时也迈向业态、产业、功能多样化。这是在新的历史条件下，对于乡土中国的概念产生的进一步演化和探究。

　　在乡土社会的文化转向方面，费孝通先生提出的那种权威导向，稳定延续的文化生产方式及其衍生的四种权力正在面临新的社会文化和结构转变，我们选取了《中南民族大学大学报（人文社会科学版）》上的一篇文章《乡土社会变局与乡村文化再生产》，这篇文章被引量 83 次，下载数 2954 次，这篇文章认为乡村社会出现重大变局，破坏了在空间和时间的二维框架中由"历史感"和"当代感"构成的乡村意义体系，这意味着乡村文化正面临困境。乡村文化的生产和传承变成一个动态的过程，乡村文化不再以复制的方式来发展，而是以"再生产"的模式来维持和更新。这是面对现代化转型的挑战，乡土社会中的文化生产方式面临自我转型的现实问题，可以说这是对于传统乡土社会文化延续的进一步反思。

扫码收听更多
精彩内容

 拓展书单

1. 费孝通:《乡土中国　生育制度》, 北京大学出版社 1998 年版。

2. 费孝通:《论人类学与文化自觉》, 华夏出版社 2004 年版。

3. 费孝通:《中国城乡发展的道路》, 上海人民出版社 2016 年版。

后 记

　　本书历时一年，在学术志阅读项目团队的精心打磨下，终于和大家见面了。本书是我们策划的学术经典著作解读丛书之一，秉承"深度解读，简明传达"的宗旨，力求最大程度地还原这些学术经典的思想精髓，用最明了的语言让更多的人靠近学术大师们的智慧光芒。本次成稿过程中，我们也受到了很多专家学者的鼎力支持，在此特别感谢：丁赛姮、方迎丰、侯海锋、罗鑫、刘艳、乐晶、骆飞、骆良虎、吕烨、石鎏、王济民、王明慧、王泽宇、张传运、邹嘉媛、张甲子（排名不分先后）。

　　由于能力所限，本书不足之处在所难免，若有发现疏漏，欢迎与学术志阅读项目组联系。

责任编辑：郭彦辰

封面设计：石笑梦

图书在版编目（CIP）数据

一本书读懂 30 部社会学名著 / 学术志 编著 . — 北京：
　人民出版社，2024.1
ISBN 978 - 7 - 01 - 025989 - 5

I.①一… II.①学… III.①社会学 - 名著 - 介绍 - 世界　IV.① C91

中国国家版本馆 CIP 数据核字（2023）第 189704 号

一本书读懂 **30** 部社会学名著

YIBENSHU DUDONG 30 BU SHEHUIXUE MINGZHU

学术志　编著

人民出版社 出版发行

（100706　北京市东城区隆福寺街 99 号）

北京汇林印务有限公司印刷　新华书店经销

2024 年 1 月第 1 版　2024 年 1 月北京第 1 次印刷
开本：710 毫米 ×1000 毫米 1/16　印张：28.25
字数：362 千字

ISBN 978 - 7 - 01 - 025989 - 5　定价：78.00 元

邮购地址 100706　北京市东城区隆福寺街 99 号
人民东方图书销售中心　电话（010）65250042　65289539